立教池袋中学校

〈収録内容〉

2024年度 …………………… 第1回（算・理・社・国）
第2回（算・国）

2023年度 …………………… 第1回（算・理・社・国）
第2回（算・国）

2022年度 …………………… 第1回（算・理・社・国）
第2回（算・国）

2021年度 …………………… 第1回（算・理・社・国）
第2回（算・国）

2020年度 …………………… 第1回（算・理・社・国）
第2回（算・国）

DL 2019年度 …………………… 第1回（算・理・社・国）

DL 平成30年度 …………………… 第1回（算・理・社・国）

DL 平成29年度 …………………… 第1回（算・理・社・国）

DL 平成28年度 …………………… 第1回（算・理・社・国）

便利なDLコンテンツは右のQRコードから

解答用紙

過去年度

国語の問題は
紙面に掲載

JN101265

※データのダウンロードは2025年3月末日まで。
※データへのアクセスには、右記のパスワードの入力が必要となります。 ⇒ 344940

〈合格最低点〉

	第1回	第2回		第1回	第2回
2024年度	173点	109点	2020年度	182点	103点
2023年度	200点	122点	2019年度	188点	107点
2022年度	196点	122点	2018年度	165点	120点
2021年度	179点	114点	2017年度	175点	105点

本書の特長

実戦力がつく入試過去問題集

- 問題 …………… 実際の入試問題を見やすく再編集。
- 解答用紙 …… 実戦対応仕様で収録。
- 解答解説 …… 詳しくわかりやすい解説には、難易度の目安がわかる「基本・重要・やや難」の分類マーク（下記参照）。各科末尾には合格へと導く「ワンポイントアドバイス」を配置。採点に便利な配点つき。

入試に役立つ分類マーク

基本 確実な得点源！
受験生の 90%以上が正解できるような基礎的、かつ平易な問題。
何度もくり返して学習し、ケアレスミスも防げるようにしておこう。

重要 受験生なら何としても正解したい！
入試では典型的な問題で、長年にわたり、多くの学校でよく出題される問題。
各単元の内容理解を深めるのにも役立てよう。

やや難 これが解ければ合格に近づく！
受験生にとっては、かなり手ごたえのある問題。
合格者の正解率が低い場合もあるので、あきらめずにじっくりと取り組んでみよう。

合格への対策、実力錬成のための内容が充実

- 各科目の出題傾向の分析、合否を分けた問題の確認で、入試対策を強化！
- その他、学校紹介、過去問の効果的な使い方など、学習意欲を高める要素が満載！

解答用紙ダウンロード 解答用紙はプリントアウトしてご利用いただけます。弊社ＨＰの商品詳細ページよりダウンロードしてください。トビラのＱＲコードからアクセス可。

UD FONT 見やすく読みまちがえにくいユニバーサルデザインフォントを採用しています。

立教池袋中学校

生徒数　450名
〒171-0021
東京都豊島区西池袋 5-16-5
☎03-3985-2707
山手線・埼京線・丸ノ内線・有楽町線・副都心線・西武池袋線・東武東上線池袋駅　徒歩10分
有楽町線・副都心線要町駅　徒歩５分
西武池袋線椎名町駅　徒歩10分

キリスト教の精神に基づく人間教育の実現のために生き方にテーマのある人間を育成

URL	https://ikebukuro.rikkyo.ac.jp/

プロフィール

２つの力を育み魅力ある人間へ

1874（明治７）年、米国聖公会宣教師ウィリアムズ主教の私塾「聖ポーロ学校」として創立。1896年に立教中学校、1907年に立教大学が設立され、戦後の新学制に則り、一貫教育が確立された。さらに2000年からは、「キリスト教に基づく人間教育」を一層充実させるため、池袋校地に「立教池袋高校」を併設、立教池袋中学校と接続させ、新しい中・高６年制教育をスタートさせた。

「テーマを持って真理を探究する力」「共に生きる力」という教育目標を掲げ、生き方にテーマのある魅力的な人間を育成することを目指している。

環境

最新の施設が整う中高の校舎

地下１階・地上５階建ての校舎、図書館、総合教室、カフェテリアなど、洗練された最新の施設と設備が充実。無線LAN環境も配備が終わり、生徒は一人１台タブレット型PCを利用している。

カリキュラム

独自の認定制と選科毎日の学習を重視

認定制は、中高一貫して行われる独自の教科学習のシステムであり、各教科の学習達成目標に向かって学習活動が行われている。小テストや課題提出により日々の学習成果が確認され、さらに定期テストによって学力の定着を確認。授業態度などの学習意欲も含めて総合的に判断し、目標の達成度が認定される。日頃の学習活動を重視し、一斉授業だけでなく個々の進度に応じた個別指導も取り入れている。ノートやレポートなどについてのきめ細かな指導や、小テストの必要に応じた再テストなど生徒全員の学習達成を目指す。さらに、認定制を支える特色ある学習活動が「選修教科（選科）」で、各教科ごとに発展学習や、遅れている学習のための講座が開設され、中学１年次から３年次まで全学年で週２～３回、約80講座の中から生徒が自分で選び受講する。

立教大学教授による講義

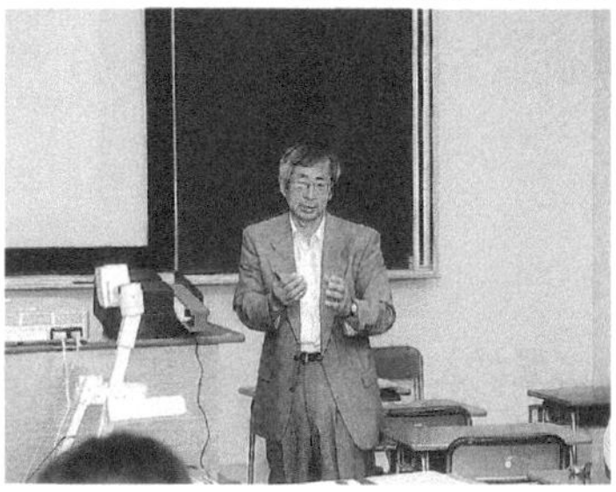

高校では中学で身につけた基礎学力をさらに伸ばすために、選択科目が置かれ、大学の教員による講義や、自己理解とコミュニケーション力を高めるグループ・ワークの実施、そして自分でテーマを決めて作成する卒業研究論文などの特色ある学習を行う。また、沖縄などで行われる校外学習、海外語学研修、海外短期留学など独自の行事も予定されている。また、高３では立教大学の授業が受けられる特別聴講生制度がある。

学校生活

生活の中心に祈り多彩なイベント

学校生活の基本となるのは祈り。聖書の時間や始業・終業礼拝やイースター礼拝、収穫感謝礼拝、クリスマス礼拝、聖パウロ回心日礼拝などの行事は、学校生活の大事なセレモニーだ。

さらに、生徒会活動、学年もしくは学校をあげて行われる四季折々の行事（文化祭、体育祭、ワークキャンプなど）への参加など、様々な機会が提供されるほか、国際交流やボランティア活動なども積極的に行われている。

盛んな部活動

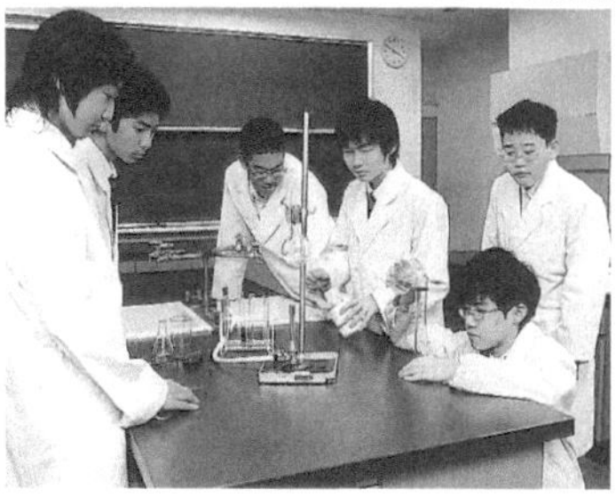

学友会には、学芸部15、運動部10があり、水泳部、陸上競技部などは毎年のように関東大会や全国大会に出場して好成績を上げている。一方、学芸部でも科学部、文芸部、吹奏楽部、美術部、数理研究部、鉄道研究部等の活躍が顕著で、各種のコンクールで受賞している。

進路

立教大学へ推薦入学

高校から立教大学への推薦入学制度は、中学・高校の6年間を、テーマを持って学習や諸活動に取り組み、安定した学校生活を通して培われるものを総合的・多面的に評価し、意欲的な大学生活ができると判断された場合に推薦される。また、立教大学以外の大学へ進学を希望する生徒には、個別相談に応じ、進路指導を行う。

2024年度入試要項

試験日　12/3（帰国生）　2/2（第１回）
2/5（第２回）

試験科目　国・算＋面接（帰国生）
国・算・理・社（第１回）
国・算＋自己アピール面接（第２回）

2024年度	募集定員	受験者数	合格者数	競争率
第１回	約50	287	95	3.0
第２回	約20	141	20	7.1
帰国生	約20	70	30	2.3

過去問の効果的な使い方

① **はじめに**　ここでは，受験生のみなさんが，ご家庭で過去問を利用される場合の，一般的な活用法を説明していきます。もし，塾に通われていたり，家庭教師の指導のもとで学習されていたりする場合は，その先生方の指示にしたがって，過去問を活用してください。その理由は，通常，塾のカリキュラムや家庭教師の指導計画の中に過去問学習が含まれており，どの時期から，どのように過去問を活用するのか，という具体的な方法がそれぞれの場合で異なるからです。

② **目的**　言うまでもなく，志望校の入学試験に合格することが，過去問学習の第一の目的です。そのためには，それぞれの志望校の入試問題について，どのようなレベルのどのような分野の問題が何問，出題されているのかを確認し，近年の出題傾向を探り，合格点を得るための試行錯誤をして，各校の入学試験について自分なりの感触を得ることが必要になります。過去問学習は，このための重要な過程であり，合格に向けて，新たに実力を養成していく機会なのです。

③ **開始時期**　過去問との取り組みは，通常，全分野の学習が一通り終了した時期，すなわち6年生の7月から8月にかけて始まります。しかし，各分野の基本が身についていない場合や，反対に短期間で過去問学習をこなせるだけの実力がある場合は，9月以降が過去問学習の開始時期になります。

④ **活用法**　各年度の入試問題を全問マスターしよう，と思う必要はありません。完璧を目標にすると挫折しやすいものです。できるかぎり多くの問題を解けるにこしたことはありませんが，それよりも重要なのは，現実に各志望校に合格するために，どの問題が解けなければいけないか，どの問題は解けなくてもよいか，という眼力を養うことです。

算数

どの問題を解き，どの問題は解けなくてもよいのかを見極めるには相当の実力が必要になりますし，この段階にいきなり到達するのは容易ではないので，この前段階の一般的な過去問学習法，活用法を2つの場合に分けて説明します。

☆偏差値がほぼ55以上ある場合

掲載順の通り，新しい年度から順に年度ごとに3年度分以上，解いていきます。

ポイント1…問題集に直接書き込んで解くのではなく，各問題の計算法や解き方を，明快にわかるように意識してノートに書き記す。

ポイント2…答えの正誤を点検し，解けなかった問題に印をつける。特に，解説の 基本 重要 がついている問題で解けなかった問題をよく復習する。

ポイント3…1回目にできなかった問題を解き直す。同様に，2回目，3回目，…と解けなければいけない問題を解き直す。

ポイント4…難問を解く必要はなく，基本をおろそかにしないこと。

☆偏差値が50前後かそれ以下の場合

ポイント1～4以外に，志望校の出題内容で「計算問題・一行問題」の比重が大きい場合，これらの問題をまず優先してマスターするとか，例えば，大問2までをマスターしてしまうとよいでしょう。

理科

理科は[1]から順番に解くことにほとんど意味はありません。理科は，性格の違う4つの分野が合わさった科目です。また，同じ分野でも単なる知識問題なのか，あるいは実験や観察の考察問題なのかによってもかかる時間がずいぶんちがいます。記述，計算，描図など，出題形式もさまざまです。ですから，解く順番の上手，下手で，10点以上の差がつくこともあります。

過去問を解き始める時も，はじめに1回分の試験問題の全体を見通して，解く順番を決めましょう。得意分野から解くのもよいでしょう。短時間で解けそうな問題を見つけて手をつけるのも効果的です。くれぐれも，難問に時間を取られすぎないように，わからない問題はスキップして，早めに全体を解き終えることを意識しましょう。

社会

社会は[1]から順番に解いていってかまいません。ただし，時間のかかりそうな，「地形図の読み取り」，「統計の読み取り」，「計算が必要な問題」，「字数の多い論述問題」などは後回しにするのが賢明です。また，3分野(地理・歴史・政治)の中で極端に得意，不得意がある受験生は，得意分野から手をつけるべきです。

過去問を解くときは，試験時間を有効に活用できるよう，時間は常に意識しなければなりません。ただし，時間に追われて雑にならないようにする注意が必要です。“誤っているもの”を選ぶ設問なのに“正しいもの”を選んでしまった，“すべて選びなさい”という設問なのに一つしか選ばなかったなどが致命的なミスになってしまいます。問題文の“正しいもの”，“誤っているもの”，“一つ選び”，“すべて選び”などに下線を引いて，一つ一つ確認しながら問題を解くとよいでしょう。

過去問を解き終わったら，自己採点し，受験生自身でふり返りをしましょう。できなかった問題については，なぜできなかったのかについての分析が必要です。例えば，「知識が必要な問題」ができなかったのか，「問題文や資料から判断する問題」ができなかったのかで，これから取り組むべきことも大きく異なってくるはずです。また，正解できた問題も，「勘で解いた」，「確信が持てない」といったときはふり返りが必要です。問題集の解説を読んでも納得がいかないときは，塾の先生などに質問をして，理解するようにしましょう。

国語

過去問に取り組む一番の目的は，志望校の傾向をつかみ，本番でどのように入試問題と向かい合うべきか考えることです。素材文の傾向，設問の傾向，問題数の傾向など，十分に研究していきましょう。

取り組む際は，まず解答用紙を確認しましょう。漢字や語句問題の量，記述問題の種類や量などが，解答用紙を見て，わかります。次に，ページをめくり，問題用紙全体を確認しましょう。どのような問題配列になっているのか，問題の難度はどの程度か，などを確認して，どの問題から取り組むべきかを判断するとよいでしょう。

一般的に「漢字」→「語句問題」→「読解問題」という形で取り組むと，効率よく時間を使うことができます。

また，解答用紙は，必ず，実際の大きさのものを使用しましょう。字数指定のない記述問題などは，解答欄の大きさから，書く量を考えていきましょう。

立教池袋の算数

――出題傾向と対策
合否を分けた問題の徹底分析――

出題傾向と内容

出題分野1 〈数と計算〉

この分野は例年2～4問が出題されており，小数・分数の四則計算が中心である。小数を分数に直すと計算しやすい問題，分数を小数に直すと計算しやすい問題があるので，注意が必要である。また，逆算や演算記号の問題も出題されており，「数の性質」では，「演算記号」「数列・規則性」などと関連させて出題されることもある。

2 〈図形〉

「平面図形・面積」の問題は，毎年出題されており，複合図形で工夫をして面積を求める問題や，補助線をひいて考える問題が出題されることが多く，「図形や点の移動」と関連させて出題されることもある。比を使って解く問題や図形を分割して解く問題が出題されたり，「場合の数」「規則性」などと関連させて出題されることもある。計算が複雑になる問題もあるので，工夫して速く正確に計算する必要がある。

また，「立体図形・体積」の問題も，毎年出題されており，容積に関する問題の他に，投影図や切断した立体，回転体など，立体をイメージする力が必要である問題も出題されている。

3 〈速さ〉

速さの問題も，ほぼ毎年出題されている。長めの文章題として出題されることが多く，比を使って考える問題や，グラフを読み取って考える問題などが出題されている。旅人算，流水算，通過算などのいろいろな解き方をしっかり身につけておくことが必要である。

4 〈割合〉

「割合と比」の出題も多く，他の分野の文章題を解くときにも割合を使って解く出題が多く見られる。「濃度」「売買算」「相当算」などの問題では，長めの文章題で難易度が高めの問題も出題されている。

5 〈推理〉

「場合の数」「数列・規則性」がよく出題されている。また,「統計と表」の問題は,「平均算」「和差算」の問題と組み合わされた応用問題として出題されており，与えられる条件が複雑な問題もあるので，短時間で正確に条件を整理することが必要になる。

6 〈その他〉

「和差算」「平均算」などの文章題は，単独の文章題として出題されることもあるが，「統計と表」「数列・規則性」など，他の分野の問題と組み合わされて出題されることもある。

出題率の高い分野

❶平面図形・面積　❷割合と比　❸立体図形・体積と容積　❹速さの三公式と比
❺数の性質

来年度の予想と対策

出題分野1 〈数と計算〉…小数・分数の四則計算が出題される。小数を，分母が4，8，20，25の分数に直すことに慣れておこう。

2 〈図形〉…典型的な公式や解き方を使う問題の出題が目立つので，過去問を利用して出題されるパターンの問題を徹底して練習し，解き方を身につけておこう。

3 〈速さ〉…「速さと比」の問題,「旅人算とグラフ」の応用問題を練習しておこう。「旅人算」や「通過算」「流水算」の長めの文章題にも慣れておこう。

4 〈割合〉…「比の文章題」「売買算」「相当算」「仕事算」の応用問題を練習しておこう。

5 〈論理・推理〉…与えられた条件を見落とさずに解くことが重要な分野である。条件を整理しながら解き進める問題の演習を積んでおく必要がある。

6 〈その他〉…他の分野と関連させた出題が予想される。基本的な解法パターンを身につけておきたい。

学習のポイント

●大問数9～10題　小問数20題前後　　●試験時間50分　満点100点
●「図形」「速さ」「割合」のいろいろなパターンの問題と，「数の性質」「規則性」の問題がポイントになる。
●文章題では，長めの文章題の出題が目立つので，与えられた条件を整理する力がポイントになる。

年度別出題内容の分析表　算数

（よく出ている順に，☆◎○の3段階で示してあります。）

出題内容		27年		28年		29年		30年		2019年	
		1回	2回	1回	2回	1回	2回	1回	2回	1回	2回
数と計算	四則計算	○	◎	○	◎	○	◎	○	◎	○	◎
	単位の換算					◎					
	演算記号・文字と式					◎		◎			
	数の性質	◎	◎		◎					◎	
	概　数										
図形	平面図形・面積	◎	☆	☆		☆	◎	☆	☆	☆	◎
	立体図形・体積と容積	◎	◎	◎	◎	◎	◎	○	◎	◎	☆
	相似（縮図と拡大図）	◎				◎					
	図形や点の移動・対称な図形	◎			◎				◎		
	グラフ										
速さ	速さの三公式と比				◎	◎	☆	◎	◎	◎	◎
	旅人算	◎	◎	◎		◎	◎	◎	◎	◎	◎
	時計算										
	通過算										
	流水算						◎				
割合	割合と比	☆	◎	☆	◎	☆	☆	☆	◎		☆
	濃　度										
	売買算										
	相当算										
	倍数算・分配算			◎						◎	○
	仕事算・ニュートン算										
	比例と反比例・2量の関係								◎		
推理	場合の数・確からしさ	◎								◎	
	論理・推理・集合	◎	◎			◎		◎	◎	◎	◎
	数列・規則性・N進法	◎			◎		◎	◎	◎		
	統計と表		◎		◎			☆			
その他	和差算・過不足算・差集め算	○									
	鶴カメ算			◎							
	平均算				○			◎			
	年令算										
	植木算・方陣算										
	消去算	◎									

立教池袋中学校

（よく出ている順に，☆◎○の3段階で示してあります。）

出題内容		2020年		2021年		2022年		2023年		2024年	
		1回	2回	1回	2回	1回	2回	1回	2回	1回	2回
数と計算	四則計算	○	◎	○	○	○	○	○	○	○	○
	単位の換算			☆		○	☆	☆	◎	○	◎
	演算記号・文字と式	◎		◎			◎	◎			
	数の性質	◎		☆	◎	◎	◎	○	◎		
	概　数										
図形	平面図形・面積	◎	◎	☆	☆	☆	☆	☆	☆	☆	☆
	立体図形・体積と容積	☆	◎	☆	☆	☆	☆	◎	◎	◎	◎
	相似(縮図と拡大図)					◎	◎	☆			○
	図形や点の移動・対称な図形	◎				◎					
	グラフ					◎	☆	☆	◎		
速さ	速さの三公式と比	◎	◎	☆	◎	◎	◎	◎	◎	☆	◎
	旅人算	◎						○			
	時計算										
	通過算		◎							◎	
	流水算										◎
割合	割合と比	☆		☆	☆	☆	☆	☆	☆	☆	☆
	濃　度			◎							
	売買算					◎					◎
	相当算		◎								
	倍数算・分配算										
	仕事算・ニュートン算							◎			
	比例と反比例・2量の関係		◎								
推理	場合の数・確からしさ			◎					◎	◎	◎
	論理・推理・集合							○	○	○	
	数列・規則性・N進法					◎	◎		○	☆	
	統計と表		◎	◎		◎					◎
その他	和差算・過不足算・差集め算				○						
	鶴カメ算				○		○				
	平均算		◎			○		○			
	年令算		◎								
	植木算・方陣算										
	消去算						○	○			

立教池袋中学校

2024年度 立教池袋中学校 合否を分けた問題 算数

第1回　9 <速さの三公式と比，通過算，割合と比>

> よく出題される「通過算」の問題である。「同時にトンネルに入る」は，この場合「トンネルに入り始める」という意味で解いてみる。

【問題】

全長108mの上り列車と，全長102m，秒速24mの下り列車が同時にトンネルに入った。トンネル内で上り列車と下り列車が出合ってから離れるまで3.5秒かかった。また，上り列車は，下り列車と出会ってから21秒後に最後尾がトンネルを出た。

1）　上り列車は秒速何mか。

2）　トンネルの長さは何mか。

【考え方】

1）　2つの列車の秒速の和…(108＋102)÷3.5＝60(m)
　　したがって，上り列車の秒速は60－24＝36(m)

2）　24×□…1)より，右図において
　　36×21－108＝648(m)
　　したがって，トンネルは
　　648÷24×60＝1620(m)

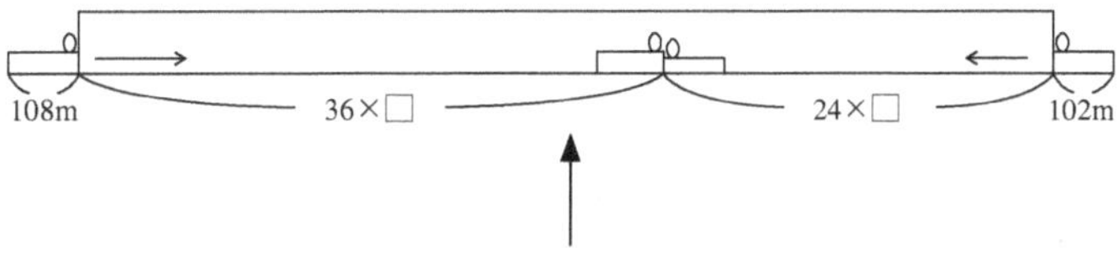

図を描いて計算しよう

受験生に贈る「数の言葉」――――――――――――「ガリヴァ旅行記のなかの数と図形」

作者　ジョナサン・スウィフト(1667～1745)

…アイルランド　ダブリン生まれの司祭

リリパット国…1699年11月，漂流の後に船医ガリヴァが流れ着いた南インド洋の島国

①人間の身長…約15cm未満　　②タワーの高さ…約1.5m

③ガリヴァがつながれた足の鎖の長さ…約1.8m　　④高木の高さ…約2.1m

⑤ガリヴァとリリパット国民の身長比…12：1　　⑥ガリヴァとかれらの体積比…1728：1

ブロブディンナグ国…1703年6月，ガリヴァの船が行き着いた北米の国

①草丈…6m以上　②麦の高さ…約12m　③柵(さく)の高さ…36m以上

④ベッドの高さ…7.2m　⑤ネズミの尻尾(しっぽ)…約1.77m

北太平洋の島国…1707年，北緯46度西経177度に近い国

王宮内コース料理　①羊の肩肉…正三角形　②牛肉…菱形　③プディング…サイクロイド形

④パン…円錐形(コーン)・円柱形(シリンダ)・平行四辺形・その他

2023年度 立教池袋中学校 合否を分けた問題 算数

第1回　7 ＜平面図形，相似，割合と比＞

よく出題される「相似」に関する問題である。速く解くには，どう工夫したらいいのか？

【問題】

1辺の長さが10cmの正方形と縦の長さが10cmの長方形を重ねた。

1)　㋐の長さは何cmか。

2)　㋑の長さは何cmか。

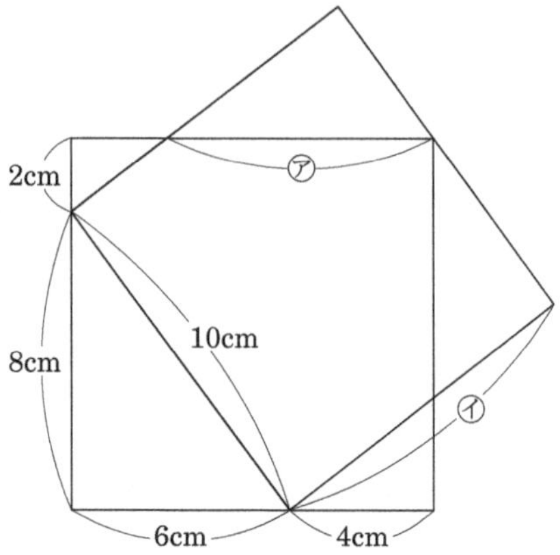

【考え方】

三角形BGFの3辺の比…右図より，10：8：6＝5：4：3

↑ この比を利用する

1)　AE…$2\div3\times4=\frac{8}{3}$(cm)

したがって，㋐は$10-\frac{8}{3}=\frac{22}{3}$(cm)

2)　FE…$2\div3\times5=\frac{10}{3}$(cm)

EH…1)より，$\frac{22}{3}\div5\times4=\frac{88}{15}$(cm)

したがって，㋑は$\frac{10}{3}+\frac{88}{15}=\frac{138}{15}$

＝9.2(cm)　⟵　FHの長さ

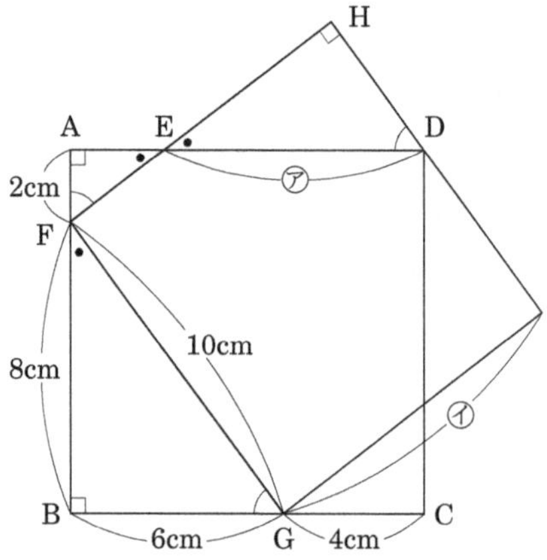

受験生に贈る「数の言葉」――――――――――――バートランド・ラッセル(1872～1970)が語る

ピュタゴラス(前582～496)とそのひとたちのようす(西洋哲学史)

①ピュタゴラス学派のひとたちは，地球が球状であることを発見した。

②ピュタゴラスが創った学会には，男性も女性も平等に入会を許された。
財産は共有され，生活は共同で行われた。科学や数学の発見も共同のものとみなされ，ピュタゴラスの死後でさえ，かれのために秘事とされた。

③だれでも知っているようにピュタゴラスは，すべては数である，といった。
かれは，音楽における数の重要性を発見し，設定した音楽と数学との間の関連が，数学用語である「調和平均」，「調和級数」のなかに生きている。

④五角星は，魔術で常に際立って用いられ，この配置は明らかにピュタゴラス学派のひとたちにもとづいており，かれらは，これを安寧とよび，学会員であることを知る象徴として，これを利用した。

⑤その筋の大家たちは以下の内容を信じ，かれの名前がついている定理をかれが発見した可能性が高いと考えており，それは，直角三角形において，直角に対する辺についての正方形の面積が，他の2辺についての正方形の面積の和に等しい，という内容である。
とにかく，きわめて早い年代に，この定理がピュタゴラス学派のひとたちに知られていた。
かれらはまた，三角形の角の和が2直角であることも知っていた。

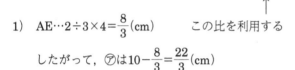

2022年度 立教池袋中学校 合否を分けた問題 算数

第1回　8 ＜統計・表，平均算＞

「国語・算数の点数表」に関する問題であるが，基本レベルの 問題設定になってはいないので，
計算上，工夫が求められる。
何を，どう工夫したらいいのか？
これが，問題である。

【問題】

右表はあるクラスで実施した国語・算数のテストの点数と人数をまとめたものである。例えば，国語が70点，算数が60点の人は3人である。

㋐には同じ数字が入り，算数の平均点は国語の平均点より3点高くなった。

1）算数の合計点は国語より何点高かったか。

2）クラスの人数は何人か。

算数＼国語	60点	70点	80点	90点	100点
60点		3			
70点	2			㋐	
80点		12	3	2	
90点		㋐	3	1	2
100点				2	

【考え方】

1）右表において，対角線上の人数と対角線について
対称な位置にある同じ人数は計算しない。

算数＼国語	60点	70点	80点	90点	100点
60点		3			
70点	2			㋐	
80点		12	3	2	
90点		㋐	3	1	2
100点				2	

算数の点数の和…$60\times3+70\times2+80\times(12+2)+90\times3$

$=60\times3+70\times2+80\times14+90\times3$

国語の点数の和…$60\times2+70\times(3+12)+80\times3+90\times2$

$=60\times2+70\times15+80\times3+90\times2$

したがって，算数と国語の合計点の差は

$60\times(3-2)-70\times(15-2)+80\times(14-3)+90\times(3-2)=60+880-910+90=120$(点)

2）1)より，クラスの人数は$120\div3=40$(人)

受験生に贈る「数の言葉」――――――――――――――――――――――――――

数学者の回想　　高木貞治1875～1960

数学は長い論理の連鎖だけに，それを丹念にたどってゆくことにすぐ飽いてしまう。論理はきびしいものである。例えば，1つの有機的な体系というか，それぞれみな連関して円満に各部が均衡を保って進んでゆかぬかぎり，完全なものにはならない。

ある1つの主題に取り組み，どこか間違っているらしいが，それがはっきり判明せず，もっぱらそればかりを探す。神経衰弱になりかかるぐらいまで検討するが，わからぬことも多い。夢で疑問が解けたと思って起きてやってみても，全然違っている。そうやって長く間違いばかりを探し続けると，その後，理論が出来ても全く自信がない。そんなことを多々経験するのである。(中略)

技術にせよ学問にせよ，その必要な部分だけがあればよいという制ちゅう(限定)を加えられては，絶対に進展ということはあり得ない。「必要」という考え方に，その必要な1部分ですらが他の多くの部分なくして成り立たぬことを理解しようとしないことがあれば，それは全く危険である。

立教池袋の理科

——出題傾向と対策
合否を分けた問題の徹底分析——

出題傾向と内容

試験時間は30分で，本年は大問が7題，小問は25題であり，問題数が多く計算問題もあり，時間のゆとりはない。

問題は理科の4分野から出題されていた。やや難しい計算問題や思考力を要する問題がある。そのため，易しい内容の問題を確実に解答することがぜひとも必要である。

また，観察を重視し，思考力や読解力を要する問題が多く出題されているので，丸暗記的な知識だけでは対応できない。そのため，原理や考え方をしっかり理解しておく必要がある。

グラフや表に関係する問題も出題されており，これらの取り扱いに普段から慣れておくことも大切である。

生物分野　2022年は遺伝の法則に関する問題，2023年はメダカに関する基礎問題と遺伝の問題であった。今年はクマの出没回数に関するグラフを含む問題であった。問題文の条件から解答を導き出す内容であった。

地学分野　2022年は月の見え方や太陽と地球の大きさの比に関する問題，2023年は星座と太陽の位置に関する問題であった。今年は流星の見え方，地温と気温の関係に関する問題であった。教科書通りの出題ではなく，読解力と思考力を要する問題であった。

物理分野　2022年はペダルの回転に関する問題とてんびんのつり合いに関する問題，2023年はボールにかかる揚力の問題と光の速さの測定実験の問題であった。今年は力のつり合いに関するやや難しい問題であった。計算がやや難しい問題が出題される。

化学分野　2022年は燃焼，気体の反応の問題，2023年は海水の状態変化および密度の変化に関する問題と，中和反応における反応後の固体の重さに関する問題であった。今年は状態変化，気体の判別，気体の発生の問題であった。化学分野からの出題がやや多い。化学分野では，水溶液と反応する物質，反応に伴って発生する気体の性質やその量的関係を問う問題が比較的多い。

学習のポイント

●観察・実験を題材とする問題を，普段から解き慣れておくことは大切。しっかりとした基礎知識を身に付けよう。物理分野の計算問題はしっかりと練習しておきたい。

来年度の予想と対策

時間のわりに問題数が多いため，普段から短時間で問題を解く練習をしたり，本番では解ける問題から解くといった工夫も必要である。必ずしも全問を解答する必要はない。この時間ですべてを解答する方が難しいであろう。それで，まずテストの初めにざっと全体の問題を眺めて，得意な分野から，また解ける問題から解答しよう。

また，実験や観察を題材にした問題に普段から慣れておくことが大切である。実験器具の取り扱い方法やその手順などを復習しておきたい。加えて，グラフや表の数値の読み取りが必要な問題が出題されるので，レベルの高めの問題集を解いたり，過去問の演習を行って練習するとよい。

よく出題される分野としては，植物，太陽と月，水溶液の性質，電流と回路，力のつり合いなどがある。物理・化学分野からの出題が比較的多い。

さらに，問題文が長いので読解力が求められる。問題文の中の解法のヒントを見逃さず，ポイントを読み取って応用する力が求められている。計算問題で難しい問題もあるとはいえ，基礎的な内容を問う問題も多いので，基本をまずしっかりと身につけるようにしたい。難関中学といえども，基本問題での確実な得点が合格への第一歩であることに変わりはない。

年度別出題内容の分析表　理科

（よく出ている順に，☆◎○の3段階で示してあります。）

	出　題　内　容	27年	28年	29年	30年	2019年	2020年	2021年	2022年	2023年	2024年
生物的領域	植物のなかま	☆	☆	☆	○	○	☆				
	植物のはたらき										
	昆虫・動物							☆	◎	☆	
	人　体		☆								
	生態系										☆
地学的領域	星と星座				☆		☆			☆	☆
	太陽と月	☆		☆		◎		☆	☆		
	気　象			☆		◎	☆				☆
	地層と岩石		○								
	大地の活動		☆			◎					
化学的領域	物質の性質	☆		☆							
	状態変化		◎		◎					☆	☆
	ものの溶け方			☆				◎			
	水溶液の性質	◎	☆		☆	☆		☆		☆	
	気体の性質	○					○		◎		☆
	燃　焼						☆		☆		
物理的領域	熱の性質				◎						
	光や音の性質		☆	☆				☆		☆	
	物体の運動	☆						☆	☆		
	力のはたらき		☆	☆	☆	☆			☆	☆	☆
	電流と回路	☆					☆				
	電気と磁石						☆				
その他	実験と観察	☆	☆	☆			☆	☆	◎	☆	☆
	器具の使用法				☆					☆	
	環　境										
	時　事					◎		◎			
	その他		☆			○			◎		

立教池袋中学校

2024年度 立教池袋中学校 合否を分けた問題 理科

●この問題で，これだけは取ろう！

1	クマの出没回数	標準	問題文からポイントを読み取って解答する。指示に従って考えると答えは導ける。
2	物質の状態変化	標準	固体と液体が共存しているとき，固体が全て液体に変わるまで温度は一定である。これに気がつけば正解できる。
3	流星の見え方	標準	あまり見かけない問題であるが，推論して答えてほしい。
4	地温と気温のグラフ	標準	前半は教科書でも取り上げられる内容なので，1問でも多く正解したい。
5	気体の性質	標準	問題文は長いが，比較的解きやすい。全問正解したい。
6	気体の発生	標準～やや難	条件を整理するのに時間がかかる。できるだけ多く正解したい。
7	力のつり合い	やや難	1問でも多く正解したい。

●鍵になる問題は6の2）だ！

2種類の物質を同じ重さずつ混ぜてA～Dを用意しました。これらを用いて【実験1】と【実験2】を行いました。A～Dは次のどれかです。

・二酸化マンガンと亜鉛　・炭酸カルシウムと二酸化マンガン
・炭酸カルシウムと亜鉛　・炭酸カルシウムとアルミニウム

【実験1】 A～Dにうすい塩酸，うすい過酸化水素水，うすい水酸化ナトリウム水溶液をそれぞれかけたところ，結果は表1のようになりました。○は気体が発生したもの，×は気体が発生しなかったものです。

表1

	うすい塩酸	うすい過酸化水素水	うすい水酸化ナトリウム水よう液
A	①　○	⑤　×	⑨　×
B	②　○	⑥　○	⑩　×
C	③　○	⑦　○	⑪　×
D	④　○	⑧　×	⑫　○

【実験2】 実験1で発生した気体同士を閉じた容器の中に同じ体積ずつ取って混ぜ，内部で火花を飛ばして点火したところ，結果は表2のようになりました。○は燃えたもの，×は燃えなかったものです。

表2

	②と⑥	③と⑦	⑥と⑫	②と⑫
結果	×	○	○	×

2） Cはどれですか。

2） 塩酸と反応して水素が発生するのは亜鉛とアルミニウムで，二酸化炭素が発生するのは炭酸カルシウムである。うすい水酸化ナトリウム水溶液と反応して水素が発生するのはアルミニウム。亜鉛も反応するが，アルミニウムよりは反応しにくいので，ここでは反応しないとしていると思われる。これより，Dが炭酸カルシウムとアルミニウムである。また，過酸化水素水と反応して酸素を発生するのは二酸化マンガンである。BとCの区別は，②と⑥の混合気体は燃焼しないが，③と⑦は燃焼するので③が水素であることから，Cは二酸化マンガンと亜鉛とわかる。

2023年度 立教池袋中学校 合否を分けた問題 理科

●この問題で，これだけは取ろう！

1	メダカの特長・遺伝	標準	遺伝子の問題はやや難しいが，最近よく見る問題なので知っておきたい。
2	海水の密度の変化	標準～やや難	塩水が凍るときは，初めは水だけが凍り，塩分は氷に含まれない。グラフの読み取りはしっかり行いたい。
3	顕微鏡の使い方	基礎～標準	4)はあまり見かけない問題であるが，推論して答えてほしい。
4	星座の位置	標準～やや難	1問でも多く正解したい。
5	中和反応	標準	表の数値の変化の規則性に気づいて解く問題。
6	物体の速度	標準	問題文から推論する問題。できるだけ多く正解したい。
7	光の速さの実験	標準	実験操作の意味が理解できるかがポイント。1問でも多く正解したい。

●鍵になる問題は7の2)，3)だ！

2)　歯の数が360個の歯車を，1秒間に68回転させたとき，図4のように歯車がすき間から隣り合う次のすき間まで動くのにかかる時間は何マイクロ秒ですか。必要があれば小数第2位を四捨五入して，小数第1位までで答えなさい。1マイクロ秒は1000000分の1秒です。

3)　この実験によると，光は1秒間に何万km進むと求められますか。上から2桁の概数で答えなさい。ただし，歯車と平面鏡の間の距離Lは6kmとし，光が進むのに要した時間は2)の答えを用いなさい。

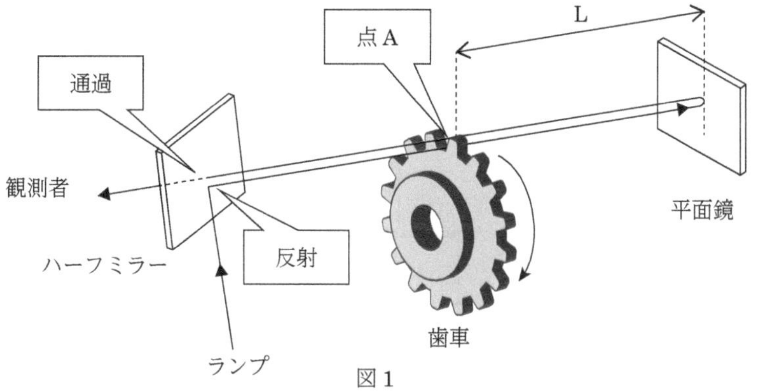

図1

図4

2)　1秒間に点Aを通過する歯の数は，360×68＝24480個である。歯が1個移動するのに要する時間は(1÷24480)×1000000＝40.84≒40.8マイクロ秒になる。

3)　図1より，点Aを通過した光は平面鏡で反射され再び点Aを通過する。このとき，歯車は1個次の歯車が移動してきている。それにかかる時間は(1÷24480)秒である。この間に光は歯車と平面鏡を往復するので12km移動した。よって光が1秒間に進む距離は，12÷(1÷24480)＝293760≒29万kmになる。問題文を理解する読解力が求められる問題であった。

2022年度 立教池袋中学校 合否を分けた問題 理科

●この問題で，これだけは取ろう！

1	燃焼	標準	問題文の要点を理解し，答えを導く力が必要。3)の計算は解きたいレベルである。
2	チェーンの回転	標準	グラフの選択はやや難しい。自転車を思い浮かべて解いてほしい。
3	太陽・月・地球	基本～標準	前半は基礎問題でこれは間違えてはいけない。問題文が長いので要点をつかめるかがポイントである。
4	気体の反応	標準	計算問題であるが，全問正解したい。空気が4：1の割合で窒素と酸素を含むことは覚えておきたい。
5	てんびんのつりあい	標準	全問正解を目指したい問題である。
6	遺伝子の組み合わせ	やや難	内容は小学校の学習範囲を超えている。1問でも正解できれば良し。

●鍵になる問題は5の1)，2)だ！

太郎君は児童館で図1のようなかざりを見ました。そこで，おもりA～Dを図2と図3のようにつるしてバランスをとる実験をしました。おもりAの重さは100gです。（図1は省略）

おもりをつるすひもと，ひもを支える棒の重さは考えないものとして，次の問いに答えなさい。

1)　おもりBの重さは何gですか。

2)　図4のようにつるしたとき，㋐と㋑の長さはそれぞれ何cmですか。

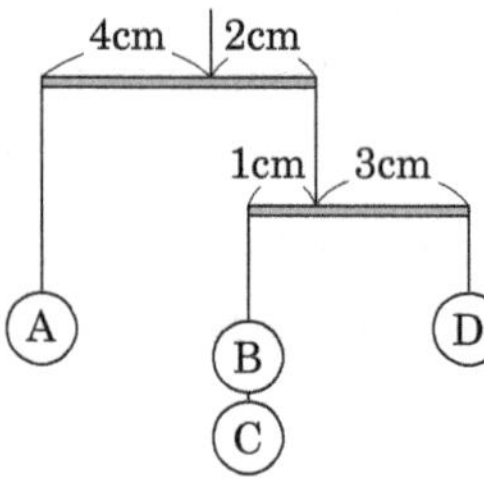

図2

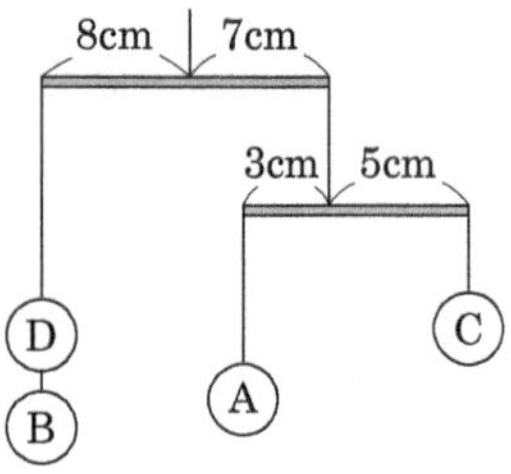

図3

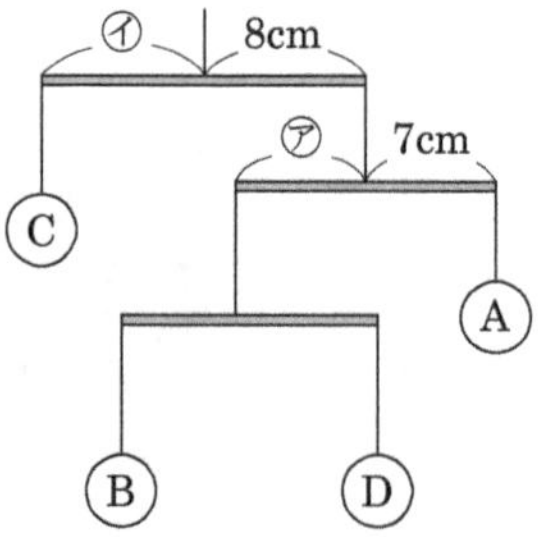

図4

1)　図2より，おもりB，C，Dの合計の重さは，100×4＝□×2　□＝200gである。また，図2の下側のてんびんのつりあいより，B，Cの合計の重さとDの重さの比は3：1になるので，Dの重さは200÷4＝50g，B，Cの合計は150gである。さらに，図3より，Cの重さは100×3＝□×5　□＝60gである。よってBの重さは150－60＝90gである。

2)　㋐の長さは，140×㋐＝100×7　㋐＝5cmであり，㋑の長さは，60×㋑＝240×8　㋑＝32cmなる。

いずれも，てんびんのつり合いに関する関係式を用いて計算できる。この手の問題は，大変よく見かける内容であり，演習問題で十分に練習を重ねてほしい。

立教池袋の社会

――出題傾向と対策
合否を分けた問題の徹底分析――

出題傾向と内容

大問数が3題，小問が解答欄で30問弱，語句記入の問題も多く，短文で記述させる問題も数題出題されるというスタイルは今年も同じである。特に短文での記述問題は，しっかりとした知識をもち，与えられている資料や図版などを見て，読み取った情報と自分の知識とを照らし合わせて，自分の言葉で答えをまとめる力を問うような問題となっており，要求されている水準はかなり高いと言える。もちろん基本的な知識を問うものもあるが，問題を見ただけで即答できるような問題は少なく，単に言葉の知識だけでは対応できない問題が多く，知識だけでなく論理的思考力を持っていることも求めていると言える。

今年度はⅠが地理の問題で関東地方とその自然災害に関するもの。やや歴史的な内容も問われている。本文や設問文を正確に読解した上で，問題の指示や流れを把握し資料類を的確に読み取れるかどうかの勝負であろう。ここは考えれば答えられるものもあるので得点しておきたいところ。

Ⅱは明治初期の文明開化に関連する問題。ここも，本文や設問文，資料類を正確に読み取ること，指示を正確に把握して問題に取り組むことが必要である。ここも得点できるものは少なからずあるので，確実にできそうなものを見つけて解答していきたい。

ⅢはMaaSに関するもので，ここも本文や資料を見て考えさせていく問題があり，かなり難度が高いと言える。

全体に，文や統計などの資料から情報を読み取る力，得た情報をもとに考えそれを文章で表現する力が重視されているので，この対策を立てておかないと難しい。

学習のポイント

- ●知識は言葉だけでなく，その意味すること，背景などもしっかり勉強しよう！
- ●統計から情報を読み取る訓練をしておこう。数字だけでなく，その傾向や変化に注意！
- ●時事的なことに関心をもち，カタカナ語，アルファベットの略語に強くなろう！

来年度の予想と対策

全体的に難易度は年々上がってきているので，まず注意が必要である。

三分野の中では地理と歴史の比重が高く，かつ難しい問題もある。

地理分野では，まず日本の各地の様子を正確に把握しておくことはもちろん，主要な産業の様子についても確かな知識を持っていることが前提となる。各種産業の地域ごとの特色とともに，日本全体の傾向なども掴んでおくことが大切。地図帳や資料集などを丁寧に見て，基本的な地名などの知識はもちろん，産業と環境などの因果関係なども理解しておきたい。また，外国とのつながりなども問われるので，関係の深い国々はどこにあるのかということなども把握しておきたい。

歴史は，広い年代をカバーする通史的なものよりはテーマ史的なものが出題されることが多いので，基本的な通史の勉強はもちろんだが，おもなテーマごとの流れもつかんでおくことが大切。その際に，単に事実を並べて覚えるのではなく，因果関係を意識して歴史の変化を把握しておくとよい。また，教科書や参考書などに出ている図や資料などが出題されることも多いので，それらにも注意をはらいその意味すること，その時代背景などを含め丁寧に勉強しておこう。教科書などに太字で書かれている用語などはその言葉の意味や流れを説明できるようにしておきたい。

政治分野は人権，憲法，三権分立，地方自治，国際社会といった基本的な事柄に関しては扱われている用語，数字，手順などを正確に覚えておきたい。用語の意味を正確に覚えるのはもちろん，その用語のものが出てくる根底にある考えなども把握しておき，説明できるようにしておきたい。時事的な事柄について出題されることも多いので，日頃から新聞やニュースなどには目を通すとともに，その事柄について関心をもち，自分の考えを言えるようにしておくことが大切である。

年度別出題内容の分析表 社会

（よく出ている順に，☆◎○の3段階で示してあります。）

			出題内容	27年	28年	29年	30年	2019年	2020年	2021年	2022年	2023年	2024年
地理	日本の地理	テーマ別	地形図の見方			○					◎		○
			日本の国土と自然	☆		◎	☆	☆	◎	◎	◎		○
			人口・都市	◎	◎			○				◎	
			農林水産業	◎		○	◎	◎		○			
			工　業						○	○		◎	◎
			交通・通信		☆			◎				○	◎
			資源・エネルギー問題										
			貿　易										○
		地方別	九州地方										
			中国・四国地方									◎	
			近畿地方									○	
			中部地方		○						◎	◎	
			関東地方		○			☆				◎	◎
			東北地方						☆				
			北海道地方										
	公害・環境問題										◎	○	
	世界地理						○						
日本の歴史	時代別	旧石器時代から弥生時代						☆					
		古墳時代から平安時代		◎						☆			
		鎌倉・室町時代		○			☆		◎			☆	
		安土桃山・江戸時代		○	☆		◎	◎	◎	☆	○	☆	○
		明治時代から現代				☆				◎	☆		☆
	テーマ別	政治・法律		◎	◎	◎				☆	☆	☆	☆
		経済・社会・技術			◎	○	☆	◎	◎				◎
		文化・宗教・教育		☆		○		◎	◎	☆			◎
		外　交			○	○			◎		○		◎
政治	憲法の原理・基本的人権					○				◎	◎	○	
	国の政治のしくみと働き					○			○	◎	○		
	地方自治									○			
	国民生活と社会保障					○	☆	◎	◎			○	
	財政・消費生活・経済一般							◎	◎				
	国際社会と平和					☆			◎		○		
時事問題				◎	○	◎	◎	◎	◎	◎		◎	◎
その他					◎	◎		◎	◎	◎	◎	☆	☆

立教池袋中学校

2024年度 立教池袋中学校 合否を分けた問題 社会

Ⅲ

Ⅲは政治分野というか，時事問題ととらえた方がよさそうな問題。MaaSに関する説明の本文を読みながら，設問に答えさせていく形式で，中学受験の問題としてはかなりの難問と言えよう。設問としては，語句を答えるものが4，1，2行程度の記述が，1行で社会問題の例を挙げ，2行でその解決策を説明する形で1，残りは記号選択の形で5となっている。

本文の理解がまずは最初のハードルか。20行弱の本文だが，いきなりMaaSという言葉の説明から始まる。MaaSというものを知っている受験生ならハードルは下がるが，知らない受験生には大変かもしれない。丁寧に説明文を読みながら理解していけば，さほど難しくもないのだが，本番の環境でこの手のものを読み解くのには，慣れが必要であろう。

設問の問1，問2は必ず得点しておきたい問題。問1が日本の半導体の最大の輸入先を選択肢から選ぶもの。中国か台湾かで迷うかもしれないが，ここは知っていればなんとかなる。問2は現在の世界の半導体市場のシェアで，1位と3位をそれぞれ選ぶもの。ちょっとイヤなのは，問1で答えた中国が1位ではなく3位で，1位は台湾というところか。これも知っていれば迷わずに選べるであろう。

問3が，ライドシェアリングを答えさせるもの。旅客輸送の世界で規制緩和で，従来違法であったものが，2024年4月より一部の地域で，限定的ではあるが合法化されるので出題されたのであろう。トラックなどの2024年問題と比べると，あまり騒がれていないので，時事問題としてはややハードルが高いものであろう。

問4はどちらかというと国語力が問われる問題。MaaSについて，本文を読み，他の設問を解いてきて理解が深まっていれば，できそうなもの。文中の空欄に当てはまる言葉を入れる設問だが，特殊な用語ではなく，MaaSについての理解がしっかりとできて，語彙力がある受験生なら2つの空欄の両方とも埋めることは可能か。少なくとも2つ目の空欄に入れる語はMaaSのSのサービスなので，本文を丁寧に読んで理解できていれば埋められる。

問5はMaaSへの移行が日本では難しいとされる要因を4つの資料から2つ選ぶもの。本文にはこの要因については特に書かれてはいないので，MaaSを理解できているかどうかと，各資料の意味するものを把握できるかがポイント。MaaSで国民や企業が車を持たなくなると，困るのはどういうところかと考えれば難しくもないのだが，そのように本番に考えられるかどうかは微妙か。自動車が日本の工業の中心的なものであり自動車会社の下に多くの部品メーカーがあるという構造，輸出品の中で自動車は一般機械に次ぐ存在でもあるということがイとウの資料からわかるので，自動車会社がMaaSに難色を示すと，なかなか移行は難しいことになる。

問6は問5の延長上のような問題。MaaSへの移行が進むと変化への対応が迫られる人々が多い場所を地図から選ぶもの。日本の工業地域の中で，とくに自動車産業が大きな比率を占めているのが中京工業地帯や東海工業地域なので，ここは前の問題が解けていれば難しくはないであろう。

問7はⅢの中での最大の難問。(1)，(2)の二つの枝問があり，(1)はDXで略されている言葉を答えるもの。デジタルトランスフォーメーションが答えだが，中学受験生でこれを知っている人はかなり少ないと思われる。そして，(2)がDXでどのような社会問題を解決しうるかというもの。こちらは社会問題を一つ上げ，その解決策を答えるもの。(1)はDXを知らないと答えようがないであろうし，(2)もDXがどういうものかをある程度はわかっていないと答えるのは難しいであろう。

この大問Ⅲは前年度のジェンダーに関する内容もかなりの難問であったが，かなり時事的なことに普段から関心をもち，カタカナ言葉やアルファベットの略語を見つけたら，その意味や何を示すのかを必ず調べる癖をつけておかないと，この手の問題は対応するのが難しい。網羅しきれるものでもないが，普段から関心を持ち続けるのが最善の策であろう。

2023年度 立教池袋中学校 合否を分けた問題 社会

Ⅱ

Ⅱは都市の人口問題に関連する問題。問1から問7までで，枝問を含めて語句を答える問題が4，短文で説明するものが2，記号選択が3となっている。

語句を答える問題は，ある程度語句についての知識があれば答えられるものがほとんどで，設問からその語句を思いつけるかどうかがカギといえる。問1で岡山市と今治市を答えさせているが，ここはある程度受験勉強で瀬戸内の地域の工業を勉強していれば答えることは可能であろう。

問3の都心回帰，問4の地場産業を答えるものも，設問の指示をよく理解できていれば，答えることは可能だが，思いつけるかどうかでいうと結構，難しいところである。特に問3の都心回帰はなかなか出てこないかもしれない。

記号選択の問題が問2と問5。問2は日本の人口問題についての選択肢の文章を読み，誤っているものを一つ選ぶもの。ここはパッと見て正解が分かるというものではなく，かなり正確な知識を持っていて，なおかつ選択肢を丁寧に見ていかないとなかなか正答にはたどり着けないだろう。4つの選択肢のどれもが，一見正しそうなものばかりで，悩ましいところである。3大都市圏の範囲がどのあたりまでなのかをわかっていないと間違えがわからないであろう。単に東京と名古屋，大阪だけで考えてしまうと，アの選択肢も正しそうに見えてしまう。

問5の福井県の地場産業に当てはまらないものを2つ選ぶものは何とか正答しておきたいところ。鯖江市のメガネフレームは普通にわかるものだと思うが，残りの越前市，越前町のものはどこまで細かく知っているかどうかの勝負になる。比較的古くからありそうなものを消していくと，革製品は分かるかもしれないが，人形は作っていそうなものでもあるので，判断しづらいところであろう。

問1から問5までは，知識が問われるものだとすれば，残りの問6と問7は文章の読解力，資料の分析，論理的な思考が問われる設問といえる。

問6はマイカー利用を減らし，公共交通機関の利用を増やすことと「環境にやさしいまちづくり」との繋がりを考えて答える問題。本文では富山市を例に，広範囲に人口が分散しているのを，公共交通機関網を整備し，公共交通機関のアクセスが良い拠点を数か所設けて，そこへ人口を集めていくというコンパクトシティのまちづくりの説明がなされており，都市の機能が衰えているのを再生し，行政のサービスが行き届くようにすることなどは書かれているが，「環境」については特に触れていない。それぞれの住民がマイカーの利用を控えて，公共交通機関を利用するようになると，単純にたくさんのマイカーが稼働していたのがなくなり，公共交通機関を利用することでそれぞれのマイカーが出していた二酸化炭素や排気ガスがかなり減ることにつながるということを思いつけば，ここは正解になる。

問7は，コンパクトシティの政策を進めることによって，どのような問題点が浮かび上がってくるのかということを，資料類から考える問題。資料1から，公共交通機関の路線沿いに拠点を設けて，そこへ住民を集めていくということが分かるが，ここから今住んでいる場所を離れて，新しく公共交通機関のアクセスがいい場所へ動くことになる人々の不満などが想定できるのと，このような人々への支援を厚くした場合に，逆に動かないで済む人たちに不公平感を持たせないことも必要であろう。また，そのような政策を進める場合に居住場所を動かさないとならない人たちへの住宅の提供や引っ越しなどの費用をどうするのか，またその財源をどうねん出するのかなど財政的な問題点もいろいろと出てくるであろう。また，交通機関のサービスを民間企業に委ねるとすれば，現在の交通機関の企業で可能なのかどうか，現在よりも運行本数や路線を増やすことが可能なのかどうかといった問題も出てくるかもしれない。こういうことを思いつければ，正答となるであろう。設問の意図をしっかりと把握して考えられるかどうかが勝負の分かれ目といえよう。

2022年度 立教池袋中学校 合否を分けた問題 社会

Ⅲ

ⅢはSDGsに関連する問題。問1から問4までで，枝問を含めて語句を答える問題が4，短文で説明するものが3となっている。

語句を答える問題は，単純に知識さえあれば答えられるものと，語句を知っているだけではなくその意味や関連するものとの関係などもわかっていないと答えられないものとがある。問1で国際連合，フードロスを答えさせる問題があるが，ここは確実に得点しておきたいところ。とはいえ，設問をパッと見てすぐに答えが思いつけばよいが，正直，ちょっと悩むかもしれない。設問の問題文を丁寧に読み，与えられている情報をすべて使って考えていけば，おそらく正解にはたどり着けるはずである。また，問3の3Rの中の二つを答える問題，「埋め立て」を答えさせる問題も，設問の文章を丁寧に読めば答えられる。3Rの問題よりも，「埋め立て」を答えるものの方が難易度は高い。3Rは設問にある「再資源化」というものが3Rのなかのリサイクルであることが分かりさえすれば，残りのリユース，リデュースを答えるだけなので，正解を出すのは割と簡単であろう。「埋め立て」を答えさせるものは，資料2の中の(　)に入る言葉を考えるようになっている。ごみとして廃棄されるのが焼却・(　　　)となっていて，この空欄に入れるのに適当な言葉を考えよというもの。普通のごみの処理の方法として，可燃ごみなら焼却され，そうでないものは埋め立てで使われるということはおそらくは知っていると思うが，衣服についても同じように考えられるかどうかが問題である。

厄介なのは，文章で答える記述問題である。問1の(2)は，どちらかといえば国語の問題かもしれない。文章中のある部分を文章の中の言葉を使って具体的に説明せよというもの。本文の中の下線部は，やや抽象的，総合的な形の内容になっているので，そこにいたる具体的な例を探していけば，見つけることは可能である。字数制限はとくにないので，本文の中の該当箇所をうまく見つけられるかどうかが勝負の分かれ目といえる。

問2は資料1からわかる，どのような問題が発生しているのかということを答えるもの。まず，資料1の中の文章を読み取り，そこからわかる問題点を考えられるかどうかがカギである。衣服の購入量が横ばいであるのに対して供給量が1.7倍になっていたら，前の段階で購入量と供給量が釣り合っていたにしても，供給で増えた0.7倍分はまるまる余ることになるのであり，前の段階で既に余るのがかなりあったならば，そこに0.7倍分の余りがさらに付け加えられてしまうということが理解でき，記述の解答として文章で表現できればそれでいいのだが，ややハードルが高いかもしれない。

問4は，二つの資料から浮かび上がる問題点の解決策をアパレル会社で考えるとすれば，どういう解決策を思いつけるかというもの。企業側で売ったものがごみになるのならば，それを再資源化するのを助けるというのが解答例で，これは実際に一部のものについては行われている。大手の衣類の生産販売を行っている企業などの広告でもそれをアピールしている場合もある。これは資料2の内容を受けた考えといえよう。なお，資料1を受けて考えるとなると，供給量を減らし，販売価格が高くなることを消費者に理解してもらえるようにすることが必要であろう。あるいは，売れ残った商品をさらに価格を下げてでも売り切ることを考えるのもありだが，この場合に企業だと売れ残り商品の保管などの経費がかさんでくることや，形や機能などで競合する新商品が売れにくくなることなどの問題も生じてくるので，積極的に取り組むのはなかなか難しいことかもしれない。本文の最後の方にあるように，「いいものを安く」ではなく「適正な価格で買うこと」について，売り手側の企業が消費者に理解をもとめて啓発していくことが必要になるが，価格が安いこと，あるいは価格の割には高品質ということで，消費者を獲得している企業も少なくないので，そういう企業が価格を上げると，もとからある品質はいいけどそれなりに高いという企業との競争に乗り出すのは大変であろう。

立教池袋の国語

――出題傾向と対策 合否を分けた問題の徹底分析――

出題傾向と内容

文の種類：随筆文，小説，論説文

第1回は論説文1題と小説2題と随筆文1題，第2回は随筆文2題と小説1題が出題された。いずれも読みやすい内容だが，本校生徒の作品以外は独特の雰囲気があり，個性的な作品が多いのが特徴的である。

設問形式：選択式・抜き出し式・記述式

第1回・第2回とも，字数が多い記述問題は出題されなかったが，文章中に解答が明示されていない，類推型の記述問題も出題されているので，記述対策も必要である。どの文章ジャンルで記述問題が出題されても，対応できるようにしておきたい。選択問題では，本文そのままの語句を用いて説明していない選択肢や，まぎらわしい選択肢も多いので，要旨を的確にとらえる必要がある。

漢字，知識問題：標準～上級レベル

漢字は，書き取りのみの漢字問題が独立問題として毎年5問ほど出題されている。知識分野は第2回では季語について出題されており，日本に古くからある慣習や暦などの知識が問われた。

出題率の高い分野

❶随筆文　❷小説　❸論説文　❹本校生徒の作品　❺類推型の記述
❻漢字の熟語，訓読み

来年度の予想と対策

随筆文や小説といった文章読解問題が3題，漢字の独立問題と知識問題が各1題の，大問5題構成は今後も続くことが予想される。大問で主に出題されている選択問題や抜き出し問題は確実に得点につなげたい。字数は少なくても，自分で考える記述も必ず出題されているので，記述対策も必須である。

出題分野：随筆文・小説各1～2題ずつ，漢字，知識

- ○　随筆文では，筆者が個人的な経験を通して何をどのように感じているかを確実に読み取れるようにする。小説では，登場人物の心情の動きを正確にとらえ，心情の背景にある根拠も読み取れるようにしておく。論説文では，キーワードや論の流れをしっかりととらえて，ていねいに読み進めていこう。
- ○　過去に出題された，詩や短歌・俳句などもおさえておきたい。
- ○　選択問題は，正解の選択肢でも本文の要旨をふまえたうえで，本文で用いていない語句で説明されている場合が多いので，正誤をしっかりと見極める必要がある。要旨をしっかりとらえるようにし，必ず本文と比較しよう。記述問題も字数が少ないながらも，本文を的確にとらえているかが問われているので，端的にまとめられる記述力をつけておこう。
- ○　漢字は熟語や訓読みの形も多いので，幅広く学習しておきたい。今年度出題された，日本に古くからある慣習や暦とともに，過去に出題されたことわざ，慣用句，四字熟語もおさえておこう。

学習のポイント

- ●短いエッセイなどを数多く読んで，特徴的な随筆文の読解に慣れておこう。
- ●過去問対策を通して，さまざまな記述問題に取り組んでおこう。
- ●ことわざ・慣用句・四字熟語といった基本的なものから，暦や慣習などの知識も幅広く積み上げておこう。

年度別出題内容の分析表　国語

（よく出ている順に，☆◎○の3段階で示してあります。）

出題内容		27年 1回	27年 2回	28年 1回	28年 2回	29年 1回	29年 2回	30年 1回	30年 2回	2019年 1回	2019年 2回
設問の種類	主題の読み取り	◎	◎								
	要旨の読み取り	○						○	○		
	心情の読み取り	◎	○	○	○	◎		◎	☆	☆	☆
	理由・根拠の読み取り	○	☆		○	○	○	◎		☆	☆
	場面・登場人物の読み取り				○	◎				○	○
	論理展開・段落構成の読み取り							○			○
	文章の細部表現の読み取り	☆	☆	☆	☆	☆	☆	☆	☆	☆	☆
	指示語							○	○		
	接続語		○								
	空欄補充	☆	☆	☆	○	☆	☆	☆	☆	☆	☆
	内容真偽										
	根拠 文章の細部からの読み取り			☆	☆	☆	☆	☆	☆	☆	☆
	根拠 文章全体の流れからの読み取り			☆	○	◎	☆	☆	☆	☆	☆
設問形式	選択肢	☆	☆	☆	☆	☆	☆	☆	☆	☆	☆
	ぬき出し	☆	☆	☆	☆	☆	☆	☆	☆	☆	☆
	記　述	○	☆	○	○	◎	☆	☆	☆	☆	◎
記述の種類	本文の言葉を中心にまとめる		○	○	○	○	◎	☆	◎	◎	
	自分の言葉を中心にまとめる	○	☆			○	○	○	○	○	◎
	字数が50字以内	○	☆	○	○	◎	○	☆	☆	☆	◎
	字数が51字以上										
	意見・創作系の作文										
	短文作成				○						
語句・知識	ことばの意味	☆	○	○		◎	○		○	○	○
	同類語・反対語							○	○		
	ことわざ・慣用句・四字熟語	○		○	◎			◎	☆		○
	熟語の組み立て					○					
	漢字の読み書き	◎	○	◎	○	○	○	○	○	○	○
	筆順・画数・部首		○								
	文と文節										
	ことばの用法・品詞										
	かなづかい										
	表現技法										
	文学史										
	敬　語										
文章の種類	論理的文章（論説文，説明文など）	○		○							
	文学的文章（小説，物語など）	○		○	◎	○	○	○	○	○	
	随筆文	○	◎	○	○	◎	◎	◎	◎	◎	○
	詩（その解説も含む）			○		○		○		○	◎
	短歌・俳句（その解説も含む）		○				○				
	その他										

立教池袋中学校

（よく出ている順に，☆◎○の3段階で示してあります。）

出題内容			2020年		2021年		2022年		2023年		2024年	
			1回	2回	1回	2回	1回	2回	1回	2回	1回	2回
設問の種類		主題の読み取り										
		要旨の読み取り										
		心情の読み取り	☆	☆	☆	☆	☆	☆	☆	☆	☆	☆
		理由・根拠の読み取り	◎	○	◎	☆	◎		◎	◎	◎	
		場面・登場人物の読み取り	◎	◎	○	○	○		◎	◎	◎	◎
		論理展開・段落構成の読み取り										
		文章の細部表現の読み取り	☆	☆	☆	☆	☆	☆	☆	☆	☆	☆
		指示語								○		◎
		接続語										
		空欄補充	☆	☆	☆	☆	☆	☆	☆	☆	☆	☆
		内容真偽										
	根拠	文章の細部からの読み取り	☆	☆	☆	☆	☆	☆	☆	☆	☆	☆
		文章全体の流れからの読み取り	☆	☆	☆	☆	☆	☆	◎	◎	◎	◎
設問形式		選択肢	☆	☆	☆	☆	☆	☆	◎	◎	◎	◎
		ぬき出し	☆	☆	☆	☆	☆	☆	◎	◎	◎	◎
		記　述	◎	◎	☆	☆	◎	☆	◎	◎	◎	◎
記述の種類		本文の言葉を中心にまとめる	◎	◎	◎	◎	◎	◎	◎	◎	◎	◎
		自分の言葉を中心にまとめる			◎	◎		○	○	○	○	○
		字数が50字以内	◎	◎	☆	☆	◎	☆	☆	☆	☆	☆
		字数が51字以上										
		意見・創作系の作文										
		短文作成										
語句・知識		ことばの意味		○					○	◎		○
		同類語・反対語								○		
		ことわざ・慣用句・四字熟語						○				
		熟語の組み立て										
		漢字の読み書き	○	○	◎	○	○	○	☆	☆	◎	◎
		筆順・画数・部首										
		文と文節										
		ことばの用法・品詞										
		かなづかい										
		表現技法										
		文学史										
		敬　語										
文章の種類		論理的文章(論説文，説明文など)									○	
		文学的文章(小説，物語など)	○	○	◎	○	◎	◎	○	◎	◎	○
		随筆文	◎	◎	○	◎	○	○	◎	○	○	◎
		詩(その解説も含む)	○									
		短歌・俳句(その解説も含む)				○	○					○
		その他		○				○				

2024年度 立教池袋中学校 合否を分けた問題 国語

第1回　一　(六)

★合否を分けるポイント(この設問がなぜ合否を分けるのか？)

文章中の空欄の前後の内容を正しく読み取った上で，空欄に入る表現を予想し，選択肢の言葉をよく検討して選ぶ必要があるため。

★この「解答」では合格できない！

(×)　イ

→空欄の直後の文に「まるで双子のような二つの鳥海山」とあることから，鳥海山が水面か何かに映っている風景であるということが予想できる。選択肢には「きらめく田圃の水」とあるので，山は水面に映っていないと考えられる。よって誤り。

(×)　ロ

→空欄の直後の文に「まるで双子のような二つの鳥海山」とあることから，鳥海山が水面か何かに映っている風景であるということが予想できる。選択肢の言葉は，田圃と山が別に存在している風景を表しており，鳥海山が水面か何かに写っているという風景ではない。よって誤り。

(×)　ニ

→空欄の直後の文に「まるで双子のような二つの鳥海山」とあることから，鳥海山が水面か何かに映っている風景であるということが予想できる。選択肢の言葉は，「鳥海山」と「田圃」が対照的であるという風景を表しており，鳥海山が水面か何かに写っているという風景ではない。よって誤り。

★こう書けば合格だ！

(○)　ハ

→空欄の直後の文に「まるで双子のような二つの鳥海山」とあることから，鳥海山が水面か何かに映っている風景であるということが予想できる。選択肢の言葉はそのような風景を表している。よって正しい。

第1回　四　(三)

★合否を分けるポイント(この設問がなぜ合否を分けるのか？)

読解問題のほかに，漢字などの知識問題を確実に得点する必要があるため。

★この「解答」では合格できない！

(×)　定期

→「定期」は，期間・期限・期日を一定に決めてあること。問題文は「問題をテイキする」とあるので，「定期」は誤り。

★こう書けば合格だ！

(○)　提起

→「提起」は，問題などをもちだすこと。問題文は「問題をテイキする」に合う。

2023年度 立教池袋中学校 合否を分けた問題 国語

第1回　一　六

★合否を分けるポイント

彼らを自分の身体の中に摂り込んでいたのだとは，どういうことかを選ぶ選択問題である。本文の要旨をとらえ，選択肢を的確に見極められているかがポイントだ。

★本文の要旨と選択肢の説明をていねいに照らし合わせる

設問部分までの本文を整理すると,「私」は漫画の中のヒーローに夢中だった→大人になった今でも，純粋に「ヒーロー」を愛し，尊敬している→なぜ，自分はヒーローを探さずにはいられないのか→大人になってますます，自分が「戦って進んでいる」感覚が強まり，自分自身が「ヒーロー」にならなければいけなくなってしまった→日々のささやかな戦いを乗り越えながら前へ進んでいる時，憧れの「ヒーロー」が持っているのととてもよく似た魂の欠片が，自分の身体の一部に宿っていることに気が付く→「ヒーロー」が持っていた，信念，勇気，強靭さといったものが自分の身体の中から発見され，ヒーローを愛し続けるうちに，彼らを摂取していたことに気が付く→彼らを自分の身体の中に摂り込んでいたのだ，という流れになっている。これらの要旨として，ヒーローを愛し尊敬しているということと，ヒーローと同じような価値観が自分の生き方にも見られるようになったことを説明しているイが正解となる。イの「ヒーローと同じような価値観が自分の生き方にも見られるようになった」は，本文の「『ヒーロー』が持っているのととてもよく似た魂の欠片が，自分の身体の一部に宿っている」「『ヒーロー』が持っていた，信念，勇気，強靭さ。そういうものが……自分の身体の中から発見される」を言いかえた説明であることに注意しなければならない。この設問のように，選択問題では，本文の要旨として正しい説明をしている選択肢が，本文の語句を用いずに言いかえた内容で説明している場合が多いので，本文の要旨と選択肢の説明をていねいに照らし合わせていくことが重要だ。

第1回　二　二

★合否を分けるポイント

立ちつくしについて，①では，たつ子さんがこの時見つめていたものは何か，②では，たつ子さんは①のものを見てどのように思ったと考えらえるかを答える記述問題である。その場面における，情景や心情を的確に読み取れているかがポイントだ。

★心情を中心に，物語の展開を確認する

たつ子さんが疎水べりを歩いていた時，転がってきたサッカーボールを追っていくと，アパートの自転車置き場の大きな袋に当たってとまり，たつ子さんはその場に立ちつくし，足下のものを見つめていた，という場面である。翌日，やってきた学生に「『……あんなにひどく腐っちまうってのは，果物たちにしたらね，ほんとうに無念なことだったと思いますよ』」と話していることから，①の自転車置き場で立ちつくして見つめていた「足下のもの」は「腐った果物」であることが読み取れる。また②は，大切な果物が雑にあつかわれていたことを残念に思っている，ということが考えられる。立ちつくしの場面では，ボールが大きな袋に当たってとまり，足下にあるその大きな袋を見つめていた，ということだけが描かれているので，①では「大きな袋」「足下のもの」と答えてしまうかもしれない。だが，何かショックなことがあって身動きできないという「立ちつくす」の意味と，この時の心情を話しているたつ子さんのせりふをふまえて読み取る必要がある。その場面だけでなく，心情を意識しながら物語の展開を確認していくことが重要だ。

2022年度 立教池袋中学校 合否を分けた問題 国語

第1回　一　(六)

【こう書くと失敗する】

言ってくれなければ父の思いはわからない

【なぜ失敗してしまったのか】

ここで目頭が熱くなったのは，思いがけない父の思いを知ったからだ。失敗の原因は，父の思いを知り，目頭が熱くなった原因と考えてしまったからである。ここで求めているのは，これまで考えていたことが違っていたということに着目し，以前はどう考えていたから，あまりにも思いがけない父の思いだったということの，「以前に考えていたこと」だ。設問はしっかり読んで，求められていることをきちんと把握することが，何より大切である。

【こう書くと失敗する】

父はわたしを仲間はずれにしようとしている

【なぜ失敗なのか】

この解答は「以前に考えていたこと」を書いてはいるが，自分自身が感じていたことを，父が考えていることと混同してしまった点が失敗の原因だ。「わたし」は兄たちと比較し，自分で勝手に仲間はずれ感を持っていたのだ。結果的に，父は女の子を望んでいたということから考えても，父がわざと娘を仲間はずれにしようとしていたとは考えられない。誰の思いなのかをしっかりと読み取る必要がある。

二　(一)

課題文を読み，その流れから考えることも可能だが，図の矢印だけで解答を得ることができる。「要するに，～」で始まる段落に「編集者と違って私たちはほとんどの場合，著者と顔を合わせない」とあることに着目し，図の矢印の関係から考えると，AとCが直接顔を合わせない関係となる。したがって，AとCが著者と校閲者ということになる。その上で，点線で囲まれたBとCが出版社という枠なので，ニを選ぶことになる。「私たちは直接顔を合わせない」という一部分だけで解決できる設問だった。このような設問で時間をロスしないように考えることも時間制限のある入学試験では大切なことである。

MEMO

大切なことはメモしておこうネ！

2024年度

★★★★★★★★★★★★★★★★★★★★★★★★

入　試　問　題

2024年度

立教池袋中学校入試問題（第１回）

【算　数】（50分）〈満点：100点〉
【注意】計算機つきの時計は使ってはいけません。

1　次の計算をしなさい。

1）　$125-(16\times 8+612\div 9)\div 7$

2）　$\left\{\left(\frac{5}{6}-\frac{3}{4}\right)\times 5-\frac{1}{8}\right\}\div\frac{1}{14}+12\frac{11}{12}$

2　1辺の長さが5cmの正方形の紙を16枚組み合わせて大きな正方形を作り，下の図のように円周の一部をかきました。●は円の中心を表します。

次の問いに答えなさい。ただし，円周率は3.14とします。

1）　□の部分の周りの長さは何cmですか。

2）　□の部分の面積は何cm^2ですか。

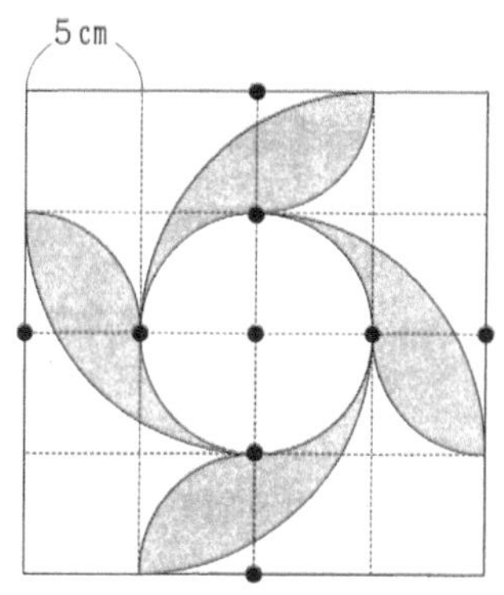

3　3つの箱A，B，Cに玉が入っていて，個数の比は7：5：3です。AからBに玉を12個移し，AからCに玉を何個か移すと，A，B，Cに入っている玉の個数の比が3：4：3になりました。

次の問いに答えなさい。

1）　はじめにAには玉が何個入っていましたか。

2）　AからCに玉を何個移しましたか。

4　右の図のように，円に三角形を重ねました。

円と三角形が重なっている□の部分の面積は，円の面積の48%で，三角形の面積の$\frac{4}{5}$倍です。また，太線で囲まれた図形の面積は$168cm^2$でした。

次の問いに答えなさい。

1）　円の面積と三角形の面積の比を，もっとも簡単な整数の比で表しなさい。

2）　三角形の面積は何cm^2ですか。

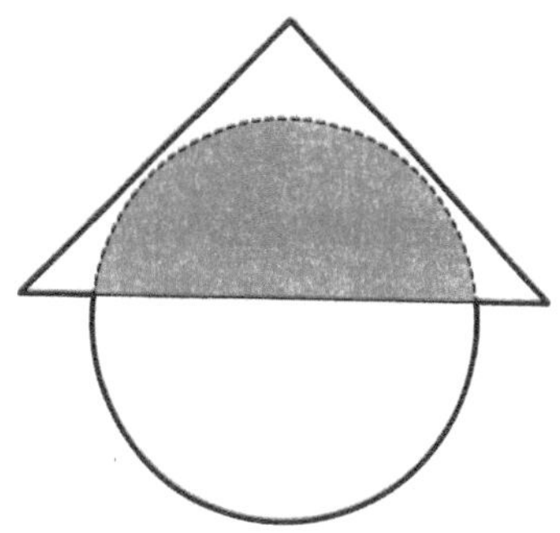

5　ある入学試験の受験者のうち，合格者と不合格者の人数の比は2:3でした。合格者の平均点は合格点より19点高く，不合格者の平均点は合格点より21点低くなりました。また，受験者の全体の平均点は136点でした。

次の問いに答えなさい。

1）　合格点は何点ですか。

2）　合格者の合計点と不合格者の合計点の比を，もっとも簡単な整数の比で表しなさい。

6　図1のような直方体から，底面の直径が4cmの円柱の半分をくり抜いた形の容器があり，底面から水面までの高さが3cmとなるように水を入れました。また，図2のように，この容器の置き方を変えました。

次の問いに答えなさい。ただし，円周率は3.14とし，容器の厚みは考えないものとします。

1）　容器に入っている水は何cm^3ですか。

2）　図2の底面から水面までの高さは何cmですか。

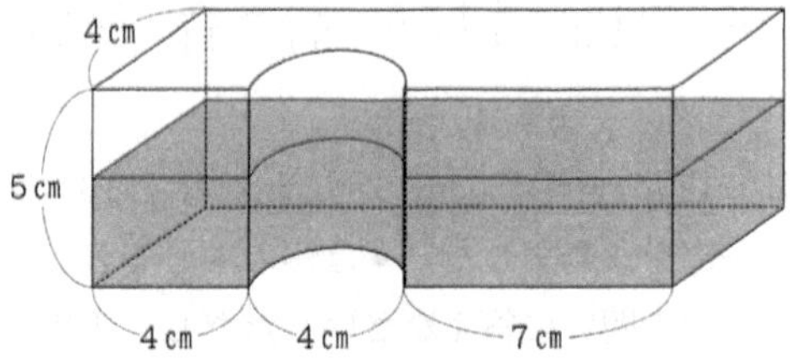

【図1】

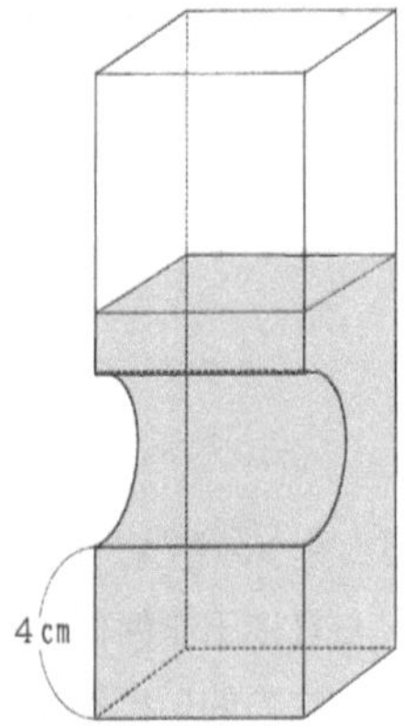

【図2】

7　ある日，3つの時計A，B，Cを午前8時に合わせました。

この日，Aが午前10時を指したとき，Bは午前10時3分を指し，Aが午前11時を指したとき，Cは午前10時54分を指していました。

次の問いに答えなさい。

1）　この日，Aが午後1時40分を指すとき，Bは午後何時何分何秒を指しますか。

2）　この日，Cが午後4時13分を指すとき，Bは午後何時何分何秒を指しますか。

8　ある規則にしたがって5桁《けた》の整数の各位の数字の順序を入れかえて整数を作ることを「ソートする」とよぶことにします。たとえば，

・12345を1回ソートすると，12345→24531なので，24531になります

・54321を2回ソートすると，54321→42135→23514なので，23514になります

次の問いに答えなさい。

1)　12345を24回ソートすると，どのような整数になりますか。

2)　ある整数を32回ソートすると，13245となりました。ある整数はいくつですか。

9　全長108mの上り列車と，全長102m，秒速24mの下り列車が同時にトンネルに入りました。トンネル内で上り列車と下り列車が出会ってからはなれるまで3.5秒かかりました。また，上り列車は，下り列車と出会ってから21秒後に最後尾がトンネルを出ました。

次の問いに答えなさい。

1)　上り列車の速さは秒速何mですか。

2)　トンネルの長さは何mですか。

10　ゆきお君とつよし君は，下の図のような，ます目と1から10までの数が書かれたルーレットを使って，次のようなゲームをしました。

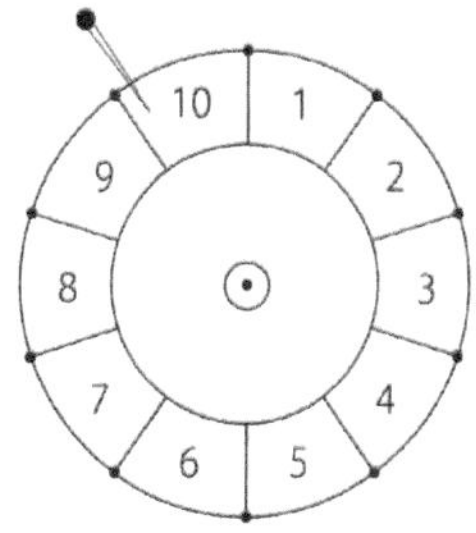

S スタート	A	B	C	D 1回休み	G ゴール

・はじめは2人とも自分のコマを「S」の位置に置く

・ゆきお君，つよし君の順番でルーレットを回し，それぞれがルーレットに書かれた数だけ自分のコマを進める。

ただし，2巡《じゅん》目以降もゆきお君，つよし君の順番でルーレットを回し，止まっている位置からそれぞれルーレットに書かれた数だけ自分のコマを進める

(例)　1巡目に7が出た場合はS→A→B→C→D→G→D→Cと進み，

2巡目に5が出た場合はC→B→A→S→A→Bと進む

・コマが「D」の位置にちょうど止まった場合は1回休みとなり，次の自分の順番のときに1回だけルーレットを回すことができない

・コマが先に「G」の位置にちょうど止まった方が勝ちとなり，ゲームは終了とする

次の問いに答えなさい。

1)　ゆきお君が2巡目で勝つとき，2人のルーレットの数の出方は全部で何通りありますか。

2)　ゆきお君が3巡目で勝つとき，2人のルーレットの数の出方は全部で何通りありますか。

【理　科】(30分)〈満点：50点〉

【注意】計算機つきの時計は使ってはいけません。

1

“「現代用語の基礎《そ》知識」選2023ユーキャン新語・流行語大賞”が発表され，「OSO18／アーバンベア」がトップ10に入りました。アーバンベアとは市街地周辺で暮らし，一時的に市街地に出没《ぼつ》するクマのことをいいます。

次の問いに答えなさい。

1)　平野の外側の周辺部から山間地に広がる地域を中山間地域といいます。この中山間地域での過疎《そ》化がクマの生態に影響《えいきょう》を与えていると考えられています。その説明として正しいものをア～エから2つ選び，記号で答えなさい。

ア　放置された耕地に，藪《やぶ》などが増え，隠《かく》れ家となる。

イ　中山間地域に住宅が増えたことにより，市街地に出ざるをえなくなる。

ウ　伐《ばっ》採された森林が回復し，行動範囲が増える。

エ　森林を歩き回る人が増えたので，行動範囲が減る。

2)　クマは植物食中心の雑食性です。この中でも，クマが食べるブナ・ミズナラ・コナラの豊凶《きょう》度(実のなり具合い)とクマの出没件数に関して調べました。豊凶度は各都道府県で「豊作」や「不作」といった表現で公表されている場合があります。豊凶度を表1のように数値化します。

表1　豊凶度

(環境省Webサイトより一部抜粋《ばっすい》)

不作または凶作	1
並作	2
豊作	3

ブナ林・ミズナラ林・コナラ林の面積は地域によって異なることから，それぞれの豊凶度を同等に扱《あつか》うのではなく，それぞれの種類の森林面積によって重みづけされた豊凶指数を定めます。豊凶指数は以下の式で求められます。

$$\textbf{豊凶指数} = \frac{\textbf{(それぞれの種類の豊凶度×それぞれの種類の森林面積)の合計}}{\textbf{それぞれの種類の森林面積の合計}}$$

ある地域の豊凶度と森林面積が以下の値のとき，この地域の豊凶指数を求めなさい。必要があれば小数第二位を四捨五入して，小数第一位まででで答えなさい。

〈豊凶度〉　ブナ：凶作　コナラ：不作　ミズナラ：不作

〈森林面積〉　ブナ：1,128,900m^2　コナラ：673,400m^2　ミズナラ：3,838,260m^2

3)　ある地方での豊凶指数とクマの出没件数はグラフ1のようになりました。全体の傾《けい》向として，グラフ1から分かることは何ですか。次のア～エから1つ選び，記号で答えなさい。

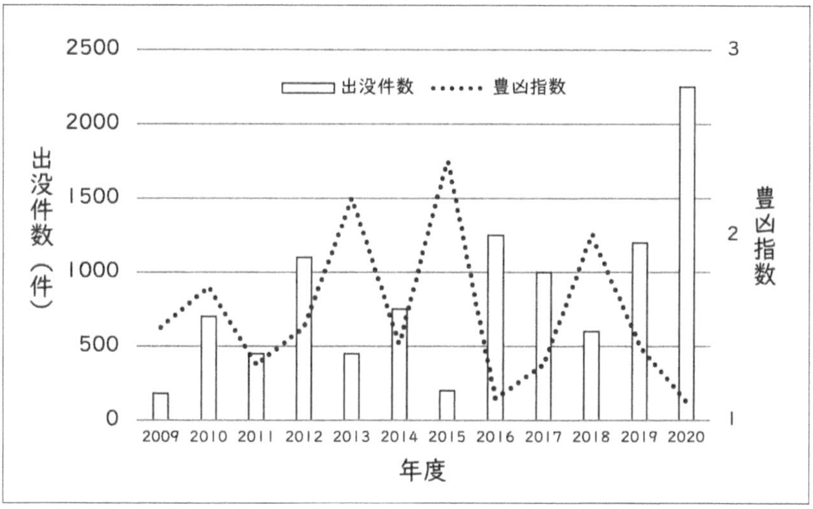

グラフ1　ある地方における凶作指数とクマの出没件数

ア　豊凶指数が高い年度に出没件数が多い。

イ　豊凶指数が低い年度に出没件数が多い。

ウ　年度が進むごとに豊凶指数と出没件数がどちらも上がっている。

エ　年度が進むごとに豊凶指数と出没件数がどちらも下がっている。

4)　グラフ1においてクマの出没件数が増えるのはなぜですか。最も適切なものを次のア～エから1つ選び，記号で答えなさい。

ア　ブナ・ミズナラ・コナラの実が豊作で，食べ物を求めて市街地に出てくる。

イ　ブナ・ミズナラ・コナラの実が不作で，食べ物を求めて市街地に出てくる。

ウ　冬の寒さが厳しく冬眠《みん》できないクマが現れ，食べ物を求めて市街地に出てくる。

エ　暖冬によって冬眠できないクマが現れ，食べ物を求めて市街地に出てくる。

2

昨年の夏は大変暑く，ネッククーラー（図1）が流行しました。これは，とける温度が約28℃の物質が密閉されており，首につけておくと一定時間涼《すず》しさを感じるものです。

次の問いに答えなさい。

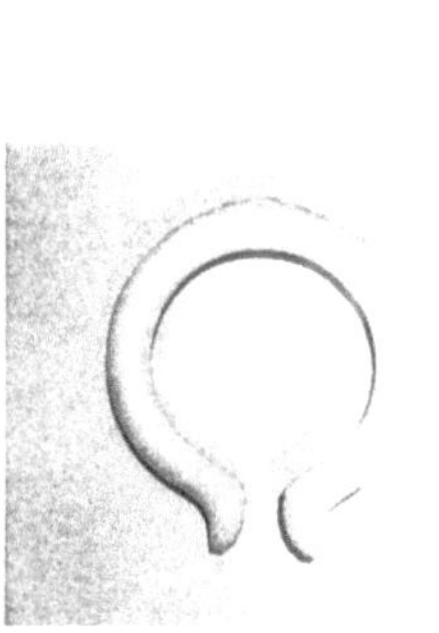

図1　ネッククーラー

1)　このネッククーラーを－18℃の冷凍《とう》庫に一日入れて置いておきました。このとき，ネッククーラーは何℃になりますか。正しいものを次のア～エから1つ選び，記号で答えなさい。

ア　－18℃　　イ　0℃　　ウ　28℃　　エ　36℃

2)　1)のネッククーラーを28℃の部屋にしばらく置いておきました。その後，固体が残っている状態のネッククーラーを身に着けて，39℃の屋外をしばらく歩きました。身に着けてからの，ネッククーラーの温度変化はどのようになりますか。次のページのグラフのア～カから最も適切なものを1つ選び，記号で答えなさい。なお，体温は36℃であるとします。

3)　ネッククーラーの中身を「水」に取りかえて，28℃の部屋にしばらく置いておきました。その後，このネッククーラーを身に着けて，39℃の屋外をしばらく歩きました。身に着けてからの，ネッククーラーの温度変化はどのようになりますか。下のグラフのア～カから最も適切なものを1つ選び，記号で答えなさい。なお，体温は36℃であるとします。

4)　ネッククーラーだけでは物足りないため，アイスクリームを作って涼むことにしました。氷に食塩を混ぜると，温度を下げることができます。このような現象を凝《ぎょう》固点降下といい，食塩の量に比例して温度が下がります。例えば0℃の氷1kgに58.5gの食塩を混ぜると3.7℃下がります。

アイスクリームを作るために0℃の氷100gに食塩を混ぜ，18℃下げるには，何gの食塩を混ぜるとよいですか。必要があれば小数第二位を四捨五入して，小数第一位までで答えなさい。

ア

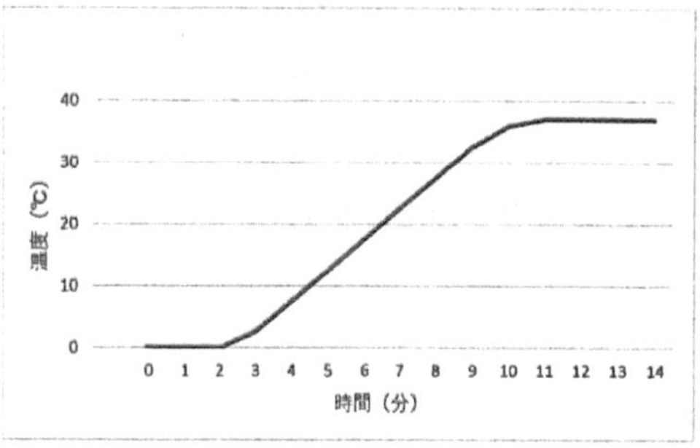

イ

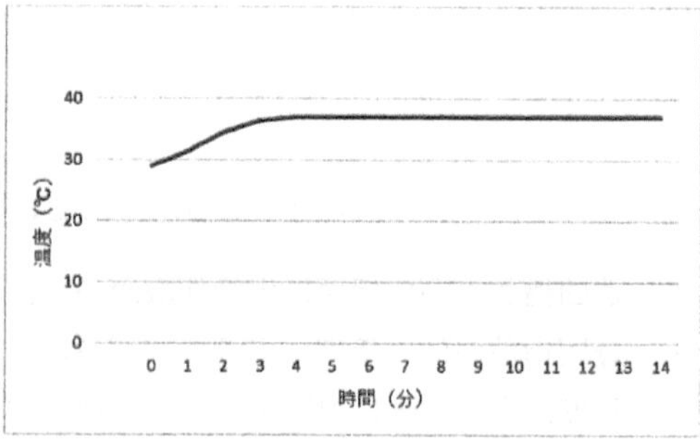

ウ

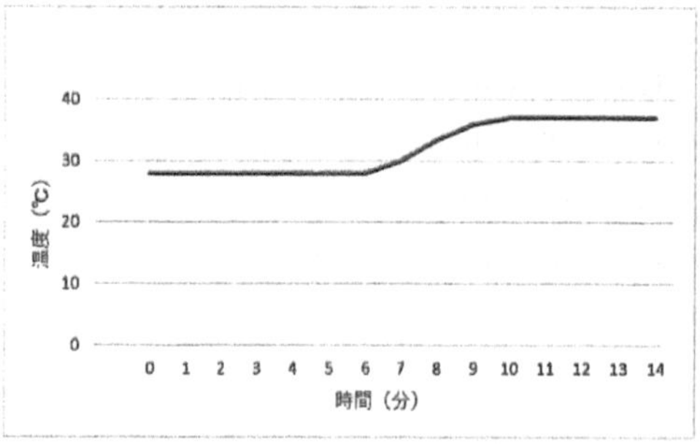

エ

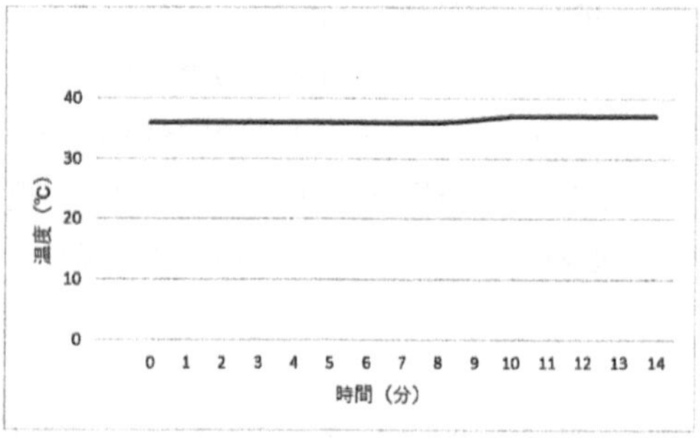

オ

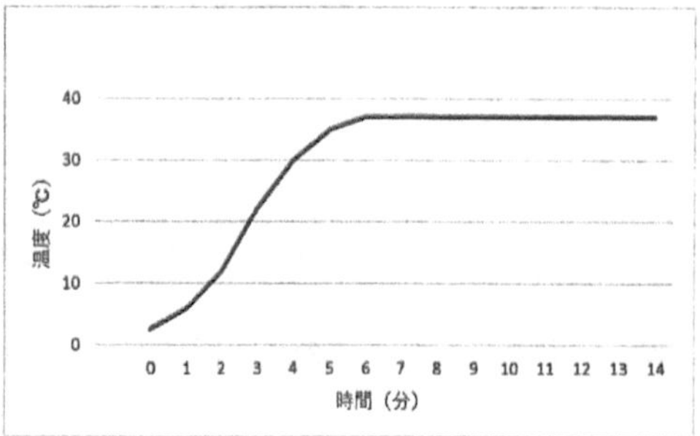

カ

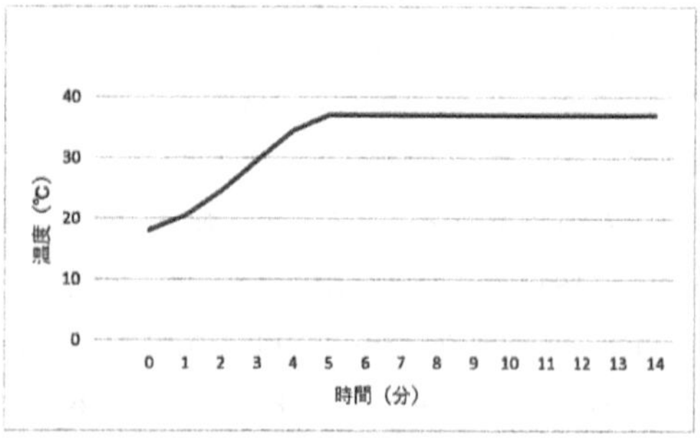

3

流星は宇宙空間にただようダスト(微《び》小粒《りゅう》子)が地球の重力に引かれて大気中に飛び込み，上空80km～150km付近で大気中の物質と激しく衝突《しょうとつ》することにより発光する現象です。このダストの多くは彗《すい》星という天体から放出され，図１のようなダストチューブを形成します。ここを地球が通過すると多くの流星が見られることになります。

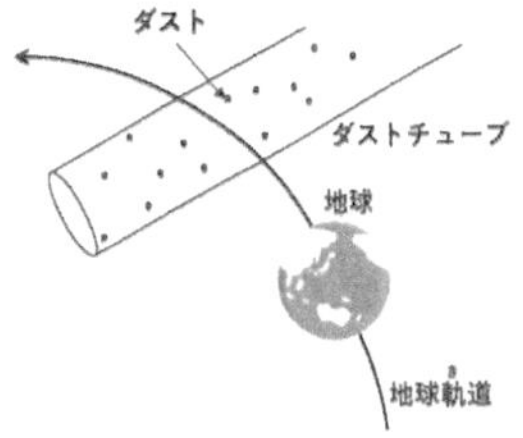

図１

次の問いに答えなさい。

1)　このとき，流星はある一点から流れてくるように見えます。これと異なる原理の現象はどれですか。次のア～エから1つ選び，記号で答えなさい。

ア　幅《はば》の広いまっすぐな川を流れてくるたくさんの木の葉を下流から見たとき，川は上流の方で一点に見え，そこから木の葉が流れてくるように見える。

イ　風がない日に空を見上げたとき，雨は上空の一点から降ってくるように見える。

ウ　幅の広いまっすぐな道路で向かってくるたくさんの車を見たとき，道路は遠くのほうで一点に見え，そこから車が走ってくるように見える。

エ　地上から打ち上げ花火を見上げたとき，光はある一点から広がっているように見える。

2)　流星の見え方について間違《ちが》っているのはどれですか。次のア～エから1つ選び，記号で答えなさい。

ア　点状に光って消える流星がある。

イ　空の下から上に向かって流れる流星がある。

ウ　月の裏《うら》側を通って見える流星はない。

エ　日の出直前と日没直後だけ流星が見える。

3)　ダストは，宇宙空間に広がって存在しています。図２のように地球が移動していくとき，一日あたりの流星数の変化はどうなると考えられますか。正しいものを次のア～オから1つ選び，記号で答えなさい。ただし，ダストは偏《かたよ》りなく広がって存在しているものとします。

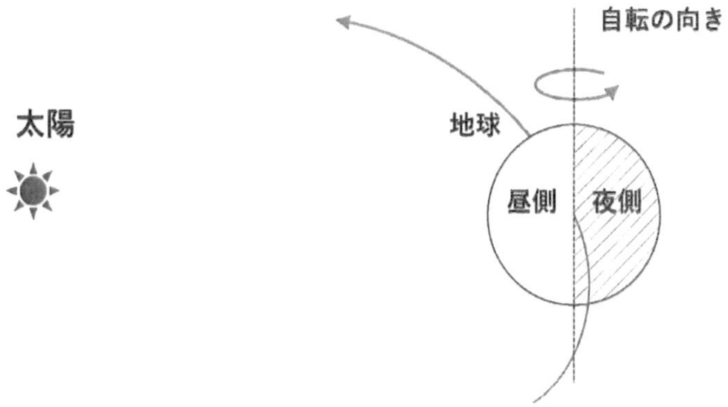

図２

ア　昼夜に関係なく変化しない。

イ　明け方から昼にかけて多くなる。

ウ　昼から夕方にかけて多くなる。

エ　夕方から真夜中にかけて多くなる。

オ　真夜中から明け方にかけて多くなる。

4

温度計を地面におき，少し土をかぶせて地面の温度(地温)を測定しました。温度計には，図1のように細い棒をさしました。

次の問いに答えなさい。

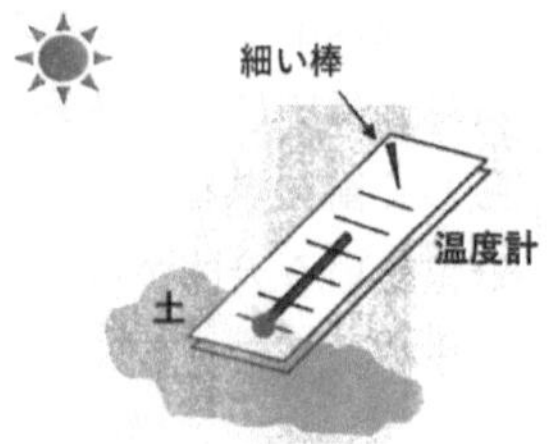

図1

1) 図1の細い棒の役割は何ですか。正しいものを次のア～エから1つ選び，記号で答えなさい。

ア　太陽と地面との距離《きょり》感がつかめる。

イ　地面付近の空気の流れを知ることができる。

ウ　温度の急な上昇《しょう》を防ぐことができる。

エ　棒の影《かげ》により，太陽高度の変化が分かる。

2) よく晴れた日の，太陽高度，地温，気温の変化を正しく表したグラフはどれですか。次のア～エから1つ選び，記号で答えなさい。

ア

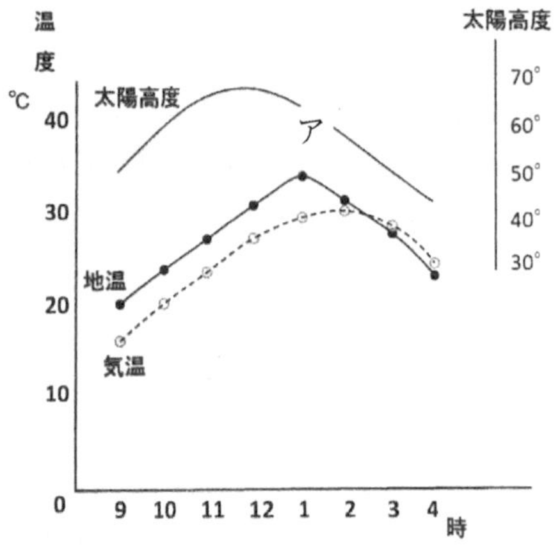

イ

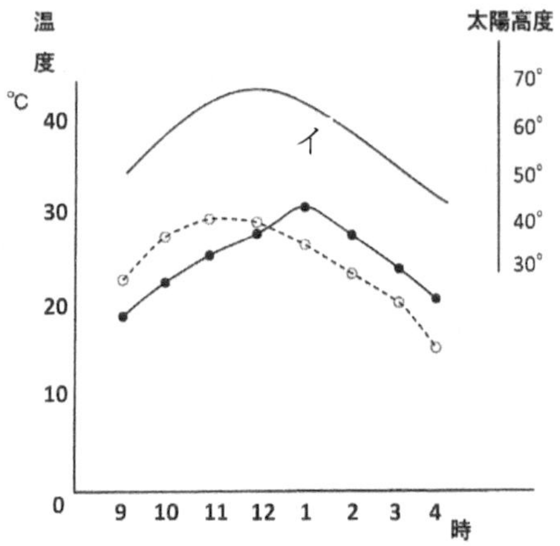

ウ

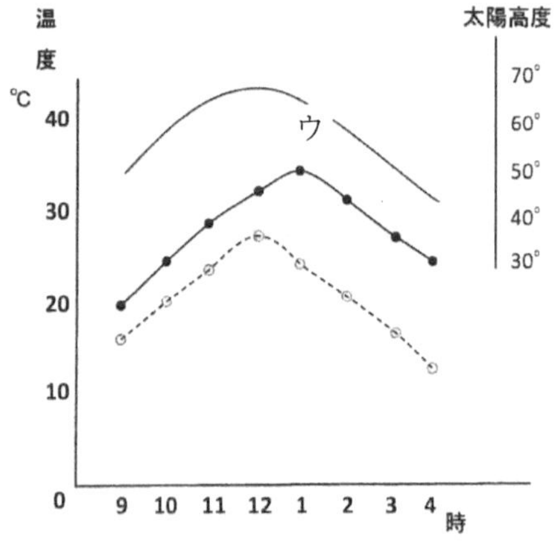

エ

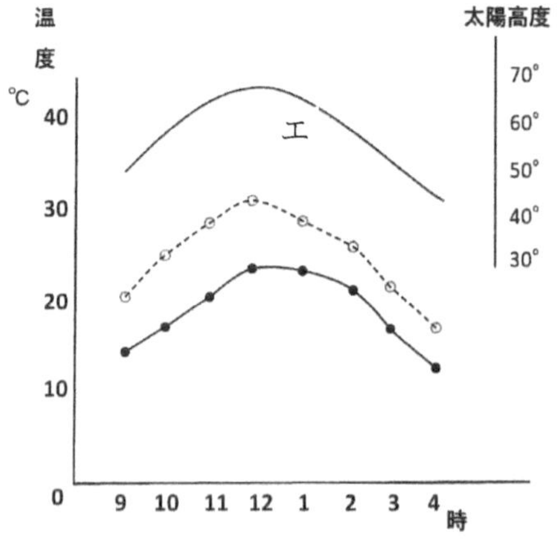

3) 黒色のフィルムで土をおおって作物を栽培《さいばい》するマルチ栽培(図2)では，雑草の成長をおさえることができるほかにどのような利点がありますか。正しいものを次のア～エから1つ選び，記号で答えなさい。

図２　黒色のフィルムでおおったマルチ栽培の様子

ア　気温がより高まるので，作物が育ちやすい。
イ　地温が高まるだけでなく，水分の蒸発もおさえられるので発芽や根の成長に有効である。
ウ　地温より気温のほうが高い状態を長く維《い》持できるので，葉の生育に有効である。
エ　地温の上昇がおさえられて，作物が枯《か》れにくくなる。

5

次の太郎君と先生の会話を読んで，問いに答えなさい。

太郎：先生，わりばしのような木が完全に燃えると粉のような灰になってしまうのはなぜですか？

先生：木をよく燃やすと灰になってしまい，ずいぶん軽くなってしまいますね。昔の人は「燃えるものにはフロギストンという燃えるもとが含《ふく》まれており，燃えるときにフロギストンが外に逃《に》げてしまうからである」と考えました。17世紀末にドイツのシュタールがこの理論を体系的にまとめ，このあとしばらくの間，この考えが信じられてきました。

太郎：先生，そうだとするとふたをした集気びんの中で燃えているろうそくが完全に燃え尽《つ》きる前に火が消えてしまうのはなぜですか？　フロギストンが出ていくだけなら，燃え尽きるまで火は消えないと思うのですが。

先生：そうですね。18世紀後半にイギリスの科学者プリーストリは「フロギストンはさまざまな空気(気体)に吸収されるので，フロギストンを含んでいる量が少ない気体中ほどものはよく燃える」と考えました。ものがよく燃える気体はフロギストンをほとんど含んでいないので「脱《だつ》フロギストン空気」と名づけていたようです。この「脱フロギストン空気」が(　A　)のことですね。

太郎：ところで，スチールウールやマグネシウムなどの金属を燃やすと重くなりますよね。フロギストンが出ていくのなら，軽くなるはずではないのですか？

先生：よく気が付きましたね。そのことについて調べたのはフランスの科学者ラボアジエです。ラボアジエは正確に重さを測定したスズという金属を密閉した容器に入れて，スズが完全に燃焼されるまで熱しました。十分に冷却《きゃく》してから容器を含めた全体の重さをはかったところ，変化していないことが分かりました。これは「質量保存の法則」と呼ばれています。その後，容器の口を開けると容器の中に空気が入ってきて，容器を含めた全体の重さが増加しました。この全体の重さの増加分は容器内に入ってきた空気の重さに相当しますが，この増加分はスズが燃焼後に増加した重さと「正確に一致《ち》していることがわかった」ことから，燃焼によってスズに空気の一部の気体が結合したと考えました。このスズに結合した気体が(　A　)です。

太郎：なるほど。でも先生，木が燃えて重さが軽くなるのはなぜですか？

先生：それもラボアジエが実験しています。(　A　)の中で，木炭を燃やすと「固定空気」が発生することを確認しました。この「固定空気」が空気中に逃げていくことで軽くなるのです。

太郎：「固定空気」とはなんですか？

先生：「固定空気」は(　B　)のことです。プリーストリが呼び始めたようですね。彼はこの気体が石灰石に酸をかけて発生させることができることを確認しました。

太郎：では(　A　)を発見したのはプリーストリなのですね。

先生：一般《ぱん》にそういわれていますが，もう一人大事な人物がいます。スウェーデンの科学者シェーレです。彼も燃焼について研究した人物の一人です。彼の報告によると，一定量の空気を，空気の一部分を吸収するある物質で処理することにより，常に「空気の20分の(　a　)が吸収されている」ことを明らかにしました。この吸収された気体が(　A　)であり，この気体を「火の空気」と名づけました。そしてこの残った気体の中では，ものが燃焼しないことも確認し，この気体を「傷《いた》んだ空気」と名づけました。この気体が(　C　)です。

1) (　A　)～(　C　)には空気中に含まれる気体の名前が入ります。適切なものをそれぞれ次のア～エから選び，記号で答えなさい。

ア　窒《ちっ》素

イ　酸素

ウ　二酸化炭素

エ　アルゴン

2) (　a　)に入る整数を答えなさい。

参考文献《けん》：『新訳 ダンネマン大自然科学史＜復刻版＞』(三省堂)

6

2種類の物質を同じ重さずつ混ぜてA～Dを用意しました。これらを用いて，【実験1】と【実験2】を行いました。A～Dは次のどれかです。

・二酸化マンガン　と　亜鉛《あえん》

・炭酸カルシウム　と　二酸化マンガン

・炭酸カルシウム　と　亜鉛

・炭酸カルシウム　と　アルミニウム

【実験1】A～Dに，うすい塩酸・うすい過酸化水素水・うすい水酸化ナトリウム水よう液をそれぞれかけたところ，結果は表1のようになりました。○は気体が発生したもの，×は気体が発生しなかったものです。

表1

	うすい塩酸	うすい過酸化水素水	うすい水酸化ナトリウム水よう液
A	① ○	⑤ ×	⑨ ×
B	② ○	⑥ ○	⑩ ×
C	③ ○	⑦ ○	⑪ ×
D	④ ○	⑧ ×	⑫ ○

【実験2】実験1で発生した気体同士を閉じた容器の中に同じ体積ずつとって混ぜ，内部で火花を飛ばして点火したところ，結果は表2のようになりました。○は燃えたもの，×は燃えなかったものです。

表2

	②と⑥	③と⑦	⑥と⑫	②と⑫
結果	×	○	○	×

次の問いに答えなさい。

1) 【実験1】で発生した気体を石灰水に通すと白くにごるものは，①～⑫のうち何個ありますか。

2) Cはどれですか。次のア～エから1つ選び，記号で答えなさい。

ア　二酸化マンガン　と　亜鉛

イ　炭酸カルシウム　と　二酸化マンガン

ウ　炭酸カルシウム　と　亜鉛

エ　炭酸カルシウム　と　アルミニウム

3) A，B，Cを同じ重さずつはかりとり，それぞれに気体の発生が起こらなくなるまでうすい塩酸をかけたところ，発生した気体の体積は表3のようになりました。

表3

	A	B	C
発生した気体の体積	330cm^3	130cm^3	□cm^3

□にあてはまる数値を答えなさい。必要があれば小数第一位を四捨五入して，整数で答えなさい。

7

太郎君は，自分の力で自分を持ち上げる“人力エレベーター”を製作することにしました。図1のように畳《たたみ》の上に体重計を置き，その上に立ちます。畳は床《ゆか》に置いた大きなはかりの上にのせられています。畳にはロープが取りつけられていて，天井《じょう》に固定された定滑《かつ》車を通してその一端《たん》を太郎君が握《にぎ》っており，真下に引っ張ります。太郎君の体重を50kg，畳と体重計を合わせた重さを12kg，ロープの重さは無視できるとします。

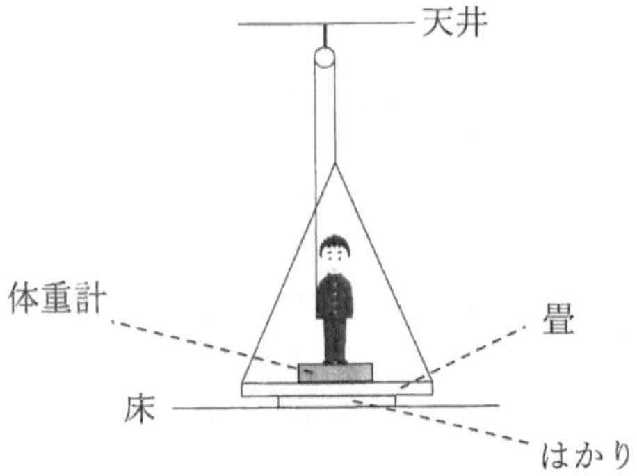

図1

次の問いに答えなさい。

1） 体重計の値が30kgを示しました。このとき，太郎君はロープを何kgの力で引いていますか。

2） 1)のとき，はかりの値は何kgを示していますか。

3） 太郎君がロープを引く力を大きくしていき，畳ごとはかりから浮《う》き上がらせるためには，1)の答えの何倍より大きい力で引けばよいですか。必要があれば小数第三位を四捨五入して，小数第二位までで答えなさい。

4） 自分の力で自分を持ち上げることに成功した太郎君は，図2のように畳の上に追加のおもりをのせていき，どこまで自分の力で持ち上げることができるか挑《ちょう》戦することにしました。太郎君がロープを引いて畳ごと浮き上がらせるためには，おもりの重さは，太郎君の体重の何%より小さければよいですか。必要があれば小数第一位を四捨五入して，整数で答えなさい。

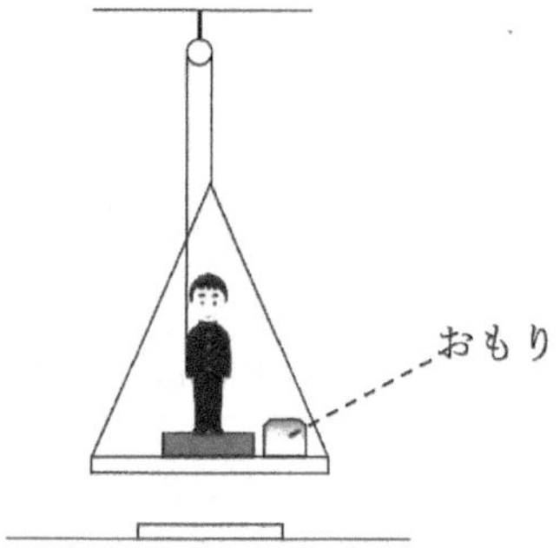

図2

【社　会】（30分）〈満点：50点〉

I　文章を読んで，以下の問いに答えなさい。

2023年は関東大震災から100年の年でした。9月1日に発生したこの大地震により，10万人以上の方が亡くなり，30万棟以上の建物が全壊・全焼し，電気・水道・道路・鉄道などのライフラインにも大きな被害が発生しました。9月1日が「（　1　）の日」と定められているように，関東大震災は，近代日本における災害対策の出発点となりました。国土交通省には地方整備局がおかれ，河川・道路・空港といった国の基盤の整備や，地震・洪水などへの危機管理の仕事を行っています。その中の関東地方整備局は，関東地方の様子を以下のようにまとめています。

「関東地方を概観すると，北と西を山地に，東と南を太平洋に囲まれ，中央部に関東平野が広がる地形となっています。そこに，日本の最高峰である富士山をはじめとする山岳，日本一の流域面積である（　2　）川が流れ，その下流域には①豊かな景観を形成する霞ヶ浦などの湖沼があります。また，長い海岸線を有する（　3　）半島と相模湾に伸びた三浦半島，その2つの半島に抱かれた東京湾など，多様な地形がみられます。」

（関東地方整備局ホームページを一部改）

関東地方はこのように豊かな自然を持ちつつ，東京をはじめ日本の政治・経済・文化の中心となっています。東京都は2023年から「TOKYO 強靭《きょうじん》化《か》プロジェクト」を始動し，②東京に迫る5つの危機を「風水害」，「地震」，「火山噴火」，「電力・通信などの途絶」，「感染症」と定め，「100年先も安心」を目指して取り組みを進めています。

また，東京都は2022年5月，「首都直下型地震」の被害想定を2012年以来10年ぶりに見直しました。その結果，死者数は約3000人減，建物被害は約11万棟減，避難者は約40万人減などとなっています。見直しの理由としては，住宅の耐震化が進んだことや地震後に発生する火災で延焼が心配される「木造住宅密集地域」が減ったことなどがあげられています。しかし，③この見直しについて疑問を持つ人もいます。突如として起こりうる災害にどう備えるか，私たちが真剣に向き合わなければならない課題のひとつです。

問1　文章中の（　1　）～（　3　）にあてはまることばを漢字で答えなさい。

問2　下線①について。（　2　）川の下流域から霞ヶ浦にかけての低湿地帯がひとつの例としてあげられ，主に大きな川の下流や湖の水辺で，水路がはりめぐらされ，一般的に移動手段として舟運《しゅううん》が発達していた地域を何といいますか。漢字で答えなさい。

問3　下線②について。5つの危機のうち，地震については「首都直下型地震」への備えが欠かせません。

（1）　近年は，1つの災害への備えだけでなく，そこから生じる複合災害(二次災害)も想定した準備が必要とされています。地図の地域で，大規模な地震が発生した時，どのような複合災害が考えられますか。地形の特徴をふまえて，説明しなさい。

（2）「首都直下型地震」が発生した場合に，自分がどのような状況になるのかを想像しておく必要性も指摘されています。以下の(ア)～(エ)は，東京都が「首都直下型地震」の際に身のまわりでおこることを想定したシナリオです。これらを(A)発生直後～1日後，(B)3日後～，(C)1週間後～，(D)1ヶ月後～と区切った時，(C)の段階に想定されることはどれですか。1つ選んで，記号で答えなさい。

(ア)　ライフラインや交通機関復旧によって，避難者数が減少する。物資不足が長期化した場合には，窃盗などの治安悪化を招く可能性もある。

(イ)　在宅避難していた人の家庭内備蓄が枯渇《こかつ》し，避難所へ移動してくる。生活ごみなどが回収されず，避難所の衛生状況が悪化する。

(ウ)　避難者に加え，帰宅困難者も避難所に殺到して，収容力を越える。停電や通信の途絶で安否確認などが困難になる。

(エ)　高齢者や持病を持つ人が慣れない生活環境で病状が悪化する可能性が高まる。プライバシー保護や生活ルールなどに関するトラブルが増加する。

(地図)

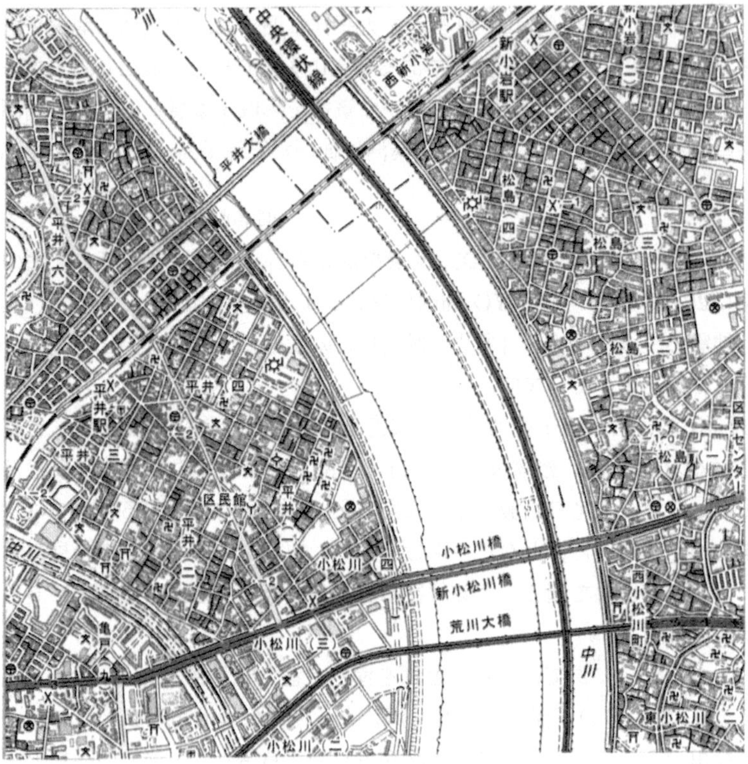

(2万5千分の1地形図「東京首部」)

問4　下線③について。資料1～4を参考にして，東京都による「首都直下型地震」の被害想定の見直しに対して，疑問を持つ人たちの主張を考えて答えなさい。

(資料1)　東京都の人口推移

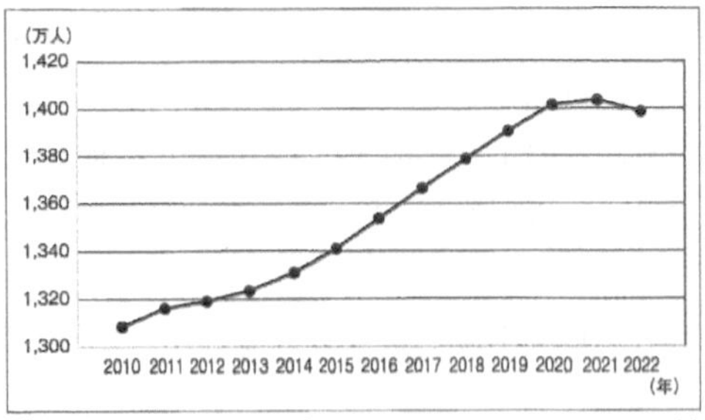

(東京都ホームページより作成)

（資料２）　築40年以上のマンション戸数の見込み（東京都）

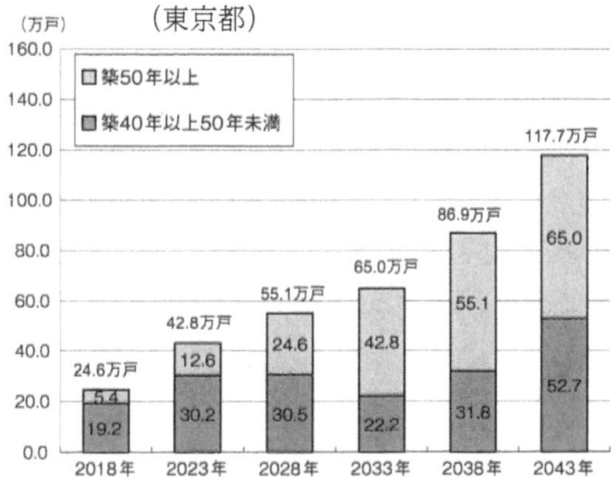

（東京都住宅政策本部ホームページより）

（資料３）　首都高速道路の開通からの経過年数

（首都高速道路株式会社ホームページより）

（資料４）　東京23区の建物の建築時期(2013年)

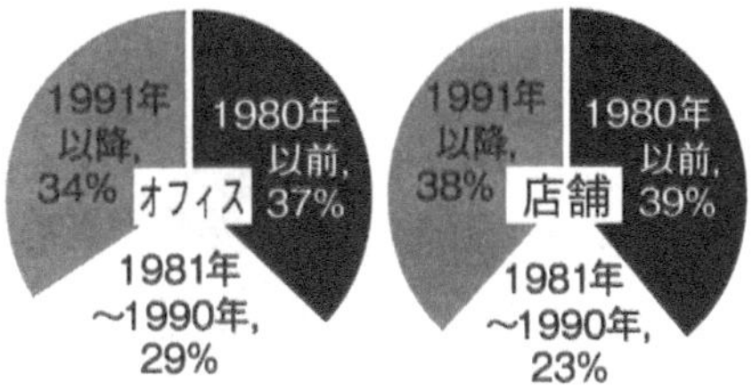

（東京商工会議所ホームページより）

Ⅱ　文章を読んで，以下の問いに答えなさい。

明治時代になると，社会にいわゆる①「文明開化」といわれる風潮が生まれました。これにより②人々の生活や習慣が大きく変化したと言われています。さらに，この③背景には，当時の日本がおかれていた状況が関係しています。この風潮のなか，明治政府により暦が太陽暦に変更されるとともに，④祝祭日が設けられました。「文明開化」は次第に広まっていきましたが，その⑤反応や浸透の仕方は，さまざまであったようです。

問１　下線①について。

（１）「文明開化」の象徴となった，コンドルによって設計された建築物を漢字で答えなさい。

（２）「文明開化」に大きな役割を果たした内務省の初代長官で，薩摩藩出身の人物を漢字で答えなさい。

問2　下線②について。

(資料1)　違式詿違《いしきかいい》条例／違式詿違《いしきかいい》条例図解　1872年

「条例の施行をするのは，いやしい習わしを取り去り，また人々の産業活動やなりわいを守り，他人の妨害を受けないようにするためである。」(岐阜)

「条例を定めるのは文明的な政治体制をつくるための一端である。国の法をよく守って他人の自由を妨害せず，自由を保護するということは立派なことである。…今や文明は日に日に進んでおり，すべての人々が条例を受けいれるようになることは，大変よろこばしいことである。」(京都)

❶

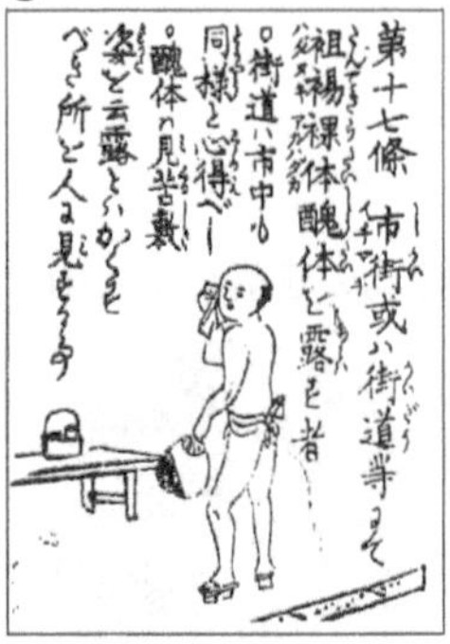

＊市街や街道において裸でいる者

❷

＊外国人をひそかに住まわせる者

❸

＊官有の山林に勝手に入っていく者

❹

＊ガス灯にいたずらをして破壊する者

(木村信章 註解)

(国立国会図書館デジタルコレクションより 引用および現代語訳)

(1)　資料1の違式詿違条例とは，違式(わざと行うこと)および詿違(あやまって行うこと)の犯罪を取り締まるために出された規定で，❶～❹の図はその取り締まりの対象を描いたものです。資料1の内容について，ふさわしくないものを(ア)～(オ)から2つ選んで，記号で答えなさい。

(ア)　いたずらは取り締まりの対象ではなかった。

(イ)　文明化を進めるために定められた。

(ウ)　凶悪で重い犯罪を取り締まった。

(エ)　人々が行きかう場所で，服を身につけないことを禁止した。

(オ)　それまでの人々の生活習慣を改めさせようとした。

(2)　資料1の条例制定にあたっては，あるものからの視線や批判が意識されています。何からのものと考えられますか。時代背景なども考慮して，簡潔に答えなさい。

問3　下線③について。

(1)　日本が開国を決定した条約を漢字で答えなさい。

(2)　「文明開化」を推進した背景として，最も関係のあるできごとを次の年表の(ア)～(オ)から1つ選んで，記号で答えなさい。

(年表)

1868年	(ア)　五榜の掲示
1871年 7月	(イ)　廃藩置県の実施
11月	(ウ)　岩倉使節団の派遣
1873年	(エ)　徴兵令の発布
1877年	(オ)　西南戦争の開始

問4　下線④⑤について。関連した資料2～4の内容の説明としてふさわしいものを(ア)～(オ)から2つ選んで，記号で答えなさい。

(資料2)明治の祝祭日

祝祭日	由来・内容など	月日
元始《げんし》祭	皇位の元始を祝う	1月3日
新年宴会	新年を祝う宮中行事(休日)	1月5日
孝明天皇祭	孝明天皇崩御《ほうぎょ》の日	1月30日
紀元節	神武天皇即位の日	2月11日
春季皇霊祭	神武天皇を始めとする皇霊を祭る	3月21日ごろ
神武天皇祭	神武天皇崩御の日	4月3日
秋季皇霊祭	神武天皇を始めとする皇霊を祭る	9月23日ごろ
神嘗《かんなめ》祭	天皇が伊勢神宮に新穀《しんこく》を奉る	10月17日
天長節	天皇誕生日	11月3日
新嘗《にいなめ》祭	天皇が新穀を神と共食《きょうしょく》する	11月23日

(『ビジュアル・ワイド明治時代館』小学館2005より作成)

(資料3)　太政官からの布告　1873年1月4日

このたび改暦につき，人日《じんじつ》・上巳《じょうみ》・端午《たんご》・七夕《たなばた》・重陽《ちょうよう》の五節句を廃止して，神武天皇の即位日と天長節の両日を今後は祝日と定める。

(資料4)　東京市長から各区長への通達　1904年3月9日

市内の小学校で，一月，七月(いわゆる藪入《やぶい》り※と称する日)そのほか三月三日，五月五日(いわゆる節句と称する日)等において欠席者が多いことを理由として臨時休業とする様子があると聞く。事実だとしたら非常にふさわしくない。　※…正月やお盆の休みのこと

(東京公文書館所蔵史料より 現代語訳)

(ア)　神武天皇の即位日を天長節といった。

(イ)　五節句とはいわゆる桃の節句や端午の節句などをさす。

(ウ)　江戸時代からの祝祭日は，明治時代にそのまま引き継がれた。

(エ)　天皇の権威を根付かせることが祝祭日の決定に影響した。

(オ)　資料3の内容は明治の中ごろになって人々に浸透した。

問5　「文明開化」という考えは戦争でどのように利用されましたか。資料5の内容をふまえて，説明しなさい。

(資料5)　福沢諭吉「日清の戦争は文野の戦争である」『時事新報』　1894年7月29日

> 日清間の戦争は世界にひらかれている。文明世界の人々は，この戦争をどのように見るのだろうか。戦争の事実は日清両国の間に起きたことだが，その根源を考えてみると，文明開化の進歩をはかるものとその進歩を妨げようとするものの戦いであって，決して両国間の争いではない。本来日本国人は中国人に対して怨《うら》みはない。敵意もない。…しかし，彼らはかたくなで無知であり道理を理解せず，文明開化をみてこれを喜ばないばかりか，反抗の意思を表したために，やむを得ず戦争になった。

Ⅲ　文章を読んで，以下の問いに答えなさい。

MaaS(マース)とは，「Mobility as a Service (モビリティ・アズ・ア・サービス)」を略した言葉で，直訳すると「サービスとしての移動」となります。現在の日本では，複数の交通手段を利用する際に，①PCやスマートフォンなどの情報端末で最適化された移動経路を示すサービスが一般的に見られますが，MaaSが実現されると，これに加えて複数の交通手段の予約や料金の支払いも一度に行えるようになります。

さらに従来の交通手段・サービスに，②自動運転やAIなどのさまざまな革新的技術をかけ合わせ，次世代の交通サービスが提供されることも考えられています。例えば，徒歩20分の距離の駅まで自宅の前から自動運転車に乗って向かい，鉄道を使って主要街道沿いの駅まで向かって降りた後，ウェブ上のアプリに登録した③一般人の運転する乗り合い自動車に乗り高速道路で目的地に向かい，そこでは無人店舗《てんぽ》の電動キックボードに乗り換えて観光地を巡り，最後は宿泊施設で乗り捨てる，そのようなルートが情報端末に示され，即座に予約ができ，支払いも同時に済ませられる…このような「ドア to ドア(出発地のドアから目的地のドアまで)」で途切れなく目的地に移動できるような将来が実現されると予想されています。

MaaSが普及することにより，移動の利便性が高まるだけでなく，世界規模の問題や地域のさまざまな「困りごと」の解決にも効果があると期待され，政府がMaaSを推進しようとする企業に予算を投ずるなどの動きも見られます。

一方で，日本の現状を念頭に置くと，④MaaSの普及にともなう変化への対応をせまられる人々も存在するかもしれません。しかし，高度な情報産業の発達や技術革新による社会構造の変化は，今後MaaSのような移動・輸送以外の分野でも避けられないといわれており，こうした変化に対応しつつ，誰も思いつかなかった新たなサービスや⑤社会問題の解決を提供する「DX」という取り組みに力を注ぐことが日本でも急務とされ，その実現には若い世代の人々の柔軟な発想がカギとなるといわれています。

問1　下線①について。日本にとって最大の輸入相手である国や地域を，(ア)～(オ)から1つ選んで，記号で答えなさい。

(ア)　中国　　(イ)　台湾　　(ウ)　ドイツ

(エ)　インド　　(オ)　アメリカ

問2　下線②について。これらに欠かせない半導体を生産する国や地域として次の資料の(あ)，(い)にあてはまるものを，(ア)～(オ)からそれぞれ1つ選んで，記号で答えなさい。

(ア)　中国　　(イ)　台湾　　(ウ)　ドイツ
(エ)　インド　　(オ)　日本

(資料)　2020年半導体生産国・地域別売上比率(単位：%)

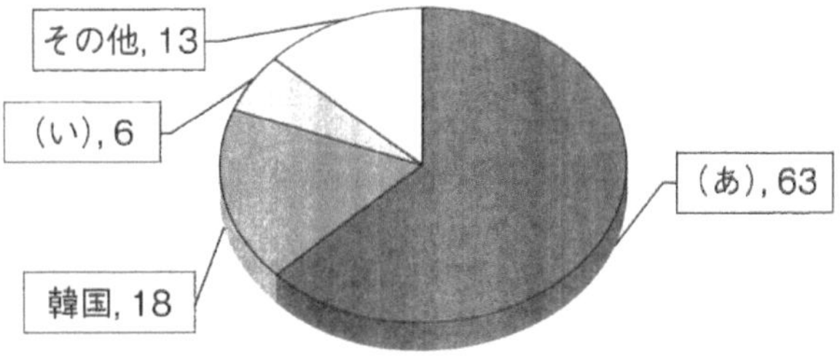

(トレンドフォース※ホームページより作成)
※テクノロジー業界における調査レポート等を行う企業

問3　規制をゆるめて，タクシーやバスに代わり下線③のような移動を可能にすることが国政で議論されていますが，このような移動方法を何といいますか。

問4　MaaSが普及すると，次の文章のような変化が社会にみられるようになるといわれています。文章中の(　1　)，(　2　)にあてはまることばを，それぞれ答えなさい。

「人々は移動手段をモノとして(　1　)しなくなり，(　2　)として利用するようになる。」

問5　日本はMaaSへの対応が特に難しいとされています。その理由の根拠となる資料を，問4をふまえて(ア)～(エ)から2つ選んで，記号で答えなさい。

(ア)　日本のEV(電気自動車)販売台数・比率の推移

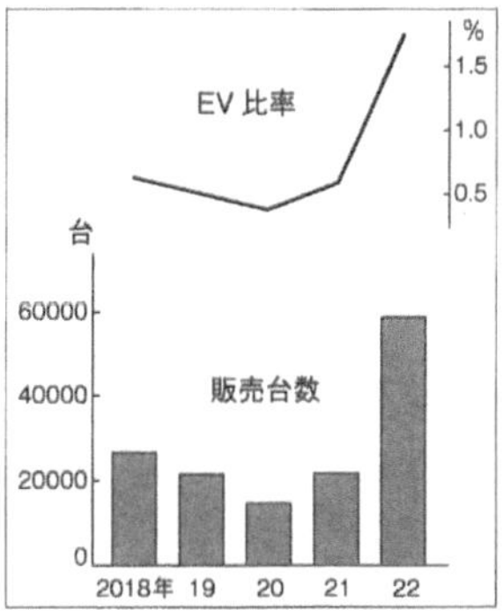

(日本経済新聞より)

(イ)　日本の自動車産業の構造

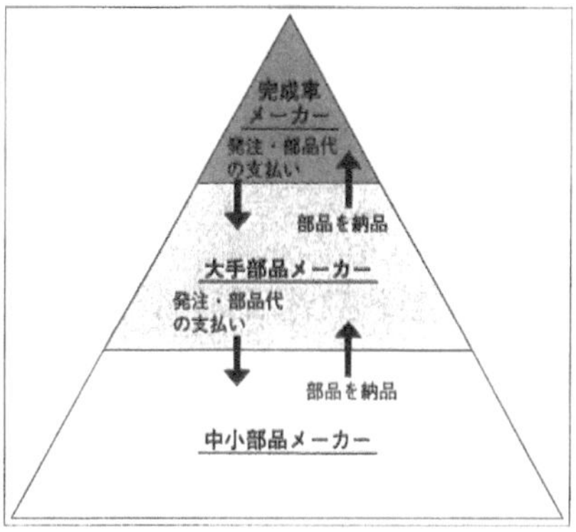

（ウ） 2021年の日本の主要製品別輸出額
(単位：百億円)

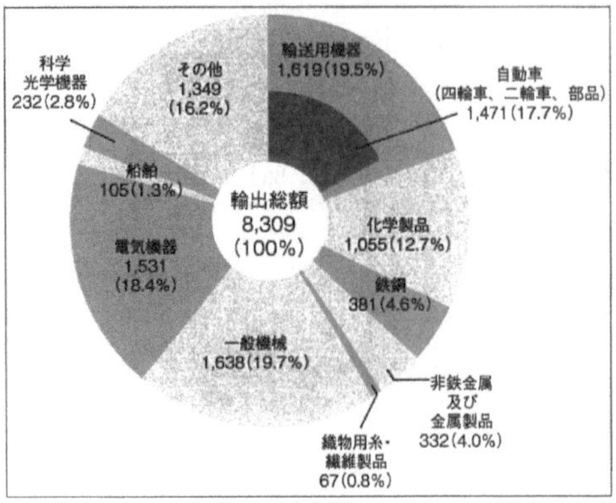

(日本自動車工業会ホームページより)

（エ） 国別自動車生産台数の推移

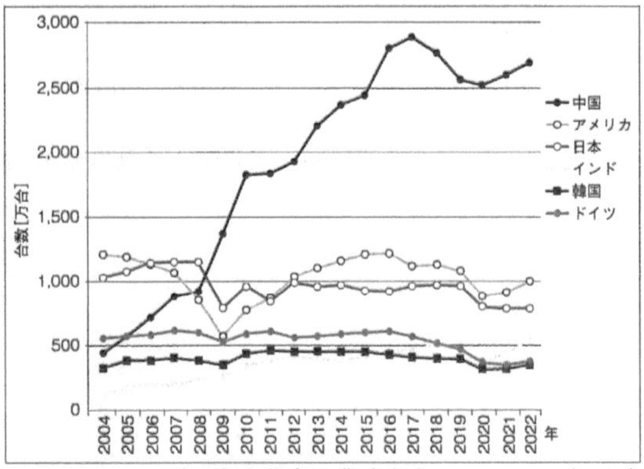

(国際自動車工業連合会ホームページより)

問6　下線④について。この人々と最もかかわりの深い地域を地図の(ア)～(オ)から1つ選んで，記号で答えなさい。

(地図)　日本の主な工業地域

問7　下線⑤について。

（1）「DX」とは何を指すことばですか。カタカナで答えなさい。

（2）「DX」を用いることで，どのような社会問題を，どのようなアイデアで解決できるか説明しなさい。ただし，例示したMaaSに関連する移動・輸送の分野は除いて説明しなさい。

ていたりした。樋《とい》をつたって流れ落ちる雨だれの音。土にしみ込む雨足。長ぐつをはいて原っぱへゆくと、あちこちに生まれた水たまりが、足に浅く、目に深かった。

東京に空地がなくなったのは、遊んでいた土地に全部、値が出たということで、つまり経済の成長とはそういうことでもあるのだろう。私のアキ時間も乏しくなった。働かなければ、ぼんやりもしていられないのである。

いちにちの勤めを終え、立ち寄った喫茶店で、たたんだ傘をテーブルに立てかけ、コーヒーを下さい、とたのんだらウェートレスに「もう雨はやみましたか？」とたずねられた。この人は朝来たまま□を見ていないのだ。私の耳の中で、言葉がやさしく濡れてきた。

（石垣りん『朝のあかり』所収「雨と言葉」より）

㈠　ひそかな言葉も不要になってきたとありますが、それはなぜですか。解答欄に合うように答えなさい。

またこのように雨の感じ方が変わってしまったことを、どう表現していますか。

本文中から一文で抜き出しなさい。

㈡　□にあてはまる漢字一字を答えなさい。

㈢　「私」は「雨ふり」を視覚や聴覚で感じとっていますが、本文中では他の五感を使った描写も出てきます。もう一つは何ですか。

(ハ) 日本に勝って欲しいと思うがドラマの方が見たい
(ニ) 試合の結果はどうでもいいので次の番組が見たい

(二) □にあてはまるカタカナ三字を答えなさい。

(三) 江川は、ぎゅっと拳を握りしめるとありますが、心情として最も適当なものは、
(イ) もうこの試合は厳しいかもしれない
(ロ) なんとかこの状況をしのいで欲しい
(ハ) お前も俺と同じセッターじゃないか
(ニ) お前のサーブなら点が取れるはずだ

(四) 「えっ」というおどろきは江川のどのような考えがくつがえされたからですか。本文中から一文で抜き出し最初の五字を答えなさい。

(五) 青年のそれになった倉橋の横顔からうかがえるのは、
(イ) 最後まで勝つことを諦めない表情
(ロ) 想像以上の活躍に胸がおどる表情
(ハ) 勝利を予感し達成感に満ちた表情
(ニ) 大人の余裕に満ちた頼もしい表情

(六) かつての自分が引き受けていた祈りについて、
① 江川が「自分が引き受けていた」と思うのはどのような理由からだと考えられますか。
② その祈りを今、倉橋に向けるのはどのような願いからですか。

(七) 佳澄がバレーの試合をよく観せられており詳しく知っていることがわかる場面はどこですか。本文中からセリフで抜き出しなさい。

四 次の(一)から(五)までの――の部分を漢字で書きなさい。

(一) ドラマの時代コウショウ。
(二) シーズンがカイマクする。
(三) 問題をテイキする。
(四) 首をたてに振る。
(五) カラスのなわばり争い。

五 次の文章を読んで、あとの(一)から(三)までの問いに答えなさい。

街を歩いていて、おや？ と、足より先に気持が立ちどまる。そっと手のひらをひらいて、次の一滴を待つ。「降ってきたわ」。

雨ふりは、よく、そんなふうにしてはじまった。このごろは地下道だの、アーケードだのがふえて、だれに言うともない、強いていえば、天からおとずれたものへの、声になったり、ならなかったりする、ひそかな言葉も不要になってきた。

私が働く丸の内のオフィスは八階で、降りはじめた雨をたしかめるのに、上を向かず、はるか下の舗道に目を落す。黒く濡れて、その上をひらいた傘がうごいてゆく。人影はその中にすっぽりはいってしまう。むこうの高層ビルの壁面がまだらに塗れそぼって、雨量や風向きをグラフにして見せていたりする。

それらが昔のサイレント映画を見るように、スクリーンならぬ、一枚のガラスを通して目にうつる。

雨の音を聞かなくなって久しい。私が子供のころの雨、ことに梅雨時は、自分の周囲に長々とふりつづいていた。木造の、壁までしっとり感じられるような家の中で、せめて窓辺で、あきもせず外をながめ

一七九センチ、セッターとはいえバレー選手の中では小柄な体格の倉橋《くらはし》が、センターコートの真ん中――四年前、江川《えがわ》自身がチームキャプテンとして立っていた場所で、トスをあげた。

「この人、パパと同じことしている。背、ちっさいのもパパと同じ」

佳澄がそう呟《つぶや》いたのと、日本のスパイクがポルトガルのブロックに阻まれたのはほぼ同時だった。また一点差が広がる。

江川の現役時代からずっと、男子バレーは世界では勝てないと言われてきた。日本が体格的ハンデを背負うのはどの競技でもいえることだが、バレーボールはその中でも身長の差が勝敗に直結する。チームの平均身長は十センチ以上も違うのに、□の高さは絶対に変わらない。

相手のサーブミスで、22対19。エンドラインまで下がった倉橋が、サーブを打つためにボールを受け取った。

倉橋の横顔に、汗が伝う。江川は、ぎゅっと拳《こぶし》を握りしめる。

セッターは、自分で得点を決めることがほぼない。俺もお前も背が低いから、ブロックでの活躍も難しい。だからサーブを磨け。サーブで相手を崩すことができれば、必ずいつかチャンスが生まれる――四年前、江川は、自分の控えとして初めて全日本入りした倉橋に何度もそう言った。あのとき倉橋はまだ二十歳の大学生で、身体《からだ》も薄く、顔立ちも青年というよりは少年に近かった。

こいつが全日本の中心選手になるころには、また、世界を舞台に戦えるような強いチームになっていてほしい。江川はそう願いながら、自身は世界大会においてメダルを獲得することのないまま、現役を退いた。

「あれっ」突然、佳澄がテレビの画面を指さす。「やっぱりこの人、パパと同じじゃないかも」

【倉橋、ジャンプサーブです！】

実況を務める男性アナウンサーの声が大きく弾《はじ》ける。

「えっ」

江川は思わずテレビ画面を凝視する。倉橋の放ったボールは幸運にもネットにかかり、相手セッターのすぐ隣に落ちた。

【セッターの倉橋がここでサーブポイントを決めてきました。サーブを強化しているとは聞いていましたが、セッター、しかもこの身長でジャンプサーブとは……珍しいケースですよね】

そうですね、と解説者が相槌《あいづち》を打つ中、もうすっかり青年のそれになった倉橋の横顔が、また画面いっぱいに映る。

「パパ、ドラマ、録画しといてえ」

テレビ画面を指したまま、佳澄がふぁあと欠伸《あくび》をする。

「この人、なんか勝つ気まんまんの顔してる。長引きそう！」

セットカウント、2対1。ポイントは、22対20。

いけ、いけ。ボールを掲げる倉橋に、江川は祈りを飛ばす。かつての自分が引き受けていた祈りを、その逞《たくま》しい横顔に向かって、何度も、何度も。

(朝井リョウ『発注いただきました！』所収「その横顔」より)

(一) 早く終わんないかなあとは、

(イ) 日本よりもポルトガルの選手たちを応援している

(ロ) 眠くなったため試合の結果はどうでもよくなった

翔太が使う前は、どんな人が使っていたんだろうね、このカメラ。いったい何人の手を経てきたんだろう。

同じ値段で、新品のよっぽどいいものが手に入るのに、ってアタシが言ったら、この時代にしかないアナログの味が、この手ざわりが、デザインが、とか、どうのこうのって、言ってたわねえ、翔太は。「どうのこうの」が、この人にもあったから、買ってくれたのかしら。

「たいして特徴があるわけでもないけど」

そう言いながら、じいさんがアタシのレンズに息を吹きかけると、即座にくもった。よしとくれよ、と思ったとたん、じいさんは、レンズのくもりを布でゆっくりと拭った。

「孫に売られてしまったばあさんの切ない形見だからねえ、大事にしてあげないと」

おや、殊勝《しゅしょう》な。

アタシは、ほろりとしてしまった。

「ばあちゃん、すぐ泣くからなあ」

初めて、翔太がこのカメラでアタシを撮ってくれたとき、いい感じ、いい感じと微笑みかけてくれる姿が頼もしくて、アタシはほろりときちまったんだよね。そうしたら、翔太がそう言ったんだった。いつからあんなに涙もろくなってたんだろう。

「俺も同じようなこと、しちゃったからなあ」じいさんはつぶやいた。

同じようなこと……？　まあ、若いときは、いろんなことをなんにも考えないでしてしまうことも多いからねえ。こんなアタシで気が楽になれるんなら、どうぞ大事にしてやっとくれよ。

（東直子『とりつくしま』所収「レンズ」より）

㈠ 翔太はアタシから見てどのような関係にあたる存在ですか。本文中から一語で抜き出しなさい。

㈡ アタシは死んだ後、何にとりつきたいと「とりつくしま係」に言ったのですか。本文中から六字で抜き出しなさい。

また、とりつきたいと思った理由は何ですか。それを述べている続きの二文を探し、最初の五字を抜き出しなさい。

㈢ このじいさんに買われちゃうの……？　とありますが、

① じいさんがカメラを買うのが初めてでないことは、どの表現からわかりますか。本文中から五字で抜き出しなさい。

② アタシの想像とは異なり、じいさんがカメラをていねいに迎えていることがわかる言葉を、本文中から六字で抜き出しなさい。

㈣ アタシは、翔太のしたことを最後にはどのように考えていますか。解答欄に合う字数で本文中から語句を抜き出しなさい。

㈤ 望んでいた状況ではなかったのにアタシが前向きになれたのはどうしてですか。

三 次の文章を読んで、あとの㈠から㈦までの問いに答えなさい。

テレビの中の審判が笛を吹く。セットカウント2対1、ポイントは21対18。セットもポイントも、リードはポルトガル。

日本のレシーブがセッターに返る。「早く終わんないかなあ」娘の佳澄《かすみ》は、目を擦《こす》りながら新聞のラテ欄を睨《にら》んでいる。このセットで日本が負けてくれれば、楽しみにしているドラマがすぐに始まるのに。そう思っていることが丸わかりだ。

店主らしき人が、言いながら笑った。
「ケースの中に、レンズ拭きも入っててさ、そこにＳＳってイニシャルが刺繍《ししゅう》してあるんだよ。多分ばあさんが入れた刺繍なんだろうけどさ、このなんとも言えない手作り感が、笑えるんだか、泣けるんだか。ほら、これだよ」
アタシの目の前で、水色の布が手渡された。ああ、これは……！
間違いないよ、それ、アタシが入れた刺繍だよ。アタシは、確かに翔太のカメラにとりついたんだ。
どういうことだい、翔太。ばあちゃん、おまえが入学祝いにこれが欲しいって言うから、貯金を下ろして買ってやったんだよ。あのときは、あんなにうれしそうな顔をしていたのに。あれは、なんだったんだい。
アタシはねえ、もう一度会いたかったんだよ、翔太。おまえがカメラのレンズで覗くものを、一緒に見てみたかったんだよ。
それなのに。
ひどいねえ、こんなところに売っちまうなんて。あんまり切ないじゃないか。
アタシは、翔太の顔を思い出した。
笑ってる顔。泣いてる顔。ふてくされてる顔。甘えてくる顔。百面相みたいにいろんな顔を見せてたもんだ。
…………まあ、そうだねえ……。まだ若いから、他に欲しいものがいろいろできたとしても、仕方がないかもしれないねえ。
ああ、分かった、いいよいいよ、とにかくおまえにあげたもんだ、好きにしてくれて。アタシにはもう、手も足も、おまえになにか言ってやれる口もない。
そんなことを思っていると、アタシの目の前を、水色のレンズ拭きの布がくるくるとまわった。
「いいレンズだ」
レンズを磨きながら、さっきのじいさんがアタシを眺めまわして言った。
「これ、買うよ」
え、アタシ、このじいさんに買われちゃうの……？
「まいど、ありがとうございます」
アタシは、じいさんから店の人に手渡され、ケースの中の暗闇に包まれた。
暗闇の中でゆれながら、売り買いされるモノっていうのは、無力なもんだね、と思った。
翔太は、昔から気まぐれだった。母親の佳子《よしこ》の方は生真面目だったから、あの子には、ずいぶん気をもんでたわねえ。相変わらず、やいのやいのやってるのかね、あの母子は。
急に目の前が明るくなった。ケースから取り出されたらしい。
「さて、ばあさん、いらっしゃい」
ばあさんって、なんだい。カメラになってまで年寄り扱いなのかね。もともとが中古のカメラだったから、そう言われてもおかしくない身体ではあるけどね。
アタシは、孫のために自分でイニシャルを入れた布で、全身を磨かれている。大切に扱おうとしている手つきが、伝わってくる。なんにせよ、大事にされるというのは、いいもんだ。

(ハ)　登場人物の話し方　　(ニ)　登場人物の人生

(六)　［　　］に入るのは、

(イ)　きらめく田圃の水と一緒に目に入ってきた
(ロ)　田圃の背にぼんやりと浮かび上がっていた
(ハ)　どこまでも続く田植え直後の田圃の水に映っていた
(ニ)　赤く照らされ、田圃の緑と対照的だった

(七)　私の最初「ダーツの旅」の魅力は、

(イ)　予想できない方法で目的地を決めるところ
(ロ)　予想していない経験ができるところ
(ハ)　予想を超えた内容の小説が生まれるところ
(ニ)　予想とはちがう目的地に行けるところ

二　次の文章を読んで、あとの(一)から(五)までの問いに答えなさい。

> 死んだ人間の前に現れる「とりつくしま係」は、生きているモノ以外のなにかの「モノ」にとりついて、もう一度この世を体験できる、「とりつくしま」の希望を聞いてあげる係である。

さて、翔太《しょうた》はなにをしているところかな。

あれ？　ここは？

目の前を、人が何人も通り過ぎていく。その向こうに、車が走っている。街の風景が見える。

アタシは、外に連れ出されているんだろうか。翔太はどこにいるのだろう。

翔太を探していると、アタシのレンズに見知らぬ顔がぬうっと近づいてきて、驚いた。目を細めながらアタシを見るので、目尻にたくさんの皺《しわ》ができている。

あんた、誰だい？

「これ、なかなかいいねえ」

アタシは、その人に持ち上げられた。

「そうだろう、それ、こないだ入ったところでね、いいカメラだよ。どう、久しぶりに買っていかないかい」

え、「買っていかないか」って……？

アタシは、まわりをぐるりと見わたした。たくさんの古めかしいカメラが棚に置かれている。そうか、ここは、中古のカメラ屋さんなんだ。

中古ってことは……。翔太、これは、どういうことだい？

いや、きっと、あのとりつくしま係が、とりつくカメラを間違えたんだな。なんてこと。

「こないだ、大学生くらいの若いのがきてね、お金に困ってるからそれを買ってくれって持ってきたんだよ」

「へえ、そんな若いやつが、よくこんなにいいものを持ってたもんだね」

「ばあさんに買ってもらったんだってよ。でもそのばあさんが死んじゃったんで、手放してもよくなったんだって」

「せっかくばあさんに買ってもらったものを、死んだとたん売っぱらったってこと？　なんだか薄情な話だねえ。形見にするとか、そういう発想はないものかね」

「ほんとだよな。ばあさんも浮かばれないな」

象に残っていたということがあった。水泳選手の遊佐正憲《まさのり》と馬術監督だった遊佐幸平の二人である。

人の姓ではユサであるのに対し、山形の町はユザと発音するらしい。どちらにしても、小説の登場人物の出身地としては悪くないところのような気がする。そこで私はその登場人物の出身地を遊佐とすることにした。まさに投げたダーツが突き刺さったところに行くというのと大して変わらない選び方で、登場人物の出身地を選んでしまったのだ。

だが、そう決めたあとで、この遊佐がどのような町なのかということが気になりはじめた。行ってみないことには、どういう町なのかわからない。仮にその町の描写が出てこなくても、実際に知っているのと知らないのとでは大きな違いが生まれてしまう。

そこで、春のある日、その遊佐に行ってみることにした。

泊まったのは、現地の方が紹介してくれた、かつての町営宿泊施設である。民宿に毛の生えたものだろうと思っていると、七階建てのホテル並みのもので、しかも当時は一泊朝食付きで四千円台という驚くべき安さだった。そればかりでなく、周辺の「風光」も「明媚《めいび》」で、最上階にある食堂からはきらめくような日本海が見え、反対側には雪を頂く鳥海山《ちょうかいさん》がそびえている。

帰りは、無人の木造駅舎から三両編成の短い列車に乗って酒田まで出ることになったが、その朝の列車では、車窓から広い田圃《たんぼ》の向こうに鳥海山の全容が見えた。

最も心を動かされたのは、朝日を浴びた鳥海山が、[　　　　]ことだった。まるで双子のような二つの鳥海山を見ながら、私の最初の「ダーツの旅」が予想以上にすばらしいものになったことを喜んだ。

（沢木耕太郎『旅のつばくろ』所収「夢の旅」より）

(一) 現代の「夢の旅」について答えなさい。

① [A]・[B]それぞれに入るのは、

(イ) A 国内　B 国境
(ロ) A 未来　B 現在
(ハ) A 現実　B 理想
(ニ) A 空間　B 時間

② 筆者にとって現代の「夢の旅」の次に実現が難しいのは、

(イ) 遠方の地であるハワイへの旅
(ロ) テレビ番組のダーツの旅
(ハ) 空港で行き先を決める旅
(ニ) 行き先は決めるが行き当たりばったりの旅

(二) 山形県の日本海に面したところにある町だとありますが、ここが小さい町だとわかる表現を本文中より七字で抜き出しなさい。

(三) 悪くないと筆者が感じたのは、この地名のどのような点からですか。二つ答えなさい。

(四) 選び方とは、具体的にどのような方法だったのですか。本文中の言葉を使い、解答欄に合うように二十字以内で答えなさい。

(五) 大きな違いとありますが、何に違いが生まれると考えられますか。あてはまらないものを選びなさい。

(イ) 登場人物の名前　(ロ) 登場人物のキャラクター

【国　語】〈五〇分〉〈満点：一〇〇点〉

一　次の文章を読んで、あとの㈠から㈦までの問いに答えなさい。

ある時期までの日本では、ハワイへの旅が「夢の旅」の代名詞になっていた。私も少年時代、テレビの番組で「クイズを当てて夢のハワイに行きましょう」という司会者の言葉を何の違和感もなく受け止めていた記憶がある。

現代では、たとえどんなに遠くであっても行って行かれないことはなくなってきたという意味において、「夢の旅」というものが存在しにくくなっているように思える。

とすれば、現代の「夢の旅」は［　A　］ではなく、［　B　］を超えた旅、過去への旅ということになるのだろうか。

かつて私の「夢の旅」は、ヴェトナム戦争時のサイゴンと、一九三〇年代のベルリンと、昭和十年代の上海《シャンハイ》に長期滞在する、というものだった。どの街も爛熟《らんじゅく》した妖《あや》しい雰囲気を持った土地のように思えたからだが、もちろんタイムマシーンにでも乗らなければ行くことはできない。その意味で、まさに正真正銘の「夢の旅」だったのだ。

しかし、もう少し現実的な「夢の旅」がないわけではない。

いつだったか、偶然つけたテレビで、壁に貼《は》った日本地図に向かってダーツを投げ、突き刺さったところに取材に向かうという番組を放送していた。それを見た瞬間、これぞ私にとっての「夢の旅」だと思った。

私は旅をするとき、出発する前にどこをどう回るかなどということを事細かく調べたりしない。多くの場合、乗る飛行機や列車がかなりいい加減なら、泊まるホテルも行き当たりばったりだったりする。

そんな私でも、さすがに目的地を決めないで旅をすることはない。

いつだったか、井上陽水と話をしていて、成田空港に着いてから、さあ、どこに行こうか考えることがあると聞いて驚愕《きょうがく》した覚えがある。

もっとも、そんなことをするには、ノーマル運賃の航空券を難無く買える資力が必要だが、たとえその資力があっても、私にはできないかもしれない。やはり、目的地を決めてから、成田空港に行き、あるいは東京駅に向かうだろう。だから、私の眼には、ダーツを投げて、突き刺さったところに行くというのが実に魅力的に映ったのだ。しかし、魅力的だが、なかなか実行できるものではない。

ところが、あるとき、ほとんどそれに近い旅をすることになった。

私は四人の元ボクサーが主人公の小説を書いていて、そのひとりの出身地をどこにしようかと考えながら日本地図を眺めていた。どこでもよかったのだが、北海道から東北、関東と地図を眺めているうちに、ふっと眼に留まった地名がある。

遊佐

山形県の日本海に面したところにある町だ。

私の眼に留まった理由は二つある。ひとつは、何と言ってもその字が美しいことである。軽やかで楽しげでスマートだ。もうひとつは、かつて私が一九三六年のベルリン・オリンピックについて調べたとき、日本選手団の中に、この珍しい字を姓に持った人が二人もいて強く印

2024年度

立教池袋中学校入試問題(第2回)

【算　数】　(50分)〈満点：100点〉

【注意】計算機つきの時計は使ってはいけません。

1　次の$\square$にあてはまる数を求めなさい。

1)　$23\times 11-2024\div 23+29\times 15=\square$

2)　$\left(1\frac{1}{3}+0.8\right)\times 12-10\div\left(1\frac{1}{6}-\frac{1}{8}\right)=\square$

3)　$7+\left\{\frac{4}{13}\times\left(\square+18\right)-3\frac{2}{7}\right\}\div 1\frac{2}{7}=20$

4)　$\left(\frac{3}{8}+\square\times 0.4-\frac{1}{6}\right)\div 1\frac{1}{12}-0.45=\frac{1}{20}$

2　右の図のように，おうぎ形を組み合わせて図形を作ったところ，の部分の面積との部分の面積が等しくなりました。

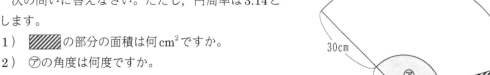

次の問いに答えなさい。ただし，円周率は3.14とします。

1)　の部分の面積は何cm^2ですか。

2)　㋐の角度は何度ですか。

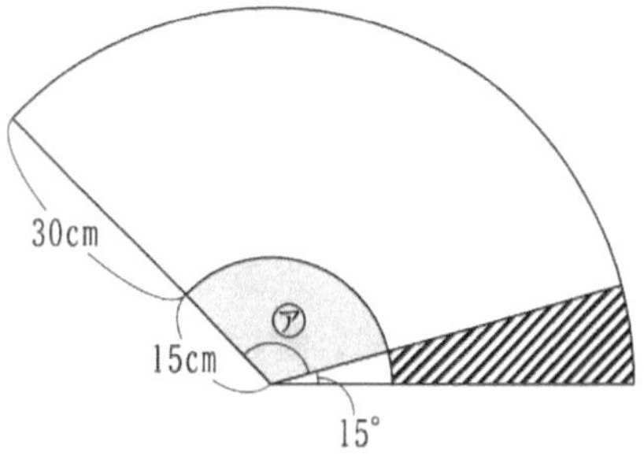

3　AチームとBチームが試合をして，得点を競いました。点数は次のようにつけました。

・勝ったチームは3点をもらえる

・負けたチームは1点をもらえる

・引き分けのときは，どちらのチームも2点をもらえる

次の問いに答えなさい。

1)　Aチームは1試合目は勝ち，2試合目は引き分け，3試合目と4試合目と5試合目は負けました。Aチームの得点は何点でしたか。

2)　試合を4回したところ，Aチームの得点は9点でした。得点の取り方は全部で何通りありますか。たとえば，10点の取り方で，1試合目と2試合目と3試合目に3点を取り，4試合目に1点を取る場合と，1試合目に1点を取り，2試合目と3試合目と4試合目に3点を取る場合は違う得点の取り方だと考えます。

4　ゆきお君は，2つの国AとBの人口について調べました。

30年前は，AとBの人口の比は2：5で，10年前の人口は30年前の人口よりもAは1.5倍，Bは1.1倍になっていました。今年の人口は10年前の人口よりも，AとBのどちらも1.5倍になり，今年のBの人口は1881万人です。

次の問いに答えなさい。

1）　今年のAとBの人口の比を，もっとも簡単な整数の比で表しなさい。

2）　30年前のAの人口は何万人でしたか。

5　右の図は，ある立体を3つの方向から見たものです。ただし，ア，イの部分は円周の一部です。

次の問いに答えなさい。ただし，円周率は3.14とします。

1）　この立体の体積は何cm^3ですか。

2）　この立体の表面積は何cm^2ですか。

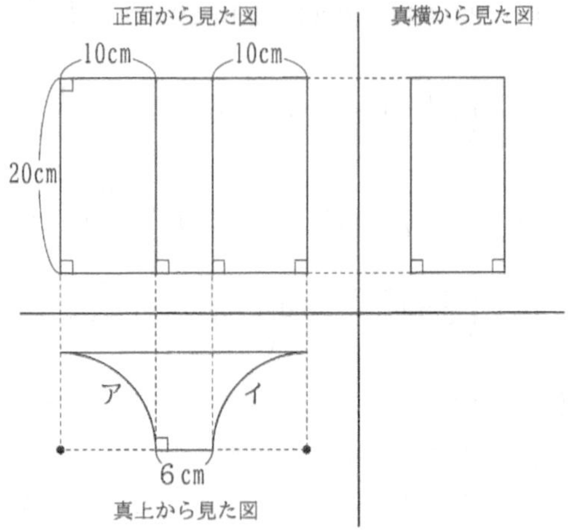

6　川の下流にあるA地点から，静水時に時速12kmで進む船Pと，静水時に時速15kmで進む船Qが同時に出発し，上流にあるB地点に向かいました。B地点からA地点に向けては時速3kmの速さで水が流れています。

QはB地点に到着し，その5分後にA地点に向けて出発し，川を上ってくるPと出会いました。QはA地点を出発してから40分後にA地点にもどりました。下のグラフはそのようすを表しています。

次の問いに答えなさい。

【船Pと船Qの進んだようす】

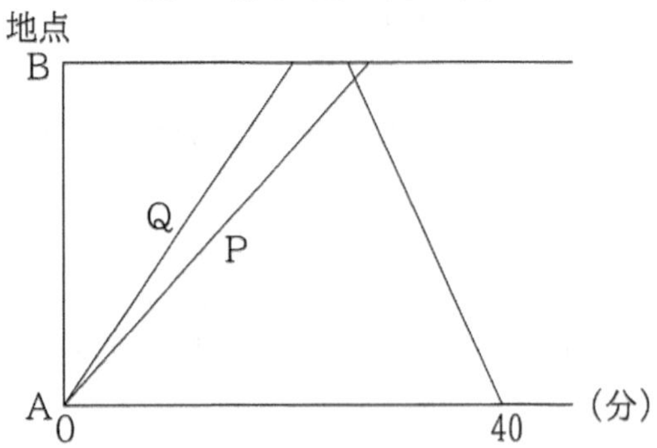

1）　A地点からB地点までの距離は何kmありますか。

2）　PとQが出会ったのはA地点を出発してから何分何秒後でしたか。

7　たかし君は，日本と英国と米国のガソリンの値段について調べました。

英国と米国では，ガソリンの量をはかる単位として，英国ガロンと米国ガロンをそれぞれ使っていたことがわかり，ガソリンの値段を，下の表のようにまとめました。

【ガソリンの値段】

国	値段
日本	1Lあたり166円
英国	2英国ガロンあたり8ポンド
米国	3米国ガロンあたり11.4ドル

次の問いに答えなさい。ただし，1英国ガロンは4.5L，1米国ガロンは3.8L，1ポンドは180円，1ドルは147円とします。

1）　日本と英国のガソリンの値段は，1英国ガロンあたり何ポンドの差がありますか。

2）　英国と米国のガソリンの値段は，1Lあたり何円の差がありますか。

8　ある商店では，品物A，Bを売ることにしました。AとBの1個あたりの仕入れ値の比は2：3で，同じ個数だけ仕入れ，仕入れ値の合計は46875円でした。A，Bに仕入れ値の2割の利益を見込んでそれぞれ定価をつけたところ，ともに15個ずつ売れ残りました。そこで，売れ残った品物を定価の1割引きにしたところ，すべて売ることができ，利益は予定していた金額よりも1125円少なくなりました。

次の問いに答えなさい。

1）　Aの1個あたりの仕入れ値は何円でしたか。

2）　Aを何個仕入れましたか。

9　右の図のように，正方形の内部に線を引きました。

次の問いに答えなさい。

1）　㋐の長さは何cmですか。

2）　この正方形の面積は何cm^2ですか。

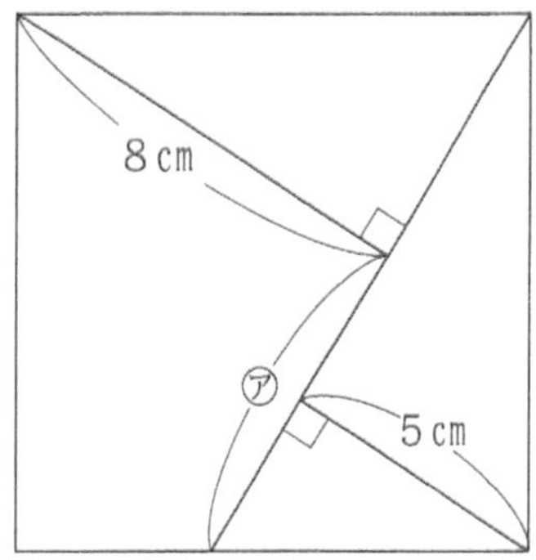

五　次のAからFは本校生徒の俳句です。あとの㈠から㈣までの問いに答えなさい。

A　イヤホンを落として気づく蟻の列

B　夕焼けが僕の町から消えていく

C　□の川ぼくを見上げる月がいる

D　休業の文字にじませる□の雨

E　風鈴やガラスに揺れる風の色

F　祖母の背を越えた□の夜星ふたつ

㈠　AからFは、すべて同じ季節を詠んだ句で、その季節が□の中にそのまま入ります。どの季節ですか。

㈡　次の①・②は、AからFのどの句の説明をしたものですか。

①　新型コロナウイルスの影響を受けた苦しい気持ちを重ねた句

②　短い時間しか見られない美しい景色を惜しむ気持ちが表現された句

㈢　AからFのうち、作者の視点が下を向いている句を二つ選びなさい。

㈣　Fの句について、作者は「星ふたつ」は「祖母と自分のことです。」という解説をつけています。それを踏まえると、どのような場面が想像できますか。解答欄に合うように答えなさい。

完璧《かんぺき》につくられているのかということを解きあかそうとしているのではないだろうか。

学校で学んでいるときに、このことに気づけばわたしの数学の成績は、もうちょっとましなものになっていたかもしれないと思うと残念だ。

（富安陽子『童話作家のおかしな毎日』所収「数学」より）

㈠ ツルカメ算の解き方とありますが、次の文は本文の問題について一般的なツルカメ算の解き方で説明したものです。（ A ）から（ D ）に数字を入れなさい（ツルは通常、「羽」で数えますが、ここでは「匹」を使います）。

ツルカメ算を解く方法

まず、すべてをツルだと仮定します。

ツルの足は2本。それが（ A ）ひきいるということなので、

足2本 × ツル（ A ）ひき＝（ B ）本

問題文には「足の数の合計が16本」とあるので、これは答えになりません。

正しい足の数になるには、あと足が何本足りないのか考えてみると、

足りない足の数　16本引く（ B ）本なので6本。

ツル一ぴきをカメ一ぴきに変えると足が2本増えるので、カメは（ C ）ぴき必要ということになります。

また、残ったツルを計算すると（ D ）ひきということになります。

よって、答えは、ツル（ D ）ひき、カメ（ C ）びきです。

㈡ 二百三十番とありますが、ここではどのような意味で使われていますか。漢字三字で答えなさい。

㈢ [1] に適するのは、

(イ) ひやひやと　(ロ) おずおずと

(ハ) おどおどと　(ニ) びくびくと

㈣ この文章に登場する「実力テスト」で0点を取ったのは何人ですか。

㈤ あいかわらずわたしにとって数学は不可解なるものであることを示す続きの二文を抜き出しなさい。

㈥ [2] に入る漢字一字を本文中から抜き出しなさい。

㈦ この世界がこれほど完璧につくられていると同様の意味を述べている表現を十五字前後で抜き出しなさい。

㈧ このこととは何ですか。本文中の語句を使い、十字以内で答えなさい。

四 次の㈠から㈤までの――の部分を漢字で書きなさい。

㈠ 世界イサンに選ばれる。

㈡ 天下統一へのフセキ。

㈢ シンペンを整理する。

㈣ シマツに負えない。

㈤ クラスの意見をかためる。

どうして、０点なのに、二百三十番じゃないのだろう？　もっと下にいるやつは、いったい何点を取っているのだろう？　……それが、どうしても気になったわたしは数学の先生に、[1]質問してみた。
「先生、わたし、０点とったのに、二百十六番なんですけどわたしより下の順位の人って何点とってるんですか？」
「あほやな、そっから下はみんな０点や。全体の人数から、おまえの順位を引いた人数が０点とってる生徒の数や。」
　そういうこともわからないから数学ができないんだ、と先生に説教されてしまった。
　しかし一方、わたしはおなじく高校生のときにいちどだけ数学の定期テストで百点を取ったことがある。その先生は、〈大学入試問題集〉というテキストの中から、そのまま問題を出題するから、１ページから１００ページまでの問題をしっかり解《と》いておくように、と予告していたのである。
　わたしは１００ページまでの問題の解き方をすべて暗記《あんき》した。もちろん、意味なんて、これっぱかしもわからない。式変形《しきへんけい》は呪文《じゅもん》と同じだ。それでも努力して、全問暗記したおかげで、そのテストだけは百点だった。急上昇した数学の成績を見て母は、娘の数学の実力が突然アップしたと大喜びだったが、べつに実力がアップしたわけではなかった。あいかわらずわたしにとって数学は不可解なるものであり、手も足も出ない相手であった。大学の志望《しぼう》を私立大の文系《ぶんけい》にしぼって、もうこれで二度とふたたび、数学に悩まされなくてもいいのだと思ったとき、人生がバラ色に輝いて見えたものである。それなのに……。
　どういうわけか、最近になって数学にまつわる物語を書こうと思いたってしまった。なぜ、そんな気になったのか自分でもさっぱりわからない。だいたい、新しく物語を書こうと思ったら、抽斗《ひきだし》を引っぱりだして、ストックの中から手にあった題材をみつけるというのが常套《じょうとう》手段なのだ。それなのに、知識のカケラも情報の糸口《いとぐち》も、なに一つない数学を扱ってみようと思うなんて無謀《むぼう》な話だと思う。だいたい、なにを書けばいいのかわからない。どんな物語になるのか見当《けんとう》もつかない。それでも、心が数学に引っぱられ、どうしても、書いてみたいと思った。
　しかたがないので、まずは大量の本を読んだ。とにかく、数学というものの輪郭《りんかく》をおぼろげにでもつかもうとあがいた。とっつきやすいところから、手あたりしだいに数学関連の本を読みあさっているうちに、だんだん、心がワクワクしてきて、数学はおもしろいと思っている自分に気づいた。
　なにがおもしろいのかというと、それはやはり、数学の持つ不思議さに尽《つ》きると思う。
　人間が[2]というものを手にいれたとき、おそらく世界は大きく姿を変えたのだ。でたらめに見えていた太陽や月や星々の運行にも、音楽の響きにも、巻き貝の殻《から》にあらわれるうずまきにも、すべてに驚くほど美しい秩序《ちつじょ》があることを人間は知った。オウム貝のうずまきを五百万倍するとハリケーンのうずまき雲とかさなり、それをまた六十兆《ちょう》倍すると、うずまき星雲《せいうん》の形にぴたりとかさなる……なんていうことがわかったわけだ。
　数学と宗教はとてもよく似ているのではないかと思った。どちらも追いもとめている謎《なぞ》はただ一つ。つまり、なぜ、この世界がこれほど

(三) 「でもしか」経営者とは、
(イ) 人にアドバイスをされても素直に聞き入れない経営者
(ロ) 大変だと思いながらも自分には務まると考えている経営者
(ハ) 特別な才能がないため周囲から期待されていない経営者
(ニ) 特に目標も持たずなんとなくの気持ちでなった経営者

(四) □に入る言葉は、
(イ) 俺の代わりをしようとしてくれたんだな。ありがとう
(ロ) 自分の好きにしたらいいよ。自分の人生なんだから
(ハ) 立派な経営者になれる素質を持っているよ
(ニ) 大丈夫。牧場の仕事が向いていると思うよ

(五) 嫌そうにという表現に含まれている傭平の気持ちは、
(イ) この場をやり過ごすため思ってもいないことを言う父親にあきれている
(ロ) 親らしい振る舞いを見せようとする父親にうっとうしさを感じている
(ハ) 本来は後を継ぐはずだった父親の責任感の無さに失望している
(ニ) 自分で決めた将来に口を出してこようとする父親に反発している

(六) よっぽどの覚悟がないと農業は難しいと考えるのは、
① 傭平に何が足りないと思っているからですか。
② その心配はなくてもよいのかもしれないと思い直したのは、傭平のどのような様子を見たからですか。本文中から抜き出しなさい。

三 次の文章を読んで、あとの(一)から(八)までの問いに答えなさい。

小学校、中学校、高校を通してわたしは数学がものすごく苦手《にがて》だった。そもそものつまずきは、あの不可解《ふかかい》な〈ツルカメ算《ざん》〉である。『あるところに、ツルとカメが全部で5ひきいます。ツルとカメの足の数があわせて16本だとすると、ツルとカメは何びきずついることになりますか』みたいな問題だったと思う。

出題されたとき、わたしの頭の中は大量の〈?〉で埋めつくされてしまった。どうして、ツルとカメがいっしょにいるのだろう? ツルとカメは集まってなにをしているのだろう? 足の数だけがわかるというのは、どんなシチュエーションなのだろう?

あんまりわけがわからないから、足だけ見えているツルとカメの集合図を必死にノートに描いているうちに、授業はどんどん進行し、ついにツルカメ算の解き方がわからなくなってしまった。

それ以来、並木《なみき》算《ざん》も旅人《たびびと》算《ざん》も、なにがなんだかわからなくなって、わたしは数学と向きあうことを放棄《ほうき》した。おかげで、いつも数学のテストの点数は最低最悪だった。

いちど、高校生のときに実力テストの数学で0点を取ったことがある。さすがに0点というのは初めての体験でびっくりしたが、それよりも不思議だったのが数学のテストの順位である。学内二百三十人中、二百十七番だったか二百十六番だった。

沈黙が苦手な祐弥はつい自分から話しかけてしまう。
「傭平が手伝ってくれるから、おじいちゃん喜んでんだろ」
傭平の顔に初めて笑みが浮かんだ。
「……どうかな。でも確実に仕事が終わるのは早くなった」
弟が亡くなった一時期、父と母だけで牛の世話をしていたときは、夜九時に仕事を終え、風呂に入って十時から食事ということもざらだったようだ。そして十二時ごろに寝て、翌朝四時にまた起きるのだ。
聞けば、今は七時半に夕食だという。
「牧場の仕事、好きか？」
傭平は考え込むような顔になった。すぐに肯定しなかったことが、どういうわけか、祐弥にはちょっと悲しかった。やはり、義務感で後継ぎになろうとしているのだろうか。
「僕には向いてるような気がする。人と話をすることも少ないし、競争がないし、D自分のペースで仕事ができるし」
母親である綾乃は、息子の内向的な性格を見越したうえで理系に進ませたかったようだが、傭平は理数科目が苦手で、文系にいくしかなかった。すると綾乃は、簿記の検定を受けておけ、公認会計士を目指してはどうか、などと勧めていたようだが、本人は何もしなかった。そして恐れていた通り、営業職に向いていない、何の特技も資格も持っていない文系人間の就職は失敗した。
傭平が、人づきあいの苦手な人間でも働きやすい仕事として、農業を選んだのは賢明なのかもしれない。母に似て精神的にたくましい姉が、大手IT企業にすんなり就職してシンガポールで働いていることへの対抗心や、進路にあれこれと口を出す母親への反発心もあったかもしれないと思う。
しかし、農業経営者となり、地方のコミュニティの新参者として生きていくには、コミュニケーション能力が必要不可欠である。しかも農業を取り巻く社会情勢は厳しく、「でもしか」経営者など生き残れるはずがないのだ。
祐弥はそういうことを言い聞かせなければならないと思った。
「傭平はさあ……」
ちょうどそのとき信号が赤になり、車を停止させた傭平がごく自然にこちらを見た。
祐弥は驚いた。東京にいるときは、いつも自信がなさそうに上目遣いで人を見る癖のあった傭平が、まっすぐに父の顔を見返しているのだ。
傭平は変化している。祐弥はそう気づいた瞬間、こういうときに下手な説教をしてやる気を摘《つ》んではいけないと思った。伊達《だて》に部下の管理を十年以上やっているわけではない。
「　　　」
祐弥は、さりげなく傭平の肩を叩いた。
傭平は祐弥のその手をちょっと嫌そうに見てから、また車を走らせた。

（田中兆子『あとを継ぐひと』所収「親子三代」より）

㈠　自分の代わりにの「自分」と同じ意味を指すものを、A～Dの中から一つ選びなさい。

㈡　傭平が仕事の手応えを感じていることがわかるセリフを抜き出しなさい。

二　次の文章を読んで、あとの㈠から㈥までの問いに答えなさい。

就職活動がうまくいかず留年を決めた傭平《ようへい》は、旅行のついでに祖父の家によった。両親である祐弥《ゆうや》と綾乃《あやの》の心配をよそに毎日そこで祖父の仕事を手伝い、傭平は家に戻らなかった。そこに傭平の父である祐弥がやってくる。

自分の代わりに牧場を継いでくれる喜びなど、露《つゆ》ほども湧かなかった。都会育ちの若者が田舎のスローライフに憧れ、いっとき夢を見ているだけだろう。就活から逃げているという綾乃の指摘も正しいと思った。

一方で、腑《ふ》に落ちるところもあった。傭平は小さい頃から祐弥の実家が好きで、祖父の広紀となぜか気があった。生まれも育ちも渋谷区渋谷の綾乃や、傭平の二つ上の姉である真緒《まお》が、牛糞《ぎゅうふん》臭い牛舎の中に入るのを好まなかったのに、傭平はそこをA自分の城のようにして遊びまわった。大学生になるとひとりで実家に遊びに行き、たまに牧場を手伝ったりもしていたらしい。

おじいちゃん子で気のやさしい傭平が、苦行のように牧場で働く老夫婦を見て、B自分が助けたいと思ったとしても不思議ではない。

ならばそういう息子に育ったことに感謝し、応援してやりたいと思うのが親なのではないか。でもやはり、よっぽどの覚悟がないと農業は難しいという考えに落ち着いてしまう。

……ひょっとして、俺は息子に嫉妬《しっと》しているのだろうか？

そう思った途端、富山駅に着いてしまった。

嫉妬についてはもう考えないことに決めて、改札を出る。土曜日の午後だが、構内はあまり混んでいない。

今年は暖冬だから、外にはどこにも雪がない。二十五年ぶりの大雪といわれた昨年の冬は、平野部でも一メートル近い積雪があった時期もあり、革靴のまま帰省するなど考えられなかった。もし今年も大雪で、毎日雪が降り、毎日雪かきしないと家の外に出られないような状況だったら、傭平は後継ぎになると言っただろうか、と意地悪なことまで考えてしまう。

無料駐車場に行くと、実家の古い車、シルバーのカローラ　フィールダーが停まっていて、運転席にいる傭平はスマホをいじっていた。窓を叩くと反射的にこちらを見る。父だと気づくと、少し緊張したような表情になった。

ドアを開けて助手席に乗り込むと、ほんのりと牧場の匂いがした。

「おう、迎えに来てくれてありがとな。いやー、こっちもあったかいわ。仕事がきつくてよれよれになってんじゃないかと思ったけど、元気そうだな」

ダウンを着ている傭平の体つきはよくわからなかったが、顔全体がふっくらとして肌つやも良く、いかにも健康そうだ。

「毎日おばあちゃんのおいしいごはん食べて、昼寝もできて、超快適」

傭平がぶっきらぼうに返事する。

可愛い孫のためにせっせと料理をつくる母の姿が目に浮かぶ。

傭平はゆっくりと車を発進させる。合宿で免許を取ったものの都内で運転することはほぼなかったから、祐弥が息子の運転する車に乗るのは初めてだ。まるでC自分が運転手のように周囲に注意を向ける。

十分ほど走ってようやくラジオも音楽もかけていないことに気づき、

す。と言いたいところなのだが、説明が長くなってしまうので、松尾さんと宮沢さんに憧れて、とこれからも答えてしまうかもしれない。
今後の課題は、もっと簡潔かつ自由に喋り、相手に伝わる言葉で心のままに話せるようになることである。

(星野源『いのちの車窓から』所収「文章」より)

※虫酸が走る……吐き気をもよおすほど不快なこと

(一) 星野さんは、どうして文章を書くのですか?とありますが、筆者が本格的に文章に取り組んでみようと考えた最も大きなきっかけは何ですか。

(二) どちらも本当にありがたいとは、
(イ) 文筆家として扱われることが珍しくおどろきを隠せず、また興味が無くとも自分へ気遣いをしてくれることに好感を抱いている
(ロ) 文筆家として扱われることがうれしく満足しており、また作品への期待が高まっていることに対してひそかな興奮を感じている
(ハ) 文筆家としての評価が高まることにすこしはずかしさを感じながらも、自分の作品に期待してくれていることに好感を抱いている
(ニ) 文筆家としての自分に関心を持ってくれることに感謝しつつ、興味が無くとも自分へ気遣いをしてくれることに好感を抱いている

(三) 本の中でひとり迷子になったとはどういうことですか。

(四) まったく別人の自分であったと言っているのは、
(イ) センスのない表現をはずかしげもなく送信しているから
(ロ) 今となっては昔の自分の行動について反省しているから
(ハ) 今となってはそんな気持ち悪い表現を書いた記憶もないから
(ニ) センスのない表現で伝えたかったことが全く伝わらないから

(五) だったら仕事にしてみようについて、
① 本文中で説明されている、メールで文章を書くことと仕事で文章を書くこととの決定的な違いは何ですか。
② センスがないという筆者の実感とは裏腹に、筆者の仕事が周囲に認められていったことはどのような事実からわかりますか。

(六) 読書の快感を味わえるようになったとありますが、「文章を書くこと」がどのように「読書の快感を味わうこと」へとつながっていくと考えられますか。

(七) こういったことでとても気持ちが良いからですとは、
(イ) 自分の見たものや感じたことを文章という形で深めることによって余計なものがそがれていく気がするということ
(ロ) 自分の見たものや感じたことを文章という形で深めることによって感覚や考え方が整理される気がするということ
(ハ) 自分の経験を文章で表現することにより実際にその場所に行った感覚に陥り記憶が整理される気がするということ
(ニ) 自分の経験を文章で表現することにより心の中を上手く言語化し伝えられた達成感にひたれる気がするということ

と書くことを面白いと思っていたらしい。どのメールを読んでも、体内に卵を蓄えたチャバネゴキブリを生で飲み込んでしまったのではないかと錯覚するほどに吐き気のする、気色悪い文章がそこにあった。

「なんでこんなことを書いてしまったんだ」

　当時も、送信ボタンを押した瞬間にすぐさまそう感じ、メール画面を開くたびに絶望していた。そういったセンスのなさに加え、いくら丁寧に文章を書いたと思っても、結果はいつも相手に伝えたいことが絶対に伝わらない言語化能力のなさが圧倒的に勝った。

　本来言いたいことと、実際書かれている言葉がなんだか違うことはわかるのに、他に思いつかない故に送信ボタンを押すしかない切なさ。

　しかし時が経つにつれ、様々な仕事が増え、メールの必要性はどんどん増していった。どれだけメールを送っても、考えても、書き直しても、文章は一向にうまくならなかった。

　だったら仕事にしてみよう。

　無理矢理にでも仕事としてやれば、他人の目にも留まるだろうし、下手な文章なら編集さんや世間から否定的な反応があるはずだ。強制的に切磋琢磨できる。もし、自分の文章がうまくなりいつか誰かに褒《ほ》められたなら、それは実践がセンスというものを凌駕《りょうが》した瞬間であると思った。

　個人的に知り合いの編集者さん数人に会いに行き、なんでもいいから書かせてくださいとお願いすると、ありがたいことに雑誌の欄外一言コラムをやらせてもらえることになった。

　しかし、書いていても、ちっとも楽しくない。自分のセンスのなさと向き合い続けなければならないからだ。納得がいかなくても締め切りには提出しなければならない。

　そうこうしていくうちに任される文字数はなぜかどんどん増えていき、いつの間にか自分の本が出ることになり、何年も書き続けた結果、今では自分の想いをそのまま言葉にできるようになった。

　メールを書くことも苦ではなくなった。むしろ物事をじっくり時間をかけて伝えることができるので、喋《しゃべ》ることよりも自由を感じるようになった。

　今は文章を書くことが、とても楽しい。

　いつしかマンガもあまり読まなくなり、小説や随筆を読むことが多くなった。活字だけの世界にもかかわらず、驚くほどリアリティのある人間味を感じたり、紙の中で世界中を旅し、知らない場所に行ったような感覚に陥ったり、様々な人の心の中に入ったような気持ちになれる楽しさを知った。想像力のモーターがフル稼働する楽しさ、読書の快感を味わえるようになった。

　そして自分でも文筆家としてエッセイを書くこと、目で見た景色と、心の中の景色を描写することが、一種のヒーリングのようになっている。

　私は何を見たのか。どんな風景を見て心が動いたのか。その心の動き方はどんな様子だったのか。そこから何を考えたのか。

　どんなにたわいないことでも、それをうまく文章にできた時、心の中が綺麗に整頓されたように、掃除したての湯船に入り、綺麗に体を洗ったようにすっきりとした気持ちになった。

「星野さんは、どうして文章を書くのですか？」

　実際の答えとしては、こういったことでとても気持ちが良いからで

【国　語】〈五〇分〉〈満点：一〇〇点〉

一　次の文章を読んで、あとの㈠から㈦までの問いに答えなさい。

「星野さんは、どうして文章を書くのですか？」

小さいノートにメモをしながら、プリントした質問案を両手に握りしめながら、ノートパソコンを傍らに置きながら、取材でインタビューをしてくれる方々は、キラキラと表情を輝かせながらそう訊《き》いてくれる。

本当に良い言葉を期待してくれている時もあるし、興味はないが仕事だから失礼のないように、しっかり興味があるように演技をしてくれている時もある。どちらも本当にありがたい。

「俳優としても音楽家としてもお忙しいのに、文筆活動をされる理由は何ですか？」

エッセイに夢中になったのは16歳の時である。

松尾スズキさんの『大人失格』、そして宮沢章夫さんの『牛への道』。名著と謳われる2つのエッセイ集を読んだことがきっかけだった。学校の中で小さな演劇活動をする最中、上演できそうな戯曲を探すために立ち寄った本屋の演劇コーナーでふと手に取った。文字を読んで腹を抱えるほど笑ったのは初めての経験だった。

子供の頃から読書が苦手であった。感覚で読んでしまえるマンガは大好きでいつまでも読んでいられたが、随筆や小説などは読んでいる最中に必ず違うことを考えてしまい、ぼんやりしながらページだけが進み、気がついた時には地方鉄道で寝過ごしまったく知らない駅に着いてしまった時のように、本の中でひとり迷子になった。

しかし、その2つのエッセイは最後のページまで自分の手を握ったまま、本の中の終着駅まで連れて行ってくれた。

二人に憧れて、文章を書けるようになりたいと思うようになりました。そう答えることが一番多い。

「素敵ですね！」

文筆のことを訊いてくれる人は、本の話をすると喜んでくれる方が多い。だからもちろん嘘ではない、その答えを話すようにしている。

でも、もう一つ理由がある。

実はこちらのほうが本格的に文章を書く理由としては大きいものだった。取材としてはつまらないことかもしれないので、あまり大きな声で言えなかった。

メールを書くのがものすごく下手だったのである。

壊滅的だった。センスのかけらもない。今軽く思い出しても胃のあたりが凹《へこ》んだような苦しい感覚に陥《おちい》る。自分のメールを受け取ってしまった人は、呪いのスパムメールを受け取った人よりも迷惑だっただろうなと回顧する。

20代前半、初めて自分のパソコンを持ち、ＰＣメールを始めた頃の文章を検索してみる。開かずの扉を解錠するような気持ちで恐る恐るエンターキーを押すと、そこにいるのはまったく別人の自分であった。

了解でう～

虫酸《むしず》が走るとはこのことである。

誤字や打ち間違いではない。大昔の自分は、この「です」を「でう」

第1回

2024年度

解　答　と　解　説

《2024年度の配点は解答欄に掲載してあります。》

＜算数解答＞

1　1)　97　　2)　17　　**2**　1)　$125.6\left[125\frac{3}{5},\ \frac{628}{5}\right]$cm　　2)　$114cm^2$

3　1)　84個　　2)　18個　　**4**　1)　5：3　　2)　$90cm^2$

5　1)　141点　　2)　8：9　　**6**　1)　$161.16\left[161\frac{4}{25},\ \frac{4029}{25}\right]cm^3$　　2)　$9.628\left[9\frac{157}{250},\ \frac{2407}{250}\right]$cm

7　1)　午後1時48分30秒　　2)　午後4時42分45秒　　**8**　1)　51423　　2)　25314

9　1)　秒速36m　　2)　1620m　　**10**　1)　63通り　　2)　3315通り

○推定配点○

各5点×20　　　計100点

＜算数解説＞

1　(四則計算)

1)　$125-(128+68)\div7=125-28=97$

2)　$\frac{7}{24}\times14+12\frac{11}{12}=\frac{49}{12}+12\frac{11}{12}=17$

重要 **2**　(平面図形)

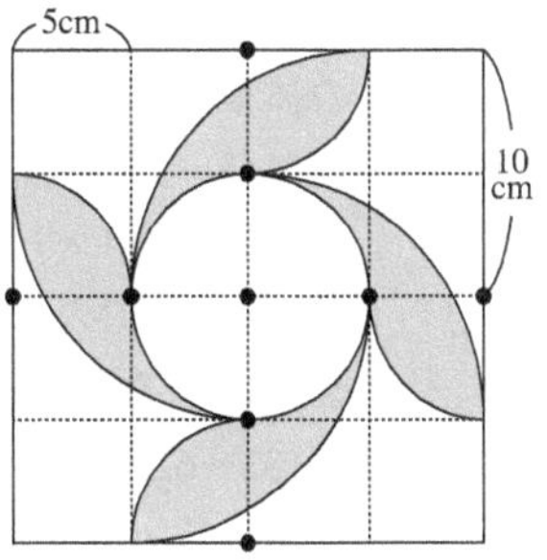

1)　$20\times3.14+10\times3.14\times2=40\times3.14=125.6$(cm)

2)　図アの面積×4

…$[10\times10\times3.14\div4-\{5\times5\times3.14\div4+(5+10)\times5\div2\}]\times4$

$=100\times3.14-(25\times3.14+150)=75\times3.14-150(cm^2)$

図イの面積×4

…$5\times5\times3.14-5\times5\times2=25\times3.14-50(cm^2)$

したがって，求める面積は$75\times3.14-150+25\times3.14-50$

$=100\times3.14-200=114(cm^2)$

図ア

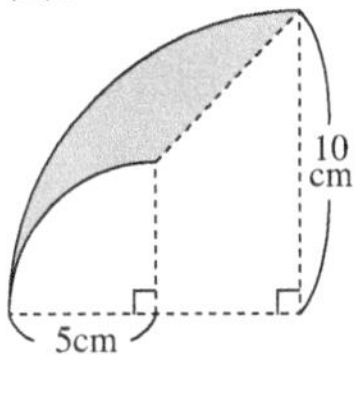

図イ

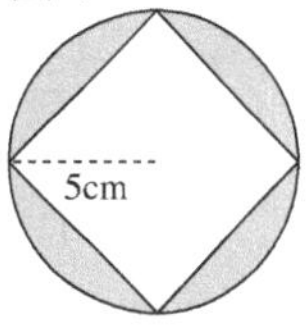

重要 **3**　(割合と比)

最初の比の数の和…7＋5＋3＝15

最後の比の数の和…3＋4＋3＝10

最初の個数の比…14：10：6

最後の個数の比…9：12：9

12個…比の12－10＝2に相当する

1)　最初のAの個数…12÷2×14＝84(個)

2)　AからCに移した個数…12÷2×(9－6)＝18(個)

重要 **4**　(平面図形，割合と比，集合)

全体の面積…$168cm^2$

円の面積…色がついた部分の面積の$1\div0.48=\frac{25}{12}$(倍)

三角形の面積…$\frac{5}{4}$倍

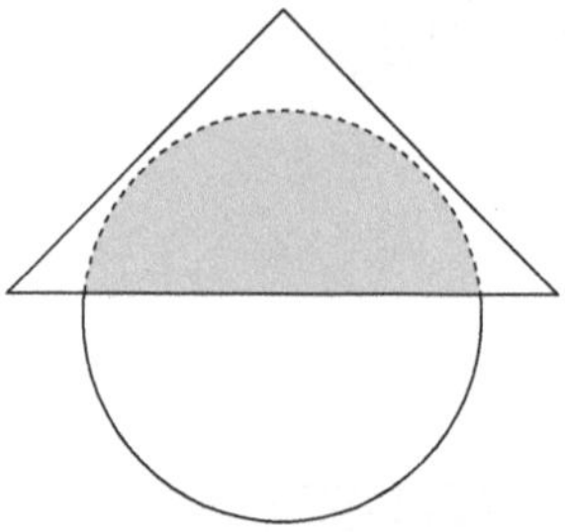

1) 円と三角形の面積比…$\frac{25}{12}:\frac{5}{4}=25:15=5:3$

2) 三角形の面積が3のとき…全体の面積は$5+3-3\times\frac{4}{5}=5.6$

したがって，三角形は168÷5.6×3＝90(cm²)

重要 5 (割合と比)

右図…色がついた部分の面積は等しく，

「合格者の平均点－全体の平均点」:「不合格者の平均点－全体の平均点」＝3：2

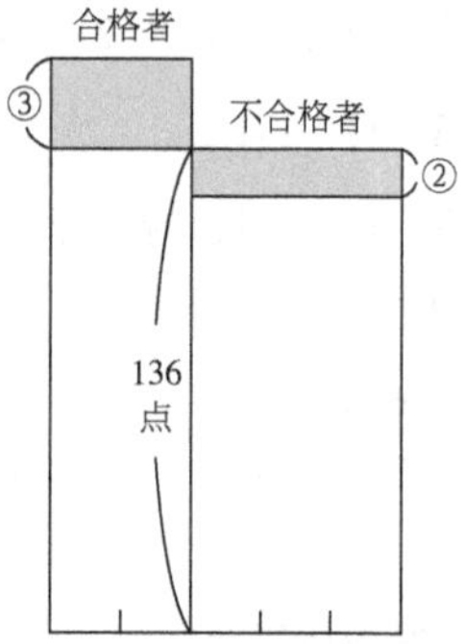

1) 19＋21＝40(点)…③＋②＝⑤

合格者の平均点…136＋40÷5×3＝160(点)

したがって，合格点は160－19＝141(点)

2) 不合格者の平均点…136－40÷5×2＝120(点)

合格者と不合格者の平均点の比…160：120＝4：3

したがって，求める比は(4×2)：(3×3)＝8：9

重要 6 (平面図形，立体図形，割合と比)

1) 水の体積

…(4×15－2×2×3.14÷2)×3

＝(60－6.28)×3＝161.16(cm³)

2) 下から8cmまでの水の体積

…図2より，(8×4－2×2×3.14÷2)×5

＝(32－6.28)×3＝128.6(cm³)

したがって，1)より，求める高さは

8＋(161.16－128.6)÷(4×5)＝9.628(cm)

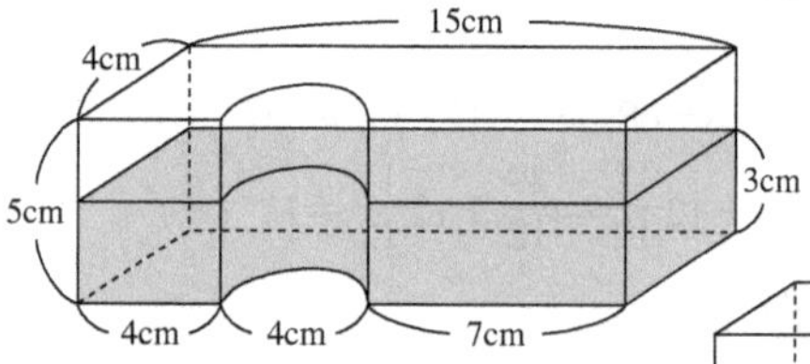

[図1]

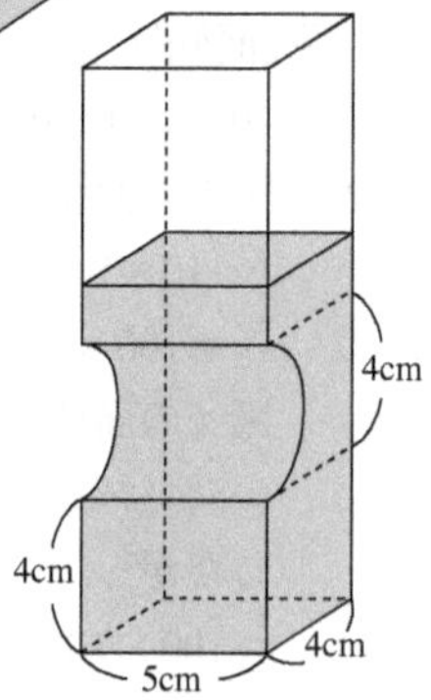

[図2]

重要 7 (速さの三公式と比，割合と比，単位の換算)

A…10時－8時＝120(分)

11時－8時＝180(分)

B…10時3分－8時＝123(分)

C…10時54分－8時＝174(分)

1) AとBの速さの比…120：123＝40：41

A…13時40分－8時＝340(分)

B…8時＋340÷40×41(分)＝8時＋348.5分＝13時48.5分

したがって，Bの時刻は午後1時48分30秒

2) AとCの速さの比…180：174＝30：29

BとCの速さの比…1)より，(30÷40×41)：29＝30.75：29＝123：116

C…16時13分－8時＝8時間13分＝493分

B…493÷116×123＝522.75(分)＝8時間42.75(分)

したがって，Bの時刻は8時＋8時間42.75分＝午後4時42分45秒

重要 8 (規則性)

12345の 1回ソート

1番目⇒5番目　2番目⇒1番目　3番目⇒4番目　4番目⇒2番目　5番目⇒3番目

12345の 2回ソート

1番目⇒5番目⇒3番目　2番目⇒1番目⇒5番目　3番目⇒4番目⇒2番目

4番目⇒2番目⇒1番目　5番目⇒3番目⇒4番目

12345の 3回ソート

1番目⇒5番目⇒3番目⇒4番目　2番目⇒1番目⇒5番目⇒3番目

3番目⇒4番目⇒2番目⇒1番目　4番目⇒2番目⇒1番目⇒5番目

5番目⇒3番目⇒4番目⇒2番目

12345の 4回ソート

1番目⇒5番目⇒3番目⇒4番目⇒2番目　2番目⇒1番目⇒5番目⇒3番目⇒4番目

3番目⇒4番目⇒2番目⇒1番目⇒5番目　4番目⇒2番目⇒1番目⇒5番目⇒3番目

5番目⇒3番目⇒4番目⇒2番目⇒1番目

12345の 5回ソート

1番目⇒5番目⇒3番目⇒4番目⇒2番目⇒1番目

2番目⇒1番目⇒5番目⇒3番目⇒4番目⇒2番目

3番目⇒4番目⇒2番目⇒1番目⇒5番目⇒3番目

4番目⇒2番目⇒1番目⇒5番目⇒3番目⇒4番目

5番目⇒3番目⇒4番目⇒2番目⇒1番目⇒5番目

1) 24÷5＝4余り4…12345の 4回ソート の結果を利用する

したがって，求める数は51423

2) 32÷5＝6余り2… 2回ソート の結果を利用する

3番目→1番目　5番目→2番目　2番目→3番目　1番目→4番目　4番目→5番目

したがって，13245の初めの数は25314

重要 9 (速さの三公式と比，通過算，割合と比)

上り列車…108m

下り列車…102m，秒速24m

1) 2つの列車の秒速の和… (108＋102)÷3.5＝60(m)

したがって，上り列車の秒速は60－24＝36(m)

2) 24×□

…1)より，右図において

36×21－108＝648(m)

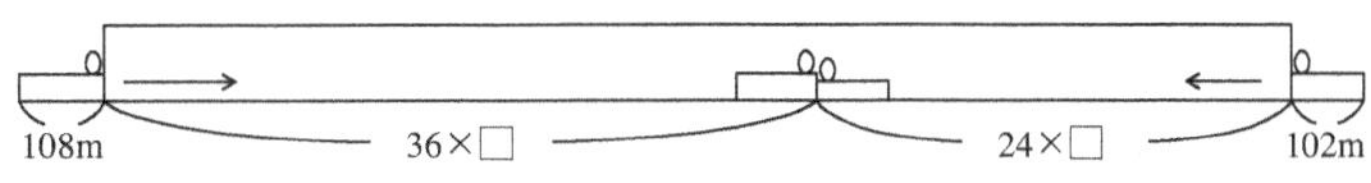

したがって，トンネルは648÷24×60＝1620(m)

10 (平面図形，規則性，場合の数)

順番

…ゆきお君・つよし君の順番

コマ

…ルーレットが止まった位置の数だけ進み，

数が多い場合，コマは両端で折り返す

勝ち

S スタート	A	B	C	D 1回休み	G ゴール

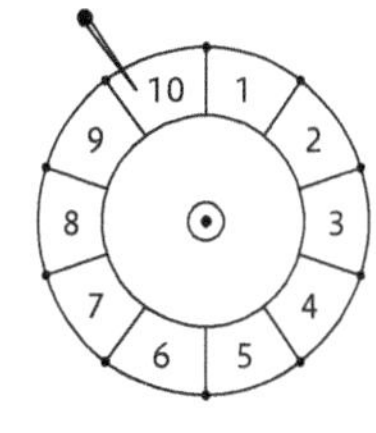

…コマがGに止まるとき(ゲーム終了)

重要　1)　ゆきお君が□＋□＝5の場合…1＋4，2＋3，3＋2の3通り
つよし君…5を除く9通り
ゆきお君が□＋□＝15の場合…7＋8，8＋7，9＋6, 10＋5の4通り
つよし君…5を除く9通り
したがって，求める場合は(3＋4)×9＝63(通り)

やや難　2)　3回の目の和が5のとき…1＋1＋3，1＋2＋2，2＋1＋2：3通り
3回の目の和が15のとき…1＋□＋□の場合：5通り
2＋□＋□の場合：6通り
3＋□＋□の場合：7通り
7＋□＋□の場合：6通り
8＋□＋□の場合：5通り
9＋□＋□の場合：4通り
10＋□＋□の場合：3通り
合計 (5＋6)×2＋7×2＝36(通り)
3回の目の和が25のとき…7＋□＋□の場合：3通り
8＋□＋□の場合：2通り
9＋□＋□の場合：3通り
10＋□＋□の場合：4通り
合計 3×2＋2＋4＝12(通り)
つよし君の1巡目の目…4，5，6を除く7通り
つよし君の2巡目の目…5を除く9通り
つよし君の1巡目の目が4，6のとき…2巡目は休み
したがって，2人の目の出方は全部で(3＋36＋12)×(7×9＋2)＝3315(通り)

★ワンポイントアドバイス★

8「32回ソートの場合」が要注意であり，9「列車が同時にトンネルに入る」というのは「入り始める」のか「完全に入った」というのか？さらに，10「ルーレット・ゲーム」の問題は，「休み」の解釈がポイントであり，2)が難しい。

<理科解答>

1　1)　ア，ウ　2)　1[1.0]　3)　イ　4)　イ
2　1)　ア　2)　ウ　3)　イ　4)　28.5g
3　1)　エ　2)　エ　3)　オ　4　1)　エ　2)　ア　3)　イ
5　1)　(A)　イ　(B)　ウ　(C)　ア　2)　4
6　1)　3個　2)　ア　3)　200cm³
7　1)　20kg　2)　22kg　3)　1.55倍　4)　76%

○推定配点○
各2点×25(1 1)完答)　計50点

＜理科解説＞

1 (時事―熊の出没)

1) 中山間地域の過疎化が影響するので，耕作地の放棄の影響とかつて伐採された森林の回復が影響すると考えられる。

2) 計算式は$\frac{1\times1128900+1\times673400+1\times3838260}{1128900+673400+3838260}$＝1となる。

3) グラフより，豊凶指数が低い年に熊の出没件数が多いことがわかる。

4) ブナ・ミズナラ・コナラの実をエサにしているので，これらが不作な年には食べ物を求めて市街地に出てくる考えられる。

2 (状態変化―融解)

1) －18℃の冷凍庫に入れておいたので，ネッククーラーも－18℃になっている。

2) 固体と液体が共存しているとき，すべての固体が溶けるまで温度は一定に保たれる。このときの温度を融点という。固体が溶け残っているネッククーラーの温度は28℃ですべて溶けるまで28℃を保ち，その後体温や外気温に温められ外気温に近い温度になる。

3) 28℃の部屋にしばらく置いておくので水の温度も28℃になっており，その後温められて温度が上がり外気温に近い温度になる。

4) 100gの水に5.85gの食塩を混ぜると凝固点が3.7℃下がる。溶液の濃度と凝固点の降下度は比例するので，18℃下げるのに必要な食塩の量を□gとすると，5.85：□＝3.7：18　□＝28.45≒28.5gになる。

3 (星と星座―流星)

1) 流星はある一点から流れ出ているわけではないが，遠方からやってくるのでそのように見える。花火は一点で爆発して四方に広がるので，これとは異なる。

2) 流星は夜中でも観察できる。

3) ダストチューブを地球が通過するとき多くの流星が見える。流星の数が真夜中から明け方にかけて多くなるのは，観察している場所の真正面から大気に飛び込んでくるダストが多くなるためである。

4 (気象―地温と気温)

1) 細い棒は日時計の役割をする。太陽の高さの変化がわかる。

重要 2) 太陽高度が最も高くなるのは正午ごろである。太陽の熱で地面が暖められると地温があがる。太陽高度が最も高くなる時刻より少し遅れて地温が最高になる。地面が温まると空気が暖められ気温が上がる。気温が最高になるのは地温が最高になる時刻より少し後になる。

3) マルチ栽培の利点は，地面の熱が逃げないようにするので地温が高くなること。また，地面からの水分の蒸発が抑えられるので，水分を保ち発芽しやすくなる効果もある。

5 (気体の発生・性質―気体の判別)

重要 1) (A) 燃焼に使われる空気中に含まれる気体は酸素である。 (B) 木炭を燃やすと発生するのは二酸化炭素である。 (C) 空気中の気体で燃焼に関係しないのは窒素である。

2) 空気中には窒素と酸素が4：1の割合で含まれている。燃焼で失われるのは酸素であり，空気中の20分の4を占める。

6 (気体の発生・性質―気体の発生)

重要 1) うすい塩酸と反応して気体が発生するもののうち，水素が発生するものは亜鉛とアルミニウムである。二酸化炭素が発生するものは炭酸カルシウムである。炭酸カルシウムを含む組み合わせは3種類なので，二酸化炭素が発生するものも3個ある。

2) うすい過酸化水素水と反応して酸素が発生するものは二酸化マンガンである。うすい水酸化ナトリウム水溶液と反応して水素が発生するものは，アルミニウムである。(亜鉛も水素を発生するが，アルミニウムより反応は起こりにくいのでここでは気体の発生がないとしていると思われる。)よって，⑫で発生するのは水素であり，Dは炭酸カルシウムとアルミニウムの混合物である。また，Aは二酸化マンガンを含まない炭酸カルシウムと亜鉛の混合物である。B，Cの区別は，②と⑥を混合して点火しても燃えなかったので，②は二酸化炭素でありBが炭酸カルシウムと二酸化マンガンの混合物であることがわかる。③と⑦は水素と酸素なので，Cは二酸化マンガンと亜鉛の混合物である。

3) Aからは二酸化炭素と水素が合計330cm^3発生する。Bからは二酸化炭素のみ130cm^3発生し，Cからは水素のみ発生する。ここで発生する水素の体積は330－130＝200cm^3である。

7 (力のはたらき―力のつり合い)

1) 太郎君がロープを引くのと同じ大きさの力で，太郎君はロープによって上向きに引かれる。体重計の値が30kgであり，太郎君の体重が50kgなので，上向きに20kgの力で引かれている。よって，太郎君がロープを引く力も20kgである。

やや難 2) ロープの両側には同じ大きさの力(張力という)がかかる。太郎君が20kgの大きさでロープを引くので，人力エレベーターも上向きに20kgの力で引き上げられる。一方，エレベーターに下向きにかかる力は，体重計が示す30kgと畳と体重計を合わせた12kgの42kgである。よってはかりの値は42－20＝22kgを示す。

3) 太郎君がロープを引く力を□kgとすると，人力エレベーターが上向きに□kgの力で引き上げられ，下向きに(50－□＋12)kgの力がかかる。畳ごとはかりから浮き上がらせるには，この力が等しくなればよいので，□＝50－□＋12　□＝31kg　これは1)の時の20kgの31÷20＝1.55倍になる。

やや難 4) 太郎君がロープを引くときの最大の力は，体重の50kgを持ち上げるときの力である。追加のおもりの重さを□kgとすると，人力エレベーターが上向きに50kgの力で引き上げられ，下向きに(50－50＋12＋□)kgの力がかかる。畳ごとはかりから浮き上がらせるには，この力が等しくなればよいので，50－50＋12＋□＝50　□＝38kgになる。これは太郎君の体重の(38÷50)×100＝76%に相当する。

★ワンポイントアドバイス★

実験や観察に基づいて考えて，結論を導く問題が多い。やや難しい計算問題も出題される。同様の形式の思考力を要する問題で十分に練習を重ねることが大切である。

＜社会解答＞

Ⅰ 問1 (1) 防災の日　(2) 利根川　(3) 房総半島　問2 水郷　問3 (1) この地域は海抜0メートル地帯であり，地震によって堤防が決壊し，大規模な水害の起こることが考えられる。　(2) エ　問4 2012年に比べて東京都の人口は増加していることに加え，多くの建造物の老朽化が進んでおり，地震による倒壊や死傷者数の増加も考えられる。

Ⅱ 問1 (1) 鹿鳴館　(2) 大久保利通　問2 (1) ア，ウ　(2) 西洋(人)・外国(人)　問3 (1) 日米和親条約　(2) ウ　問4 イ，エ　問5 日本は自らを文明国・清を野蛮な国とみなし，その清をただすことを口実として，戦争を正当化した。

Ⅲ　問1　ア　　問2　(あ)　イ　　(い)　ア　　問3　ライドシェア(リング)，白タクシー
問4　(1)　保有・所有・購入等　　(2)　サービス　　問5　イ，ウ　　問6　ウ
問7　(1)　デジタルトランスフォーメーション　　(2)　(例)　社会問題)　デジタルデバイドと呼ばれるようなデジタル機器へのアクセスが困難な人とデジタル機器を使いこなし情報収集なども簡単にできる人との格差。　アイデア)　デジタルトランスフォーメーションが成し遂げられて，現状では使用に多少の習熟や注意が必要なものを，デジタルの弱者のような人でも容易に安心して使えるようにできるのではないか。

○推定配点○
Ⅰ　各2点×7　　Ⅱ　各2点×8(問2(1)，問4各完答)　　Ⅲ　問2　各1点×2
問7(2)　社会問題，アイデア　各2点×2　　他　各2点×7(問5完答)　　計50点

＜社会解説＞

Ⅰ　(日本の地理―関東地方とその災害に関連する問題)

問1　(1)　1923年9月1日に起こった関東大震災にちなんで9月1日を防災の日と1960年に閣議決定され，その後1982年に改めて，同じ9月1日とその前後の1週間を「防災の日」，「防災週間」とし，この時期に防災訓練が各地で行われるようになった。　(2)　利根川は群馬県北部，新潟県との県境付近から流れ出し，関東地方北部を通り太平洋へと出る川。江戸時代に流路がほぼ千葉と茨城県の境目辺りになるように改修された。　(3)　房総半島は関東地方南東部，千葉県の大半が位置する半島。かつての安房，上総が位置する場所なので房総となった。

基本　問2　茨城県南部には霞ヶ浦や北浦，牛久沼があり，千葉県北部には印旛沼や手賀沼などもあり，これらの湖沼と利根川などの河川との間にも水路でつながっているものもある。

やや難　問3　(1)　地形図を見ると川の両側の土地が，標高でマイナス2mからマイナス1mほどになっているのがわかる。川の堤防が決壊すれば，浸水する区域がかなりの広範囲になり，標高がマイナスということは，水が引くのにはかなりの時間がかかるので，生活に及ぼす被害は甚大なものになる。

重要　(2)　災害が発生してすぐに問題になるのは(ウ)で，その次が(イ)で，(エ)，(ア)と続く。

やや難　問4　2022年に被害想定を見直しているが，その時点で資料1から言えるのは人口が80万人ほど増えているので，人的被害もそれなりに増える可能性がある。また，都内の首都高速をはじめ，建造物が作られてからかなり時間がたつものもあり，その倒壊などに巻き込まれる人の被害や，建物の倒壊や高速道路の崩壊によって交通網が遮断され救急患者の搬送などにも影響がでる。

Ⅱ　(日本の歴史―明治維新に関連する問題)

基本　問1　(1)　鹿鳴館は1883年に建てられたもので，ここで舞踏会や外交交渉が行われ，この当時の極端な欧化政策の象徴のようなものになっていた。ジョサイア・コンドルは明治時代に現在の東京大学工学部の教師として来日したイギリスの建築家。自身が設計したものも数多いが，コンドルに師事した中に，東京駅駅舎を設計した辰野金吾などもいる。　(2)　大久保利通は1871年からの岩倉使節団に同行し，日本の近代化が急務であるとして，文明開化や殖産興業を様々な形で推し進めた。

重要　問2　(1)　ア　4にあるようにいたずらは取り締まり対象になっている。　ウ　資料にある取り締まり対象の中には凶悪犯罪は入っていないが，近代的な刑法が定められて施行されたのは1882年なので，それまでは犯罪の取り締まりは江戸時代と同様であった。　(2)　明治時代には，日本は欧米の国々の人々の批判を恐れていたので，そういう外国人の目を意識していたといえる。

問3　(1)　日本が鎖国をやめ開国に至るのは1854年の日米和親条約とそれと同様のイギリス，オラ

ンダ，ロシアとの条約を結んでである。　(2)　明治時代の文明開化や殖産興業は，とにかく日本が遅れているので，欧米の国々のような近代国家になることが必要と思われ，特にそれは不平等条約の改正にこぎつけるために，日本を近代国家と諸外国に見せるためのものであった。

問4　イ　人日の節句が1月7日，上巳の節句が3月3日，端午の節句が5月5日，七夕の節句が7月7日，重陽の節句が9月9日。　エ　資料3にある節句を廃止し，神武天皇の即位日や天長節を新たに設けるということは，天皇の権威を人々の意識に根付かせるためと考えられる。

やや難　問5　資料5の2から3行目にあるように，日清戦争を「文明開化の進歩を図るものとその進歩を妨げるものの戦い」と福沢諭吉は見ており，福沢は中国人を「かたくなで無知であり道理を理解せず，文明開化を見て喜ばないばかりか，反抗の意思を表した」と見ている。福沢諭吉の意見がすべてではないだろうが，当時の文化人の考え方の一例であり，日清戦争を行うことを，後進国の清に西洋式の近代化を推し進めている日本を見せつけるためのものとして正当化しようと考える人がいたことは事実であろう。

Ⅲ　(政治―MaaSに関連する問題)

基本　問1　ア　半導体やコンピュータのメモリーなどは，かつては日本の輸出品であったが，現在ではそれらの国内生産は減り，輸入が増えている。主要な輸入先が中国や台湾で，これは市場の占有率の高さに関しても同様で，この状況に危機を覚えアメリカは国内での生産を増やしつつあるが，日本は現状では以前のような生産には戻っていない。

問2　半導体の市場占有率の高さで一位なのが台湾で，韓国，中国がそれに続く。かつて日本の企業が人件費の安い国や地域として進出した先で，これらの地域や国が経済成長を遂げたことで，人件費が高くなり，日本の企業はこれらの場所での生産から撤退してしまったところも少なくない。

問3　バスやタクシーのような業務として人を運び料金をとる旅客輸送に関しては基準が厳しく，規制があったが，その規制を緩め，個人が参入できるようにするのがライドシェアリング。もともと，タクシーなどでも個人のものもあったが，その基準をクリア出来ているものとそうでないものとではナンバープレートを見ると判断ができた。緑のものが基準をクリアしているもので，白ナンバーがそうでないものであった。2024年4月より，日本でも一部の地域でライドシェアリングが合法的なものとしてスタートした。一応，自家用車を持つ人が誰でも可能というのではなく，タクシー会社で運転手の訓練と車両の管理を行い，配車もタクシー会社を通して行う形になる。普通のタクシーとの違いは，ライドシェアリングの場合，運転手が本業では他の仕事をやっていて，空き時間で副業として運転手を行うということも可能になっている。

重要　問4　MaaSが普及すると，自家用車，社用車といった個人や企業が自動車を所有したり管理したりするということがなくなり，移動手段が必要な時にそのサービスを利用するという形になるとされる。

問5　MaaSが普及した場合に，困るのはどういう企業かを考える。個人や企業などが自動車を購入しなくなると自動車を製造販売する企業は売上が大幅に減少してしまう。このことを踏まえて資料を見ると，イとウが日本でのMaaS普及を阻害する要因として自動車会社があることを裏付けている。イを見ると，日本の産業構造として自動車産業はごく少数の大手自動車会社をピラミッドの頂点として，その下に様々な部品や関連産業の下請け企業があることを示し，このピラミッドの頂点がなくなれば，その下の企業も存続が厳しくなるのはわかるであろう。ウは日本の輸出総額の中の2割弱が自動車関連のものであることを示している。この自動車関連のものが大幅に減った場合に日本の貿易収支はさらに赤字が膨らむことになる。

問6　MaaSが普及すれば，自動車産業は大きな打撃を受け，自動車産業で生計を立てている人は転職せざるを得なくなる可能性は高い。自動車産業が主力産業の地域は各地にあるが，その中でも特に大きな影響を受けるのがウの中京・東海地区である。

やや難 問7 (1) DXはデジタルトランスフォーメーションの略。単にデジタル機器を使いこなせるようにして，仕事や社会の隅々までデジタルの恩恵を広めるだけでなく，デジタルを普及させ活用していくことで，今までにないものを社会や仕事の中に生み出せるようにしていくというもの。

(2) 現代社会において，様々な問題があるが情報産業・技術を用いて解決策を考えられれば，学校側は得点としている。解答例で示したが，現代の日本で，日々情報通信技術が発達し，次々と便利なものが生み出されたり改良されたりしているが，一方で，様々な理由で，その恩恵を受けられていない人々も少なからずいる。特に，情報通信の分野でスマートフォンやタブレットなどの端末を日常的に使いこなしている人間には当たり前の情報収集が，それらの機器を所有していなかったり，使いこなすことができていないために，何らかの情報に接することができず，不利益を被るということはあり得る。かつて，PCが普及し始めたころは，すべてPCへの指示をキーボードで入力して操作を行っていたが，ウィンドウズが普及したことで今ではコマンドを入力するということはまずなくなり，PCの操作も容易にはなった。同様に，デジタルトランスフォーメーションをさらに進めることで，端末の価格を下げ，もっと容易に操作ができる機器が生み出されれば，今日のデジタルが生み出した格差も小さくできるかもしれない。

★ワンポイントアドバイス★

試験時間に対して問題数は多くないが記述が多いので時間配分が大事。資料を見て書く記述が多いので，日頃から資料の説明をする練習をしておくとよい。設問の誘導に沿って資料を見るのがポイント。

＜国語解答＞

一 (一) ① ニ ② ハ (二) 無人の木造駅舎 (三) (例) 字が美しく，軽やかで楽しげでスマートな(点) この字を姓に持つ人がいて強く印象に残っていた(点)
(四) (例) 地図を眺めていて，ふっと眼に留まった地名 (五) イ (六) ハ
(七) ロ

二 (一) 孫 (二) (六字) 翔太のカメラ (五字) アタシはね
(三) ① 久しぶりに ② いらっしゃい (四) 若いとき(に)なんにも考えない(でしたこと) (五) (例) じいさんに大事にされていると感じた(から)

三 (一) ニ (二) ネット (三) ロ (四) セッターは (五) イ
(六) ① (例) 自分がチームキャプテンをしていた(から) ② (例) 自分のできなかった世界大会での活躍を果たしてほしい。 (七) やっぱりこの人，パパと同じじゃないかも

四 (一) 考証 (二) 開幕 (三) 提起 (四) 縦 (五) 縄張(り)

五 (一) (一日中) (例) 雨に濡れずに過ごせるようになった(から)
(一文) 雨の音を聞かなくなって久しい。 (二) 空 (三) 触(覚)

○推定配点○

一 (四) 4点 他 各3点×8 二 各3点×7 三 各3点×8 四 各3点×5
五 各3点×4 計100点

＜国語解説＞

一 (論説文―空欄補充，内容理解)

基本 (一) ① Aは「ハワイへの旅」など，これまでの旅なので「空間」が入り，Bは直後に「過去への旅」とあるので「時間」が入る。 ② 五つ後の段落に「(空港で)ダーツを投げて，突き刺さったところに行く」という旅は「なかなか実行できるものではない」とある。

(二) 「無人」の「駅舎」があるということに注目。

やや難 (三) 直前の段落に「遊佐」が「私の眼に留まった理由は二つある」とあるので，そのあとの部分から二つの理由をとらえる。

重要 (四) 「遊佐」という地について，「北海道から東北，関東と地図を眺めているうちに，ふっと眼に留まった」とある。

(五) 「出身地」はその人物の性格や個性，人生に影響するはずである。イ「登場人物の名前」には関係がない。

(六) 直後の文に「まるで双子のような二つの鳥海山」とある。鳥海山が「田植え直後の田圃の水に映っていた」のである。

(七) 直後に「予想以上にすばらしいものになったことを喜んだ」とある。この内容に合うのはロである。

二 (小説―内容理解，表現理解，心情理解)

基本 (一) 「どういうことだい，翔太。ばあちゃん……買ってやったんだよ」という言葉からわかるように，「アタシ」は翔太の「ばあちゃん」である。よって，翔太は「アタシ」の「孫」である。

(二) ・「アタシは，確かに翔太のカメラにとりついたんだ」とある。

・「アタシ」は翔太に「もう一度会いたかった」から，また，翔太が「カメラのレンズで覗くものを，一緒に見てみたかった」から，「翔太のカメラ」にとりつきたかったのである。

(三) ① 「久しぶり」だということは，前にも同じことをしている，ということである。

② 「じいさん」は，「さて，ばあさん，いらっしゃい」と言ってカメラを迎えている。

重要 (四) 最後から二つめの文に注目。「アタシ」は，「まあ，若いときは，いろんなことをなんにも考えないでしてしまうことも多いからねえ」と考えている。

やや難 (五) 「じいさん」は，カメラの事情を知ったうえでカメラを買い，大事に扱っている。このことで「アタシ」は前向きになることができたのである。

三 (小説―内容理解，空欄補充，心情理解，表現理解)

(一) 直後に注目。「このセットで日本が負けてくれれば，楽しみにしているドラマがすぐに始まるのに」という娘の気持ちを，江川は察している。

(二) 「バレーボール」が話題になっていることに注意する。

(三) まだ試合の勝敗がわからない，大事な場面であることをとらえる。

(四) 江川は「セッターは，自分で得点を決めることがほぼない」と思っていたのに，倉橋が得点を決めにいったので，驚いたのである。

(五) 佳澄が「この人，なんか勝つ気まんまんの顔してる」と言っているように，倉橋は勝利を諦めない表情をしていたと考えられる。

やや難 (六) ① 倉橋は「江川自身がチームキャプテンとして立っていた場所」にいる。

② 江川は，世界で勝つという夢を倉橋に果たしてほしいと祈っているのである。

重要 (七) 佳澄が「やっぱりこの人，パパと同じじゃないかも」と言ったのは，倉橋が「パパと同じ」「セッター」であるということを超えて，パパとは違う動きをしているということに気づいたからである。

四　**(漢字の書き取り)**

(一)「考証」は，昔のことを調べ考え，証拠を引いて説明すること。　(二)「開幕」は，物事を始めることや物事が始まること。　(三)「提起」は，問題などをもちだすこと。　(四)「糸＋従」である。　(五)「縄張り」は，動物の個体や集団が競争者を侵入させないよう占有する一定の地域。

五　**(随筆―内容理解，空欄補充，表現理解)**

重要　(一)　・直前に「このごろは地下道だの，アーケードだのがふえて，……」とあることに注目する。以前と違って「このごろ」は，雨に濡れずに過ごせるようになったということである。

・「雨の音を聞かなくなって久しい」ということは，以前は「雨の音」がよく聞こえていたということである。

(二)「雨はやみましたか」と問うたことから，「ウェートレス」が「空」を見ていない，ということがわかる。

(三)「壁までしっとり感じられるような家の中」は触覚の表現である。

★ワンポイントアドバイス★

細かい読み取りを必要とする読解問題が出題されている。選択式にも記述式にも，文章の内容を時間内に的確にとらえる訓練が必要。ふだんから，いろいろなジャンルの本を読むことや，語句などの基礎知識をおさえておくことが大切！

第2回

2024年度

解　答　と　解　説

《2024年度の配点は解答欄に掲載してあります。》

<算数解答>

1　1)　600　2)　16　3)　47　4)　$\frac{5}{6}$　　2　1)　235.5$\left[235\frac{1}{2},\ \frac{471}{2}\right]$cm²　2)　120度

3　1)　8点　2)　16通り　　4　1)　6：11　2)　456万人

5　1)　2060cm³　2)　1474cm²　　6　1)　4.2$\left[4\frac{1}{5},\ \frac{21}{5}\right]$km　2)　26分40秒

7　1)　0.15$\left[\frac{3}{20}\right]$ポンド　2)　13円　　8　1)　250円　2)　75個

9　1)　6.125$\left[6\frac{1}{8},\ \frac{49}{8}\right]$cm　2)　89cm²

○推定配点○

各5点×20　　計100点

<算数解説>

1　(四則計算)

1)　253＋435－88＝600

2)　$16+9.6-10\times\frac{24}{25}=16+9.6-9.6=16$

3)　$\square=\left\{(20-7)\times\frac{9}{7}+3\frac{2}{7}\right\}\times\frac{13}{4}-18=20\times\frac{13}{4}-18=47$

4)　$\square=\left(0.5\times\frac{13}{12}-\frac{5}{24}\right)\times\frac{5}{2}=\frac{1}{3}\times\frac{5}{2}=\frac{5}{6}$

重要　2　(平面図形，割合と比)

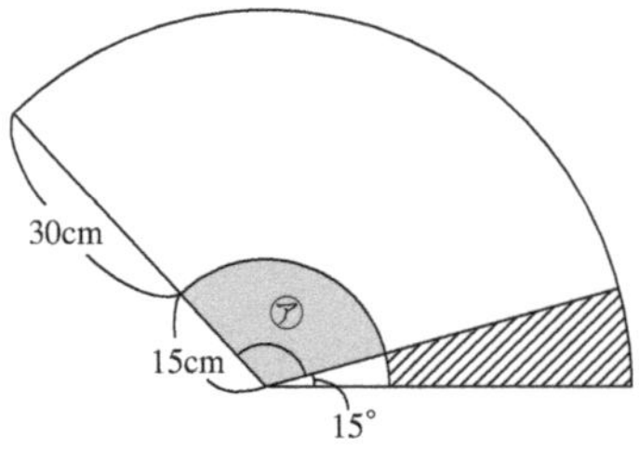

1)　(45×45－15×15)×3.14÷360×15

＝75×3.14＝235.5(cm²)

2)　1)より，75：(15×15)＝1：3

したがって，角㋐は360÷3＝120(度)

重要　3　(場合の数)

勝ちチーム…3点　負けチーム…1点　引き分け…各チームに2点

1)　3＋2＋1×3＝8(点)

2)　9＝3×2＋2＋1…4×3÷2×2＝12(通り)

9＝3＋2×3…4通り

したがって，12＋4＝16(通り)

重要　4　(割合と比)

30年前…Aの人口が□×2，Bの人口が□×5

10年前…Aの人口が□×2×1.5＝□×3，Bの人口が□×5×1.1＝□×5.5

今年…Aの人口が□×3×1.5＝□×4.5，Bの人口が□×5.5×1.5＝□×8.25

今年のBの人口…1881万人

1) 4.5：8.25＝18：33＝6：11

2) 30年前のBの人口…1881÷8.25×5＝1140(万人)

30年前のAの人口…1140÷5×2＝456(万人)

重要 5 (平面図形，立体図形，割合と比)

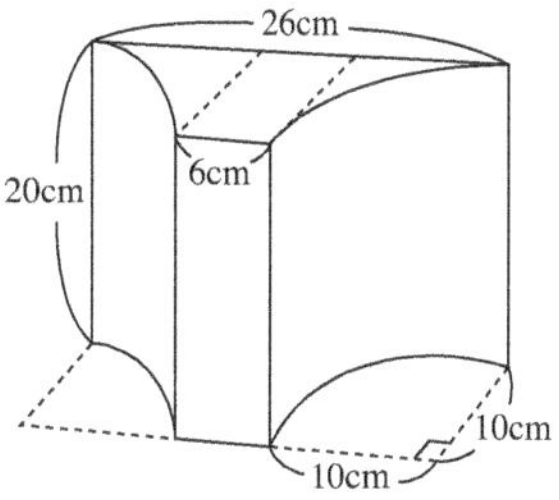

1) 体積

…(10×6＋10×20－10×10×3.14÷2)×20

＝(260－157)×20＝2060(cm^3)

2) 底面積×2…1)より，(260－157)×2＝206(cm^2)

側面積…(26＋6＋20×3.14÷2)×20＝1268(cm^2)

表面積…206＋1268＝1474(cm^2)

重要 6 (速さの三公式と比，流水算，単位の換算，割合と比)

【船Pと船Qの進んだようす】

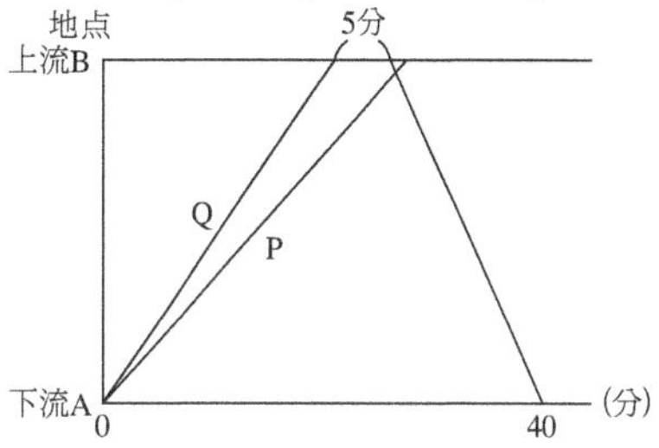

Pの上りの時速…12－3＝9(km)

Pの下りの時速…12＋3＝15(km)

Qの上りの時速…15－3＝12(km)

Qの下りの時速…15＋3＝18(km)

Pの上りの分速…9000÷60＝150(m)

Pの下りの分速…250m

Qの上りの分速…200m

Qの下りの分速…300m

1) Qの上りと下りの時間の比…300：200＝3：2

Qの上りの時間…(40－5)÷(3＋2)×3＝21(分)

したがって，AB間は200×21÷1000＝4.2(km)

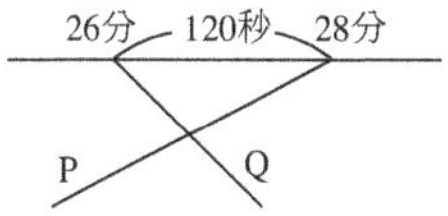

2) PがBに着いた時刻…1)より，4200÷150＝28(分)

QがBを出る時刻…21＋5＝26(分)

26分から28分まで…60×2＝120(秒)

Pの上りとQの下りの時間の比…18：9＝2：1

したがって，求める時刻は26分＋120秒÷3＝26分40秒後

重要 7 (統計と表，割合と比，単位の換算)

1英国ガロン…4.5L

1米国ガロン…3.8L

1ポンド…180円

1ドル…147円

【ガソリンの値段】

国	値　段
日本	1Lあたり166円
英国	2英国ガロンあたり8ポンド
米国	3米国ガロンあたり11.4ドル

1) 日本のガソリン4.5Lの値段…166×4.5＝747(円)

747円…747÷180＝4.15(ポンド)

したがって，1英国ガロン当たりのポンドの差は4.15－8÷2＝0.15(ポンド)

2) 1英国ガロン…180×4＝720(円)

1米国ガロン…147×11.4÷3＝558.6(円)

英国のガソリン1Lの値段…720÷4.5＝160(円)

米国のガソリン1Lの値段…558.6÷3.8＝147(円)

したがって，求める差は160－147＝13(円)

やや難 8　(売買算，割合と比)

Aと Bの仕入れ値の比…2：3
Aと Bの仕入れ個数の比…1：1
仕入れ値の合計…46875円
定価…それぞれの仕入れ値×1.2
売れ残り…それぞれ15個
売れ残った15個ずつの売り値…仕入れ値×1.2×0.9＝仕入れ値×1.08
利益…「予定の利益額－1125円」

1)　A・B15個ずつの仕入れ額の和…1125÷(1.2－1.08)＝9375(円)
A1個の仕入れ値…9375÷15÷(2＋3)×2＝250(円)
2)　Aの仕入れ個数…1)より，46875÷(2＋3)×2÷250＝75(個)

重要 9　(平面図形，相似)

1)　直角三角形AHDとDGC…合同
HG…8－5＝3(cm)
直角三角形AHDとCGJ…相似
GJ…5÷8×5＝3.125(cm)
したがって，㋐は3＋3.125＝6.125(cm)
2)　正方形EFGH…1)より，3×3＝9(cm^2)
したがって，全体の面積は8×5×2＋9＝89(cm^2)

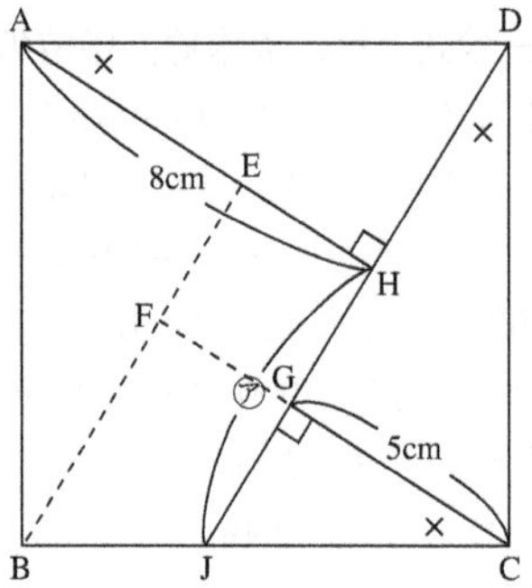

★ワンポイントアドバイス★

8「品物A・Bの売買算」は，「A・B15個ずつの仕入れ額の和」がポイントになり，簡単ではない。9「正方形と直角三角形」の問題は，「合同と相似」に気がつけば難しくない。1「計算4題」で，しっかり得点しよう。

<国語解答>

一　(一)　(例)　メールを書くのがものすごく下手だったこと。　(二)　ニ
(三)　本の内容についていけなくなったということ。　(四)　ロ
(五)　①　(例)　否定的な反応をもらえること。　②　(例)　任される文字数が増えていったこと。　(六)　(例)　書くことが身につくことで文章をていねいに読めるようになり，読書の快感を味わえるようになった。　(七)　ロ

二　(一)　C　(二)　でも確実に仕事が終わるのは早くなった　(三)　ニ　(四)　ロ
(五)　ロ　(六)　①　コミュニケーション能力　②　まっすぐに父の顔を見返している

三　(一)　A　5　B　10　C　3　D　2　(二)　最下位　(三)　ロ　(四)　十五(人)
(五)　もちろん，意味なんて，これっぽかしもわからない。式変形は呪文と同じだ。
(六)　数　(七)　すべてに驚くほど美しい秩序がある　(八)　(例)　数学がおもしろいこと

四　(一)　遺産　(二)　布石　(三)　身辺　(四)　始末　(五)　固(める)

五 (一) 夏　(二) ① D　② B　(三) A・C　(四) (例) 祖母と並んで

○推定配点○

一　各3点×8　二　各3点×7　三 (一) 各1点×4　他　各3点×7　四　各3点×5

五 (一)・(二) 各2点×3　他　各3点×3　計100点

＜国語解説＞

一 (随筆一内容理解，指示語)

(一) 筆者は，傍線部の質問への答えとして，「二人に憧れて，文章を書けるようになりたいと思うようになりました」と述べたあと，「実はこちらのほうが本格的に文章を書く理由としては大きいもの」として，「メールを書くのがものすごく下手だった」ことを書いている。

(二) 直前の文に注目。「本当に良い言葉を期待してくれている」が，ニの「文筆家としての自分の関心を持ってくれることに感謝」に，「興味はないが仕事だから……演技をしてくれる」が，ニの「興味が無くとも自分へ気遣いをしてくれることに好感」に合致している。

(三) 直前の文に注目。「読んでいる最中に必ず違うことを考えてしまい，ぼんやりしながらページだけが進み」が，どのような状態のことであるかを考える。

(四) 「自分のメールを受け取ってしまった人は，呪いの……迷惑だったろうなと回顧する」とあることに注目。これに合うのはロである。

(五) ① メールの場合は否定的な反応をもらうことは少ないと考えられるが，仕事で文章を書く場合は「編集さんや世間から否定的な反応が来るはず」である。　② 「任される文字数」が「増えてい」ったのは，編集者が筆者の仕事のよさを認めているからである。

やや難 (六) 書き手，という立場を経験するなかで，読み手，として文章をていねいに読むことができるようになったと考えられる。

重要 (七) 前の「そして自分でも文筆家としてエッセイを書くこと，……」から始まる三つの段落の内容から考える。

二 (小説一内容理解，語句の意味，空欄補充，表現理解)

基本 (一) 傍線部の「自分」とCは祐弥である。A・B・Dは傭平である。

(二) 傭平が牧場の仕事について言っている言葉をさがす。

(三) 「でもしか」とは，「……にでもなるか」「……にしかなれない」などの「でも」「しか」から，その職業に就くのにふさわしい意欲や能力がないことを表す。

重要 (四) せっかく傭平の心に「自信」が芽生えているのだから，今は傭平の自主性に任せてみようと，祐弥は思ったのである。

(五) 直前の祐弥の態度は，いかにも我が子に寛容な父親のようであることに注意する。

やや難 (六) ① 祐弥は，「農業経営者となり，……新参者として生きていくには，コミュニケーション能力が必要不可欠である」と考えて，「人づきあいの苦手な人間」である傭平を心配していた。
② 「傭平が，まっすぐに父の顔を見返している」ことから祐弥は，「傭平は変化している」と感じている。

三 (随筆一内容理解，空欄補充，指示語)

(一) Aは，「すべてをツルだと仮定」するので，5(ひき)である。このようにして，以下B～Dもその前後の言葉に注意して，あてはまる数を考えていく。

(二) 「学内二百三十人中」で「二百三十番」とは，最下位ということである。

基本 (三) 「おずおず」は，おびえたり自信がなかったりしてためらう様子。

(四)　全員で「二百三十人」なので,「二百十六番」が十五人いるということである。

やや難 (五)「問題の解き方」の「意味」が少しもわからず,「式変形は呪文と同じ」にしか感じられないでいる。

(六)　直前の「数学の持つ不思議さ」に注目する。

(七)　傍線部の「世界がこれほど完璧につくられている」という内容は,抜き出す言葉の「美しい秩序」に対応している。

重要 (八)　四つ前の段落の最後に,「数学はおもしろいと思っている自分に気づいた」とある。

四　(漢字の書き取り)

(一)「世界遺産」は,1972年にユネスコ総会で採択された世界遺産条約に基づき「世界遺産リスト」に記載された,「顕著な普遍的価値」をもつ建造物や遺跡,景観,自然のこと。　(二)「布石」は,将来のための用意をすること。　(三)「身辺」は,身のまわり,という意味。

(四)「始末に負えない」は,どうにも処理できない,という意味。　(五)「固」と「困」は形が似ているので,間違えないように注意すること。

五　(俳句—空欄補充,季語,内容理解,表現理解)

基本 (一)　Aの「蟻」,Bの「夕焼け」 Eの「風鈴」はどれも夏の季語である。

重要 (二)　①　Dの「休業」は,コロナ禍による飲食店などの休業であると考えられる。

②　Bの句からは,「夕焼け」が「消えていく」ことを惜しむ気持ちが読み取れる。

(三)　Aは地上の「蟻の列」を見おろしている。Cは川の水に映った「月」を見おろしている。

(四)「星ふたつ」(祖母と自分)が並んでいることが想像される。

★ワンポイントアドバイス★

長文の読解において,細かい理解を必要とする選択問題,記述問題が出題されている。ふだんから小説や随筆,論説文を読むことを心がけよう！　語句の意味なども,こまめに辞書を調べるなどして,基礎力をつけることが大切！

2023年度

★★★★★★★★★★★★★★★★★★★★★★★★★

入　試　問　題

2023年度

立教池袋中学校入試問題（第１回）

【算　数】（50分）　＜満点：100点＞

【注意】 計算機つきの時計は使ってはいけません。

1　次の計算をしなさい。

１）$2023 \div 7 + 17 \times 34 - 119 \times 3$

２）$\frac{2}{13} \times \left\{ \left(\frac{7}{8} - \frac{1}{6} \right) \div \frac{7}{12} + 2.5 \right\} - 0.25$

2　A，Bを整数として，次の約束記号を考えます。

A※B＝A×A＋A×B

たとえば，３※４＝３×３＋３×４＝９＋12＝21 です。

次の問いに答えなさい。

１）（２※３）※７ は，いくつですか。

２）A※B＝30 となるBのうち，大きい方から数えて２番目の数はいくつですか。

3　ある学年の生徒300人に通学手段と通学時間についてのアンケートを行いました。アンケートには「はい」か「いいえ」のどちらかで回答してもらいました。

「通学手段に電車を使いますか」という質問に「はい」と答えた生徒の人数は全体の84％で，「通学時間は45分未満ですか」という質問に「はい」と答えた生徒の人数は全体の80％でした。また，通学手段に電車を使わず，通学時間が45分以上の生徒の人数は６人でした。

次の問いに答えなさい。

１）通学手段に電車を使わず，通学時間が45分未満の生徒の人数は全体の何％でしたか。

２）通学手段に電車を使い，通学時間が45分未満の生徒の人数は何人でしたか。

4　A君とB君は，同じ地点から同時に出発して，片道６㎞の同じ道を往復しました。A君とB君の走る速さの比は８：７で，それぞれ一定の速さで走りました。また，A君が走り終わってからB君が走り終わるまでに８分かかりました。

次の問いに答えなさい。

１）B君の走る速さは時速何㎞でしたか。

２）B君が折り返してきたA君とすれ違ったのは，出発した地点から何㎞の地点でしたか。

5　ある地域の学校で熱中症の発生件数を調べたところ，場面別の割合は図Ⅰの円グラフのようになりました。さらに，図Ⅰの「部活動」での発生件数を調べたところ，活動別の割合は図Ⅱの円グラフのようになり，「運動部」での発生件数は63件でした。

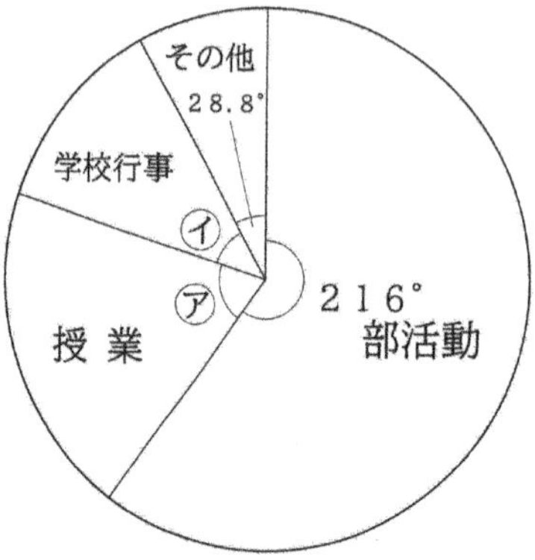

図Ⅰ

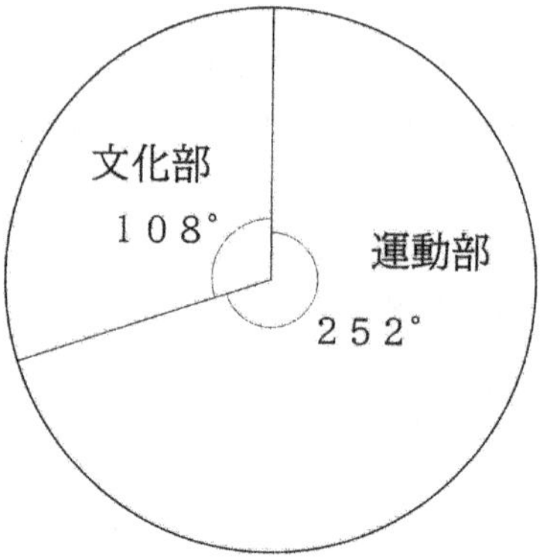

図Ⅱ

次の問いに答えなさい。

1）この地域の学校での発生件数は，全部で何件でしたか。

2）図Ⅰの㋐と㋑の角度の比は５：３です。「学校行事」での発生件数は何件でしたか。

6　下の図のように，長方形の白い画用紙に中心角が90°のおうぎ形を５つかき，色をぬりました。太線はそのおうぎ形の弧の部分です。

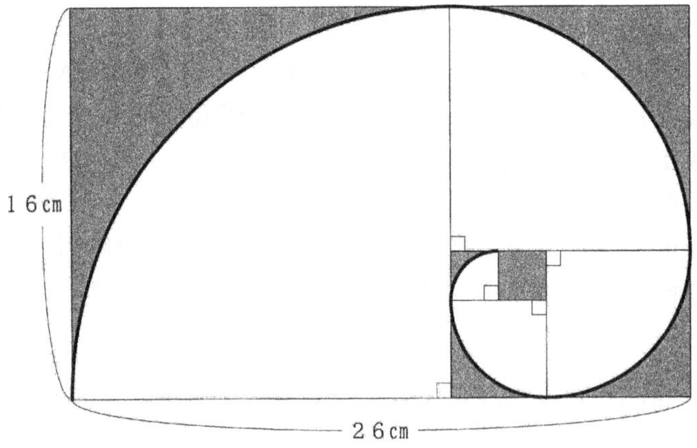

次の問いに答えなさい。ただし，円周率は3.14とします。

1）太線の長さは何cmですか。

2） の部分の面積は何cm^2ですか。

7　下の図のように，１辺の長さが10cmの正方形と縦の長さが10cmの長方形を重ねました。
次の問いに答えなさい。
1）㋐の長さは何cmですか。
2）㋑の長さは何cmですか。

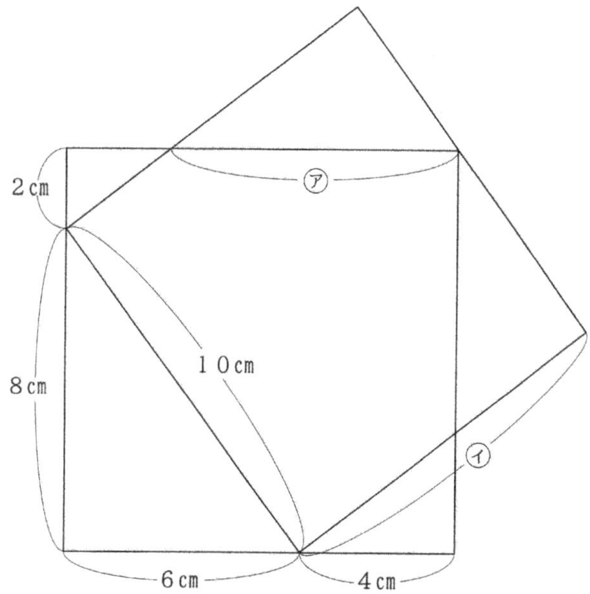

8　２台のバスＡ，Ｂが，下のグラフのように4.2km離れたＰ駅とＱ駅の間を運行していました。どちらのバスも一定の速さで走り，速さの差は時速14kmでした。
また，Ｐ駅とＱ駅やその間にある停留所で，バスＡ，Ｂは同じ時刻に１分間停車していました。

バスの運行のようす

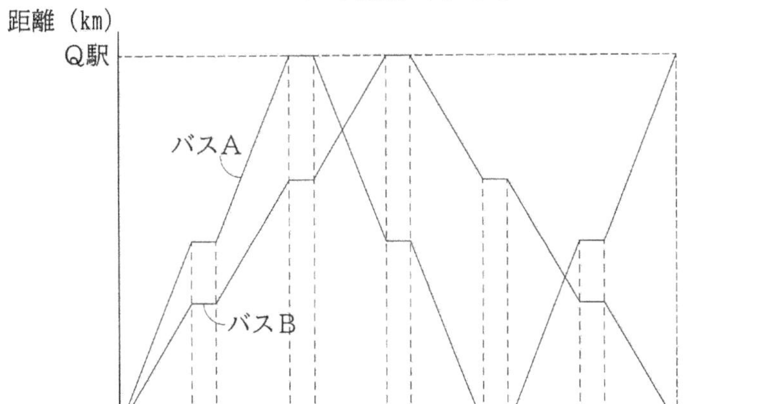

次の問いに答えなさい。
1）バスＢがＰ駅を出発してＱ駅に到着するのに，停留所で停車した時間も含めて，何分かかりましたか。
2）バスＡとバスＢが最初にすれ違うのは，Ｐ駅を同時に出発してから何分何秒後でしたか。

9　下の図は，直方体の容器に水を入れて，容器をかたむけたときのようすを表しています。

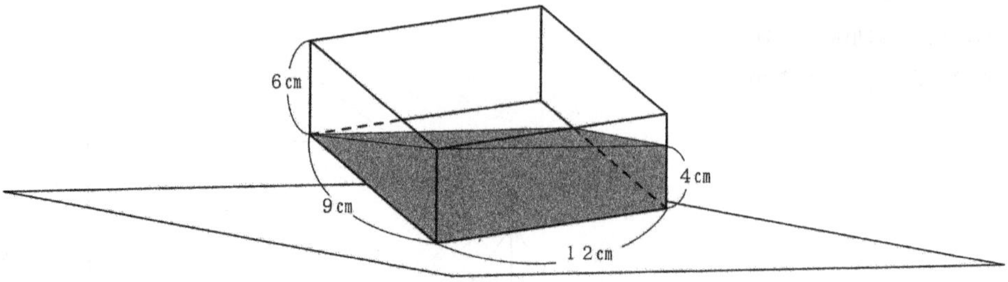

次の問いに答えなさい。ただし，容器の厚みは考えないことにします。

１）水が容器に触《ふ》れている部分の面積は何㎝^{2}ですか。

２）容器に入っている水は何㎝^{3}ですか。

10　ある中学校では文化祭を13時から開始しました。開始直前には行列ができていて，開始後も毎分同じ人数がこの行列に加わりました。

13時からは１つの受付で対応していましたが，行列がなくならなかったため，13時５分からは受付を２つに，13時20分からは受付を４つにしました。

並んでいた人数は13時５分に332人，13時20分に182人で，13時27分に行列はなくなりました。

次の問いに答えなさい。ただし，１つの受付で対応できる人数はどの受付も同じです。

１）１つの受付で対応できる人数は１分あたり何人でしたか。

２）開始直前に何人の行列ができていましたか。

【理　科】（30分）　＜満点：50点＞

【注意】 計算機つきの時計は使ってはいけません。

1　太郎君はおじさんからメダカ（これを親メダカとします）を２匹《ひき》もらってきました。しばらく飼育していると，水槽《そう》の中に卵を見つけたので，観察することにしました。

次の問いに答えなさい。

１）次のア～エの図を，メダカが育つ順番に正しく並べかえなさい。

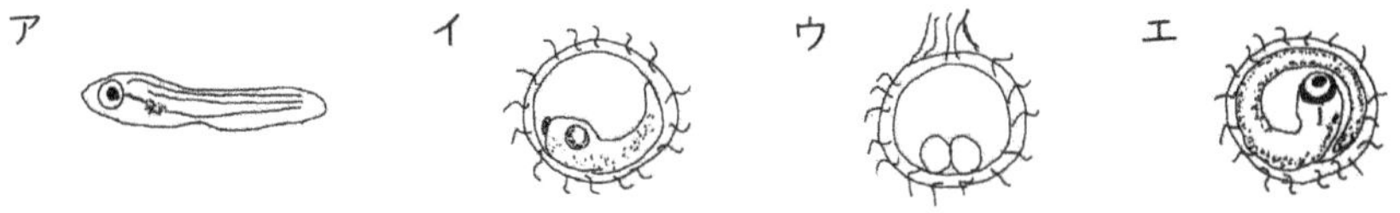

２）親メダカをよく観察したところ，若干の違《ちが》いがあることに気づきました。次のア・イのうち，メスはどちらですか。記号で答えなさい。

３）親メダカは２匹とも黒っぽいメダカでしたが，生まれた子には黒っぽいメダカと白っぽいメダカがいました。調べたところ，体の色は遺伝子の組み合わせが関係していることが分かりました。遺伝子は生き物の特徴《ちょう》を決める要素で，多くの種類があります。どのような種類の遺伝子があるかによって生き物の特徴が決まります。遺伝子は２個で１対となっており，１個は父から，もう１個は母からもらいます。そして，子は２個１対の遺伝子のうち，１個を次の子に受け継《つ》ぎます。どの遺伝子が受け継がれるかはランダムに決まります。

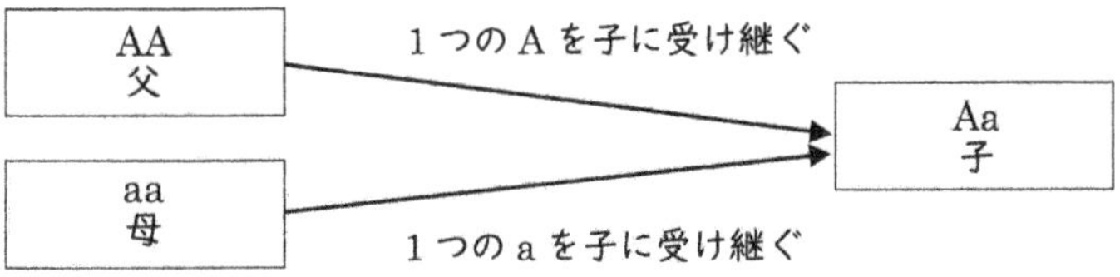

体の色に関係する，ある１対の遺伝子によって，BBやBbの組み合わせでは黒っぽいメダカ，bbの組み合わせでは白っぽいメダカになることが分かっています。

生まれた子の数をくわしく調べると，黒っぽいメダカと白っぽいメダカの数の比は３：１でした。このとき，親メダカの遺伝子はどのようであると推測されますか。正しいものを次のア～オから１つ選び，記号で答えなさい。

ア　父・母ともBB　　イ　片方がBB，もう片方がBb

ウ　父・母ともBb　　エ　片方がBb，もう片方がbb

オ　父・母ともbb

2　体積（cm^3）あたりの重さ（g）を密度（g/cm^3）といいます。重さが同じとき，体積が小さいほうが密度は大きくなります。そして，密度の小さいものは，より密度の大きいものに対して浮《う》きます。海水は，温度によって密度が変化します。図1はその水温と密度の関係を示しています。

北極海で起こる現象について，次の問いに答えなさい。

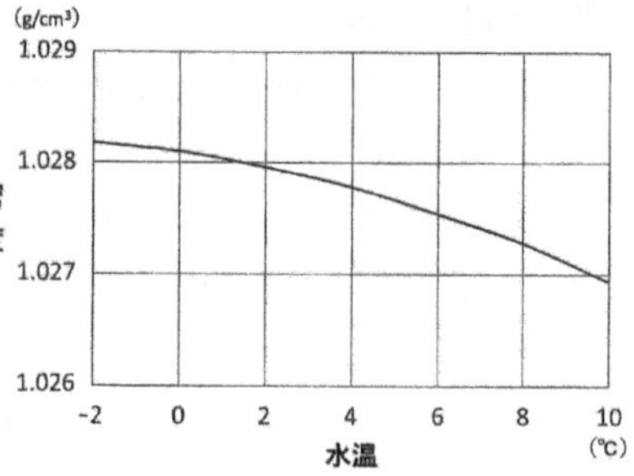

図1

1）海水が凍《こお》ってできた氷について書かれた文章として正しいものはどれですか。次のア～エから１つ選び，記号で答えなさい。

ア　もとの海水と同じ成分なので海水中に沈《しず》む。

イ　もとの海水と同じ成分なので海水に浮く。

ウ　塩分を含まない氷なので海水中に沈む。

エ　塩分を含まない氷なので海水に浮く。

2）海水が冷えていくときの密度について書かれた文章として正しいものはどれですか。次のア～エから１つ選び，記号で答えなさい。

ア　水温が低くなるほど密度が大きくなり，さらに凍ると海水の塩分濃度が増して密度が大きくなる。

イ　水温が低くなるほど密度が大きくなり，さらに凍ると海水の塩分濃度が増して密度が小さくなる。

ウ　水温が低くなるほど密度が小さくなり，さらに凍ると海水の塩分濃度が増して密度が大きくなる。

エ　水温が低くなるほど密度が小さくなり，さらに凍ると海水の塩分濃度が増して密度が小さくなる。

3）海水の密度変化から，ゆるやかな海水の流れが起こります。この現象について書かれた文章として正しいものはどれですか。次のア～エから１つ選び，記号で答えなさい。

ア　表層付近の海水は密度が大きくなるので，深部に沈み込み，海底にそって赤道方向に移動する。

イ　表層付近の海水は密度が大きくなるので，できた氷とともに表層の海水が赤道方向に移動する。

ウ　表層付近の海水は密度が小さくなるので，深部に沈み込み，海底にそって赤道方向に移動する。

エ　表層付近の海水は密度が小さくなるので，できた氷とともに表層の海水が赤道方向に移動する。

4）3）の流れは大西洋まで移動し，その速さをおよそ時速４mとします。海水が１万km移動するためには何年かかりますか。最も適切なものを次のア～エから１つ選び，記号で答えなさい。

ア　3年　　イ　30年　　ウ　300年　　エ　3000年

3　次の太郎君と先生の会話を読んで，問いに答えなさい。

太郎：先生！　ミジンコのような小さなものを見るにはどうしたらいいですか？

先生：それは，顕微《けんび》鏡を使えばよいですね。図１は一般的な顕微鏡です。どのようなつくりをしているか分かりますか？

太郎：はい。２種類のレンズがあり，目を近づける部分が①接眼レンズ，物体に近づける部分が②対物レンズです。対物レンズはいくつかついていて，③レボルバーを回転させてレンズをかえます。光は反射鏡を使って，ステージの下から当てるように取り入れます。

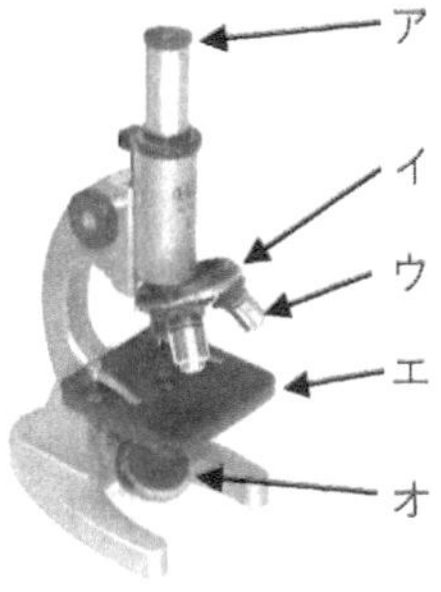

図１

先生：よく知っていますね。使い方は分かりますか？

太郎：はい。まずはじめに，（　　a　　）。

先生：昔の人はこのような顕微鏡も自分で作っていたのですよ。ロバート・フックという人を知っていますか？彼は自分で製作した顕微鏡（図２）を使って様々なものを観察し，「ミクログラフィア」という本にまとめました。1665年のことです。

太郎：すごいですね。自作の顕微鏡は現在のものとどのくらい違うのですか？

先生：基本的なつくりは一緒《しょ》です。④接眼レンズと⑤対物レンズに相当する２つのレンズを用いて，⑥ステージに相当する部分に物体を置いて観察します。オイルを燃やした光を取り入れて物体を明るく照らします。

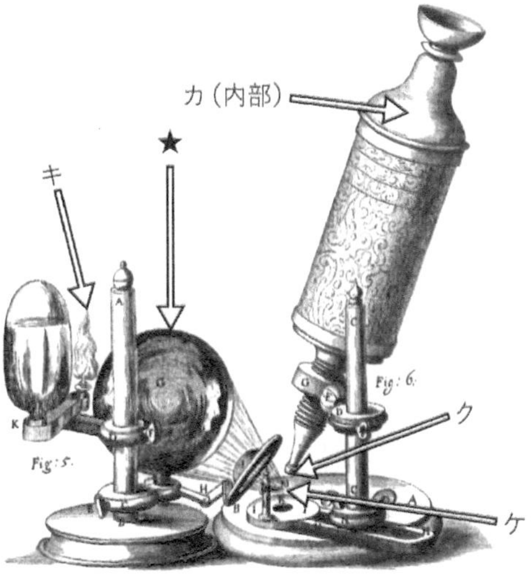

図２
（Project Gutenberg Webサイトより）

太郎：見た目はずいぶん違いますね。

先生：そうですね。例えば図２の★には水が入っていて，（　　b　　）としての役割があります。

太郎：なるほど！　昔の人のアイデアはすごいですね。

1）下線部①「接眼レンズ」，下線部②「対物レンズ」，下線部③「レボルバー」を図１のア～オから１つずつ選び，記号で答えなさい。

2）（a）に入る文章として最も適切なものを次のア～カから１つ選び，記号で答えなさい。

ア　低い倍率の対物レンズを物体から離《はな》し，徐々《じょじょ》に近づけながらピントを合わせます
イ　高い倍率の対物レンズを物体から離し，徐々に近づけながらピントを合わせます
ウ　低い倍率の対物レンズを物体に近づけ，徐々に遠ざけながらピントを合わせます
エ　高い倍率の対物レンズを物体に近づけ，徐々に遠ざけながらピントを合わせます
オ　低い倍率の接眼レンズを物体に近づけ，徐々に遠ざけながらピントを合わせます
カ　高い倍率の接眼レンズを物体から離し，徐々に近づけながらピントを合わせます

3）下線部④「接眼レンズ」，下線部⑤「対物レンズ」，下線部⑥「ステージ」に相当する部分を図２のカ～ケから１つずつ選び，記号で答えなさい。

4）（b）に入る言葉として最も適切なものを次のア～カから１つ選び，記号で答えなさい。

ア　オイルランプの火を消す液体　　　　イ　物体をぬらす液体

ウ　物体の位置を調整するおもり　　　　エ　顕微鏡の角度を保つおもり

オ　オイルランプの光を集めるレンズ　　カ　見える物体の倍率を調整するレンズ

4　太郎君は，宇宙観察記録ノートを作り，惑《わく》星のなかでも特に明るくて見やすい金星，火星，木星，土星の観察をしました。

表１は2022年に行った６つの記録をまとめたものです。よく調べてみると間違った記録が２つありました。図１は１年間で空を移動する太陽の通り道とその方角に見える星座を示しています。

表１

	日時	惑星	星座	方角
ア	１月２１日　６時	火星	さそり座	東
イ	２月　２日　６時	金星	いて座	西
ウ	４月１６日２０時	木星	おおいぬ座	西
エ	８月　１日　４時	金星	ふたご座	東
オ	１０月１１日２０時	土星	やぎ座	南
カ	１１月２０日２０時	木星	うお座	南

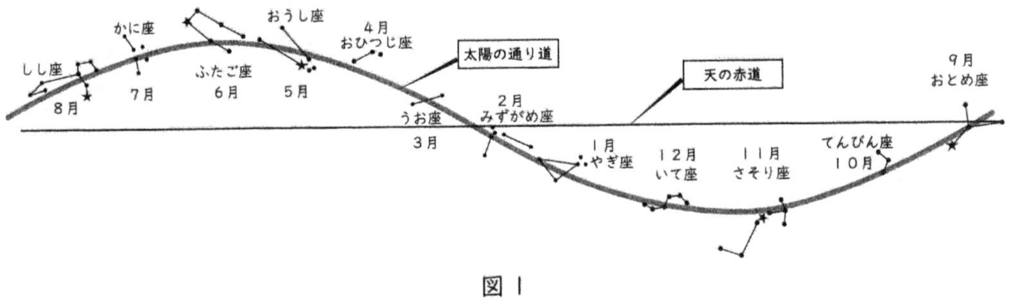

図１

次の問いに答えなさい。

1）シリウス（全天で太陽の次に明るく見える恒《こう》星）を惑星と見間違えた記録はどれですか。表１のア～カから１つ選び，記号で答えなさい。

2）間違えて反対の方角を記録してしまったものはどれですか。表１のア～カから１つ選び，記号で答えなさい。

3）南中したときが昼である場合でも，その惑星が見えているとします。正しい観察記録の中で，惑星の南中高度が最も低いものはどれですか。表１のア～カから１つ選び，記号で答えなさい。

5　濃度の分からないうすい塩酸とうすい水酸化ナトリウム水よう液があります。これらのどちらか一方，または両方をはかりとって蒸発皿に入れ，よくかき混ぜました。その後，水を完全に蒸発させ，残った固体の重さをはかりました。はかりとった水よう液の体積と，残った固体の重さを

表１に示します。

表１

実験	①	②	③	④	⑤	⑥	⑦	⑧	⑨	⑩	⑪
うすい塩酸の体積（mL）	0	2	4	6	8	10	12	14	16	18	20
うすい水酸化ナトリウム水よう液の体積（mL）	20	18	16	14	12	10	8	6	4	2	0
残った固体の重さ（g）	1.44	1.34	（A）	1.14	1.04	0.94	0.84	0.63	（B）	0.21	0.00

次の問いに答えなさい。

1）表１の（A），（B）に入る数値を，小数第２位までで答えなさい。

2）①～⑪の実験でつくった水よう液を１滴《てき》ずつ赤色リトマス紙と青色リトマス紙につけて調べました。その結果，赤色リトマス紙も青色リトマス紙も色の変化がなかった実験が１つだけありました。この実験の番号を数字で答えなさい。

3）⑤，⑩の実験で残った固体を試験管にとり，水にとかしました。ここにBTBよう液を１滴加えると，何色になりますか。適切なものを次のア～エから１つずつ選び，記号で答えなさい。

ア　赤　　イ　青　　ウ　黄　　エ　緑

6　太郎君は野球に興味を持ち，その中でも投手について調べました。

投手が投げるボールにバックスピン（後ろ向きの回転）をかけると，ボールに上向きの力が働き，ボールが落ちにくくなります。このとき働く，空気の流れによって生じる上向きの力を揚《よう》力といいます。図１は投げられたボールに対する周りの空気の流れを示しています。

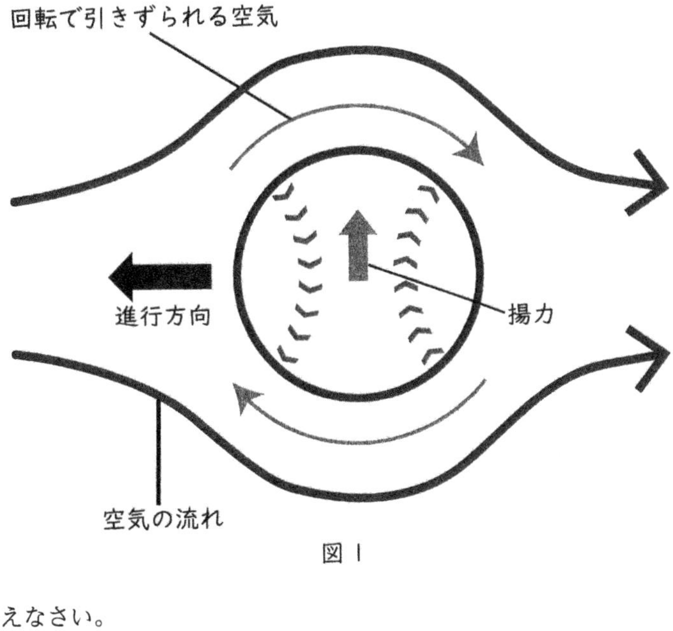

図１

次の問いに答えなさい。

1）図１を参考にしながらボールの周りの空気の流れを正しく説明しているものを，次のページのア～エから１つ選び，記号で答えなさい。

ア　ボールに対して流れてくる空気の流れが上側下側ともに速くなる。

イ　ボールに対して流れてくる空気の流れが上側下側ともに遅《おそ》くなる。

ウ　ボールの上側の空気の流れが遅くなり，ボールの下側の空気の流れが速くなる。

エ　ボールの上側の空気の流れが速くなり，ボールの下側の空気の流れが遅くなる。

2）1）の答えによってボールの周りの空気の密度が変わり，ボールに上向きの力が働きます。この現象について書かれた文章として正しいものはどれですか。次のア～エから１つ選び，記号で答えなさい。

ア　周辺の空気の密度が大きくなることで，上向きの力が働く。

イ　周辺の空気の密度が小さくなることで，上向きの力が働く。

ウ　上側の空気の密度が大きくなり，下側の空気の密度が小さくなることで，上向きの力が働く。

エ　上側の空気の密度が小さくなり，下側の空気の密度が大きくなることで，上向きの力が働く。

3）ボールに働く揚力のように，流れる空気によって生じる上向きの力を用いて飛ぶ乗り物はどれですか。次のア～エからすべて選び，記号で答えなさい。

ア　熱気球　　イ　飛行船　　ウ　飛行機　　エ　ヘリコプター

7　古代から光の速さは無限だと考えられてきましたが，1676年にデンマークの天文学者レーマーが，木星の衛星イオを観測することで，史上初めて光の速さの測定に成功しました。その後，1849年にはフランスの科学者フィゾーが，歯車と鏡を用いた実験により地上で初めて光の速さを測定しました。フィゾーが行った実験は次のようなものでした。

【実験】

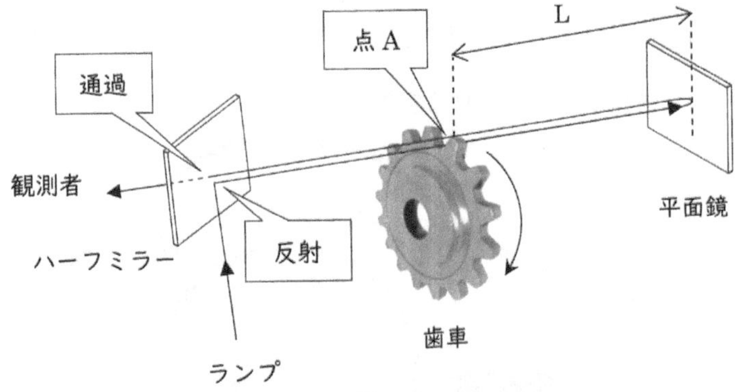

図１

まず，図１のようにランプ，ハーフミラー，歯車，平面鏡を配置して，平面鏡からの反射光を観測します。このとき，歯車と平面鏡の間の距離《きょり》をＬとします。ハーフミラーとは，光の一部を反射させ，一部を通過させる特殊《しゅ》な半透《とう》明の鏡です。次に，ランプから出た光線をハーフミラーに当て，ハーフミラーで反射された光線が歯車の歯と歯のすきま（図１の点Ａ）を通るように，光線の向きを調整します。そして，歯車を一定の速さで回転させながら，向きを調整した光線を歯車の歯と歯のすきまを通過させて，平面鏡で反射させます。このとき，平面鏡から戻《もど》ってきた光線が，隣《とな》り合う次の歯でうまくさえぎられるように，歯車の回転数を調整します（次のページの図２，図３）。このようにすることで，光線が歯車と平面鏡の間を往復する間に，歯は0.5個分ずれることになります。

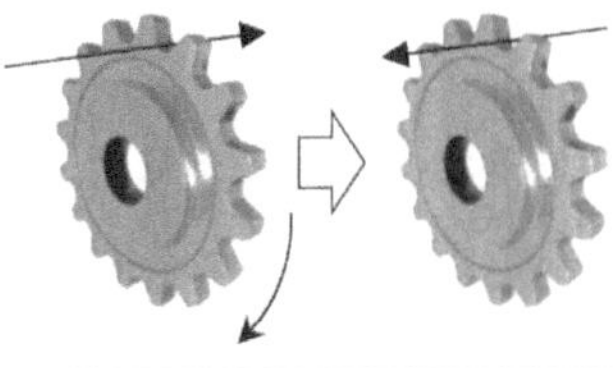

歯車の回転が遅いときは、光線が同じ歯の間を戻ってくるので観測者には明るく見える。

図２

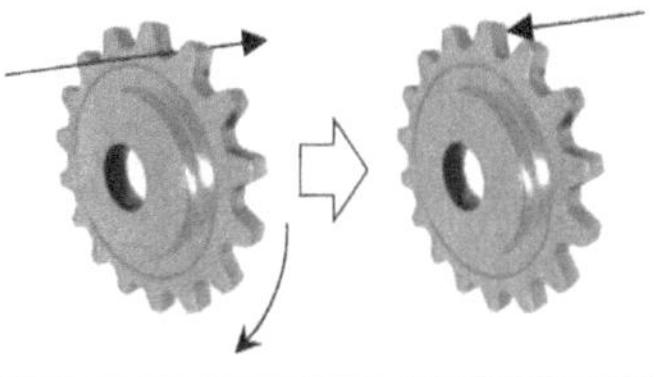

歯車の回転が少し速くなり、歯車の歯が 0.5 個分ずれると、戻ってくる光線は隣り合う次の歯でさえぎられるので観測者には暗く見える。

図３

太郎君は，フィゾーが行った実験を再現するテレビ番組を見ました。すると，歯の数が360個の歯車を，１秒間に34回転させたときに，それまで見えていた光が初めて見えなくなりました。さらに歯車を速く回していくと，再び光が見えるようになり，１秒間に68回転させたときに最も明るくなりました。

次の問いに答えなさい。

１）歯の数が360個の歯車を，１秒間に34回転させたとき，点Ａを１秒間に通過する歯の数は何個ですか。

２）歯の数が360個の歯車を，１秒間に68回転させたとき，図４のように歯車がすきまから隣り合う次のすきままで動くのにかかる時間は何マイクロ秒ですか。必要があれば小数第２位を四捨五入して，小数第１位までで答えなさい。１マイクロ秒は1000000分の１秒です。

図４

３）この実験によると，光は１秒間に何万km進むと求められますか。上から２桁《けた》の概《がい》数で答えなさい。ただし，歯車と平面鏡の間の距離Ｌは６kmとし，光が進むのに要した時間は２）の答えを用いなさい。

４）光が初めて見えなくなった状態から，歯車の回転数をさらに上げ，同じように再び光線がさえぎられるようにするためには，歯車を１秒間に何回転させればよいですか。

【社　会】（30分）　＜満点：50点＞

Ⅰ　教員（T）と生徒（S）の会話を読んで，以下の問いに答えなさい。（資料は次のページ）

T：「天下統一」ってどのようなことを指すと思う？

S：天下は全国という意味だから，全国をひとつにまとめよう，ということですか？

T：天下は一番大きい範囲でいうと，日本全国を指すよ。織田信長は「天下布武」と彫られた印を使っていたよ。意味は，天下に武力がいきわたる，ということ。この印を使い始めたのは，美濃の斎藤氏を攻め，〈　あ　〉城を居城とした1567年ごろだね。

S：その頃の信長は，〈　い　〉と美濃を治める大名でしかないように思うのですが，もう「天下統一」？天下を全国とするのは「一番大きい範囲」と先生は言っていたけど，考えている「天下」の範囲が違うのかな。

T：この頃ポルトガルの宣教師の書いた手紙には，「天下の主君とは，五畿内の主君」とあることから，天下とは畿内の範囲や，京都を中心とする伝統的な秩序や空間を示すと考える研究者もいる。

S：京都を中心とする伝統的な秩序ということは…，当時京都にいた A による支配体制を指すのかな。

T：そう考えると，1567年ごろの信長が使用した「天下布武」は，必ずしも全国統一を成し遂げることを宣言した，とは言えないね。京都を中心とする政治体制を安定させることを信長は考えていた。

S：そのために軍勢をひきつれ，15代将軍となる（　１　）を京都に連れて行ったのですね。

T：将軍として就任させ，幕府を復興して平和をもたらしていこうと考えていたということだね。

S：でも確か（　１　）と信長は対立していったような。

T：信長は，次第に幕府にとって代わり天下を安定させたいと考え始め，〈　う　〉城をつくった。

S：資料１によると，信長は【　　X　　】になる意志を示すために，〈　う　〉城をつくりあげたのですね。

T：そうだね。このように「天下」は時代や場面ごとに変化して使用されていると言える。

S：豊臣秀吉は1590年に〈　え　〉を攻め，さらに東北地方をしたがわせることで「天下統一」を果たすのですよね。

T：秀吉が〈　え　〉攻めの前に北条氏直に送った書状にも「天下」ということばが使われている。資料２を見てみよう。

S：「天下」を，「天道」とか「天罰」それから「天皇」ということばと関連付けていますね。北条氏を討つことや秀吉が「天下」をうけおうことは B だと訴えようとしている。

T：秀吉は1585年①朝廷における最高の官職に，武士として初めてついたことからも分かるように，朝廷や天皇の力を背景としていたのだね。これにもとづいて行ったのが，いわゆる②太閤検地だよ。

S：資料３によると…なで斬り？それほど徹底して日本のすみずみまで検地をして，「天下」すべてを把《は》握《あく》し支配下に置くことを目指したんだ。

T：このような太閤検地による全国の土地支配は，江戸幕府にも継がれていくことになる。

S：（　２　）という次の「天下人」が，「天下」をどのように目指していくのか気になりますね。

（資料１）

（天守は）七重となっており，朱や金をふんだんに用い，各階の座敷には狩野永徳に描かせた障壁画が各所を彩っていた。…これは，室町幕府の後継となる中央政権の支配者にふさわしい空間を目指したものと思われる。…大名の権力を誇示《こじ》する構造となっており，家臣や領民，〈　う　〉を訪れる者に優越性・絶対性を示すことも大きな目的となっていた。

（平井上総『織田政権の登場と戦国社会』吉川弘文館 2020より）

（資料２）

…北条氏直は天道の道理にそむき，京都に対してはかりごとをくわだてたので天罰をうけるであろう。…天下において天皇の命令にさからう者がすぐにうたれないことは許されない。来年は必ず天皇からいただいた旗をたずさえ戦いに向かおう。（『北条左京大夫宛条々』より）

（資料３）

（検地に）不服の者があれば，城主の場合は城に追い込め，相談の上一人残らずなで斬りにせよ。…出羽・奥州など辺地まで徹底するようにせよ。…山の奥，海のはてまで念入りに行うようにすることが最も大事である。（『浅野家文書』より）

問１　文章中の〈あ〉～〈え〉にあてはまることばを以下の（ア）～（ク）から選んで，記号で答えなさい。

（ア）駿河　（イ）尾張　（ウ）安土　（エ）江戸　（オ）小田原

（カ）彦根　（キ）岐阜　（ク）三河

問２　文章中の［Ａ］と［Ｂ］にもっともふさわしいことばの組み合わせを（ア）～（エ）から１つ選んで，記号で答えなさい。

（ア）Ａ 天皇や将軍　Ｂ 正当　（イ）Ａ 天皇や公家　Ｂ 正当

（ウ）Ａ 天皇や将軍　Ｂ 伝統　（エ）Ａ 天皇や公家　Ｂ 伝統

問３　文章中の（１），（２）にあてはまる人名をそれぞれ漢字４字で答えなさい。

問４　下線①について。この官職を何といいますか。漢字で答えなさい。

問５　下線②について。このできごとと，もっともかかわりの深い文章を（ア）～（エ）から１つ選んで，記号で答えなさい。

（ア）秀吉が後陽成天皇から豊臣姓をたまわる。

（イ）秀吉がキリスト教の教えはそぐわないとしてバテレン追放令をだす。

（ウ）秀吉が大仏を安置した方広寺の建立を命じる。

（エ）秀吉が軍役に応じて大名に朝鮮への出兵を命じる。

問６　文章中の【Ｘ】にあてはまる８字を資料から抜き出しなさい。

問７　この会話や資料の内容として，ふさわしくないものを（ア）～（オ）から２つ選んで，記号で答えなさい。

（ア）織田信長は「天下布武」の印を，全国統一を目指して使用しはじめた。

（イ）「天下」とは地理的な領域だけでなく，伝統的な支配体制も意味する。

（ウ）織田信長は，当初は幕府の力をもういちど復活させることを考えていた。

（エ）豊臣秀吉は昔からの伝統的な権威を滅ぼそうとした。

（オ）豊臣秀吉は江戸時代の支配の構造に大きな影響を与えた。

Ⅱ　文章を読んで，以下の問いに答えなさい。

国連によると，2050年には世界人口が97億人に達するといわれていますが，日本政府によれば，2050年の①日本の人口は１億人程度になると予測されています。日本国内にも②人口の動きには地域差があり，地域にあったまちづくりや都市開発計画が必要です。

③古くから受け継がれた技法や技術などを用いて，一定地域内で発展，定着した産業を用いて，まちの活性化を進める例もあります。岡山県（　１　）市では，足《た》袋《び》や学生服などをつくる繊維産業が活発だったことをいかしてジーンズの生産に取り組み，市内に「ジーンズストリート」を設けて観光客を呼び込んでいます。また，愛媛県（　２　）市では，タオルの生産が盛んであり，海外への輸出を本格化して地域の活性化につなげようとしています。④福井県鯖江市・越前市・越前町では，全国的にも珍しく半径10㎞以内に下線③が集まっていることを利用し，それらを集約して工房見学イベントなどを開催する取り組みが行われています。

地方都市では，人口減少率高齢化，市街地の人口分散が進むと，地域の産業の停滞や税収の減少，財政難による行政サービスの低下などの問題が起きると考えられています。このような問題を解決するために，富山県富山市では，早くから⑤「コンパクトシティ」という構想が進められました。コンパクトシティの中心となる考え方は，次のページの３つの資料で示すように，分散した住民の生活圏をコンパクトにし，問題の解決を図ることです。この動きは，少子高齢化が進み，人口の分散による地域の活力の低下などが起こったことに対応したまちづくりとして，各地でも導入する動きがみられますが，⑥その課題・問題も指摘されています。

問１　文章中の（１），（２）にあてはまる都市名を漢字で答えなさい。

問２　下線①について。下の（ア）～（エ）は日本の人口について説明した文章です。まちがっているものを１つ選んで，記号で答えなさい。

（ア）三大都市圏には現在総人口の約40％が集中し，中でも東京圏への一極集中の度合いは高い。

（イ）少子化か進み，2021年の１年間の総出生数は前年を下回った。

（ウ）高齢化が進んだ現在の日本の老年人口割合は，総人口の25％を超えている。

（エ）現在は「人口減少時代」で，2020年から2021年にかけても総人口は減少した。

問３　下線②について。1960年代から郊外にニュータウンなどが建設され，中心部の人口が減少しました。しかし東京などでは1990年代半ばを過ぎると，再び中心部の人口増加がみられるようになりましたが，この現象を何といいますか。漢字４字で答えなさい。

問４　下線③を何といいますか。漢字４字で答えなさい。

問５　下線④の地域を代表する生産品としてあてはまらないものを（ア）～（キ）から２つ選んで，記号で答えなさい。

（ア）陶磁器　（イ）和紙　（ウ）人形　（エ）漆器　（オ）メガネ

（カ）刃物　（キ）革製品

問６　下線⑤の利点として，「環境にやさしいまちづくり」があげられることもあります。それはなぜですか。次のページの資料１～３を参考にして，説明しなさい。

（資料１）富山市が目指すコンパクトなまちづくりのイメージ

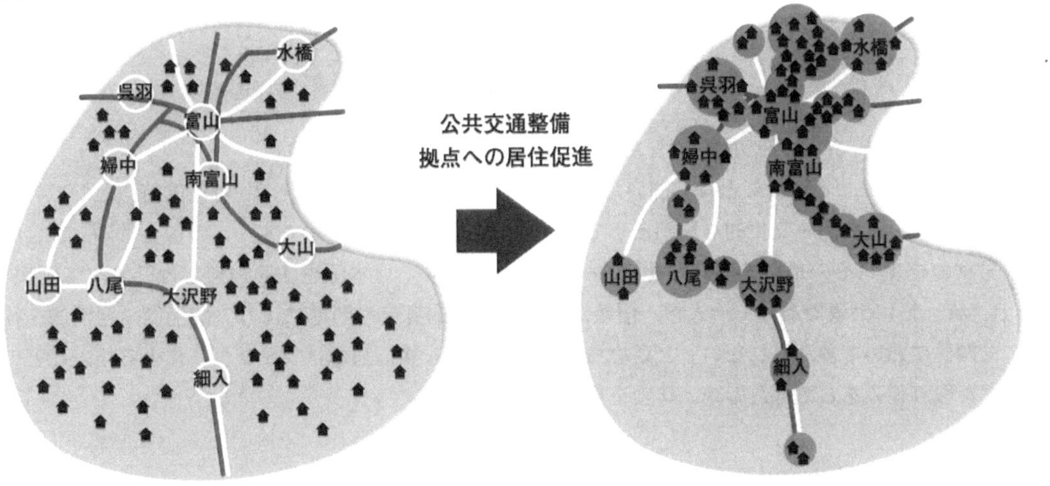

（富山市「都市マスタープラン」より作成）

（資料２）各拠点のイメージ

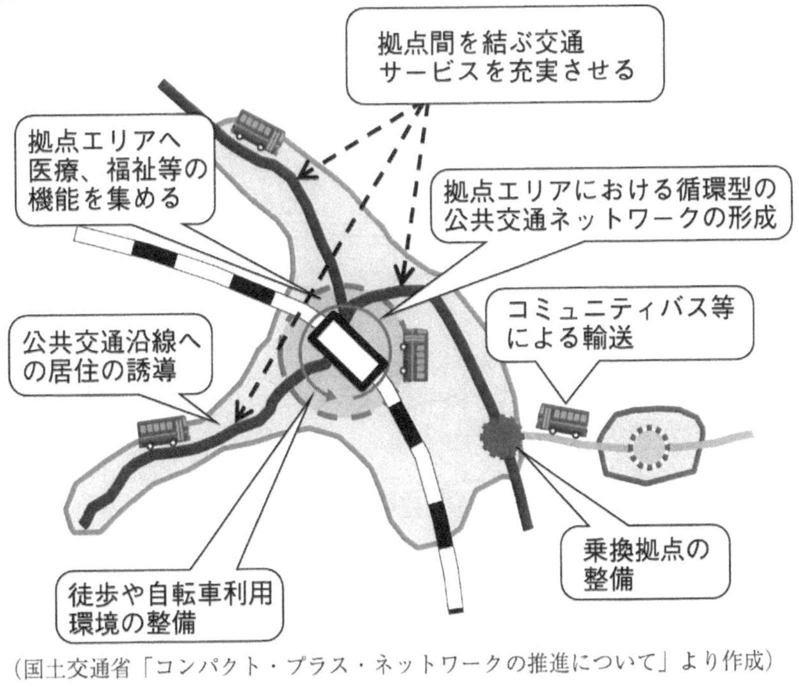

（国土交通省「コンパクト・プラス・ネットワークの推進について」より作成）

（資料３）

富山市は住むところや買い物をするところがいろいろな場所にちらばっているため、車がないと移動するのが不便でした。また、通勤する人のほとんどがマイカーを使っており、公共交通機関がかなり衰退していました。そこで富山市では、家や店などを「拠点」に集め、日常生活の場を公共交通でつなぐ「串と団子のまちづくり」に取り組んでいます。

（富山市「富山市のまちづくり」より作成）

問７　下線⑥について。コンパクトシティを推進することに疑問が投げかけられているケースもあります。あなたなら，コンパクトシティ形成を進める動きに対して，行政の担当者にどのような質問を投げかけますか。解答らんにあうように文章を作成しなさい。

Ⅲ　文章を読んで，以下の問いに答えなさい。

「ジェンダー」ということばを聞いたことがありますか。ジェンダーは，身体的特徴としての性別ではなく，社会的・文化的な役割としての「性」を意味することばです。このことばは，社会的な男女の格差やその是《ぜ》正《せい》を考える際に多くつかわれます。日本国憲法第14条では「すべて国民は，（　Ａ　）に平等であって，人種，信条，性別，社会的身分や門地により，政治的，経済的，社会的関係において差別されない」と定められています。まず，日本はジェンダーによる格差にどのような取り組みをしてきたのか，年表を見てみましょう。

（年表）

1985	女子差別撤廃条約をむすぶ
1985	男女（　Ｂ　）均等法を制定する
1999	男女（　Ｃ　）社会基本法を制定する
2018	候補者男女均等法を制定する

では次に，日本の現状について，いくつかの資料を見てみましょう。

（資料２・資料３は次のページにあります。）

（資料１）学校種類別進学率の推移

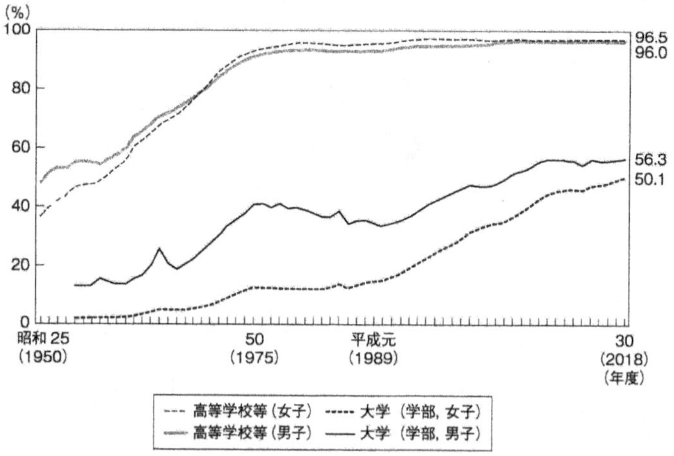

（内閣府ホームページより作成）

ジェンダーギャップ指数という興味深い数字があります。これは経済・教育・政治参加などの分野で世界各国のジェンダーによる格差を示す指標です。この数値は０～１で表され，１に近いほど格差が小さいことを表します。2022年の日本のジェンダーギャップ指数を分野別に見ると「経済」は0.564，「（　あ　）」は0.061，「（　い　）」は1.000，「健康」は0.973で，「総合」は0.650と146か国中116位です。このことから日本はジェンダーによる格差について □ といえるでしょう。

（資料２）2019 年就業者及び管理的職業従事者(※)に占める女性の割合（国際比較）

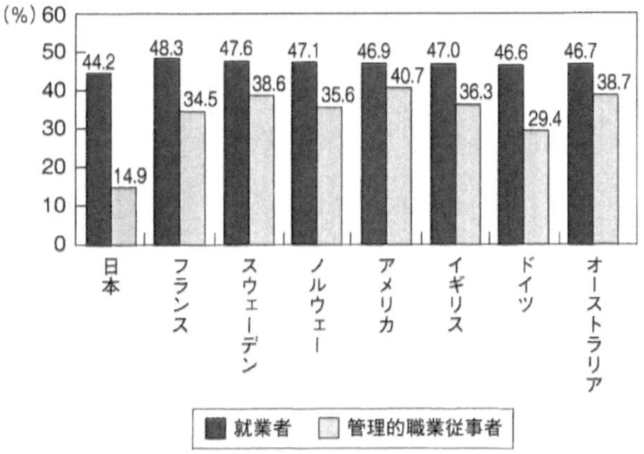

※…会社や役所、学校などで、管理または監督の地位にある人たち

（内閣府ホームページより作成）

（資料３）中心的な中央議会における女性議員比率（国際比較）

順位	国名	女性割合
7	スウェーデン	47.0%
27	フランス	39.5%
35	イタリア	35.7%
39	イギリス	33.9%
49	ドイツ	31.5%
52	カナダ	29.6%
67	アメリカ	27.3%
168	日本	9.7%

（内閣府資料（2022 年）より作成）

問１　文章中の（A）～（C）にあてはまることばを答えなさい。

問２　文章中の（あ），（い）には，それぞれ政治と教育のどちらかがあてはまります。教育があてはまるのはどちらですか。記号で答えなさい。

問３　文章中の □ にもっともあてはまる内容を，（ア）～（エ）から１つ選んで，記号で答えなさい。

（ア）法律の整備を着々と進め，世界的にも評価されている

（イ）特定の分野では格差が小さいとされるが，全体的な評価は低い

（ウ）法律の整備がまったく進まず，具体的な成果も上がっていない

（エ）どの分野についても改善が見られていて，世界的な水準に近づいてきている

問４　文章やこれまでの問いをふまえて答えなさい。

⑴　資料２から読み取れることを説明しなさい。

⑵　資料３から読み取れる問題を説明しなさい。

(一) 言葉が感情をつれてくるんだという体験は本文中で何回描かれていますか。

(二) 父はコロンのお父さんになっていたとありますが、どういうことですか。次の文の□に適語を本文中から抜き出しなさい。

父が［１］と名乗るのは［２］に対してだけになった

(三) コロンが慌ててやってきたのはどうしてですか。説明しなさい。

(四) おじいさんになったコロンは機嫌よく背中をなぜさせてくれるようになっていたとありますが、かつてはどうだったのですか。六字で抜き出しなさい。

四

次の(一)から(六)までの――の部分を漢字で書きなさい。

(一) ジュクレンした技能を持つ。

(二) 難民をキュウサイする。

(三) チョウフクした注文を取り消す。

(四) 新しい店のカンバン。

(五) 誰でもふるって参加してください。

(六) 日曜、祝祭日はのぞく。

五

日本には長寿を祝う慣習がありますが、このことについて、次の(一)から(三)までの問いに答えなさい。

(一) 一般に最初の祝いは六十歳（数え年で六十一歳）の時にしますが、この祝いのことを何と言いますか。ひらがな四字で答えなさい。

(二) (一)の祝いは、「十干《じっかん》」（甲《きのえ》、乙《きのと》……壬《みずのえ》、癸《みずのと》）と「□支」（子《ね》、丑《うし》……）というものの組み合わせで年を数えていくと、六十年で生まれた年と同じ組み合わせに戻ることに由来しています。□に入る数は何ですか。

(三) 「米寿《べいじゅ》」は「米」という漢字が「八」「十」「八」に分解できることから八十八歳、「白寿《はくじゅ》」は「百」という漢字から「一」を取ると「白」になることから九十九歳の祝いのことを示しています。このことと次の式をヒントに、「茶寿《ちゃじゅ》」、「皇寿《こうじゅ》」がそれぞれ何歳の祝いなのかを考えて答えなさい。

茶寿：△＋△＋□

皇寿：◇＋○＋△＋○

※□・△・◇・○にはそれぞれ数が入り、同じ記号のところには同じ数が入る。

(八) 果物だけの絵ではなかったのですとありますが、果物の他に何が描かれていたと考えられますか。

三 次の文章を読んで、あとの(一)から(四)までの問いに答えなさい。

言葉が感情をつれてくるんだ。

夕暮れ時、自転車でスーパーに向かいながらわたしは思った。

今はもうこの世界にいない好きだった人たち。頭の中に浮かんだ「会いたいなぁ」という言葉が悲しみを連れてくる。

連れてくるのは悲しみだけではなかった。

いくつもの懐かしさ。その人の笑い声や、口笛や、大きなくしゃみ。冷蔵庫をのぞきこんでいた後ろ姿までが思い出されるのであった。

飼い猫のことも思い出す。キジトラの雄猫。名はコロン。名付け親は妹だった。

さわると噛みついた。抱っこもきらい。膝の上に乗ってきてくれたことなど一度もなかった。ふれあえない猫であったが、家族はみなコロンを大事にして、中でも、

「わしは猫はスカン！」

と言っていた父が一番かわいがった。

猫も父になつき、

「コロンべぇ」

父が呼ぶと飛んでいった。おやつをくれる人、として認識されていたに違いない。

実家に戻っていたある時、廊下で父がコロンに話しかける声が聞こえた。

「コロンべぇ、お父さん、もう寝るぞ」

娘ふたりも家を出て、妻と猫との日々。「お父さん」と呼ばれることがなくなった家で、父はコロンのお父さんになっていた。それを聞いたときの淋《さび》しいような気持ちがまだ胸に残っている。

父が死んで1年が過ぎた頃だっただろうか。

帰省中はいつも父が使っていた部屋で寝起きしているのだが、夜中、トイレに立った時にふすまを勢いよく開けてしまった。

まるで父の開け方にそっくり。

どこかで寝ていたコロンが慌《あわ》ててやってきた。

覚えていたのだ。

わたしは暗い部屋でコロンに言った。

「コロちゃん、お父さん、もうおらんのやで」

言ったとたん泣けてきた。

おじいさんになったコロンは機嫌よく背中をなぜさせてくるようになっていた。そのコロンももういない。

自転車をこぎながら、

「コロンなぜたいなぁ」

と言ったら鼻の奥がツンとした。夕日の中、よいしょ、よいしょとペダルを踏んだ。

（益田ミリ『永遠のおでかけ』所収「コロンの記憶」）

画学生は翌日から、店先にイーゼルを立ててスケッチをはじめました。たつ子さんがそうするよう強く主張したのです。

「わたしは、絵のことなんてちんぷんかんぷんだけど、果物のことならわかる」

たつ子さんはいいました。

「果物の色は外で、□に当てて見るのがいちばんだ。あんなじめじめした部屋の暗がりじゃあ、腐ったような色にしか見えないよ」

「じめじめで悪かったな」

不動産屋のじいさんが脇《わき》で口をとがらせ、

「そういう文句なら、大家にいってくれ」

盆休みに、画学生は帰省することになりました。たつ子さんのにらんでいたとおり、北国のうまれでした。冬は雪にとざされ、りんごの産地としても有名な山村です。学生は微笑《ほほえ》みながら、額にいれた絵を一枚、たつ子さんにプレゼントしました。そして古びたリュックを背負い、旅だっていきました。

渡された絵を胸元でちらとのぞき、たつ子さんは啞然《あぜん》となりました。数日前にしあがったというそれは、果物だけの絵ではなかったのです。

「よう、たっちゃん。俺にはわかるぜ」

じいさんはにやにやといいます。

「そこに描いてある絵がどんなものか、俺にはだいたい見当がつく」

たつ子さんは、さくらんぼのような頰を揺らせ、照れくさげに笑いました。そして、ゆっくり席を立つと、布につつまれた画学生の贈り物を、レジのうしろに立てかけました。

（いしいしんじ『雪屋のロッスさん』所収「果物屋のたつ子さん」より）

※拘留……一日以上三十日未満の間、拘留場にとどめておく刑。

※ごとく……火の上に鍋などをのせるための器具。

(一) 若い常連は何をしている人ですか。漢字三字で抜き出しなさい。

(二) 立ちつくしについて、

①たつ子さんがこの時見つめていたものは何ですか。本文を参考に答えなさい。

②たつ子さんは①のものを見てどのように思ったと考えられますか。

(三) 決まり悪げに顔をうかがうのは、

(イ) 拾ってくれると思ったボールが返って来なかったから

(ロ) 自分のボールが思ったよりも転がり迷惑をかけたから

(ハ) 傷ついているらしいたつ子さんを気の毒に思ったから

(ニ) たつ子さんを怒らせてしまったと気が引けているから

(四) 楽しみでならなかったほどですとありますが、たつ子さんはそのことを見抜いていました。何から察していたのですか。本文中から十字で抜き出し最初の三字を答えなさい。

(五) 古くさい彼の絵とありますが、何が問題だったと考えられますか。

(イ) 売れることなど考えずに絵を描いたこと

(ロ) 暗い部屋にこもったまま絵を描いたこと

(ハ) 講師や先輩の話を聞かず絵を描いたこと

(ニ) 果物ばかりを題材にして絵を描いたこと

(六) 絵の具やカンバス、鏡、ぼく自身にもとありますが、これは単なる光景の描写だけでなく、「ぼく」の心情を反映したものでもあると考えられます。どのような心情ですか。

(七) □にあてはまる漢字二字を考えて答えなさい。

いました。かごにはカマスの開きがはいっています。初夏の夕陽がちろちろと水面をなめている。小さな橋の上を、ゴム製のサッカーボールがてんてんと転がってくる。たつ子さんは苦笑し、ボールのあとを追って、下駄《げた》をひきずり、アパートの自転車置き場にはいっていきました。ボールはすぐに見つかりました。大きな袋に当たってとまったのです。たつ子さんはしばらくその場に立ちつくし、足下のものを見つめていました。子どもが追いついてきて、決まり悪げに顔をうかがう。すぐにボールを拾いあげ、疎水のほうへ駆けていきます。

翌日の昼間、いつもの風体でやってきた学生に、悪いけれどもう、あんたに果物は売れない、とたつ子さんはいいました。

「たべやしないのに」

冷静な口調ですが、声はわずかに震えています。

「買ってくれたものをどうしようが、お客さんの勝手だって、それはそうかもしれませんがね。でも、かわいそうですよ。まるで手をつけられないまま、あんなにひどく腐《くさ》っちまうってのは、果物たちにしたらね、ほんとうに無念なことだったと思いますよ」

しばらく黙っていた学生は、苦しげに息をついて、しずかに話しはじめました。彼は画学生でした。ここしばらく、朝な夕な、果物のスケッチにとりくんできたのです。アルバイトに出かける以外、ほぼ一日部屋にこもり、絵の具にまみれて過ごしてきた。

「でも、奥さん、描いた果物は、全部たべていました。絵に写したあと、すべて平らげていたのです。ここの果物はどれも、ほんとうにおいしかった。早く描きあげて、それを口にいれるのが、筆を動かしながら楽しみでならなかったほどです」

四日前、画学校で合評会がありました。講師や先輩たちは、古くさい彼の絵を鼻で笑いとばしました。「編み物教室の隣で描いているような絵」というものもいた。その夜アルバイト先で、画学生は酔客を殴りました。非は客のほうにあったのですが、間の悪いことに婦人警官が三人、奥のテーブルで愚痴《ぐち》をこぼしあっている最中だった。彼は拘留《こうりゅう》され、アルバイトをくびになり、昨日ようやくアパートへもどりました。蒸し暑い部屋へはいると、置きざらしの果物から、煙のあがっているのが見えます。よくよく見ると、それは蠅《はえ》の群でした。

「ひどい光景でした。蠅は果物だけでなく、あらゆるものにたかっていました。絵の具やカンバス、鏡、ぼく自身にも。一刻も早く捨てなくちゃと思った。ぼくは、片っ端からゴミ袋に詰め、窓から投げ捨てたのです。ほんとうに申し訳ありません。自分のやったことに吐き気がします。奥さんのすばらしい果物を、あんなふうに捨てるだなんて」

たつ子さんはしばらく黙っていました。そして席を立つと、奥の業務用冷蔵庫から、大きなグレープフルーツをとってきました。ごとくのような爪《つめ》で、さくさくと剝《む》く。これまで何千、何万個の果物を、大切に扱ってきた分厚い爪で、あっという間に剝いてしまう。

「さあ、おたべなさい」

薄皮を割り、たつ子さんはいいました。

「たべて、腐ったもののことは忘れちまいなさい。いまどきのグレープフルーツは、まったく目がさめるような味がしますよ」

画学生は頭をさげ、指を伸ばしました。ひとつ口へ入れるや、みずみずしい香気とともに、明るい霧のような笑みが、顔全体にひろがっていきます（おいしい果物をたべたなら誰もの顔がそうなる）。

が、「私」はその感情を何と表現していますか。

(二) 「出会って」にカギかっこが付いているのは、

(イ) ヒーローの一面しか知らないから
(ロ) 自分の片思いでしかなかったから
(ハ) 直接知り合えたわけではないから
(ニ) 大切な出会いだと思っているから

(三) 彼は怖い存在でもあったとは、

(イ) 「私」の間違いを常に指摘しはずかしめようとする存在だということ
(ロ) 「私」の過ちや弱さをいやが応にも反省させられる存在だということ
(ハ) 「私」の間違いを常に認めつつ反省するように促す存在だということ
(ニ) 「私」の過ちや弱さを仕方のないものだと思わせる存在だということ

(四) 「私」の中で異様なほど純粋な想いと比較して語られているものを本文中から一語で抜き出しなさい。

(五) ヒーローを愛し続けることが「私」にとって必要不可欠だとわかる表現を、本文中から八字で探し、抜き出しなさい。

(六) 彼らを自分の身体の中に摂り込んでいたのだとは、

(イ) ヒーローを愛し尊敬しているうちに、そのヒーローと同じような価値観が自分の生き方にも見られるようになったということ
(ロ) ヒーローが大切にしているものを自分も大切にすることで、同じように誰かにとってのヒーローになろうと思ったということ
(ハ) ヒーローが大切にしているものを自分も大切にすることで、自分の中にヒーローの存在を感じられるようになったということ
(ニ) ヒーローを愛し尊敬しているうちに、自分もそのヒーローを目標にして生きていこうと考えるようになっていったということ

(七) 自分の世界とはどのような場所のことだと考えられますか。自分で考えて具体的な例をあげなさい。

(八) 「私」は、ヒーローになるためにいつもヒーローを探し求めると述べていますが、なぜヒーローにならなければいけないのですか。本文を参考に二十字以内で説明しなさい。

二 次の文章を読んで、あとの(一)から(八)までの問いに答えなさい。

> たつ子さんの店は、疎水《そすい》(水路)に面して建っている。かつて繁華街であったこの街も大きく様変わりしてしまったが、たつ子さんは変わらずこだわり抜いた果物を店先に並べている。そんなたつ子さんをしたう常連客も少なくないようで……。

この店に最近、若い常連がひとりできた。近所のアパートへ越してきた、短髪の学生です。週に二度、眠たげな目つきでふらりとやってきては、傷《いた》んだものの特売箱から、りんごやバナナをとりあげます。すりきれたセーターに、裾《すそ》をまくりあげた作業ズボン。ほとんど喋《しゃべ》りませんが、品物を見るその目つきから、たつ子さんには彼がずいぶん果物好きらしいことがわかりました。北国の、山の生まれかもしれない。あそこか、それともあの地方かも、などと、ひそかに想像しています。

とある夕方、たつ子さんは買い物かごをさげ、疎水べりの道を歩いて

こうして文字にすると、病気のような感情だと思う。けれど、彼を真剣に想うことで、どのことを教わっただろう、と感謝もする。彼は私の大切な人生の先輩だった。

ヒーローに対して異様なほど純粋な想いを持ち、夢中になるのは、何も少女だけの特権ではない。それどころか、大人になればなるほど、より純粋に「ヒーロー」を愛しているのではないか、と思うことがある。

私の周りにも、心に大切なヒーローへの想いを抱いている大人の女性が沢山いる。海外ドラマの俳優だったり、スポーツ選手だったり、映画や本の中の人だったり。驚くべき純粋さで、自分の大切な「ヒーロー」の話をする彼女たちは、「彼がいるから生きていけてる」とすら言う。ヒーローを想うことが、自分が生きていく原動力になっているのだ。

私にも同じように、大人になった今でも、大切に想いを捧《ささ》げているヒーローがいる。そういえば、恋をしない時期はあっても、私の中からヒーローが消えた季節はなかったように思う。物語の中でも現実世界でも、私は様々な場所で自分の「ヒーロー」と出会い、夢中になった。それは、私自身がヒーローを探しながら生きているからかもしれなかった。

なぜ、自分はヒーローを探さずにはいられないのか。その理由を、大人になった今、少しだけわかるようになった気がする。

私たちの人生は彼らが生きる映画や本の世界のようにドラマチックではない。それでも、誰もが、戦わなくてはいけない。毎日、小さな戦いを繰り返すことで、明日という時間を手に入れていく。

子供の頃からそうだったのだろうが、大人になってますます、自分が「戦って進んでいる」感覚が強まっていった。少女のように、大人に守られた安全な世界で眠るわけにはいかない。望む望まないにかかわらず、自分自身が「ヒーロー」にならなければいけなくなってしまったのだ。

時には命懸けの戦いをしている彼らと私たちの戦いは、もちろん同じではない。けれど、日々起こるささやかな戦いを乗り越えながら、かろうじて前へ進んでいる時、ふと気が付くのだ。憧れの「ヒーロー」が持っているのととてもよく似た魂の欠片《かけら》が、自分の身体の一部に宿っている、ということに。

少女の頃、「格好いい！」と手に汗を握りながら叫んだあの時、「ヒーロー」が持っていた、信念、勇気、強靭さ。そういうものが、今度は自分の身体の中から発見されるのだ。私はヒーローを愛し続けるうちに、いつの間にか、彼らを摂取《せっしゅ》していたのだということに気が付く。彼らを見つめ、その言葉を反芻《はんすう》し、彼らの強さを信じ続けることで、いつの間にか彼らを自分の身体の中に摂り込んでいたのだ。

私がヒーローをいつも探しているのは、私自身がヒーローとなって進んでいくために、彼らが必要だからかもしれない。彼らを摂取することで、私は本当の私の形になることができるのだから。

だから、私は今もヒーローを愛し続ける。彼らに憧れ、彼らの勝利を祈り、そして彼らを全身で吸収しながら、今日も自分の世界を生き抜いていくのだ。

（村田沙耶香『となりの脳世界』所収「私達にはなぜヒーローが必要なのか？」より）

※反芻……繰り返し考えること。

㈠ 格好いいについて、

① 「私」は「彼」のどのようなところに格好よさを感じていたのですか。本文を参考にして答えなさい。

② 「格好いい」には一人一人違った感情が込められていたとあります

【国　語】〈五〇分〉〈満点：一〇〇点〉

一　次の文章を読んで、あとの㈠から㈧までの問いに答えなさい。

初恋より早く、ヒーローのことを好きになった。

私が生まれて初めて胸を高鳴らせ、夢中になり、「男」を意識したのは、現実の男の子ではなく、漫画の中のヒーローだった。

彼は、兄が集めていた少年漫画の主人公だった。その感情に何という名前を付けていいのかわからないまま、必死に彼の進む物語を読み漁った。背中が大きくて、繊細な指で銃を扱う、大人の男の人だった。彼の発する言葉や、ちょっとした仕草の一つ一つを丹念に眺め、痺《しび》れるような気持ちになった。彼の身体が作る洋服の皺《しわ》の形さえ好きだった。

学校の友達も皆、彼に夢中だった。私達は口々に、「格好いい」と彼を褒《ほ》め称《たた》えた。自分の身体に灯《とも》った新しい感情を表すのに、子供だった私達はその言葉しか見つけられなかった。けれど、その「格好いい」には、一人一人、違った感情が込められていたと思う。

彼に真剣に恋をしていた女の子もいただろう。彼は冗談をよく言う人だったので、楽しい友達ができたような気持ちでいた子もいたかもしれない。男の子になって彼と一緒に戦いたいと思っている子もいたと思う。大人の男性である彼のことを、理想の兄に甘えるような口ぶりで話す子もいた。または、彼自身になって、その強靭《きょうじん》な肉体と精神を手に入れたいと願った子だっていたはずだ。

私達は子供で、まだそれぞれの抱く感情を上手に言語化できなかった。「格好いい！」「そうだよね、本当に格好いい。大好き！」「見て見て、この表情！　格好いい！」と、その言葉を必死に繰り返しては、かろうじて彼への感情を表現しようとしていた。

私自身の、彼というヒーローへの感情はというと、強いて言えば、「憧れ」という言葉が一番近かったような気がする。はっきりとした信念をいつでも持っている彼を、尊敬していた。そして、彼に恥じない自分になりたいと思っていた。

彼というヒーローと「出会って」から、私は、悪趣味な冗談に笑ったり、悪口を言ったりすることに非常に敏感になった。また、そういった場面で声に出して注意することができない自分を恥じるようになった。「彼なら、ここで自分を曲げない」と、私は何度も思った。いつも彼が見ている気がしていたし、彼の正義が私を裁いていた。

そういう意味では、彼は怖い存在でもあった。彼は、私が「なりたくない自分」になりそうになった時に、警報を鳴らし、私を導いてくれる人だった。

少年漫画の中を生きる彼は、常に死と隣り合わせだ。彼が窮地に陥ると、必死に彼の勝利を祈った。

それは、恋よりも純粋な感情だったかもしれない。自分の人生とはまったく関係のない世界の戦いについて、只、ひたすらに、「ヒーロー」の勝利を祈り続けていたのだから。

祈ることが、彼と一緒に戦う、唯一の手段だった。それは清潔な宗教のようでもあった。彼がなんとか勝利をおさめると、自分の祈りが空に届いたように思えて涙した。兄などは、「主人公だから、死ぬわけないじゃん」などと言って涙もろい私をからかったが、そういう問題ではなかった。祈るのをやめたら、すぐにでも彼が死んでしまうような気がしていたのだ。

2023年度

立教池袋中学校入試問題（第２回）

【算　数】（50分）　＜満点：100点＞

【注意】　計算機つきの時計は使ってはいけません。

1　次の □ にあてはまる数を求めなさい。

1）$21+(24\times7+49\times6)\div14=$ □

2）$\frac{1}{2}-\left\{\frac{3}{7}+0.125-\left(2-1.25\times1\frac{3}{14}\right)\right\}=$ □

3）$935+\{($ □ $+746)\div3-225\}\times17=2023$

4）$\left\{2.7+\left(\right.\right.$ □ $\left.\left.-3\right)\div2.5\right\}\times\frac{4}{7}+2.9=8.1$

2　大きい長方形と小さい長方形の２種類があり，どちらも縦の長さと横の長さの比は３：５です。右の図のように，大きい長方形の上に，小さい長方形を２つ重ねました。

次の問いに答えなさい。

1）㋐の長さは何cmですか。

2） の部分の面積は何cm²ですか。

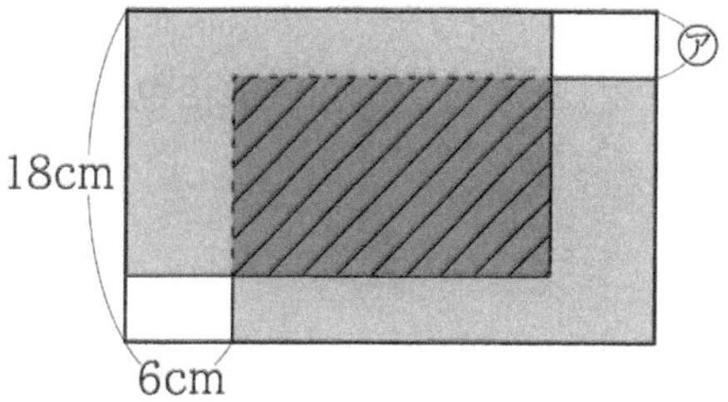

3　直角三角形ABCの面積を半分にする直線を図１，図２のように引きました。

次の問いに答えなさい。

1）図１で，AEの長さは何cmですか。

2）図２で，AGの長さは何cmですか。

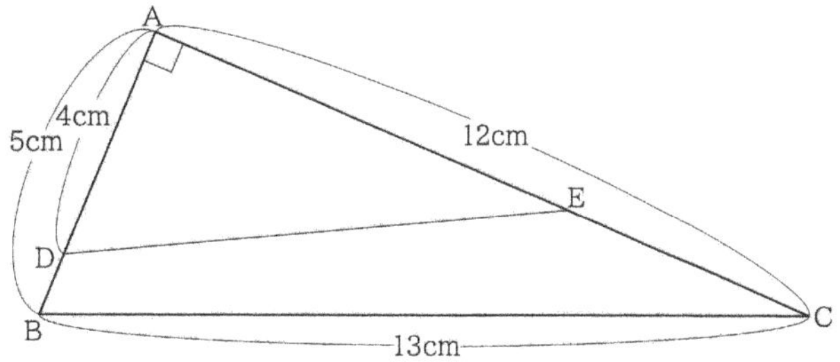

図１

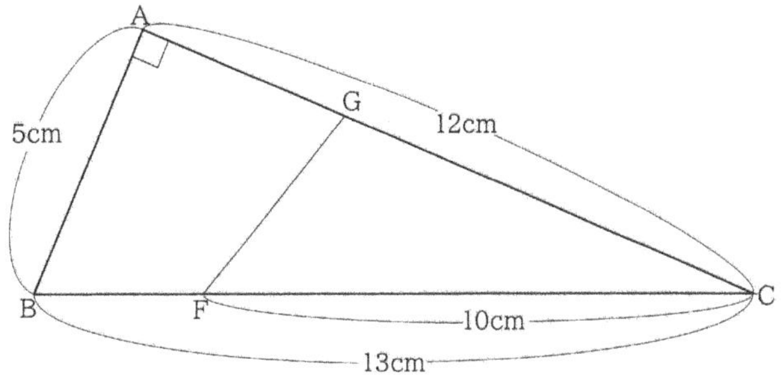

図２

4　あるアイスクリーム屋では，ＳサイズとＭサイズの２種類の大きさがあり，５種類の味から選べます。

次の問いに答えなさい。

１）ＳサイズとＭサイズを１個ずつ買うとき，味の選び方は何通りありますか。

たとえば，Ｓサイズのバニラ味とＭサイズのチョコ味を選ぶ場合と，Ｓサイズのチョコ味とＭサイズのバニラ味を選ぶ場合は違う選び方だと考えます。

また，ＳサイズとＭサイズで同じ味を選ぶこともできます。

２）Ｍサイズを３個買うとき，味の選び方は何通りありますか。

ただし，３個のうち，同じ味を２個選んでも３個選んでも構いません。

5　兄は駅から家に，弟は家から駅に向かってどちらも10時に出発しました。２人は10時10分に途中の公園ですれ違いました。

また，10時18分に兄が家に着いたとき，弟は駅まであと270ｍの地点を歩いていました。

次の問いに答えなさい。

１）家から駅までの道のりは何ｍですか。

２）弟が駅に着いたのは，10時何分何秒でしたか。

6　中心角が150°のおうぎ形を中心角が30°ずつの小さなおうぎ形に分けて，下の図のようにぬり分けました。

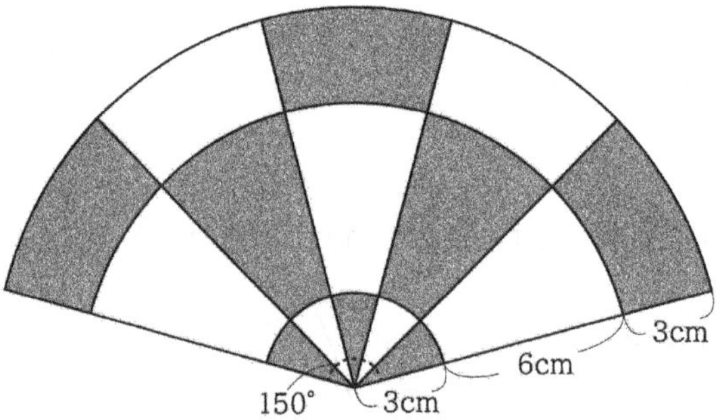

次の問いに答えなさい。ただし，円周率は3.14とします。

１）の部分の面積は何cm^{2}ですか。

２）の部分の周りの長さは何cmですか。

7　下の図のような底面積が大，中，小の直方体を組み合わせてできた容器に毎秒100mLの割合で水を入れました。水を入れ始めてから７分34秒後に，この容器がいっぱいになりました。下のグラフは，水を入れた時間と底面から水面までの高さの関係を表したものです。

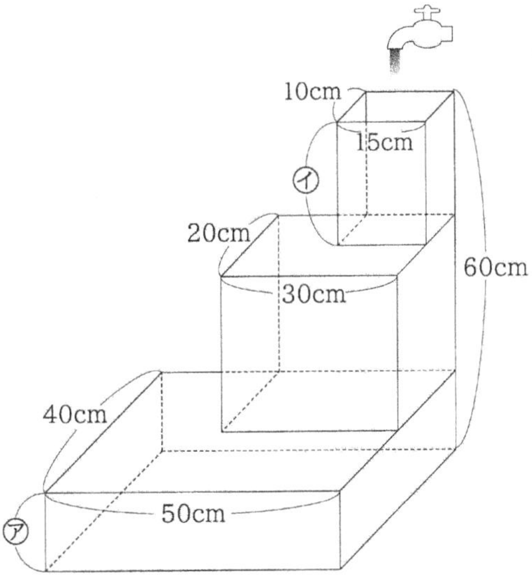

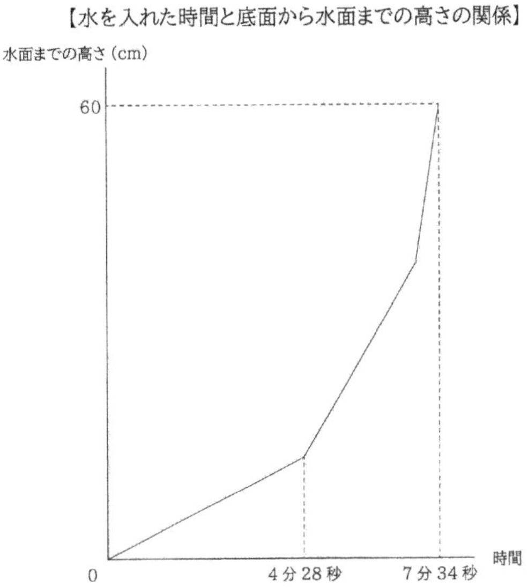

次の問いに答えなさい。

1）㋐の長さは何㎝ですか。

2）㋑の長さは何㎝ですか。

8　ある会社では，社員全員がワクチンを３回接種しました。ワクチンにはＡとＢの２種類があり，次の４つのことがわかっています。

・１回目にＡを接種した人は，全体の55％

・１回目，２回目の両方ともＡを接種した人は，全体の33％で66人

・１回目，２回目の両方ともＢを接種した人は，全体の31.5％

・３回ともＡを接種した人は全体の18％で，３回ともＢを接種した人より２人少ない

次の問いに答えなさい。

1）１回目にＡ，２回目にＢを接種した人は，１回目にＢ，２回目にＡを接種した人より何人多いですか。

2）３回のうち，Ａを２回だけ接種した人とＢを２回だけ接種した人は合わせて何人ですか。

9　下のように，１から299までの奇数を各位の数字に分けて並べました。

１，３，５，７，９，１，１，１，３，１，５，…，２，９，９

次の問いに答えなさい。

1）123の一の位の数字の３は，はじめから数えて何番目ですか。

2）全部で１は何個ありますか。

解答欄に合わせて考えなさい。

□から「明」をコピーして、
□から「日」をコピーしました

(五) この話は、私たちの生活の中からどのような機会が減ったために生まれたと考えられますか。次の（　）にあてはまる表現を本文中より三字で抜き出しなさい。二つの（　）には同じ三字が入ります。

（　　　）考えて（　　　）書く機会が減ったため。

四 次の(一)から(六)までの――の部分を漢字で書きなさい。

(一) 銀行で残高をキチョウする。
(二) 民衆にコオウする。
(三) 前向きなシセイで問題に取り組む。
(四) まるでキゲキである。
(五) 道ぞいに店が並ぶ。
(六) 貴重品を前もってあずかる。

五 次の文章を読んで、あとの(一)から(四)までの問いに答えなさい。

5月5日は「こどもの日」。男子の節供《せっく》として知られ、男の子の成長を祝う日です。端には「初め」の意味があり、かつては月の初めの午《うま》の日を端午といいましたが、とくに5月5日だけをさすようになりました。

中国では古くから、この日に野で薬草を摘んだり、菖蒲酒《しょうぶざけ》を飲んだりして邪気を祓《はら》う行事がありました。この風習が平安時代に日本へ伝わり、次第に広まったといわれます。

江戸時代からは、男子のいる家では健やかな成長を願って武者人形を飾り、［１］を立てて祝ったようです。

とくに武士を尊《とうと》ぶという意味の「尚武《しょうぶ》」、さらに「［２］」とも菖《しょう》蒲《ぶ》が同音であることから、武家社会ではこの日を重んじたようです。江戸幕府の重要な式日《しきじつ》で、大名や旗本が式服で将軍にお祝いを奉じる日でした。

（松村賢治『和の暦手帖　二十四節気と七十二候を愉しむ』より）

(一) 午の日とありますが、これは暦の上で十二支を日に配当し、日を特定するものです。次の中で、十二支に入らないものはどれですか。

(イ) 犬　(ロ) 猫　(ハ) 龍　(ニ) 鶏

(二) 菖蒲酒を飲んだりしてとありますが、日本ではこの「菖蒲」に関し、どのような風習が残っていますか。「菖蒲□」の□にあてはまる漢字一字を答えなさい。

(三) ［１］にあてはまるものを答えなさい。

(四) ［２］にあてはまる漢字二字の語を、考えて答えなさい。

――なーるほど。すごく大人っぽい漢字ですねえ。あ、こうきくんの文字は元気で□するような感じがするね。どこからコピーしたのかな。

明日

「えーとぉ、僕はぁ、楽天の明太子の通販ページから『明』をコピーしてぇ、日産の車のページから『日』をコピーしました。車が好きだから」

――好きなもので作った「明日」だから、こんなに□するんだね。かずしげくんは……。

明日

「僕は自分で入力しました」

――ダメでしょう！　今は習字の時間ですよ！　入力……？　とか、わけのわからない勝手なことをやってないで、コピーとペーストをしなさい！　まったくいつもこの子ったら……。

明日

「先生！　私は私は？」

――あずさちゃん、「日」が「曰」になってますよ。どこかから適当にコピーしましたね。明日また提出しなさい。とものりくんは？

明日

「いまの『明日また提出しなさい』から持ってきました」

――手抜きはいけません。

（品田遊『名称未設定ファイル』より）

※「曰」……「日」とは別の漢字。「口をあけてものをいう」という意味がある。

(一) みんなすごく上手にできましたねとありますが、「先生」は、どのような作品をほめてぃますか。

(イ) 時間をかけずにすばやくコピーしてペーストした作品
(ロ) 書体がめずらしいものをコピーしてペーストした作品
(ハ) 友だちと同じページからコピーしてペーストした作品
(ニ) こだわりを持ったうえでコピーしてペーストした作品

(二) □に入るのは、

(イ) ピリッと　(ロ) ドキッと　(ハ) ワクワク　(ニ) ハラハラ

(三) 「先生」と生徒は、直接顔を合わせていません。それはだれの発言からわかりますか。

(イ) ひかりちゃん　(ロ) こうきくん　(ハ) かずしげくん
(ニ) あずさちゃん　(ホ) とものりくん　(ヘ) 先生

(四) もし、あなたも「明日」という作品を提出しているとしたら、「先生」にどのように説明をしますか。「先生」にほめてもらえる説明を

(一) [1] に入る語はどれですか。ちなみに「俯瞰」と同じ意味で「[1] 瞰」という熟語もあります。

(イ) 花　(ロ) 鳥　(ハ) 風　(ニ) 月

(二) 自分の行いに名前が付いた嬉しさとありますが、どのような嬉しさですか。

(イ) ほかの人がしないような特別な経験をしているという嬉しさ

(ロ) 自分では気づいていなかったことに初めて気づいた嬉しさ

(ハ) ぼんやりと把握していたことが的確に表現できるようになった嬉しさ

(ニ) 意識した言葉を多くの人が色々な場面で使い始めた嬉しさ

(三) ちっぽけな自分にだけ注目するとは、どのような考え方のことですか。本文中より五字を抜き出して、解答欄に合うように答えなさい。

(四) 足取りが重いのは、どうしてですか。

(イ) 放課後の部活動の練習が厳しくなってしまったから

(ロ) ほかの人との差を感じて自分に自信が持てないから

(ハ) いつまで経ってももう一人の自分の目からは逃れられないから

(ニ) 周囲の人に自分の足りない部分を指摘されてしまったから

(五) [2] に入るのは、

(イ) 近視眼的　(ロ) 客観的　(ハ) 意図的　(ニ) 画期的

(六) [3] に入るのは、

(イ) 理想　(ロ) 高いところ　(ハ) 広い視野　(ニ) これから

(七) 完全な「俯瞰」に向けて筆者が「今の自分」に不足していると思っているものは何ですか。次の（　）に示されている字数の表現を本文中より抜き出して答えを完成させなさい。

（　十三字　）から得ていく（　五字　）

(八) 筆者が自分の変化に気づいたところがあります。その表現をふくむ一文を本文中より探し、最初の三字を答えなさい。

三　次の文章は、作者がネット世界を皮肉な笑いで表現した「習字の授業」という作品です。あとの(一)から(五)までの問いに答えなさい。

明日　明日　明日　明日
明日　明日　明日　明日
明日　明日　明日　明日
明日　明日　明日　明日
明日　明日　明日　明日
明日　明日　明日　明日

——わあ、みんなすごく上手にできましたね。特にひかりちゃんが書いたこれ、とてもピシッと締《し》まってますね。

明日

——ひかりちゃん、この文字はどこからコピーしてきたのかな。

「はい。『明』は、夏目漱石《なつめそうせき》の『明暗』からコピーして、『日』は、大江《おおえ》健三郎《けんざぶろう》の『あいまいな日本の私』からコピーして、ペーストしました」

一人の自分が地上の小さな自分を見下ろしているのだ。小学生の時は、朝登校しようと歩く自分をもう一人の自分が見下ろしていた。人も車も活発に動き始めた朝の街を歩く小さな自分を、空からもう一人の自分が目で追っていく。朝まだ眠くて学校に行くのが面倒な小さな自分を上から見下ろして、がんばれと励ましていたのだろうか。

そんな私が「俯瞰《ふかん》する」という言葉を知ったのは、小学六年生の時の塾の授業でのことだったように思う。社会の授業で、地図の説明の時に［１］のように上から見下ろすことと習ったことを覚えている。先生の話を聞きながら、幼い私は、そうか、私はいつも俯瞰していたのだと嬉しくなった。自分の行いに名前が付いた嬉《うれ》しさがあった。それ以降、日常会話で出ることはほぼないけれど、本を読んでいたりテレビの中の解説者の話を聞いていたりしていて、この言葉が出てくると、言葉だけが話の内容に関係なく浮き上がって私の心に届く。好きな言葉というよりは、言葉を聞くと心がなぜかふわふわ浮き立つ感じがする。私にとっては、空にいるもう一人の自分を感じる言葉だからかもしれない。

ただ、中学生になって「俯瞰する」は、高いところから物事を見下ろすことだけではなく、広い視野で全体を把握するという意味もあると知った。よく考えれば、高いところから見下ろすということは広い視野で見ることにつながると気付く。小学生の私は、そこまで思い至っていなかった。私の行いは高いところから見下ろしてはいるが、常にちっぽけな自分にだけ注目していて全体を把握してはいない。完全な「俯瞰」ではなかったと思った。自分しか見ていないのではきっと幼いままなのだろう。

最近テレビで「地球儀を俯瞰する外交」という言葉をよく聞いた。以前初めて聞いたときは、生意気にもうまいこと言うなと思った。私のように上から見下ろしていても自分だけを見つめるのではない。地球儀を眺めるように、広い視野で世界全体を把握して外交を行っていこうということだろう。スケールの大きな話になったが、常に自己中心的に考える自分の幼さにまた気付かされる。

今でも、空からもう一人の自分が今の自分を見下ろしていることがある。学校からの帰り道、立教通りを部活が終わって歩く自分は周りの人より力なく足取りが重い。キャリア学習で東京地方裁判所に行って話を聞いたときは、地裁の職員の方の力強く格好いい様子とは大きく違う制服を着て緊張している幼い自分を見下ろし、数年後に地裁の方々のようになれるのかと不安になった。あれっ、こう考えると自分と周りを比べている。自分だけを見ているのではない。まだまだ、広い視野で全体を把握とまではいかないけれども、少しは周りにも目を向けられるようになっているのかもしれない。

「俯瞰する」の対義語には「偏狭」や「［２］」がある。自分だけの狭い知見にとらわれることや目先の細かい部分しか見えていない状態のことだ。そうはなりたくないと率直に思う。「俯瞰する」とは、周りによく目を向け、たくさんのいろいろな人の話に耳を傾け、知識や経験を増やしたうえで、広い視野を持ちいろいろな判断をすることではないかと今考える。これからの私も、もう一人の自分に見下ろされていくのだろう。ただ、高いところから見下ろすだけでなく自分を「俯瞰」できるようになりたい。そして、それができるもう一人の自分を作るのは、［３］の自分だ。完全な「俯瞰」ができるように、地上の小さな自分は頑張っていく。

（本校生徒作品）

かせたり、励ましたりする。

（『本からはじまる物語』所収　篠田節子「バックヤード」より）

※バックヤード……売り場ではないエリア。倉庫や作業場など。

㈠　ふくれあがった思いとありますが、「私」の彼に対するどのような思いですか。
(イ)　久しぶりに話がしたい
(ロ)　懐かしい顔をながめていたい
(ハ)　もう一度やりなおしたい
(ニ)　私の好きな本を買ってほしい

㈡　その中の一人とは、
(イ)　親しい関係で活躍中の映画監督
(ロ)　すでに亡くなっているはずの作家
(ハ)　世話になったことがある書店員
(ニ)　写真で見たことがある好きな俳優

㈢　「私」が目を瞬かせる理由は、
(イ)　目の前に現れるはずもない人が現れたから
(ロ)　ほかの人が座らないようなところにいたから
(ハ)　「彼」と別れたことを知られていたから
(ニ)　会っている時間を大切にしたいと思ったから

㈣　彼はあなたという鏡を見ていたとは、
(イ)　「彼」は「私」を見ながら「彼」自身の悪いところを直そうとしていたということ
(ロ)　「彼」は「私」の外見を気にしていて「私」の内面を見ていなかったということ
(ハ)　「彼」は「私」といたのに「彼」自身のことしか考えていなかったということ
(ニ)　「彼」は「私」がきちんとしているので自分が情けなくなってしまったということ

㈤　台車の上の自著とありますが、自著はなぜ台車の上にあったのですか。

㈥　地下五階に行ってしまったとありますが、「私」が異変を感じたのはどこからですか。それが表現されている段落の最初の三字を抜き出しなさい。

㈦　［Ａ］・［Ｂ］には、対義語が入ります。それぞれ考えて答えなさい。

㈧　作家の念が棲みつくからわかることは、
(イ)　本にはどれも作家の立派な品格が感じられるということ
(ロ)　本にはどれも作家の恋愛経験が必ず書かれているということ
(ハ)　本にはどれも作家の未練が多く残っているということ
(ニ)　本にはどれも作家の強い思いが込められているということ

㈨　励ましたりするとありますが、「私」は、「大好きな恋愛小説家」が現れたのは、自身がどのような心の状態だったからだと考えていますか。それがわかる五字を本文中より抜き出しなさい。

二　次の文章を読んで、あとの㈠から㈧までの問いに答えなさい。

いつのころからか、今の自分を、空からもう一人の自分が見下ろしている状況が頭の中に浮かぶことがある。アンパンマンのように空を飛びながらなのか巨人になり東京タワーより高い位置に頭があるのか、もう私は、急に何か言わなければいけないような気になった。

「はい、あの、ロードショー、見ました」

それから慌てて付け加えた。

「すぐに原作の方も読みます」

半袖シャツから出た筋肉を誇示するように彼は腕組みして、はは、と笑った。

私は慌てて後ずさる。エレベーターに飛び込んだつもりが、蛍光灯に照らされたバックヤードにいた。白昼夢だ。呆然《ぼうぜん》としたまま返本の山の整理にかかる。

とそのとき、目の前にハイヒールの足があるのに気づいた。だれかが足を組んで、積み上げられた段ボール箱のてっぺんにちょこん、と腰掛けてこちらを見下ろしている。私は目を瞬《しばた》かせる。大好きな彼女、私の大好きな恋愛小説家だった。

「あなた、良かったわよ。あの彼と別れて」

アイシャドーされた瞼《まぶた》をゆっくり上下させて彼女は言った。

「ろくな男じゃないわよ、あれ。まだ資格もないのに、いっぱしの税理士気取りのだめんずで、そのうえ見栄っ張りのナルちゃん。一日働いてお腹すかせたあなたのことなんか、これっぽっちも見てないじゃない」

私はぽかんとして、目の前の小さな靴と、細い足首と、形の良いふくらはぎを眺めている。

「彼が一番愛してるのは自分よ。彼はあなたという鏡を見て、自分に恋しているだけだったの。本当にいい男は、」

言葉を切って、彼女はいたずらっぽくウインクした。「わかるわよね、あなたも大人なんだから」

「恋って、相手がいてすることよ。あなたを慕っている男は、たくさんいるわ。女の恋に大切なものは、ディグニティー。品格よ。堂々としなさい」

それだけ言うと、彼女は猫のようにしなやかな動作で、段ボール箱の山からするり、と降りた。そして傍らの台車の上の自著を覗き込むと、小さく肩をすくめてバックヤードの奥へと歩き去っていく。

あっけに取られていると目の前で扉が閉まった。

「早く出て」

だれかが急《せ》かす。地下二階に来ていた。

待ちかまえていた小林さんが、台車をエレベーターからフロアに引っ張り出す。突っ立ったままの私に気付き、小林さんは手を止めた。

「どうしたの？」

「地下五階に行ってしまったんです。そしたら出たんです」

私は今あったことを話した。もちろん振られた彼のことは除いて。

「化かされたか」

小林さんは、銀歯を光らせ、天井を向いて笑いだした。

「地下の三階から五階に入ってるのはさぁ、某金融機関のコンピュータセンターなんだと。ただしそれがそこにあることは秘密なんだ。万一、襲撃されたりしたら日本の金の流れが止まるだろ。どこの会社か、僕も知らないが、つまりそういう話さ」

「でも」と言いかけ、私は新刊本の置かれた一角に目をやる。

［A］物は引き上げられ、［B］ものが入ってくる。売り場の下にある広大なバックヤードには、新陳代謝する活字の魂が飛び交い、作家の念が棲《す》みつく。それらはときおり人の形を成して、そこで働く者を驚

【国　語】（五〇分）〈満点：一〇〇点〉

一　次の文章を読んで、あとの㈠から㈨までの問いに答えなさい。

「私」は、書店員。書店員の仕事は、本を売ったり棚の整理をしたりするだけではない。本が売れ残れば、それを返本、つまり出版元に返す作業もしなければならない。「私」は、普段書店の六階から地下二階までを行き来して働いている。書店ビルは実は地下五階まであるが、そこには何があるのか、だれも知らないし、行くこともできない。

午後遅く、私は空の台車をエレベーターに乗せ売り場に行く。新刊本を並べる棚を確保するために、売れない本を退《ど》かし、返本するのだ。お客さんの邪魔にならないように、素早く本の山を台車に移していく。中腰の作業なので、見た目よりハードだ。

この仕事を始めて四年目だから、売れ筋の本は箱を開けたとたんにわかる。それでもとりあえず全部並べ、売れないものは戻す。自分の好きな作家の本だと、戻すときはさすがにずきりと来る。もう少し店頭に置いてロングセラーにしたいけれどそうはいかない。バックヤードに重ねられた返本の段ボール箱の脇を通る度に、なんだか恨みのこもった空気に、ねっとり、じっとり、絡め取られるような気がする。

今日は、やはり、学生時代から大ファンだった女性作家の恋愛小説を一山、台車に移した。ごろごろとキャスターを転がし、エレベーターに向かう。と、そのとき、大歩道橋に面した入り口から懐かしい顔がこちらに近づいてくるのが見えた。昨日別れたばかりの人なのに、懐かしかった。ふくれあがった思いが幻を出現させてしまったのかと思うほど、鼻筋の通った顔は、きりっとしてすてきだった。

私は少し照れて笑った。「大人げなかったよ、ごめん」「ううん、私の方が悪いの」そんなやりとりを期待した。

彼は売り場の通路をやってくる。そしてすれ違った。

笑みが返ってくることはなかった。怒った様子もなかった。私の顔から冷ややかに視線を逸《そ》らせただけだった。

頭がくらくらした。仲直りにやってくるはずもない。そもそも痴話喧嘩《ちわげんか》でもなんでもなく、一方的に幻滅されてしまっだのだから仲直りの余地さえない。会うと気まずいからあの本屋に行くのはよそう、と思うほどのこだわりさえなく、私たちの関係は終わってしまっていたのだ。

最悪の気分だった。私は重たい台車を軋《きし》ませ、業務用エレベーターに乗り、壁の養生に頭を押しつけた。

ケージがぐんぐん下がっているのに気づいたのはしばらくしてからだ。軽い眩暈《めまい》を覚えるほどのスピードだ。ぎょっとしてフロア表示ランプに目をやる。Ｂ３、Ｂ４、Ｂ５。啞然《あぜん》とした私の前で、ランプは次々に点灯していく。やがてケージはがくんと揺れて止まった。

ドアがスライドして開く。明るい。人の声がする。コーヒーとタバコとワインの匂い。

「何やってるんだ、こっちへ来い」

だれかが手招きする。テーブルを囲んで五、六人の男女が談笑している。その中の一人の顔に見覚えがある。でも、あなたは私が生まれる前に市ヶ谷《いちがや》駐屯地で……。

「なに、新しく入った人？」

相手はいぶかしげに濃い眉を寄せる。

第1回

2023年度

解　答　と　解　説

《2023年度の配点は解答欄に掲載してあります。》

＜算数解答＞

1　1)　510　　2)　$\frac{9}{28}$　　2　1)　170　　2)　13　　3　1)　14%　　2)　198人

4　1)　時速11.25$\left[11\frac{1}{4},\ \frac{45}{4}\right]$km　　2)　5.6$\left[5\frac{3}{5},\ \frac{28}{5}\right]$km　　5　1)　150件　　2)　18件

6　1)　59.66$\left[59\frac{33}{50},\ \frac{2983}{50}\right]$cm　　2)　92.58$\left[92\frac{29}{50},\ \frac{4629}{50}\right]$$cm^2$

7　1)　$7\frac{1}{3}\left[\frac{22}{3}\right]$cm　　2)　9.2$\left[9\frac{1}{5},\ \frac{46}{5}\right]$cm

8　1)　11分　　2)　9分12秒後　　9　1)　189cm^2　　2)　228cm^3

10　1)　8人　　2)　342人

○推定配点○

各5点×20　　計100点

＜算数解説＞

1　(四則計算)

1)　17×(17＋34－21)＝17×30＝510　　2)　$\frac{2}{13}\times\frac{26}{7}-\frac{1}{4}=\frac{4}{7}-\frac{7}{28}=\frac{9}{28}$

2　(演算記号，数の性質)

基本　1)　2×(2＋3)＝10　　10×(10＋7)＝170

重要　2)　A×(A＋B)＝30＝1×30＝2×15　　したがって，2番目に大きいBは15－2＝13

重要　3　(割合と比，集合)

6人…全体の6÷300×100＝2(%)

「電車通学」で「通学時間が45分未満」の生徒…84＋80－(100－2)
＝66(%)

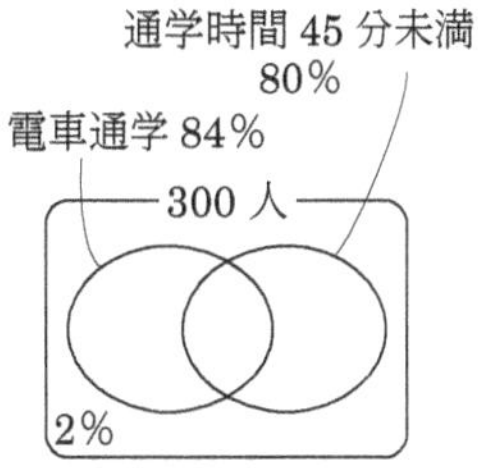

1)　「非電車通学」で「通学時間が45分未満」の生徒…80－66＝14(%)

2)　300×0.66＝198(人)

重要　4　(速さの三公式と比，平均算)

A君とB君の往復時間の比…7：8

1)　B君の往復時間…8÷(8－7)×8＝64(分)

B君の時速…6×2÷$\frac{64}{60}$＝11.25(km)

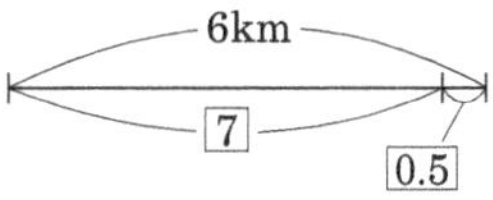

2)　6km…右図より，B君が[7]進んだとき，A君は折り返した後
([8]－[7])÷2＝[0.5]進んでいる。

したがって，求める距離は6÷7.5×7＝5.6(km)

重要 5 (割合と比，グラフ)

1)　部活動の件数

…63÷252×360＝90(件)

　全体の件数

…90÷216×360＝150(件)

2)　学校行事・授業の件数

…150÷360×{360－(216＋28.8)}

　＝15×115.2÷36＝48(件)

したがって，学校行事の件数は

　48÷(5＋3)×3＝18(件)

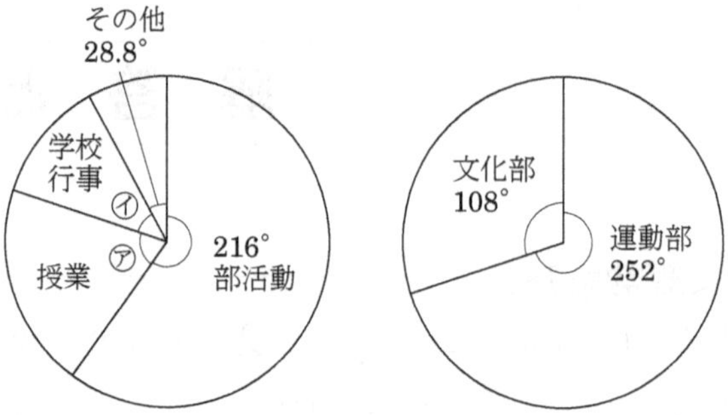

重要 6 (平面図形)

1)　右図より，(16＋10＋6＋4＋2)×3.14÷2

＝19×3.14＝59.66(cm)

2)　16×26－(16×16＋10×10＋6×6＋4×4

＋2×2)×3.14÷4＝416－103×3.14

$=92.58(\mathrm{cm}^2)$

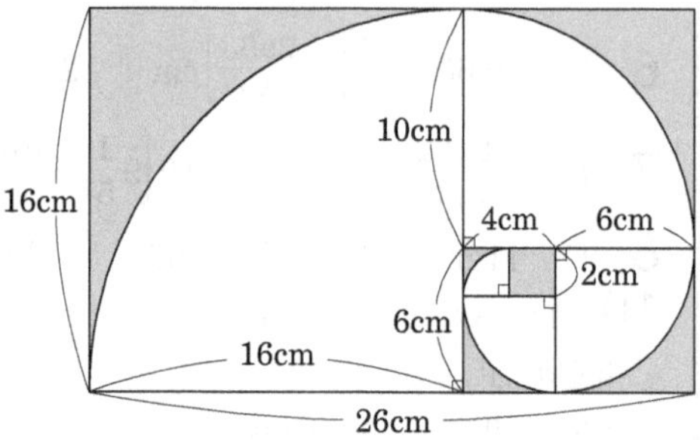

重要 7 (平面図形，相似，割合と比)

三角形BGFの3辺の比

…右図より，10：8：6＝5：4：3

1)　AE

…$2\div3\times4=\dfrac{8}{3}$(cm)

したがって，㋐は$10-\dfrac{8}{3}=\dfrac{22}{3}$(cm)

2)　FE

…$2\div3\times5=\dfrac{10}{3}$(cm)

　EH

…1)より，$\dfrac{22}{3}\div5\times4=\dfrac{88}{15}$(cm)

したがって，㋑は$\dfrac{10}{3}+\dfrac{88}{15}=\dfrac{138}{15}$

＝9.2(cm)

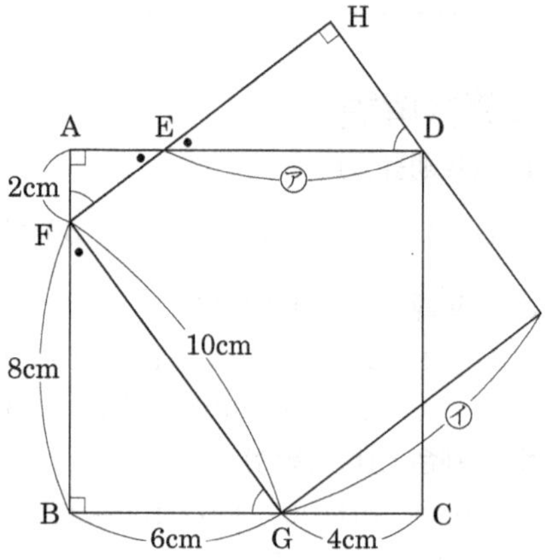

重要 8 (速さの三公式と比，旅人算，グラフ，単位の換算)

バスA，Bの速さの比

…グラフより，3：2

バスA，Bの時速

…14×3＝42(km)，42－14＝28(km)

1)　60×4.2÷28＝9(分)

したがって，求める時間は9＋2＝

11(分)

2)　バスAがQ駅から出発した時刻

…1)より，9÷3×2＋2＝8(分)

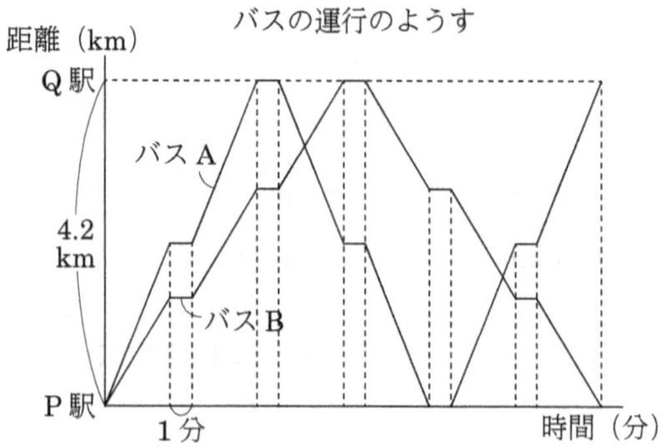

8分におけるバスA，B間の距離

…4.2－28×(8－2)÷60＝1.4(km)

したがって，求める時刻は8＋60×1.4÷(42＋28)＝9.2(分後)すなわち9分12秒後

重要 9 (平面図形，相似，立体図形，割合と比)

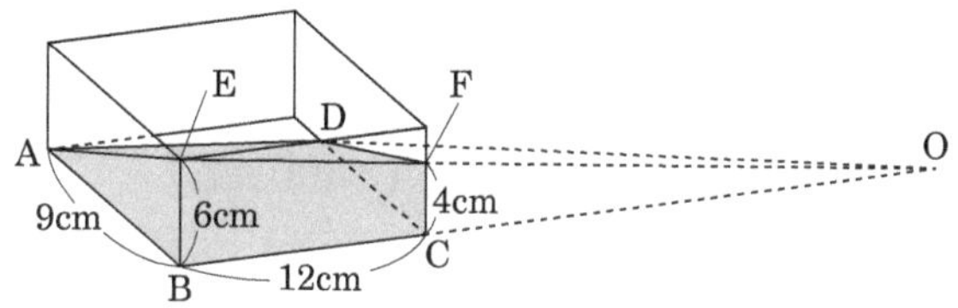

三角形ABEとDCF

…相似比は6：4＝3：2

DC

…9÷3×2＝6(cm)

1) {(9＋6＋6＋4)×12＋9×6＋6×4}÷2＝189(cm^2)

2) 三角錐O－ABEとO－DCF

…体積比は(3×3×3)：(2×2×2)＝27：8

BOの長さ

…12÷(3－2)×3＝36(cm)

したがって，水の体積は9×6÷2×36÷3÷27×(27－8)＝228(cm^3)

やや難 10 (ニュートン算，割合と比，消去算)

1つの受付での対応時間…5分

2つの受付での対応時間…20－5＝15(分)

4つの受付での対応時間…27－20＝7(分)

5分から20分までに減った人数 …332－182＝150(人)

20分から27分までに減った人数…182人

2つの受付で1分間に減った人数…150÷(20－5)＝10(人)

4つの受付で1分間に減った人数…182÷(27－20)＝26(人)

1) 1つの受付1分で対応できる人数を○，1分で増える行列の人数を△とする。

○×2－△＝10，○×4－△＝26より，○は(26－10)÷(4－2)＝8(人)

2) △…1)より，8×2－10＝6(人)

○－△…8－6＝2(人)

したがって，最初の行列の人数は332＋2×5＝342(人)

★ワンポイントアドバイス★

10「ニュートン算」の問題は，型通りの出題パターンにはなっていないが，2)で「1つの受付1分で対応できる人数と1分で増える行列の人数の差」がポイントになる。できる問題から，時間配分に注意して解いていこう。

＜理科解答＞

1 1) ウ→イ→エ→ア　2) イ　3) ウ

2 1) エ　2) ア　3) ア　4) ウ

3 1) ① ア　② ウ　③ イ　2) ウ　3) ④ カ　⑤ ク　⑥ ケ

4) オ

4 1) ウ　2) イ　3) ア

5　1)　(A)　1.24　　(B)　0.42　　2)　7　　3)　⑤　イ　　⑩　エ
6　1)　エ　　2)　エ　　3)　ウ，エ
7　1)　12240個　　2)　40.8マイクロ秒　　3)　29万km　　4)　102回転

○推定配点○

1　各2点×3　　2　各2点×4　　3　各2点×4(1)，3)各完答)　　4　各2点×3
5　各2点×4　　6　各2点×3(3)完答)　　7　各2点×4
計50点

<理科解説>

1　(昆虫・動物―メダカ)

基本　1)　受精卵は分裂して細胞の数が増え，その後体の各部分ができて，より複雑なつくりに変化する。

基本　2)　メダカのオスは背びれに切れ込みがあり，尻びれが平行四辺形に近く大きい。メスは背びれに切れ込みがなく，尻びれは後ろの方が狭くなっている。

重要　3)　親の遺伝子の組み合わせがどちらもBbであると，子供の遺伝子の組み合わせはBB：Bb：bb＝1：2：1となる。このとき，黒っぽいメダカ：白っぽいメダカ＝3：1になる。

2　(状態変化―海水が凍るとき)

1)　海水が凍るとき，海水中の水だけが凍るのでできる氷は塩分を含まない。できる氷の密度は海水より小さいので海水に浮く。

2)　図1より，海水温が下がると密度は大きくなる。凍ると水分だけが氷になるので，塩分濃度が大きくなり，海水の密度は大きくなる。

3)　密度が大きくなると重くなるので，深部に沈み込む。その後，海底に沿って赤道方向に移動する。

4)　$\frac{10000000}{4}\times\frac{1}{24}\times\frac{1}{365}=285$年　よって約300年かけて移動する。

3　(器具の使用法―顕微鏡)

基本　1)　図1のアが接眼レンズ，ウが対物レンズ，イがレボルバーである。

基本　2)　最初は低い倍率で広い視野にして，観察するものを探す。そのとき，顕微鏡を横から見ながら対物レンズを物体に近づけ，接眼レンズをのぞきながら徐々に遠ざけてピントを合わせる。

3)　図2のカが接眼レンズ，クが対物レンズ，ケがステージである。

4)　水の入ったガラス球は，光を集めて物質を照らすレンズの役割をしている。

4　(星と星座―星と太陽の位置)

1)　シリウスはおおいぬ座の1等星である。おおいぬ座は太陽の通り道上に見える星座ではないので，これが見間違えた星である。

2)　金星は内惑星であり，明け方には東の空に見える。イは方角を間違えて記録した。

3)　惑星は太陽の方角に見えるので，太陽の南中高度が最も低いころ，惑星の南中高度も最も低くなる。正しい観察記録の中では，アがさそり座の方角に見えるので，太陽の位置は11月ごろとなり南中高度が一番低くなる。

5　(水溶液の性質―中和反応)

重要　1)　①～⑦までは，実験ごとに残った固体の重さが0.10gずつ減少する。したがって(A)は1.24gである。⑧～⑪では，実験ごとに残った固体の重さが0.21gずつ減少する。(B)は0.42gである。

2)　⑦を境に残った固体の重さが変化したのは，それ以前は水酸化ナトリウムが反応せずに残っていたが，それ以後はすべて反応したためである。それで，⑦がちょうどつり合った時と考えられる。

重要　3)　⑤は反応しない水酸化ナトリウムが残っているのでアルカリ性であり，BTB溶液は青色になる。⑩は塩酸の一部が反応しないで残るが，水分を蒸発させると塩化水素として逃げていき，塩化ナトリウムの固体だけが残る。これを水に溶かしたものは中性であり，BTB溶液は緑色になる。

6 (物体の運動―ボールの動き)

1)　ボールの上側ではボールの回転で引きずられる空気の方向と空気の流れが同じ方向になるので，空気の流れが速くなる。下側ではボールの回転で引きずられる空気の方向と空気の流れが逆方向になるので，空気の流れが遅くなる。

2)　空気の流れが速い上側では，ボールの下側より空気がうすくなり密度が小さくなる。逆に下側では密度が大きくなる。そのため上向きの力が働く。

3)　飛行機の翼やヘリコプターのプロペラは，同様の揚力を生じさせて上向きの力を生じさせている。

7 (実験と観察―光の速さの実験)

1)　360個の歯をもつ歯車を1秒間に34回転させるので，点Aを通過する歯車の数は360×34＝12240個である。

2)　1秒間に点Aを通過する歯車の数は360×68＝24480個なので，1個の歯車が移動するのにかかる時間は，(1÷24480)×1000000＝40.84≒40.8マイクロ秒である。

3)　この間に光は平面鏡と歯車の間を往復するので，1秒間に光が進むおよその距離は，12÷(1÷24480)＝293760km≒29万kmである。

4)　再び光線がさえぎられる位置に歯車が来るには，最初に回転した角度の3倍の角度を移動する。それで速度も3倍になるので，34×3＝102回転にする。

★ワンポイントアドバイス★

実験や観察に基づいて考えて，結論を導く問題が多い。やや難しい計算問題も出題される。同様の形式の思考力を要する問題で十分に練習を重ねることが大切である。

<社会解答>

Ⅰ　問1　〈あ〉　キ　〈い〉　イ　〈う〉　ウ　〈え〉　オ　問2　ア
問3　(1)　足利義昭　(2)　徳川家康　問4　関白　問5　エ
問6　中央政権の支配者　問7　ア，エ

Ⅱ　問1　(1)　倉敷　(2)　今治　問2　ア　問3　都心回帰(現象)　問4　地場産業
問5　ウ，キ　問6　マイカー利用者が減り，公共交通機関の利用に変化することで，二酸化炭素の排出量が減ると考えられるから。　問7　(コンパクトシティを進めることについて，私は)もともと住んでいたところを離れて暮らす人たちをどう説得して，まちづくりの方針に賛成・協力してもらうか

Ⅲ　問1　(A)　法の下　(B)　雇用機会　(C)　共同参画　問2　い　問3　イ

問4 (1) 日本の就業者に占める女性割合は，他国と比べるとほぼ同じ水準だが，管理的職業従事者に占める女性割合は他国と比べ低くなっている。 (2) 日本は他国に比べて，女性議員の割合が低いので，女性の声が政治に反映されにくいという問題が考えられる。

○推定配点○

Ⅰ 各2点×11(問7完答) Ⅱ 各2点×8(問5完答)

Ⅲ 問2，問3 各1点×2 他 各2点×5 計50点

<社会解説>

Ⅰ (日本の歴史―安土桃山時代とその前後の時代に関連する問題)

基本 問1 〈あ〉 美濃の国は今の岐阜県西部。 〈い〉 尾張の国は今の愛知県西部。 〈う〉 安土は今の滋賀県近江八幡市の一部。琵琶湖の南東にある。 〈え〉 小田原は今の神奈川県西部にあり，戦国時代には後北条氏が拠点を築いた場所。

重要 問2 Aは京都を中心とした支配体制ということで，朝廷の中心である天皇や室町幕府の将軍，Bは文脈から朝廷の権威を後ろ盾にしているということで正当が適当。

問3 (1) 足利義昭は室町幕府第15代の将軍。12代足利義春の次男で，兄の義輝は13代将軍となるが，足利家では将軍の兄弟は無用の権力争いを避けるために出家し仏門に入ることが習わしとなっていた。義昭も出家していたが，兄の義輝が死ぬと僧侶をやめ足利家の家督を継ぐことを宣言するが，足利氏の別の系統の義栄が14代将軍となっていたため，すぐに将軍にはなれず，織田信長によって擁立されて義昭は15代将軍となった。 (2) 秀吉の後の天下人なので徳川家康。

問4 朝廷の中の最高位の官職は関白。関白になれるのは天皇の外祖父だけであり，関白は天皇の代わりを務めるもの。

問5 エ 太閤検地は豊臣秀吉が各大名に，自分の領国の農地の面積を測らせて，それを期待できる米の収量に換算して石高で表示させたものだが，このことで大名の財力がわかり，大名に課す軍役などの基準にもなった。

問6 本文の空欄Xの前に「信長は，次第に幕府にとって代わり天下を安定させたいと考え始め」とあるので，幕府に代わって支配するということに近い部分を資料1の中から探すと，「室町幕府の後継となる中央政権の支配者」という部分から答えをとればよいと判断できる。

重要 問7 ア 本文の上から3つ目，4つ目のTの発言を見ると，信長の「天下布武」の天下は全国ではなく京都を中心とする世界。 エ 本文の下から2つ目のTの発言を見ると秀吉は朝廷を利用して統一を行おうとしており，既存の権威を破壊することは望んでいない。

Ⅱ (日本の地理―都市の人口問題に関連する問題)

基本 問1 (1) 岡山県倉敷市児島が日本の国産ジーンズの発祥地。もともとあった繊維工業，藍染の技術を使って岡山の中で完結する形でのジーンズ生産を行っている。 (2) 愛媛県今治市はタオルに代表されるような綿織物の生産が盛ん。

問2 ア 2023年2月の段階で三大都市圏に住む人口は日本の全人口の50％を超えている。三大都市圏とは一般に首都圏が関東と山梨を含む一都七県，中京圏が愛知，三重，岐阜の東海三県，近畿圏は近畿地方の2府4県を指す。

問3 東京都心部は1980年代後半のバブル景気の中で地価が高騰し，住むのには厳しい環境となっていたが，バブル崩壊後，1990年代半ば過ぎには地下が下落し，家賃も下がり，住宅と仕事先が近いということで人気が出て，再び人口が増えるようになった。

問4 地域の産物を活かしたり，その地域ならではの方法で工業を行うのが地場産業で，特にその

中で歴史があり経済産業省の認可を受けているものが伝統工芸と言われたりする。

問5　ウ，キ　他の選択肢は福井県鯖江市はメガネフレームの生産で有名であり，残りのものでは越前市のあたりで越前焼，越前和紙，越前漆器，若狭塗，越前打刃物がある。

問6　マイカーの利用が減り，公共交通機関の利用が増えることで，走っている自動車の数が減ることになり，二酸化炭素や排気ガスの排出量が減り，環境への負荷はかなり小さくなる。

やや難　問7　もともと住んでいる場所を離れる人と，そのまま住んでいる人との差が生じてくることになり，もともと住んでいたところから離れることを求められる人々をどう説得するのか，そういう人々の新規の住宅や引っ越しなどの手配やその資金などが問題となるのと，逆に移転のない人たちにとっての不公平感が無いようにすることも問題となる。

Ⅲ　(政治―ジェンダーに関連する問題)

基本　問1　(A)　法の下の平等とは，法律に照らして何かを判断する場合に，全ての人を平等に扱うということ。　(B)　男女雇用機会均等法は，雇用の際に男女の区別を設けることを排除するもの。日本が女子差別撤廃条約に参加する際に，依然として男女の差別があることが問題視され，定められた法。　(C)　男女共同参画社会基本法は，男女の人権が尊重され，男女が社会の対等な構成員として，自らの意思で社会のあらゆる分野の活動に参画する機会を確保し，そのような社会を形成するためのもの。

問2　(あ)が0.061で(い)が1.000ということで，(い)は完全にジェンダーギャップが解消されていると考えられる。政治の分野と教育の分野で見れば，現在の日本では教育を受けることに関しては男女平等が完全になされており，公教育の小中学校では男女共学で区別がないので，ジェンダーギャップがほぼないと考えられるので，(い)が教育となる。

重要　問3　イ　本文の空欄の前に色々な分野のジェンダーギャップの数値があり，(い)や健康では1.000や0.973と高い水準でありながら，経済では0.564，(あ)に至っては0.061と低く，総合でも0.650となっており，この現状に近いのがイである。

やや難　問4　(1)　設問の資料2は2019年就業者及び管理的職業従事者に占める女性の割合(国際比較)というもので，これを見ると就業者に占める女性の割合はどこの国も44%から48%ほどのところであるが，管理的職業従事者に占める割合は，他の国は29.4%から40.7%の中であるのに日本は14.9%と他の国よりも10%以上低いということがわかる。　(2)　資料3は中心的な中央議会における女性議員比率(国際比較)というもので，資料の中ではスウェーデンが最も高く47.0%で，順位は7位となっているが，日本は9.7%で168位という極めて低い数値で順位も非常に低いものとなっている。この(2)の設問は，(1)では読み取れることを説明しなさいという問題であるのに対して，(2)は読み取れる問題を説明しなさいというものなので，この資料の数値を読み取るだけでなくこの数値から言えることとして，日本の政治分野においての女性の進出が極めて少なく，女性の発言や女性ならではの視点が政治には活かされにくいということなどを問題として挙げることが必要である。

★ワンポイントアドバイス★

試験時間に対して問題数は多くないが記述が多いので時間配分が大事。資料を見て書く記述が多いので，日頃から資料の説明をする練習をしておくとよい。設問の誘導に沿って資料を見るのがポイント。

＜国語解答＞

一　一　①　(例)　はっきりとした信念を持っているところ。　②　憧れ　二　ハ
三　ロ　四　恋　五　生きていく原動力　六　イ　七　(例)　仕事場
八　(例)　日々起こるささやかな戦いを乗り越えるため(20字)

二　一　画学生　二　①　(例)　腐った果物　②　(例)　大切な果物が雑にあつかわれていたことを残念に思った。　三　ニ　四　品物を　五　ロ　六　(例)　画学生としての未来に絶望した。　七　(例)　太陽　八　たつ子さん

三　一　四(回)　二　1　お父さん　2　コロン　三　(例)　お父さんが帰ってきたと思ったから。　四　ふれあえない

四　一　熟練　二　救済　三　重複　四　看板　五　奮(って)　六　除(く)

五　一　かんれき　二　十二(支)　三　(茶寿)　一〇八(歳)　(皇寿)　一一一(歳)

○推定配点○

一　一①・八　各5点×2　他　各3点×7　**二**　二②・六　各5点×2　他　各3点×7
三　一　4点　三　5点　他　各3点×3　**四・五**　各2点×10　計100点

＜国語解説＞

一　**(随筆文―要旨・心情・細部の読み取り，空欄補充，記述力)**

一　①　「私自身の……」で始まる段落で，「はっきりした信念をいつでも持っている彼を，尊敬していた」と述べているので，この部分を「彼」に対する「格好よさ」として説明する。

②　①と同じ段落内で，「私自身の，彼というヒーローへの感情は……『憧れ』という言葉が一番近かったような気がする」と述べている。

二　冒頭でも述べているように，「私」が好きになった「彼」は「漫画の中のヒーロー」で，実在の人間のように実際に知り合えたわけではないため，カギかっこで「出会って」と表しているのでハが適切。「彼」が「漫画の中のヒーロー」であることをふまえていない他の選択肢は不適切。

三　「彼は怖い……」前後で，「彼」と「出会って」から「私」は悪口などを「注意することができない自分を恥じるようにな」り「いつも彼が見ている気がして……彼の正義が私を裁いて」「『なりたくない自分』になりそうになった時に……私を導いてくれる人だった」と述べているのでロが適切。イの「はずかしめようとする」，ハの「認めつつ」，ニの「仕方のないもの」はいずれも不適切。

基本　四　「少年漫画……」から続く2段落で，ヒーローの彼の勝利を祈る気持ちは「恋よりも純粋な感情だったかもしれない」と述べていることから，「異様なほど純粋な思い」と比較しているのは「恋」である。

五　「私の周り……」で始まる段落で「ヒーローを想うことが，自分が生きていく原動力になっているのだ」と述べているので，「ヒーローを愛し続ける」ことが「私」にとって必要不可欠だとわかる表現は「生きていく原動力(8字)」である。

重要　六　「時には……」から続く2段落で，大人になって「憧れの『ヒーロー』が持っているのととてもよく似た魂の欠片が，自分の身体の一部に宿っている」ことに「気が付」いたこと，「『ヒーロー』が持っていた，信念，勇気，強靭さ。そういうものが……自分の身体の中から発見される」ことを述べているのでイが適切。これらの段落内容をふまえていない他の選択肢は不適切。

やや難　七　「自分の世界」は，大人になった「私」が「今日も……生き抜いていく」場所で，現在の「私」

の状況から，仕事をする場所という意味で「仕事場」といった場所が考えられる。

重要 八 「子供の頃から……」から続く2段落で，「大人になって」「望む望まないにかかわらず，自分自身が『ヒーロー』にならなければいけなくなってしまっ」て，「日々起こるささやかな戦いを乗り越えながら……前へ進んでいる」と述べていることをふまえ，「日々起こるささやかな戦いを乗り越える」ことが，ヒーローにならなければいけない理由であることを指定字数以内で説明する。

二 **(小説―心情・情景・細部の読み取り，空欄補充，記述力)**

一 「若い常連」は「短髪の学生」で，「しばらく……」で始まる段落以降で「画学生(3字)」であることが描かれている。

重要 二 ① 「『買ってくれた……』」で始まるせりふで，前日に「見つめてい」た「足下のもの」について「『……あんなにひどく腐っちまうってのは，果物たちにしたらね……』」と話していることから，たつ子さんは「腐った果物」を見つめていたことが読み取れる。 ② ①の「腐った果物」のことを「『……ほんとうに無念なことだったと思いますよ……』」とも話していることをふまえ，「大切な果物が雑にあつかわれていたことを残念に思った。」というような内容でたつ子さんの心情を説明する。

三 「ボールは……」で始まる場面で，たつ子さんはボールが当たった「大きな袋」を見つめて立ちつくしていたが，子どもはボールが当たってたつ子さんが怒っているように見えたため，「決まり悪げに顔をうかが」ったのでニが適切。たつ子さんの様子と「気が引ける，ばつが悪い」という意味の「決まり悪げ」をふまえていない他の選択肢は不適切。

四 冒頭の段落で，画学生の「品物を見るその目つき(10字)」から，彼がずいぶん果物好きらしいことがわかった，というたつ子さんの画学生に対する印象が描かれている。

重要 五 「画学生は翌日……」で始まる段落の「『果物の……』」で始まるせりふで，画学生の絵のことを「『……あんなじめじめした部屋の暗がりじゃあ，腐ったような色にしか見えないよ』」とたつ子さんが話していることからロが適切。たつ子さんのこのせりふをふまえていない他の選択肢は不適切。

やや難 六 「『絵の具やカンバス，鏡，ぼく自身にも』」にも「『蝿』」が「『たかってい』」て「『片っ端から……窓から投げ捨てた』」と画学生である「ぼく」が話していることから，合評会で自分の絵を鼻で笑われたこともふまえ，自分には絵の才能がないと思ってしまっていることが読み取れるので，「画学生としての未来に絶望した」というような内容で，「ぼく」の心情を説明する。

基本 七 「外で」「当てて」とたつ子さんが話しているので「太陽」があてはまる。

八 「絵」は「たつ子さんにプレゼントし」たもので，「『そこに描いてある絵が……だいたい見当がつく』」と言う大家のじいさんの言葉に「照れくさげに笑」うたつ子さんの様子も描かれているので，果物の他に「たつ子さん」が描かれていたと考えられる。

三 **(随筆文―心情・情景・細部の読み取り，空欄補充，記述力)**

重要 一 飼い猫のコロンを父が呼んでいた「『コロンべぇ』」，コロンに「『コロンべぇ，お父さん，もう寝るぞ』」と話しかける父の言葉，父が死んだ後筆者がコロンに言った「『コロちゃん，お父さん，もうおらんのやで』」と言う言葉，「『コロンなぜたいなぁ』」という現在の筆者の言葉が，「言葉が体験をつれてくる」体験として描かれているので，四回である。

二 「娘ふたりも家を出て」いて「妻と猫との」生活で，子どもに「『お父さん』と呼ばれることがなくなった」状況なので，1には「お父さん」，2には「コロン」が入る。

やや難 三 「帰省中は……」で始まる場面で，父の死後，実家に帰省して父が使っていた部屋で寝起きしていた筆者が夜中トイレに立った時，父の開け方そっくりにふすまを開けたところ，「コロンが慌ててやってきた」ことに「覚えていたのだ」と思っていることから，コロンが「慌ててやってきた」のは「お父さんが帰ってきたと思ったから」というような理由が読み取れる。

基本　四　「さわると……」で始まる段落で，コロンは「ふれあえない(6字)」猫であったことを述べている。

四　(漢字の書き取り)

一はよく慣れていてじょうずなこと。二は苦しむ人を救い助けること。三の「複」の部首は「ネ(ころもへん)」であることに注意。四の「看」の部首は「目(めへん)」。五は「すすんで，積極的に」という意味。六の音読みは「ジョ・ジ」。熟語は「除去」「掃除」など。

五　(空欄補充，ことばの意味)

重要　一　「六十歳」は「かんれき(還暦)」と言う。

基本　二　(子，丑……)は「十二(支)」のことである。

やや難　三　「茶寿」の「茶」を分解すると，くさかんむりが「十」を二つ並べた形，下は「八十八」で，十＋十＋八十八＝一〇八歳。「皇寿」の「皇」を分解すると，「白」は「白寿」の説明から「九十九」，下の「王」は「一・十・一」なので，九十九＋一＋十＋一＝一一一歳。記号は，□＝八十八，△＝十，◇＝九十九，○＝一。

★ワンポイントアドバイス★

随筆文では，筆者が自分の個人的な経験を通して，どのような思いや感想を抱いたかを読み取ろう。

第2回

2023年度

解　答　と　解　説

《2023年度の配点は解答欄に掲載してあります。》

＜算数解答＞

1　1)　54　　2)　$\frac{3}{7}$　　3)　121　　4)　19

2　1)　3.6$\left[3\frac{3}{5},\ \frac{18}{5}\right]$cm　　2)　194.4$\left[194\frac{2}{5},\ \frac{972}{5}\right]$$\mathrm{cm}^2$

3　1)　7.5$\left[7\frac{1}{2},\ \frac{15}{2}\right]$cm　　2)　4.2$\left[4\frac{1}{5},\ \frac{21}{5}\right]$cm　　4　1)　25通り　　2)　35通り

5　1)　1350m　　2)　(10時)22分30秒

6　1)　94.2$\left[94\frac{1}{5},\ \frac{471}{5}\right]$$\mathrm{cm}^2$　　2)　110.42$\left[110\frac{6}{25},\ \frac{2576}{25}\right]$cm

7　1)　13.4$\left[13\frac{2}{5},\ \frac{67}{5}\right]$cm　　2)　20.8$\left[20\frac{4}{5},\ \frac{104}{5}\right]$cm　　8　1)　17人　　2)　126人

9　1)　131番目　　2)　95個

○推定配点○

各5点×20　　　計100点

＜算数解説＞

1　(四則計算)

1)　$21+(168+294)\div14=21+33=54$

2)　$\frac{1}{2}-\left(\frac{3}{7}+\frac{1}{8}-\frac{27}{56}\right)=\frac{1}{2}-\frac{1}{14}=\frac{3}{7}$

3)　$\square=\{(2023-935)\div17+225\}\times3-746=289\times3-746=121$

4)　$\square=(5.2\div4\times7-2.7)\times2.5+3=6.4\times2.5+3=19$

重要 2　(平面図形，割合と比)

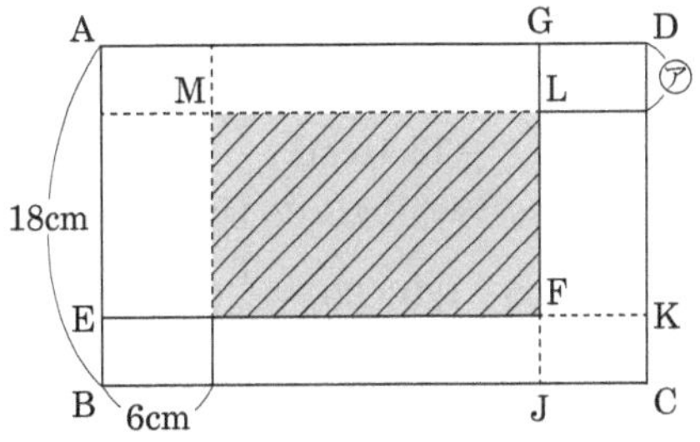

長方形ABCD，AEFG，FJCK

…右図より，それぞれの縦・横の長さの比が3：5であり，これらは相似な図形である。

1)　$6\div5\times3=3.6$(cm)

2)　LF…$18-3.6\times2=10.8$(cm)

ML…$10.8\div3\times5=18$(cm)

したがって，求める面積は$10.8\times18=194.4(\mathrm{cm}^2)$

重要 3 （平面図形，割合と比）

1）　$12\times\left(\frac{1}{2}\div\frac{4}{5}\right)=7.5$(cm)

【別解】$5\times12\div2\div4=7.5$(cm)

2）　$12-12\times\left(\frac{1}{2}\div\frac{10}{13}\right)=4.2$(cm)

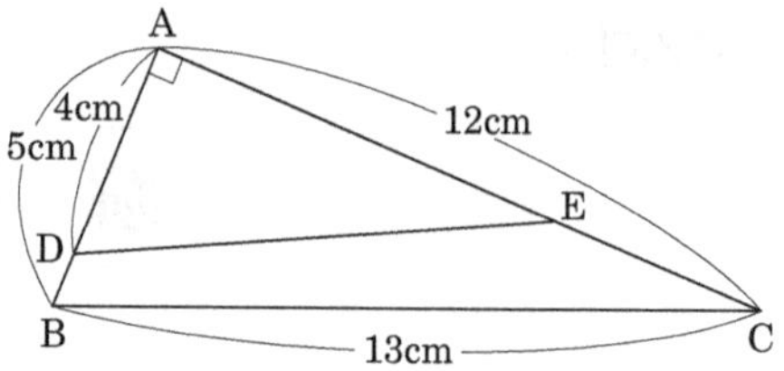

図1

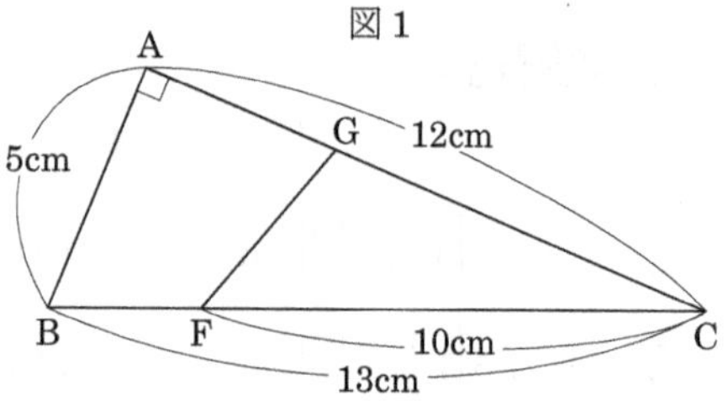

図2

4 （場合の数）

基本 1）　$5\times5=25$(通り)

重要 2）　Mサイズの3個の選び方

3個が同じ種類…5通り

2個が同じ種類…$5\times4=20$(通り)

3個とも異なる種類…$5\times4\div2=10$(通り)

したがって，$5+20+10=35$(通り)

重要 5 （速さの三公式と比）

兄弟の速さの比…右図より，$10:(18-10)=5:4$

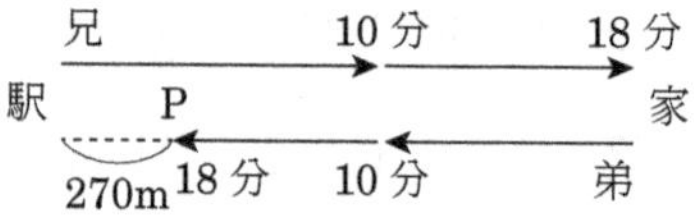

1）　270m…駅から家までの距離が9のとき，駅からPまでの距離は$9-9\div5\times4=9-7.2=1.8$

したがって，駅から家までの距離は$270\div1.8\times9$
$=1350$(m)

2）　1)より，$18\div7.2\times9=22.5$(分)すなわち
22分30秒

重要 6 （平面図形，割合と比）

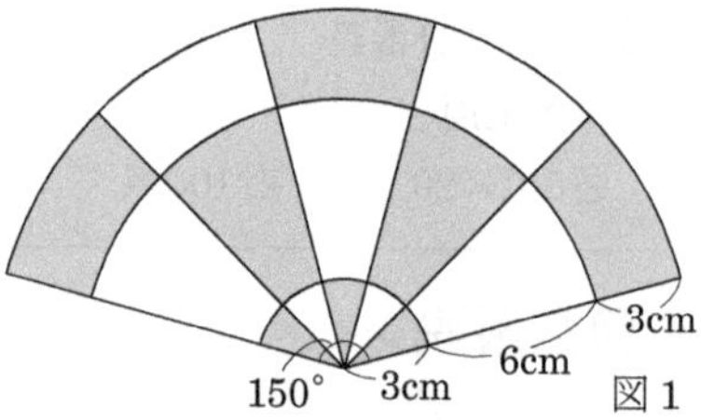

図1

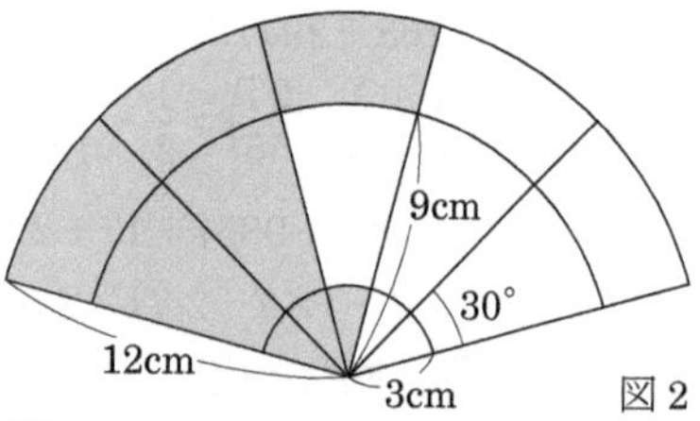

図2

1）　図2
…$12\times12\times3.14\div6+(12\times12-9\times9+3\times3)$
$\times3.14\div12=(24+6)\times3.14=94.2$(cm^2)

2）　図1
…$\{24\div4+(18+6)\div360\times150\}\times3.14$
$+(12+3)\times4=16\times3.14+60=$
110.24(cm)

重要 7 （平面図形，立体図形，グラフ，鶴亀算，割合と比，単位の換算）

1）　㋐…$100\times(60\times4+28)\div(40\times50)$
$=13.4$(cm)

2）　中の容器において1秒で水面が上がる高さ
…$100\div(20\times30)=\frac{1}{6}$(cm)

小の容器において1秒で水面が上がる高さ
…$100\div(10\times15)=\frac{2}{3}$(cm)

中・小の容器の高さの和
…1)より，$60-13.4=46.6$(cm)

7分34秒−4分28秒
…$180+6=186$(秒)

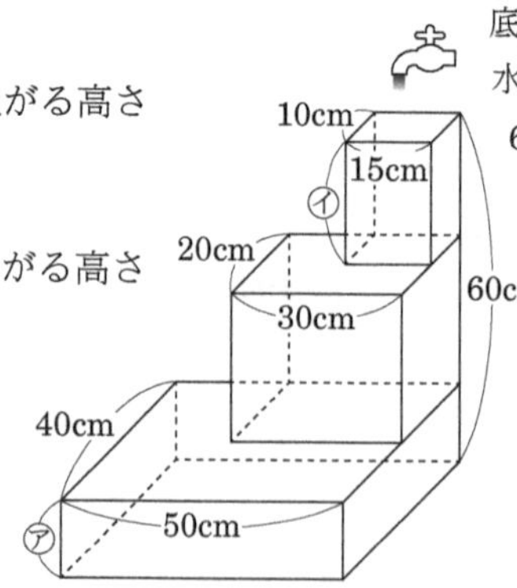

【水を入れた時間と
底面から水面までの高さの関係】

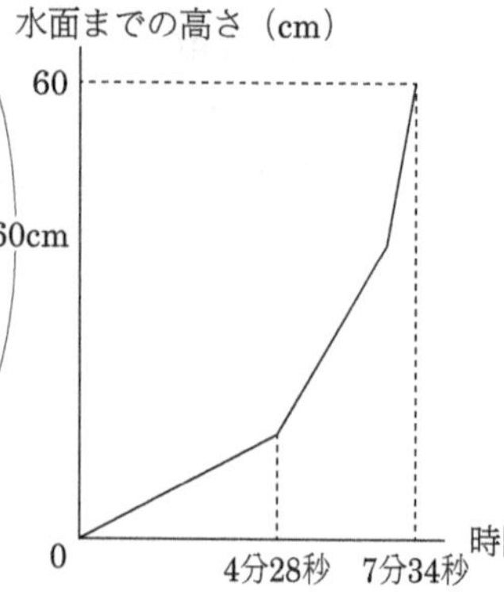

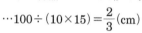

小の容器に水がたまる時間

$\cdots\left(46.6-\frac{1}{6}\times186\right)\div\left(\frac{2}{3}-\frac{1}{6}\right)=15.6\div0.5=31.2$(秒)

したがって，㋑は$\frac{2}{3}\times31.2=20.8$(cm)

8 (集合，割合と比)

全体の人数…66÷0.33＝200(人)

重要 1) 1回目にA，Bを接種した人数をそれぞれA1，B1で表す。

A1…200×0.55＝110(人)　B1…200－110＝90(人)

1回目にAを接種して2回目にBを接種した人数…110－66＝44(人)

1回目にBを接種して2回目にAを接種した人数…90－200×0.315＝27(人)

したがって，人数の差は44－27＝17(人)

やや難 2) 3回ともAを接種した人数…200×0.18＝36(人)

3回ともBを接種した人数…36＋2＝38(人)

1・2回目だけAを接種した人数…1)より，110－(36＋44)＝30(人)

1・2回目だけBを接種した人数…90－(38＋27)＝25(人)

したがって，1)より，求める人数は44＋27＋30＋25＝126(人)

重要 9 (数の性質，規則性)

1) 9…(9－1)÷2＋1＝5(番目)　99の1の位の9…5＋2×(99－9)÷2＝95(番目)

123の1の位の3…95＋3×(123－99)÷2＝131(番目)

2) 1，11，13，15，17，19，21，31，～，91…7＋9－1＝15(個)

101，103，～，109…5＋1＝6(個)　111，113，～，119…10＋1＝11(個)

121，～，129，～，191，～，199…6×(9－1)＝48(個)，

201～291…15(個)

したがって，1は15×2＋6＋11＋48＝95(個)

★ワンポイントアドバイス★

2「相似である2つの長方形」についての問題は，縦・横の長さの比をどう利用するかがポイントになり，3「三角形とそのなかの三角形」，これらの面積と辺の長さの関係についての問題は重要であり，解けるようにしよう。

<国語解答>

一　一 ハ　二 ロ　三 イ　四 ハ　五 (例) 売れ残って返本されるから。
六 ケージ　七 A 古い　B 新しい　八 ニ　九 最悪の気分

二　一 ロ　二 ハ　三 自己中心的(な考え方)　四 ロ　五 イ　六 ニ
七 たくさんのいろいろな人の話(から得ていく)知識や経験　八 あれっ

三　一 ニ　二 ハ　三 ホ　四 (例) 明るい星ランキングのページ(から「明」をコピーして，)日の出の時間を調べるページ(から「日」をコピーしました)　五 自分で

四　一 記帳　二 呼応　三 姿勢　四 喜劇　五 (道)沿(い)　六 預(かる)

五　一　ロ　二　(菖蒲)湯　三　鯉のぼり　四　(例)　勝負

○推定配点○

一　五　6点　他　各3点×9　**二**　各3点×9

三　四　8点　他　各3点×4　**四・五**　各2点×10　計100点

＜国語解説＞

一　**(小説―心情・場面・細部の読み取り，指示語，反対語，記述力)**

一　ふくれあがった思い前後で，昨日別れた彼と仲直りするやりとりを期待している「私」の様子が描かれているのでハが適切。「昨日別れたばかりの」彼との「やりとりを期待した」ことをふまえていない他の選択肢は不適切。

重要　二　その中の一人について「あなたは私が生まれる前に市ヶ谷駐屯地で……。」と「私」が思っていること，またこの人に「『原作の方も読みます』」と話していることから，その中の一人は1970年に市ヶ谷駐屯地で自殺をした，作家の三島由紀夫であることが読み取れるのでロが適切。

三　「私は慌てて……」から続く2段落で，見覚えがある作家とのやりとりを「白昼夢だ」と思い「呆然としたまま返本の山の整理にかか」っていたが，「私の大好きな恋愛小説家」が目の前にいたことで，「私」は目を瞬かせているのでイが適切。現れるはずのない人が目の前にいたことを説明していない他の選択肢は不適切。

四　「『彼が一番……』」で始まるせりふで，「『彼が一番愛しているのは自分……自分に恋しているだけ……』」と彼女が話していることからハが適切。「彼」は「私」といながら自分のことしか考えていなかったことを説明していない他の選択肢は不適切。

やや難　五　冒頭の説明と冒頭の段落で描かれているように，「私」は出版元に返本するために，売れ残った本を台車に移す作業をしていることから，「売れ残って返本されるから」というような内容で，彼女の自著が台車の上にあった理由を端的に説明する。

六　「私」は売れ残った本を台車に移し，地下二階まで行くつもりでエレベーターに乗ったが，「ケージが……」で始まる段落から，エレベーターの「ケージがぐんぐん下がっているのに気づい」て，「私」が異変を感じていることが描かれている。

基本　七　A・Bは，新しいものが古いものと次第に入れかわることという意味の「新陳代謝」をすることなので，Aには「古い」，Bには「新しい」が入る。

八　「私」がいる「バックヤード」には，「自分の好きな作家の本」や「大ファンだった女性作家の恋愛小説」といった返本される本や「新刊本」などがあり，それらの作家の思いが込められている，ということを，作家の念が棲みつくと表しているのでニが適切。作家の念を「作家の思い」として説明していない他の選択肢は不適切。

重要　九　「昨日別れたばかりの」彼との「関係は終わってしまっていた」ことがはっきりした「私」が，地下五階で「見覚えのある」作家に出会い，「大好きな恋愛小説家」に励まされたのは，心が「最悪の気分(5字)」の状態だったからだと「私」は考えている。

二　**(随筆文―心情・細部の読み取り，空欄補充，記述力)**

基本　一　1直後で1に関連することとして，「上から見下ろすこと」，1の段落後半などで「空にいるもう一人の自分」と述べているのでロが適切。

二　「今の自分を，空からもう一人の自分が見下ろしている」という「自分の行い」は，「『俯瞰する』という言葉」で表されることの「嬉しさ」ということなのでハが適切。

三　ちっぽけな自分にだけ注目は「最近テレビで……」で始まる段落の，物事を自分中心に考えることという意味の「自己中心的(5字)」な考え方である。

四　「自分は周りの人より力」がないことで足取りが重いので，ロが適切。直前の内容をふまえていない他の選択肢は不適切。

五　2には，目先の事だけにとらわれているさまという意味のイが入る。ロは特定の立場にとらわれずに物事を見たり考えたりするさま。ハは目的を持ってわざとそうするさま。ニはこれまでの時代に区切りができるほど新しいさま。

六　3は「『俯瞰できる』ようにな」るための「自分」で，3前で述べている「これからの私」のことなのでニが入る。

重要　七　最後の段落で「『俯瞰する』とは，……たくさんのいろいろな人の話に耳を傾け，知識や経験を増やしたうえで，広い視野を持ちいろいろな判断をすることではないか」と述べていることから，「たくさんのいろいろな人の話(13字)」から得ていく「知識や経験(5字)」が，「今の自分」に不足していると筆者は思っている。

やや難　八　「今でも……」で始まる段落で「あれっ，こう考えると自分と周りを比べている。」の一文で，筆者が自分の変化に気づいたことを述べている。

三　(小説―心情・情景・細部の読み取り，空欄補充，記述力)

一　先生は「好きなもの」から「コピーとペースト」して「明日」の字を作るという授業をしているのでニが適切。「好きなもので……」「ダメでしょう！……」で始まる先生の言葉をふまえていない他の選択肢は不適切。

基本　二　「こうきくんの文字」は「元気で」あることから，うれしさや楽しさで心がおどっているさまを表すハが入る。イは緊張しているさま。ロは驚く，びっくりするさま。ニは心配するさま。

三　「『いまの……』」で始まる「とものりくん」の「『持ってきました』」という言葉から，オンライン授業のように，パソコンなどを通じて文字でやりとりしていることが読み取れる。

やや難　四　「『先生』にほめてもらえる」のは「好きなもので作った」ものなので，解答例では，星や天体に興味があることをふまえて説明している。他にも，コミックや鉄道の駅の名前など，自分の「好きなもの」に入っている「明」「日」を説明していこう。

重要　五　本文は，「習字の授業」なのに「コピーとペースト」で作品を作るという「皮肉な笑いで表現した」話なので，この話が生まれたと考えられる理由として，(　)には先生に怒られている「かずしげくん」の言葉の「自分で(3字)」が入る。

重要　四　(漢字の書き取り)

一は自分の口座の貯金通帳などに入出金履歴を印字すること。二は互いに呼びかわすこと。三は物事に対するときの心の持ち方。四は人を笑わせることを主体とした演劇などの作品。五の音読みは「エン」。熟語は「沿道」など。六の音読みは「ヨ」。熟語は「預金」など。

五　(空欄補充，ことばの意味，漢字の書き取り)

基本　一　十二支は「子(ねずみ)・丑(うし)・寅(とら)・卯(うさぎ)・辰(たつ)・巳(へび)・午(うま)・未(ひつじ)・申(さる)・酉(とり)・戌(いぬ)・亥(いのしし)」で，ロは入らない。

二　5月5日には，菖蒲を湯の中に入れる「菖蒲湯」の風呂に入る風習が残っている。

やや難　三　5月5日に「立てて祝」うものなので，「鯉のぼり」があてはまる。

重要　四　2は「しょうぶ」と読む漢字二字の語なので「勝負」などがあてはまる。

★ワンポイントアドバイス★

小説では，どのような状況で物語が展開しているか，場面もしっかり確認しよう。

MEMO

大切なことはメモしておこうネ！

2022年度

★★★★★★★★★★★★★★★★★★★★★★★★

入　試　問　題

2022年度

立教池袋中学校入試問題（第1回）

【算　数】（50分）　＜満点：100点＞

【注意】 計算機つきの時計は使ってはいけません。

1 次の計算をしなさい。

1） $5\frac{1}{3}\times1\frac{4}{5}+1.75\div\frac{5}{9}-\left(9\frac{1}{10}-0.35\right)$

2） $\left(4\frac{2}{3}-3\frac{1}{2}\right)\div\left\{1\frac{3}{4}+3\times(1.25+0.5)\right\}$

2 下の図は，正五角形の内部に線を引いたもので，Ａは正五角形の辺の真ん中の点です。

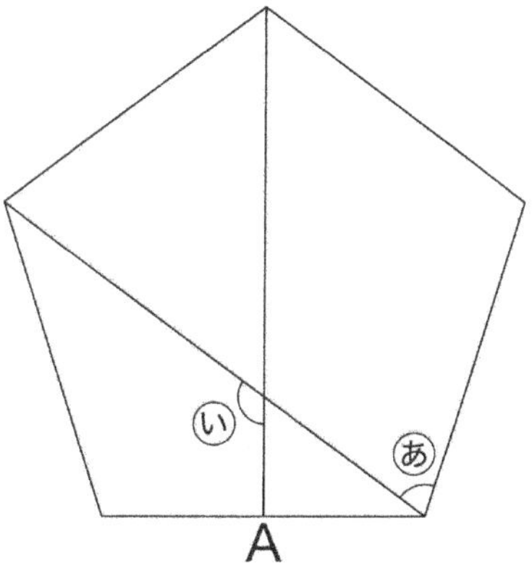

次の問いに答えなさい。

1）㋐の角度は何度ですか。

2）㋑の角度は何度ですか。

3 あゆむ君とゆうと君が，体育館にある１周125ｍのランニングコースを走ります。このランニングコースを１周するのにかかる時間は，あゆむ君が36秒，ゆうと君が48秒です。スタートラインから２人が同じ方向へ同時に走り始めます。

次の問いに答えなさい。

1）あゆむ君の速さは時速何㎞ですか。

2）あゆむ君がゆうと君にはじめて追いつくのは，走り始めてから何分何秒後ですか。

4 あるお店では，ジュースとサンドイッチとケーキを販売《はんばい》しています。

ジュース１本，サンドイッチ１個，ケーキ１個を１セットにして，40セット用意したところ，30セットは定価で売れました。また，残りの10セットを定価の80％の値段で販売したところ，すべて売れて，40セットの売り上げ金額は25460円になりました。

サンドイッチ９個の値段はケーキ10個の値段と同じです。また，ジュース１本の値段はサンドイッチ１個の値段の$\frac{1}{3}$です。

次の問いに答えなさい。

1）１セットの定価は何円でしたか。

2）ケーキ１個の値段は何円ですか。

5　下の図は，しゅん君の昨年のおこづかいの使い道を調べて円グラフに表したものです。

昨年のおこづかいの使い道

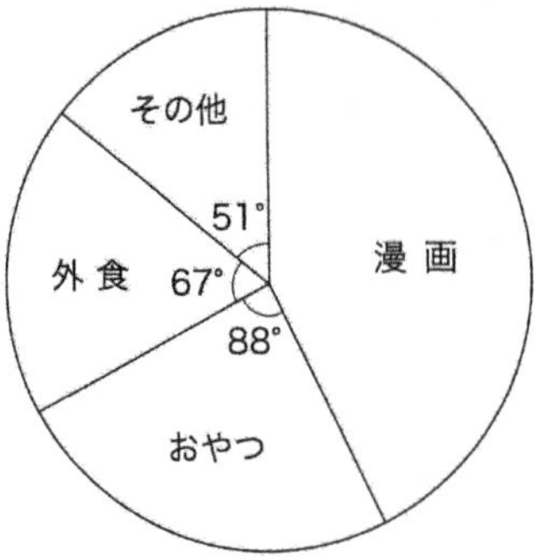

次の問いに答えなさい。

1）昨年の漫画《まんが》とおやつに使った金額の比を，もっとも簡単な整数の比で表しなさい。

2）今年は昨年よりも使った金額全体が40％増えました。また，漫画に使った金額は昨年よりも50％増えました。今年のおこづかいの使い道を円グラフで表すとき，漫画に使った金額の割合を表すおうぎ形の中心角は何度になりますか。

6　下の図のように，１辺が２㎝の立方体の展開図があり，半径１㎝の円がこの展開図のまわりをすべらないように回転して１周します。

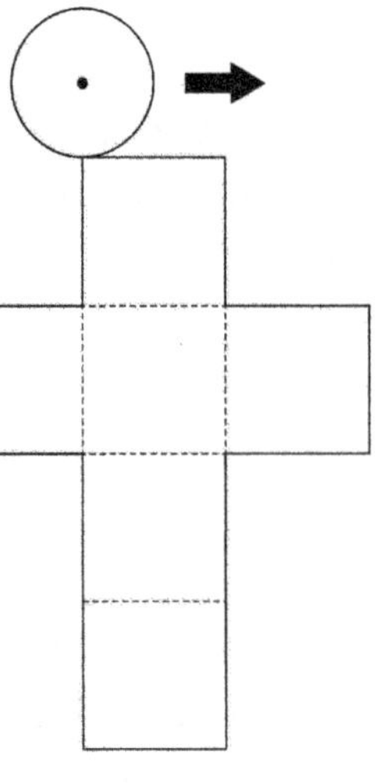

次の問いに答えなさい。ただし，円周率は3.14とします。

1）円の中心がえがく線の長さは何cmですか。

2）円が通った部分の面積は何cm^{2}ですか。

7　右の図のような，直方体から三角柱を取り除いた形をした容器があります。長方形EFGHを底面として，この容器に水面が正方形になるまで水を入れました。

次の問いに答えなさい。ただし，容器の厚みは考えません。

1）長方形EFGHを底面とするとき，水面の高さは何cmですか。

2）台形BFGCを底面とするとき，水面の高さは何cmですか。

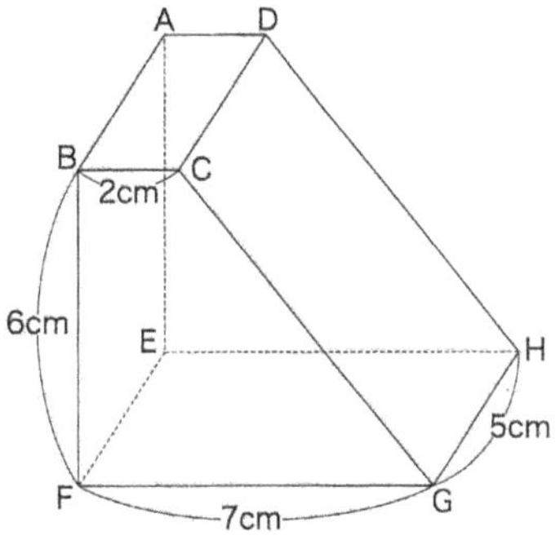

8　右の表はあるクラスで実施した，国語と算数のテストの点数と人数の関係をまとめたものです。たとえば，国語が70点で算数が60点の人は３人です。

また，あには同じ数字が入り，算数の平均点は国語の平均点より３点高くなりました。

次の問いに答えなさい。

1）算数の合計点は，国語の合計点より何点高かったですか。

2）このクラスの人数は何人ですか。

算数＼国語	60点	70点	80点	90点	100点
60点		3			
70点	2			あ	
80点		12	3	2	
90点		あ	3	1	2
100点				2	

9　１から200までの整数を下の図のような順序でア，イ，ウの３つに分けます。

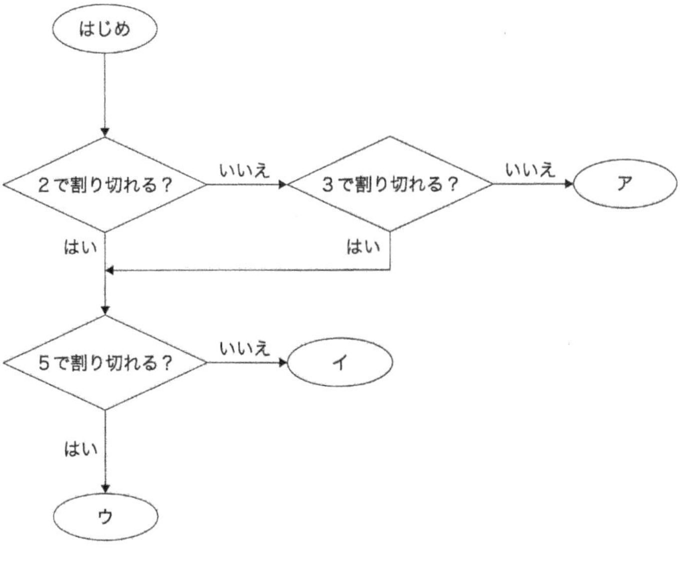

次の問いに答えなさい。

1）アに入る数は何個ありますか。

2）ウに入る数は何個ありますか。

10 図１のように，直角二等辺三角形と半円を組み合わせた図形の板を作ります。図２のように，この板を床から６cm離した所に床と水平になるようにつるし，さらに，電球を板の半円の中心から真上に６cm離れた所に取り付けます。

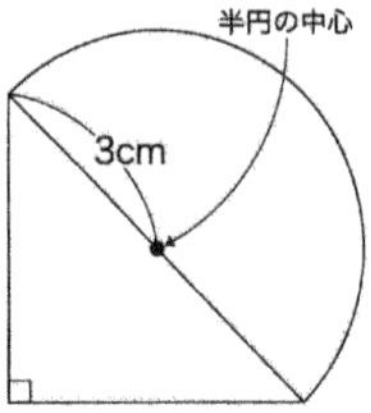

図1

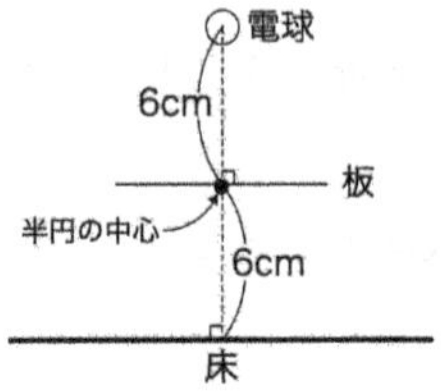

図2

次の問いに答えなさい。ただし，円周率は3.14とし，板の厚みは考えません。

1）電球で照らしたとき，板によって床にできる影の面積は何cm^2ですか。

2）電球で照らしたとき，板によって光が当たらない部分の体積は何cm^3ですか。

【理　科】（30分）　＜満点：50点＞
【注意】 計算機つきの時計は使ってはいけません。

1　持続可能な開発目標（SDGs）とは，2015年９月の国連サミットで加盟国の全会一致で採択《たく》された，2030年までに持続可能でよりよい世界を目指す国際目標で，17のゴール・169のターゲットから構成され，地球上の「誰一人取り残さない」ことを誓《ちか》っています。

このゴールの１つに「7．エネルギーをみんなに　そしてクリーンに」というものがあり，私たちがお風呂《ろ》や台所で使うお湯を沸《わ》かす装置（給湯器）にも様々なエネルギー効率を上げる工夫がされています。

例えば，図１のような従来型の給湯器の内部を模式的に表すと図２のようになっており，部分は水が流れる管を示しています。この時生じる約200℃の排《はい》気ガスが大気中に捨てられていました。この排気ガスを使って水を温め，温めた水を熱してお湯を沸かすことによってエネルギー効率を従来型の80％から95％に向上させた給湯器があります。

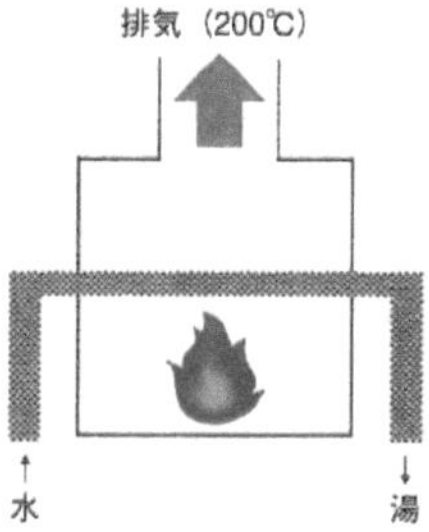

図１　従来型の給湯器　図２　従来型の給湯器のしくみ

次の問いに答えなさい。

１）　下線部に当てはまる構造は次のア～エのうちどれですか。正しいものを１つ選び，記号で答えなさい。

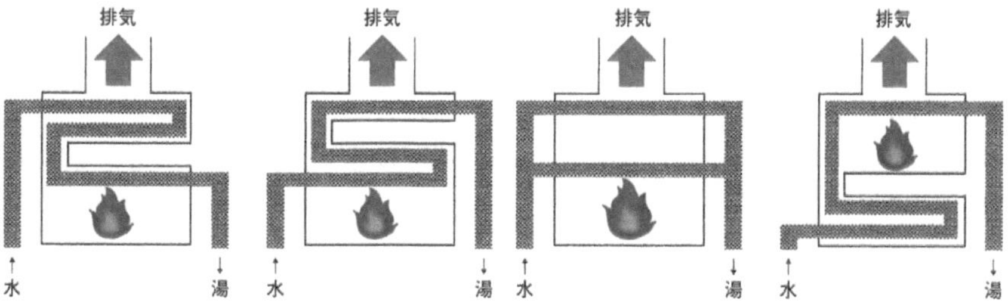

ア　イ　ウ　エ

２）　下線部に当てはまる構造は従来型と比較《かく》して問題があり，現在すべての機種には採用されていません。その問題として考えられるものはどれですか。最もふさわしいものを１つ選び，記号で答えなさい。

ア　燃料の燃える温度が低くなり，燃え残ってしまう燃料が多くなる。

イ　排気ガスに含まれる成分が水に溶《と》けて，炭酸水となってお湯が出てくる。

ウ　排気ガスに含まれる水蒸気が下線部の構造により冷やされて水になるので，その水を捨てる管が必要になる。

エ　排気ガスに含まれる水蒸気が下線部の構造により冷やされて氷になるので，水が流れる管を温める必要がある。

３）　熱エネルギーはＪ（ジュール）という単位を用いて表されます。１kJは1000Ｊです。水１Ｌの温度を10℃上げるのに必要な熱エネルギーを42kJとします。給湯器に入る水の温度を20℃として，お風呂の浴そうに40℃のお湯を200Ｌ入れるとき，エネルギー効率を向上させた給湯器では従来型に比べていくら燃料費が安くなりますか。小数第一位を四捨五入し，整数で答えなさい。なお，１Ｌの燃料（天然ガス）は，燃やすと45kJの熱エネルギーが出て，価格は0.15円とします。

2　太郎君は自転車が動く仕組みについて調べました。図１はその仕組みを模式的に表したもので，自転車を走らせるには動力（ペダルを踏《ふ》む力）を，チェーンホイール，チェーン，フリーホイール，後輪と伝えていく必要があることが分かりました。また，チェーンホイールとフリーホイールの歯数が大切な役割をしていることも分かりました。

フリーホイールに対するチェーンホイールの歯数の比を「ギア比」といいます。このギア比の値によって，後輪の駆《く》動力（自転車を前に進ませるために後輪が地面を蹴《け》る力）や回転数が決まります。フリーホイールに複数のギアをつけて，状況に合わせて好みのギア比を選べるようになっている自転車が普及《ふきゅう》しています。ギア比が１のときはペダルが１回転すると後輪も１回転し，ギア比が２のときはペダルが１回転すると後輪は２回転します。

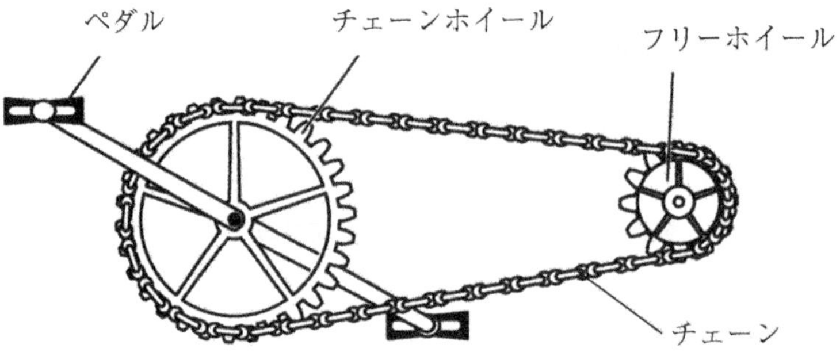

図１

次の問いに答えなさい。

１）　フリーホイールの歯数が少ないものを選ぶと，ペダルを１回転させたとき，後輪の回転数が多くなります。このことを踏まえ，正しい説明を次のア～エから１つ選び，記号で答えなさい。ただし，後輪は空回りせず，常に地面と接しているとします。

ア　ギア比を大きくすると，ペダル１回転ごとに動く歯数は大きくなる。

イ　ギア比を大きくすると，ペダル１回転ごとに動く歯数は小さくなる。

ウ　ギア比を大きくすると，ペダル１回転ごとに自転車が進む距離《きょり》は長くなる。

エ　ギア比を大きくすると，ペダル１回転ごとに自転車が進む距離は短くなる。

２）　チェーンホイールの歯数を48から60に増やした場合，ペダルを１回転させたときに自転車が進む距離は何倍になりますか。小数で答えなさい。ただし，チェーンホイールの歯数以外の条件は変わらないとします。

3） １分間にペダルを100回転させたときの，ギア比と自転車の速さの関係を表したグラフとして，正しいものはどれですか。次のア～エから１つ選び，記号で答えなさい。ただし，ギア比が一定のとき，自転車は加速も減速もしないものとします。

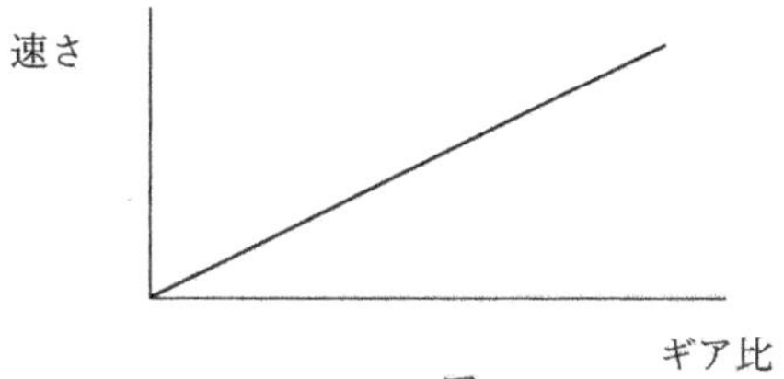

ア

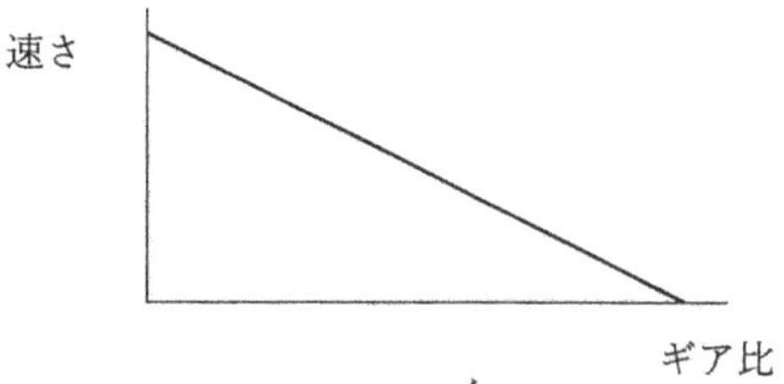

イ

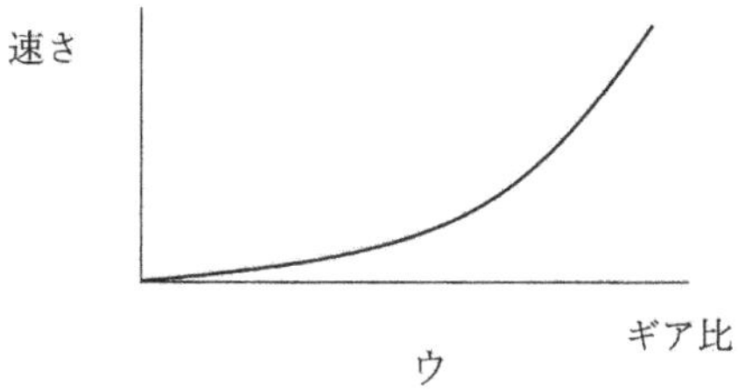

ウ

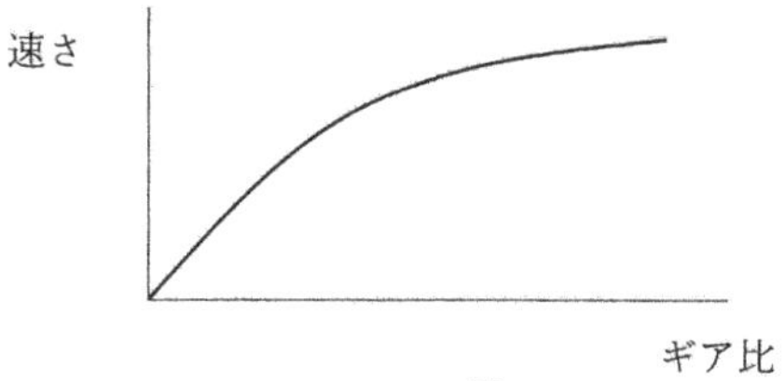

エ

4） 図２はギア比と後輪の駆動力の関係を示しています。

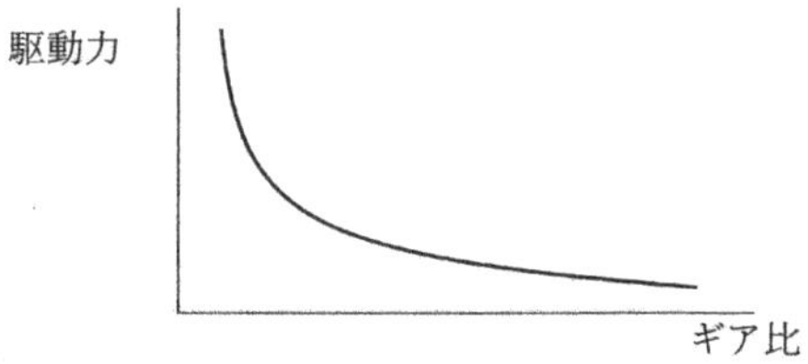

図２

「上り坂や向かい風などの悪条件」のときと，「下り坂や追い風，平坦《たん》な道などの好条件」のときでは，ギア比はそれぞれどのように選べばよいですか。適切なものを次のア～エから１つ選び，記号で答えなさい。

ア 悪条件のときはギア比を小さくとって後輪の駆動力を増すようにし，好条件のときはギア比を大きくとって，後輪の回転数を減らすようにする。

イ 悪条件のときはギア比を大きくとって後輪の駆動力を増すようにし，好条件のときはギア比を小さくとって，後輪の回転数を減らすようにする。

ウ 悪条件のときはギア比を小さくとって後輪の駆動力を増すようにし，好条件のときはギア比を大きくとって，後輪の回転数を増やすようにする。

エ 悪条件のときはギア比を大きくとって後輪の駆動力を増すようにし，好条件のときはギア比を小さくとって，後輪の回転数を増やすようにする。

3 次の太郎君と先生の会話を読んで，問いに答えなさい。

太郎：先生！太陽が東の空からのぼって，南の空で高く上がり，西の空へ沈んでいくのが毎日起こりますが，これは太陽が地球のまわりを回っているのですか？

先生：いいえ，太陽は太陽系の中心に存在し，そのまわりを惑《わく》星が回っています。このようなモデルを考えた人を知っていますか。

太郎：コペルニクスですね。

先生：よく知っていますね。でも，コペルニクスよりずっと前に太陽中心説を考えた人がいます。アリスタルコスという古代ギリシアの科学者です。

太郎：どのようにして，太陽中心説を考えたのですか？

先生：まず，①月食を利用して地球と月の大きさの比を求めました。図1を見てください。これは，過去に日本各地で見られた部分月食の写真です。右上が欠けているのが分かります。大きな点線の円は月の欠けた形から推測した地球の影《かげ》を示しています。月を示す円と点線の円の大きさを比較して，1周の長さの比を求めました。アリスタルコスは約3倍と見積もったようですが，実際は約3.6倍です。

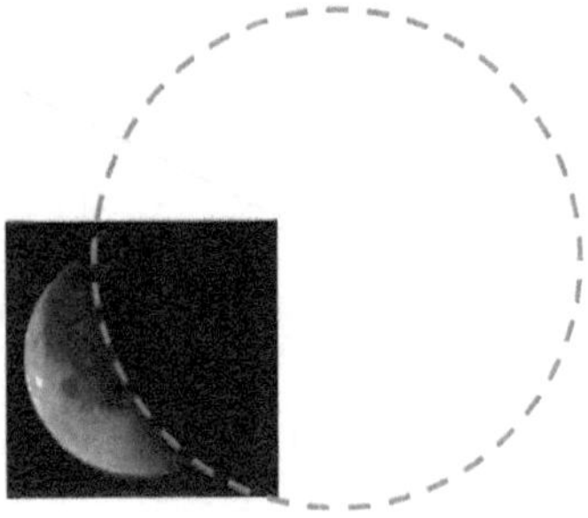

図1

太郎：すごいですね。

先生：次に，半月を利用して，地球から月までの距離と，地球から太陽までの距離の比を求めました。図2を見てください。地球から見て半月のときは，太陽が月をちょうど真横から照らしているはずなので，地球と月と太陽とで直角三角形ができると考えられます。地球から観測して月と太陽が何度ずれているかが分かれば，この三角形の三辺の比が分かります。アリスタルコスはこれを87度と見積もりました。これをもとに計算すると，地球から月までと地球から太陽までの距離の比は約1：19となります。実際は月と太陽がずれている角度は89度以上のほぼ90度なので，地球から月までと地球から太陽までの距離の比は約1：400となります。

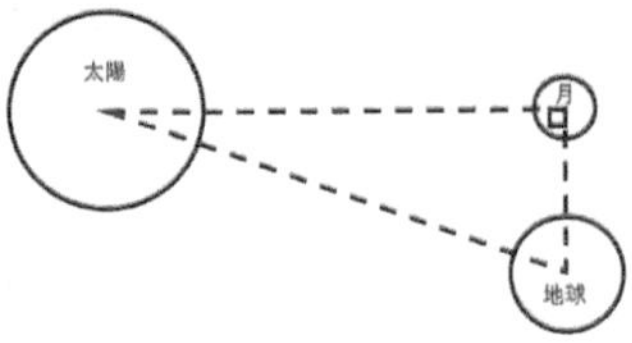

図2

太郎：結構違いますね。

先生：そうですね。やはり当時の測定技術の限界かもしれません。さらに，②日食のときに月が太陽を隠《かく》しますが，地球から見た月と太陽の大きさはほとんど同じことが分かります。このことから考えると，アリスタルコスは月と太陽の1周の長さの比も約1：19だと考えたと推測できます。

太郎：なるほど。でも，どうして月と③太陽と地球の大きさの比を求めることが太陽中心説を考えたことにつながるのですか？

先生：それは（　④　）です。

1）図3は，地球のまわりを回る月と，地球と太陽の位置関係を示しています。下線部①と下線部②が見られるのは月が図3のどの位置にあるときですか。適切なものをA～Hからそれぞれ1つずつ選び，記号で答えなさい。

2）月が図3のGの位置にあるとき，地球から観測した月の形として最も適切なものを次のページのア～クから1つ選び，記号で答えなさい。

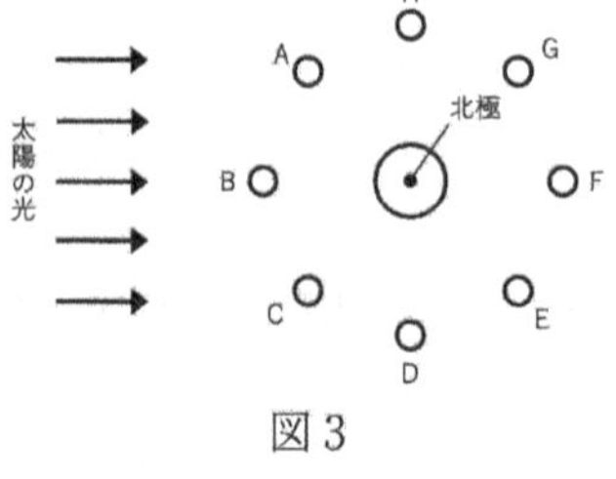

図3

ア

イ

ウ

エ

オ
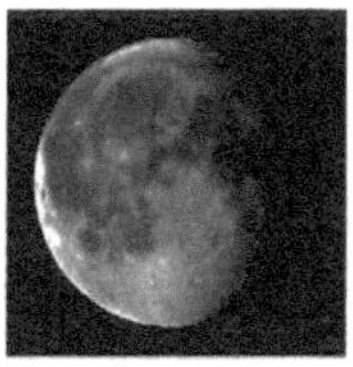
カ

キ

ク

3）　下線部③のように，アリスタルコスが考えたと思われる太陽と地球の大きさ（１周の長さ）の比として，最も近いものを次のア～カから１つ選び，記号で答えなさい。

ア　1：1　　イ　3：1　　ウ　6：1　　エ　12：1　　オ　19：1　　カ　57：1

4）（④）に入るアリスタルコスが太陽中心説を考えた理由として，最も適切なものを次のア～オから１つ選び，記号で答えなさい。

ア　太陽も月も地球も球形であると考えられるから
イ　月食や日食が起こるから
ウ　太陽と月と地球が直角三角形の位置にあるから
エ　大きいもののまわりを小さいものが回る方が起こりやすいと考えられるから
オ　小さいもののまわりを大きいものが回る方が起こりやすいと考えられるから

（月の写真は姫路科学館Webサイトより引用）

4　水素は次世代のエネルギー源として注目されている物質です。水素は水や石油，廃《はい》プラスチックなど，様々なものからつくることができ，なくなる心配がありません。また，水素を燃料として燃やしても発生する物質は水だけであり，地球温暖化の原因と言われ，石油燃料を燃やしたときに発生する（　ア　）を排出しません。

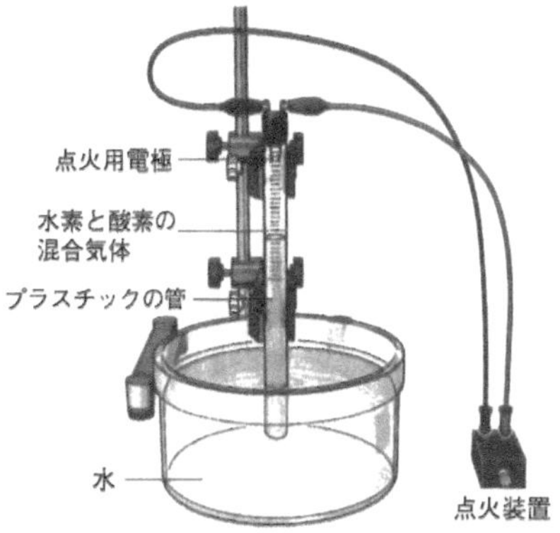

図１

図１のような装置を用いて，水素を燃やす実験を行いました。水そうに目盛りつきのプラスチックの管を立て，その中を水で満たし，水素と酸素を混合した気体を上部に入れ，点火用電極に火花を飛ばして水素を燃焼させます。プラスチックの管の下部は水そうの水とつながっており，燃焼後に生じた水は水そうの水と一体化するので，燃えずに残った気体の体積のみを測定できます。

混合気体として加えた水素と酸素の体積と，燃焼後に残った気体の体積を実験ごとにまとめたものが表１です。①と②の実験から，水素と酸素の体積比が２：１で燃焼するときには，水素も酸素も余らないことが分かります。水素の燃焼において，この体積比は常に一定になります。

表１

実験	①	②	③	④	⑤	⑥	⑦	⑧	⑨
水素の体積（mL）	4	8	6	7	4	6	8	5	6
酸素の体積（mL）	2	4	6	3	4	2	6	2	10
残った気体の体積（mL）	0	0	3	1	2	2	（A）	（B）	7

次の問いに答えなさい。

1）（ア）に入る気体の物質名を漢字で答えなさい。

2）⑤と⑥の実験で残った気体はそれぞれ何ですか。次のア～ウから１つずつ選び，記号で答えなさい。

ア　水素　　イ　酸素　　ウ　水素と酸素の混合気体

3）（A），（B）に入る数値をそれぞれ整数で答えなさい。

4）⑨の実験で酸素10mLの代わりに空気10mLを用いたとき，燃焼後に残った気体の体積は何mLになりますか。整数で答えなさい。

5　太郎君は児童館で図１のようなかざりを見ました。そこで，おもりA～Dを図２と図３のようにつるしてバランスをとる実験をしました。おもりAの重さは100ｇです。

図１

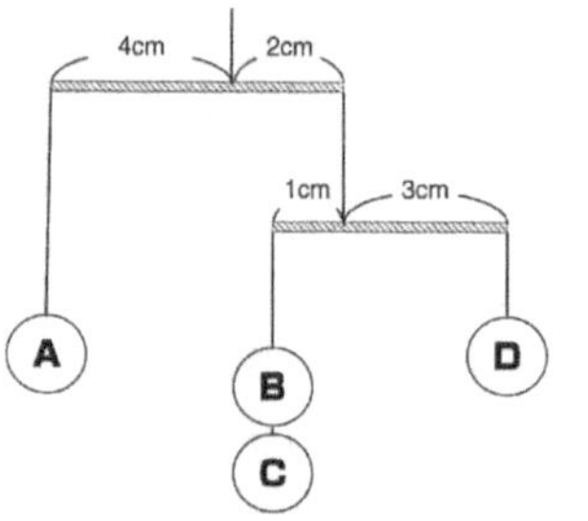

図２

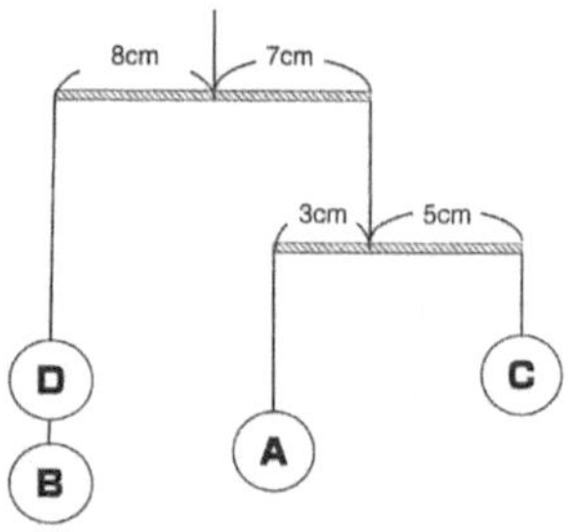

図３

おもりをつるすひもと，ひもを支える棒の重さは考えないものとして，次の問いに答えなさい。

1）おもりBは何ｇですか。

2）図４のようにつるしたとき，㋐と㋑の長さはそれぞれ何cmですか。

3）おもりDの体積をはかったところ，6.3cm³でした。重さ（ｇ）を体積（cm³）で割ったものを密度（ｇ/cm³）といい，密度から何の材質でできているかが分かります。おもりDは何でできていますか。次のページの表１より選んで答えなさい。なお，おもりDは単一の材質でできているものとします。

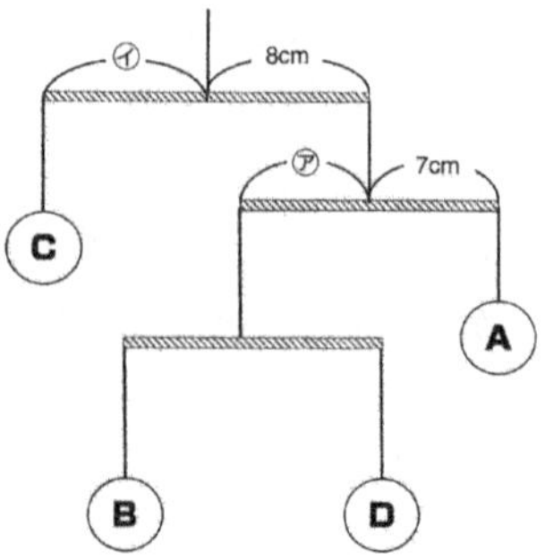

図４

表1

材質	密度（g/cm^3）
スギの木	0.40
ガラス	2.5
アルミニウム	2.7
鉄	7.9
金	19

6　太郎君は競走馬の出るゲームをし，馬に興味を持ちました。そして，馬には多くの毛色があることに気がつきました。全身が白っぽい「芦《あし》毛」，体は茶色っぽく，たてがみ・しっぽ・足元が黒い「鹿《か》毛」，全身が黒っぽい「青毛」，全身が少し明るい茶色の「栗《くり》毛」などがあります。他にも細かい分類がありますが，今回はこの4種類のみとし，表1に特徴《ちょう》をまとめました。

表1

毛色	芦毛	鹿毛	青毛	栗毛
特徴	全身が白っぽい	たてがみ・しっぽ・足元が黒で、体は茶色	全身が黒っぽい	全身が少し明るい茶色

どのような毛色になるかは「遺伝子」というものが決めています。遺伝子は生き物の特徴を決める要素で，多くの種類があります。遺伝子は2個で1対となっており，1個は母親から，もう1個は父親から受け取ります。子は2個1対の遺伝子のうち，1個を次の子に受け継ぎます。

馬の毛色を決める遺伝子にはA, a・E, e・G, gという3セット（6種類）があります。

まずは，黒い色素を作り出すEという遺伝子があります。このEという遺伝子を持っている場合は黒い色素を大量に作ることができます。ただし，このEのはたらきがないeという遺伝子を持つ場合は黒い色素はできません。父親・母親どちらからもEという遺伝子を受け取った場合（EEと表す）は黒い色（鹿毛または青毛）の馬が，母親と父親どちらからもeという遺伝子を受け取った場合（eeと表す）は明るい茶色（栗毛）の馬が産まれます。また，片方からEをもう片方からeを受け取った場合（Eeと表す）は鹿毛または青毛の馬が産まれます。このように，黒い色素を作る，作らないという対立する異なる遺伝子を持った場合はどちらか一方があらわれます。あらわれやすい方の遺伝子を顕《けん》性遺伝子，あらわれにくい方の遺伝子を潜《せん》性遺伝子といいます。例えば，Eeとeeの親から産まれる子は図1のようになります。

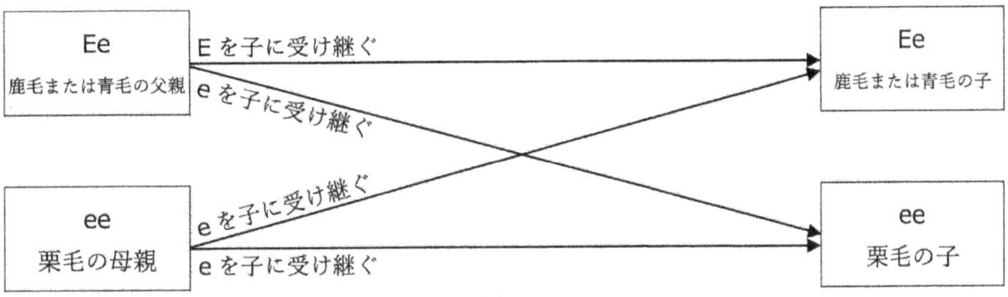

図1

次に，黒色の色素がどのように分布するかを決める遺伝子Aがあります。Eの遺伝子を持っていて，Aという遺伝子を持つ場合は，たてがみ・しっぽ・足元だけに黒い色素を分布させます。また，Eの遺伝子を持っていて，分布を制限するはたらきのないaという遺伝子を持っている場合は全身が黒い色になります。この場合，Aが顕性遺伝子でaが潜性遺伝子です。

最後に芦毛かどうかを決める遺伝子Gがあります。Gという遺伝子を持った場合，A，a，E，eのどの遺伝子を持っていた場合でも芦毛の馬になります。このGの性質がはたらかないgという遺伝子もあります。この場合，Gが顕性遺伝子でgが潜性遺伝子です。

次の問いに答えなさい。

１）　黒い色素を作るのにかかわる遺伝子のEとeはどちらが顕性遺伝子ですか。

２）　A，a，E，eの遺伝子について考えたとき，鹿毛の馬の遺伝子の組み合わせの例として正しいものはどれですか。次のア～エからすべて選び，記号で答えなさい。

ア　AAEE
イ　aaEE
ウ　Aaee
エ　AaEe

３）　栗毛の馬が産まれる遺伝子の組み合わせは３つあります。正しい組み合わせを次のア～ヒから３つ選び，記号で答えなさい。

ア　AAEEGG　イ　aaEEGG　ウ　AaEEGG
エ　AAEeGG　オ　aaEeGG　カ　AaEeGG
キ　AAeeGG　ク　aaeeGG　ケ　AaeeGG
コ　AAEEgg　サ　aaEEgg　シ　AaEEgg
ス　AAEEGg　セ　aaEEGg　ソ　AaEEGg
タ　AAeeGg　チ　aaeeGg　ツ　AaeeGg
テ　AAEeGg　ト　aaEeGg　ナ　AaEeGg
ニ　AAEegg　ヌ　aaEegg　ネ　AaEegg
ノ　AAeegg　ハ　aaeegg　ヒ　Aaeegg

４）　AAeeggという遺伝子の組み合わせの母親と，AaEEGgという遺伝子の組み合わせの父親の間に産まれてくる子の毛色として考えられるのはどれですか。次のア～エからすべて選び，記号で答えなさい。

ア　芦毛　　イ　鹿毛　　ウ　青毛　　エ　栗毛

【社　会】（30分）　＜満点：50点＞

Ⅰ　地図は，新潟市の新旧地形図（一部改変）です。以下の問いに答えなさい。

問１　右の図は新潟市の市章です。この市章は，新潟市の特徴を反映して作成されたそうです。

新潟市HPより

新潟市のホームページでは，市章は「港のしるし錨《いかり》と中央の五をもって，安政五年通商条約により指定された五港を意味し，これに雪環《ゆきわ》を頂《いただ》かせて五港の一つ新潟をあらわす」と説明されています。

(1)　下線部によって開かれた港としてあてはまらないものを（ア）～（オ）から１つ選んで記号で答えなさい。

（ア）　長崎　　（イ）　横浜　　（ウ）　函館　　（エ）　下田　　（オ）　神戸

(2)　新潟市の気候の特徴を示すものを（ア）～（オ）から１つ選んで記号で答えなさい。

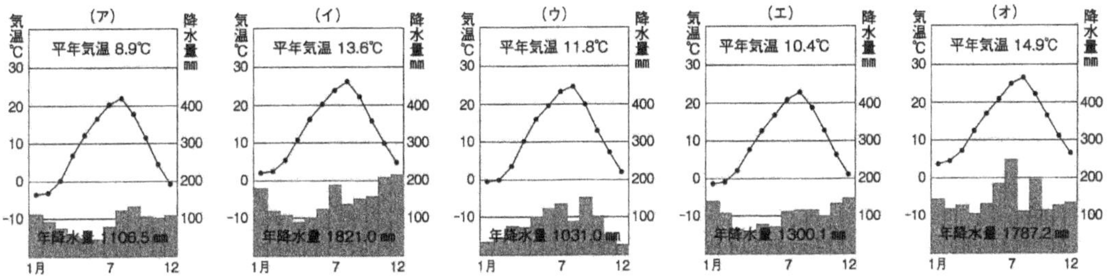

(3)　新潟市を含む日本海側では，しばしば太平洋側の湿った空気が山地を越え，日本海側に吹き下る乾燥した高温の風によって気温が大きく上昇することがあります。この現象を何といいますか。

問２　新潟市には２つの大きな河川が流れています。

(1)　地形図中の河川は，長野県から新潟県に入り，新潟市で日本海に流れ込みます。この河川の名前を漢字で答えなさい。

(2)　新潟市には，(1)の東に河口があり，福島県を源流とする河川も流れています。1960年代に，この河川に流された工業廃水を原因とする公害病が発生しました。この公害病の名前を漢字で答えなさい。

問３　1964年，マグニチュード7.5の新潟地震が発生しています。このとき，激しくゆれた地盤がゆるみ，昭和大橋や右の写真のようにアパートなどの建物が倒壊する被害を受けました。この地震をきっかけに注目されるようになり，2011年の東日本大震災でも東京湾沿岸などに大きな被害をもたらした現象を何といいますか。

時事通信社HPより

問４　次のページの地図は，1968年と2007年の２万５千分の１地形図です。

(1)　川端町 から八千代橋を渡ると，新旧どちらの地形図にも小学校があります。新地形図で小学校と並ぶように建てられた施設の地図記号があります。この地図記号があらわす施設を答えなさい。

【地図】　　　　　　　　　　　　（※編集の都合により，80％に縮小してあります。）

＜1968 年＞

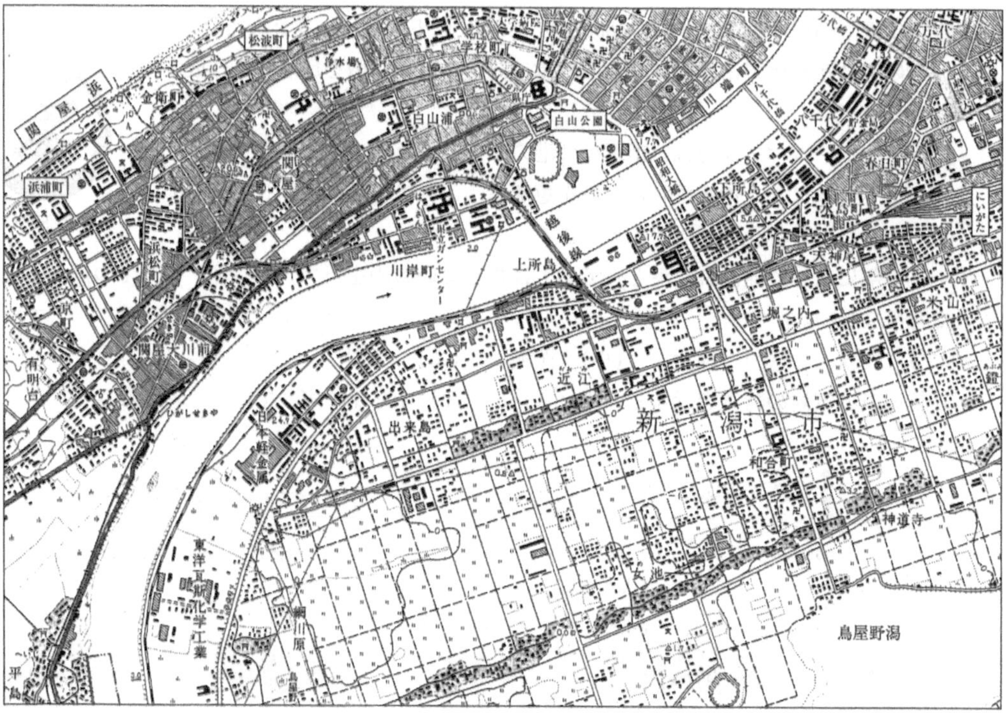

＜2007 年＞

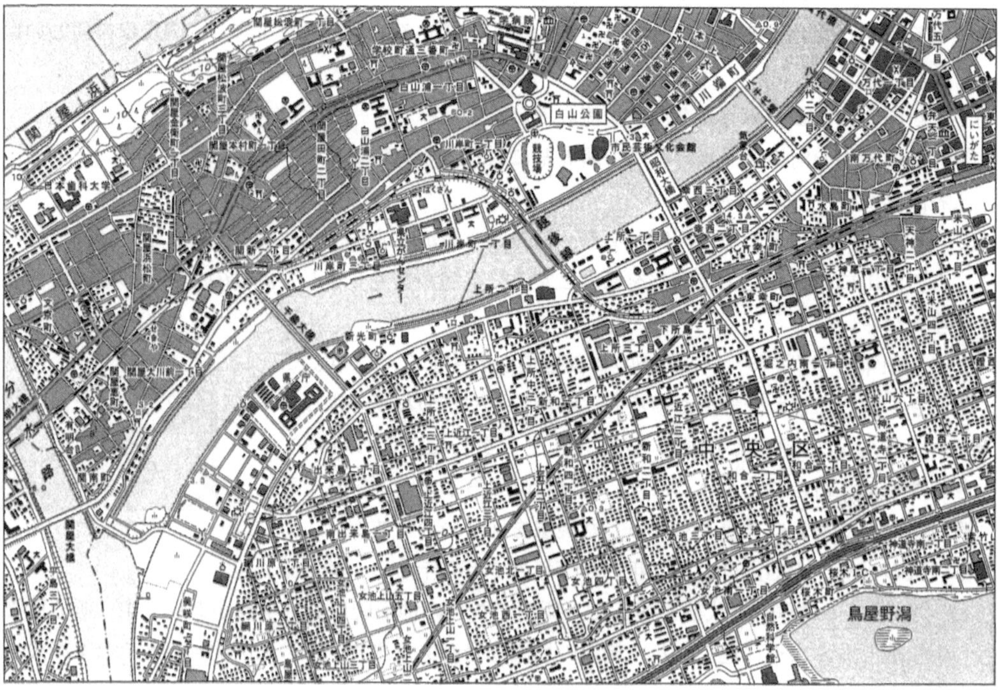

２万５千分の１地形図「新潟南部」
（87％に縮小）

⑵　前のページの２つの地図から読み取れることがらとして，あてはまらないものを（ア）～（エ）から１つ選んで記号で答えなさい。

（ア）　1968年には 新潟駅 の南西は水田が広がっていたが，2007年には宅地開発が進んだ。

（イ）　新旧地形図ともに， 白山公園 の北には複数の寺院が並び，そこから河川方面の区画もほぼ変化がない。

（ウ）　1968年時点で 白山公園 近くにあった県庁は，2007年時点でもほぼ同じ場所に位置している。

（エ）　1968年時点では， 昭和大橋 より西側には３つの鉄道が敷かれていたが，その中で2007年時点で残っているのは越後線のみである。

⑶　関屋浜 付近の海岸沿いでは，1968年の地形図における 浜浦町 から 松波町 の地域にかけて，新旧地形図でほぼ変わらない土地利用がみられます。どのような土地利用が，どのような目的で行われているのか考えて説明しなさい。

Ⅱ　次の年表を見て問いに答えなさい。

【年表】

［あ］	1881	北海道開発を行う政府の施設のあつかいをめぐり藩閥政治に批判が高まった
［い］	1889	天皇が国民にさずける形で大日本帝国憲法が発布された
［う］	1894	日清戦争がおこった。この頃せんい工業を中心に女性たちが工場で低賃金で長時間にわたる仕事についた
［え］	1901	足尾銅山の公害に苦しむ人々を救おうと田中正造が天皇に直訴《じきそ》した
［お］	1904	日露戦争がおこった
［か］	1910	韓国が日本に併合された
［き］	1914	（　１　）をきっかけに第一次世界大戦がおこった
［く］	1915	対華二十一ヶ条要求が出された
［け］	1918	ロシア革命を妨害するためにイギリスとアメリカが日本に7000人のシベリアへの出兵を要求したが，日本の陸軍は政府と相談せず１万2000人を出兵した
［こ］	1925	普通選挙法と共に，私有財産制を否定する共産主義の運動を取り締まる治安維持法も成立したが，これはのちに共産主義以外の様々な社会運動を取り締まるものとなった
［さ］	1928	自由にあやつれる国を満州に作ろうとした日本の陸軍が，政府の方針を無視して中国の軍人である張作霖《ちょうさくりん》を満州で殺害した
［し］	1931	（　２　）をきっかけに満州事変がおこった。政府は不拡大方針を出すが陸軍は戦線を拡大して中国軍を満州から追い払う軍事行動をとった
［す］	1932	満州国建国に反対する犬養毅首相を海軍青年将校が暗殺した
［せ］	1933	満州国を認めない国際機関から日本が脱退した
［そ］	1935	天皇の権限は憲法によって制限を受けると主張した学者で貴族院議員の美《み》濃《の》部《べ》達吉《たつきち》の本が出版禁止となった
［た］	1936	陸軍青年将校が首相官邸，大蔵大臣邸，警視庁などを襲撃した
［ち］	1937	（　３　）をきっかけに日中戦争がおこった
［つ］	1938	国家総動員法が制定された

[て]　1940｜皇族神話を否定した津田左右吉《そうきち》の『神代史《じんだいし》の新しい研究』が出版禁止となった
[と]　1941｜真珠湾攻撃をきっかけに太平洋戦争がおこった
[な]　1945｜ポツダム宣言を受け入れ日本は連合国に降伏した

【大日本帝国憲法】

（ア）　第３条　天皇は，神聖であって，侵《おか》してはならない。
（イ）　第４条　天皇は，国の元首であって，統治権を総攬《そうらん》し，この憲法の条規により，これを行使する。
（ウ）　第11条　天皇は，陸海軍を統帥《とうすい》する。
（エ）　第22条　日本臣民は，法律の範囲内において，居住及び移転の自由を有する。
（オ）　第27条　１日本臣民は，所有権を侵されない。２公益のために必要な処分は，法律の定めるところによる。
（カ）　第28条　日本臣民は，安寧《あんねい》秩序を妨《さまた》げず，臣民の義務に背《そむ》かない限り，信教の自由を有する。
（キ）　第29条　日本臣民は，法律の範囲内において，言論，著作，印行《いんこう》，集会及《およ》び結社の自由を有する。

問１　（１）～（３）に入る語を次の（ア）～（オ）からそれぞれ１つ選んで記号で答えなさい。
（ア）　盧溝橋事件　　（イ）　ノルマントン号事件　　（ウ）　サラエボ事件　　（エ）　義和団事件
（オ）　柳条湖事件

問２　次の⑴～⑶がおきたのは，どの出来事の後ですか。年表の［あ］～［な］からそれぞれ１つ選んで記号で答えなさい。
⑴　世界恐慌によって不景気となった
⑵　内閣制度が発足し，伊藤博文が初代首相となった
⑶　小村寿太郎がアメリカと交渉して関税自主権を認めさせた

問３　次の⑴～⑶の各文はある出来事の結果を記したものです。最もかかわりの深い出来事を年表の［あ］～［な］からそれぞれ１つ選んで記号で答えなさい。
⑴　物価高とうに反発する富山県の漁村の主婦の運動が全国に広まり，内閣は総辞職した
⑵　10年後に国会を開くことを約束する勅諭が出された
⑶　政党政治の時代が終わった

問４　［う］について，＿＿＿部のような事態が発生しないように日本国憲法に定められた権利のうち，工場などの使用者に話し合いを要求する権利を何といいますか。漢字で答えなさい。

問５　［え］について，＿＿＿部のような事態が発生しないように，日本国憲法をもとに主張されている国民の権利を何といいますか。漢字で答えなさい。

問６　［そ］について，-----部の主張とかかわりの深い大日本帝国憲法の条文を，（ア）～（キ）から１つ選んで記号で答えなさい。

問７　［こ］，［そ］，［て］について，〰〰部の事態が発生したことと関わりの深い大日本帝国憲法の条文を，（ア）～（キ）から１つ選んで記号で答えなさい。

問８　［け］，［さ］，［し］について，＝＝＝部の事態が発生した背景には，内閣に軍を出身母体とする陸軍大臣や海軍大臣の役職があり，方針に応じなければ組閣に協力しないなど，軍が内閣に強い影響力を持っていたことも理由として考えられます。このような事態を防ぐため，内閣総理大

臣と国務大臣はある立場の人物でなければならないと日本国憲法では定めています。その立場を日本国憲法に記された語句から答えなさい。

Ⅲ　文章と資料を参考にして，あとの問いに答えなさい。

着られない新品10億枚「無理の上に成り立つ無駄」仲村和代記者

「いいものを安く」。消費者にとってこんなに魅力的な言葉はない。しかし，アパレル業界ではこれを実現するため，売れ残り覚悟で人件費の安い国で過酷な労働を強いて大量生産し，原価を抑えてきた。一方，そうやって作られた新品の服が誰にも着られないまま，年間10億枚も捨てられているとも言われている。こうした実態は，海外の労働問題ということや，服はリサイクルできるという意識などもあり，なかなか問題視されてこなかったという。

仲村さんはこんな実態を説明したうえで，「無駄というのは誰かの無理の上に成り立っているなと思う。働き方や資源など何かを苦しめながら自分が得をするのは居心地が悪い」と述べた。

では，どうすればいいのか。働く人は消費者でもあり，問題は根底でつながっている。仲村さんは「社会運動など特別な活動はできなくても，消費者としてお金をどこに使うのか意識し，変えていくことはできる」と指摘。「最近はエシカルやフェアトレードなどという言葉を耳にする機会が増え，ブランドとして評価されるという動きも出てきた。『いいものを安く』ではなく，『適正な価格で買うこと』が広がっていけばいいと思う」と会場に語りかけた。

（朝日新聞社ＨＰより）

※アパレル…衣服の製造業及び流通業

※エシカル…一人一人の消費者が各自にとっての社会的課題の解決を考えたり，社会的課題に取り組む事業者を応援したりしながら，消費活動を行うこと

（資料１）

（資料２）

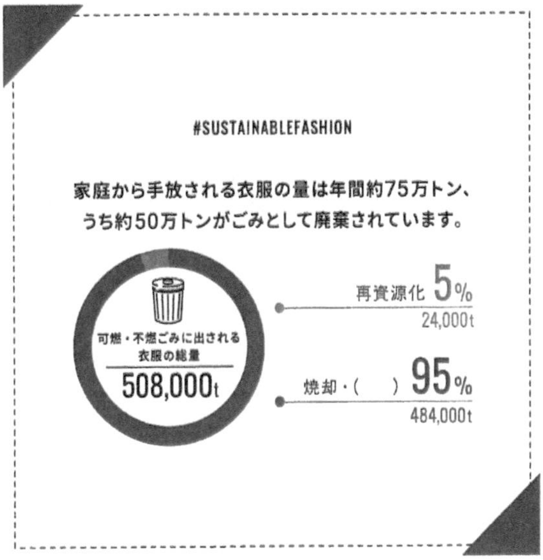

（日本政府 HP［https://www.env.go.jp/policy/sustainable_fashion/］より）

問１　文章について。

(1)　この文章は，2019年７月２日，朝日新聞東京本社で開かれたSDGsイベントの記事の一部で

す。2015年にSDGsを決定した国際機関の名称を漢字４字で答えなさい。

⑵　下線部は，具体的にはどのようなことを言っているのでしょうか。文中の表現を使って説明しなさい。

⑶　下線部の「無駄」に関連して，売れ残りや食べ残し，期限切れ食品など，本来は食べることができたはずの食品が廃棄されることを何といいますか。カタカナ５字で答えなさい。

問２　資料１からどのような問題が発生していることが分かりますか。説明しなさい。

問３　資料２について。

⑴　ゴミ問題への取り組みとして「３R」の推進がいわれています。資料にはごみとして出される衣服の５％が「再資源化」されるとあります。再資源化以外の３Rを２つ，カタカナで答えなさい。

⑵　資料中の（　）にあてはまる言葉を答えなさい。

問４　あるアパレル会社で，文章や資料１，資料２などから読み取ることができる問題の解決ができないか，話し合いが行われました。あなたがこの会議の参加者だったら，どのようなアイデアを出しますか。資料３に結び付けて説明しなさい。

（資料３）

（経済産業省 HP より）

五　次の詩を読んで、あとの㈠から㈣までの問いに答えなさい。

涼しげな顔で　地を見下げ
その銅色の身をひるがえす
手を伸ばしてもとどかない
そこは彼らの［　　］だ

ほら近づいてみなよと
半ば笑い　半ば遊ぶように
その小さな丸い目で
僕らを見据えている

ここからたった五メートルしかないのに
その間には果てしない壁がある
とたんに彼は口に小さな枝をくわえて
走り出した
僕らの視線をあたたかく受け止める

木の葉も地の花もチョウもミミズも彼を応援する
一級建築士の彼なら　きっとやり遂げるだろう
そして彼はいいパパになるだろう

（本校生徒作品）

㈠　［　　］にあてはまるのは、

(イ)　公園　(ロ)　遊園地　(ハ)　休息場　(ニ)　楽園

㈡　果てしない壁を感じる語り手の気持ちが最もよく表れている行の最初の三字を抜き出しなさい。

㈢　一級建築士と表現する理由になった九字を抜き出しなさい。

㈣　この詩に描かれている生き物は、

(イ)　リス　(ロ)　キツネ　(ハ)　ツバメ　(ニ)　サル

ひかりさんを店の外まで見送った後、スマホでお母さんに電話をかけた。

「何よ、今仕事中なんだけど」とお母さんのそっけない声が聞こえた。

「お母さん、私がマンガ家目指してたって、ひかりさんに教えたそうじゃないの。何で会ったこともない人にそんなことまでべらべらしゃべったのよ」

文句を言うというよりも、その理由が知りたかった。

「あー、そのことね。だってあんた、ひかりさんに対してネガティブなことばかり話したそうじゃないの。不登校だったとか、人づきあいが苦手だとか、Ｃバードはもうすぐたたむことになりそうだとか、転職先も人づきあいをしなくて済むところしか無理だとか。ひかりさん、あなたのこと心配なさってたわよ。丁寧に美味しいコーヒーを淹《い》れられる方なんだから、きっとそれを活かせる道はあると思いますよって」

そういえばあの日は、ひかりさんと初めて会ったのに、気がつくと催《さい》眠術《みんじゅつ》にでもかかったみたいに身の上話をしてしまったのだ。

「だから」とお母さんは続けた。「結衣の特技が絵とマンガだったことを思い出して、そのことを話したの。要領はよくないかもしれないけれど丁寧に仕事をするところはマンガなどで鍛えられたのかもしれませんって。で、それがどうかしたの？」

「ううん、どうもしない。さっきひかりさんがコーヒー飲みに来てくれて、絵がお上手なのねって言われたから、何で知ってるんだろうと思ったら、お母さんが情報源だったって判っただけのこと」

「何よ、そんな話なら帰ってからすればいいでしょうに」

結衣は「はいはーい」と応じて電話を切ってから、心の中で、お母さん、ナイスパスと告げた。

（山本甲士『ひかりの魔女　にゅうめんの巻』より）

㈠　結衣が出したコーヒーとありますが、「結衣」はこの喫茶店の店員ではなく経営者です。それがわかる語を、本文中から三字で抜き出しなさい。

㈡　□にあてはまる語を考えて答えなさい。

㈢　気がつくと催眠術にでもかかったみたいに身の上話をしてしまったとありますが、「あの日」だけでなく結衣は今回もそのような話をしています。その部分を本文中から探し、最初の五字を抜き出しなさい。

㈣　お母さん、また余計なことをしゃべってとありますが、この気持ちは後に変化しています。何という言葉からわかりますか。

㈤　ひかりさんは、結衣にどのようなことを伝えたかったのですか。次の文にあてはまる語または言葉を、Ａは本文中から抜き出し、Ｂは考えて入れなさい。

喫茶店の経営者でありながら（　Ａ　）な結衣に、お客様との会話の（　Ｂ　）として似顔絵が使えるのではないかということ。

㈥　㈤の通りだったとすると、「似顔絵を描いてほしい」というのは、ひかりさんの優《やさ》しいうそだった可能性があります。彼女のどのような様子からそれがわかりますか。本文中から探し、最初の五字を抜き出しなさい。

「公民館で高齢者が集まる催しのときに、孫が自分の似顔絵を描いてくれたって自慢げに見せた方がいらっしゃったのよね、男性の方なんだけど」

「はい」

「そのお孫さんはまだ小学校の低学年で、お世辞にも上手とは言えなかったし似てもいなかったのよ。でも自分の似顔絵を持ってるということがちょっとうらやましくもあって。私の孫はもう、下が高校一年生だから、今さら頼んでも似顔絵を描いてくれたりはしないし、どうせなら結衣さんに頼んでみようって思い立ったんですよ」

　筆ペンで？

　何で筆ペン？

　あ、ひかりさんは□の先生だった。だから筆記用具といえば筆なのか。

　筆ペンで絵なんて描いたことないが、ひかりさんの頼みなら断るわけにはいかない。

「判《わか》りました。気に入っていただけるかどうか判りませんが、描かせていただきます」と結衣はうなずいた。

　カウンターの内側にある狭い調理台に色紙を置いて、太さや濃さの違う筆ペンを駆使《くし》して描き始めた。筆ペンという画材に最初は戸惑ったが、要は水墨画のような感覚で描けばいいのだと思い直し、途中からはあまりためらいなく筆を動かせるようになった。

　途中、ひかりさんは「マンガって、どういう種類のものを描いてらっしゃったの？」

「それはどんなお話？」などと尋ねてきたので、ホラーものをよく描いていたことやストーリーの内容、何度かコンテストに応募したけれど佳作止まりだったこと、選評では絵はいいがストーリーが陳腐《ちんぷ》だと言われてしまったことなどを話した。

　数分後に完成した似顔絵は、まあまあかな、という仕上がりだった。

　ひかりさんはほんの少し頭を傾けて、静かな笑顔でこちらを見返している。

　色紙を受け取ったひかりさんは「まあ、素敵」と、椅子の上で子どものように小躍りした。「本物よりも美人に描いてくださったみたいね」

「いえいえ、本物のひかりさんの方がずっと素敵ですよ」

「やっぱり結衣さんにお願いしてよかったわ。これは宝物にさせていただくわね。本当にすばらしい似顔絵……うれしいわ」

　ひかりさんはため息をついて、色紙を見つめていた。

　絵やマンガで入選したことはあるが、そういえば絵で誰かを喜ばせたことって、初めてかもしれない。

　ひかりさんはコーヒー代だけでなく似顔絵の代金まで払おうとしたので、結衣は「似顔絵はひかりさんへのお礼として描いたものですから、おカネをいただくなんてとんでもない。それに私はプロの絵描きではありませんから」と固辞した。絵のプロになるには、それなりの覚悟や責任が必要だろう。

　するとひかりさんは「そう？　いいのかしら」と言いながらも折れてくれたが、なぜかその代わりにと、さきほど使った数本の筆ペンを結衣に持たせた。

　戸惑っていると、ひかりさんは「よかったら何かを描くのにまた使ってくださいな」と、ちょっといたずらっ子のような笑い方をした。

(イ)「萌木」の漢字が間違いであることを著者にはっきりと伝えたい
(ロ)「萌木」を「萌葱」や「萌黄」に直して歴史に残る小説にしたい
(ハ)『日本国語大辞典』の「萌葱」と「萌黄」の表記を信じてほしい
(ニ)「萌木」・「萌葱」・「萌黄」のいずれにしても事実をつき止めたい

(五) 萌木色が最も正しいと説いた学者が確かにいましたとありますが、矢彦さんの言いたいことは何ですか。
(イ) おっしゃる通り記述のある本がありました
(ロ) 私の記憶の「萌葱」は間違っていました
(ハ) 古い書物は正しいことが書かれていますね
(ニ)「萌木」だけが正式な使われ方なのですね

(六) □には、同じ語が入ります。本文中から探して答えなさい。

(七) 矢彦さんが酒を飲みに行きなさいと言う理由はどれですか。
(イ) 著者と酒を飲みに行くことで著者の思いがわかるようになるから
(ロ) 酒を飲むことで著者が大切なことを教えてくれるようになるから
(ハ) 酒を飲みに行けば仕事に重要なコミュニケーションを学べるから
(ニ) 酒を飲みに行き気分を変えることで良いアイデアが生まれるから

(八) 矢彦さんの仕事ぶりが認められているのがわかることがらは何ですか。

三
次の(一)から(六)までの――の部分を漢字で書きなさい。

(一) 模型の出来をゼッサンする。
(二) プレゼントをホウソウする。
(三) 人工エイセイが地球を回る。
(四) 朝顔のためシチュウを立てる。
(五) 人ごみの中を歩く。
(六) 挑戦者をしりぞける。

四
次の文章を読んで、あとの(一)から(六)までの問いに答えなさい。

※喫茶店「Cバード」の店内の場面

結衣が出したコーヒーを一口飲んで「あー、やっぱり美味しい」と微笑んでからひかりさんは「実は一つ、お願いがあって来たんですよ」と言った。

結衣は「はい、何でも喜んで」と即答した。もしかすると恩返しのチャンスかもしれない。

ひかりさんはいったんカウンター席から下りて、手押し車から数本の筆ペンと一枚の色紙を取り出した。筆ペンは太さや色の濃さが違うものをそろえているようで、葬儀用の淡い色のものもあった。

「お母様からお電話をもらって、香典のお礼を言っていただいたときに、結衣さんが一時期はマンガ家を目指すぐらい絵がお上手だったと伺《うかが》ったんです」

「えっ」

――お母さん、また余計なことをしゃべって。

「何度か絵のコンクールでも入選なさったことがあるのよね」

「入選といっても、ローカルなコンテストで、たいしたことではないんです」

結衣はあわてて片手を振った。

「でもお得意なんでしょ、絵を描くことが」

「まあ、絵やマンガを描くことが好きだったのは確かですが……何を描けばいいんでしょうか」

「私の似顔絵をお願いできないかしら」

「似顔絵ですか」

ている。ここでは初版をもとにしている)。

しかしその後、しばらくして著者からの校正刷りが戻ってくると、他の疑問点についてはほぼ訂正案を受け入れてくれていた一方、「ここは「木」のママにしてほしい。以前に何かの本でこの字が使われているのを見た」とあった。

校閲者としての矢彦さんの心が燃えるのはこのようなときだ。

再びこの箇所について調べる際、彼はまず全二〇冊からなる物集高見《もずめたかみ》編『広文庫《こうぶんこ》』（大正五～七年に「広文庫刊行会」により刊行され、昭和一〇から一二年に改めて刊行されて流布《るふ》した百科事典）と江戸時代の辞書である谷川士清《ことすが》著『和訓栞《わくんのしおり》』を書庫から取り出した。

「すると、江戸中期の有識故実《ゆうそくこじつ》研究家・伊勢貞丈《いせさだたけ》が著した『貞丈雑記』のなかに「〈もえぎ〉を萌黄、萌葱と書くのは誤りで「萌木」が正しい、色も〈萌木色〉とすべし」という記述を見つけたんです。これは和綴《わと》じ本でして、『広文庫』の記述からそれを繰《く》りました。また、『和訓栞』の方も「萌木色」を採っていました。僕はびっくりして著者に手紙を書きましてね。「萌木色が最も正しいと説いた学者が確かにいました」と」

そのような発見があったときが、本当に校閲という仕事をやっていて良かったと思う瞬間だと彼は続けた。

「著者はこの原典を読んだことがかつてあったか、その原典を使った何かを読んだのでしょう。こういうことがあるから、手元にある辞書だけを信じ切って安易に疑問を出してはいけないんです。辞典の編纂《へんさん》者がそれを書かなければ、もう言葉を辿《たど》れない。かつては正しいとされていた字が、なんらかの理由で消えてしまっていることもある。著者にその言葉に対するこだわりがあるのだとしたら、やはりそこには何らかの意味があるのだとまずは考えるべきでしょう。

このように校閲というのはそれぞれの□の立場に立って、全体を見ていくのが何より大切なんです。字句の統一なんてものは二の次でいい。□の立場に立つためには、なるべく見聞を広めて、人と話をする日々を送ることです。家と会社の往復だけでは、優れた校閲者にはなれない。だから良い校閲者になる方法を聞かれる度に、私は一言、「酒を飲みに行きなさい」と言ってきたんです」

（稲泉連『「本をつくる」という仕事』より）

㈠ 次の図は、「本をつくる」人たちが、どのようにやり取りをするのかを簡単に表したものです。（A）～（C）に入る組み合わせが正しいものはどれですか。

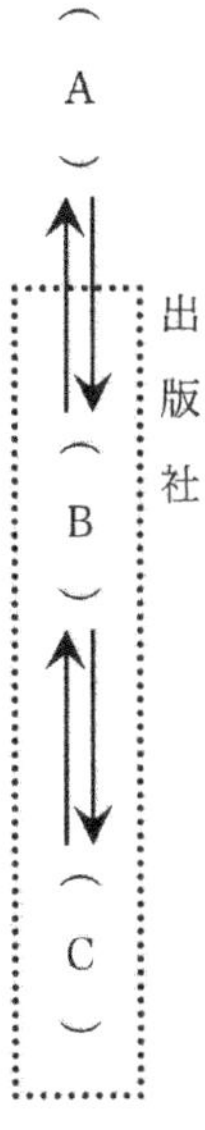

(イ) A 編集者　B 著者　C 校閲者
(ロ) A 編集者　B 校閲者　C 著者
(ハ) A 著者　B 校閲者　C 編集者
(ニ) A 著者　B 編集者　C 校閲者

㈡ 強い思いとありますが、似た表現の四字を本文中から抜き出しなさい。

㈢ 彼と著者との「対話」とありますが、矢彦さんは「対話」の手段として、ゲラ刷りと校正刷りのほかに何を使っていますか。本文中から抜き出しなさい。

㈣ 心が燃えるとありますが、この時の矢彦さんの気持ちは、

(六) 目頭がじわりと熱くなるのは、それまで「父っちゃ」が自分のことをどのように見ていると思っていたからですか。解答欄に続くように二十字以内で答えなさい。

(七) そんな私に微笑んで見せとありますが、この時の「母っちゃ」の心情を最もよく表しているセリフを抜き出しなさい。

(八) 「私」が漁師にならない将来を思い描くようになったことは父親をどのように呼んでいることから分かりますか。八字で抜き出しなさい。

二 次の文章は、筆者が、校閲《こうえつ》一筋、四〇年の矢彦孝彦さん（彼）の話を聞いて書いたものです。筆者は、校正や校閲は「今も昔も出版物の価値を高める上で重要な仕事の一つだ。」と述べています。あとの(一)から(八)までの問いに答えなさい。

※ゲラ刷《ず》り……単行本と同じ書体や文字組みで印刷された状態のもの。

※校正……ゲラ刷りが原稿通りになっているかをチェックすること。

※校閲……内容の事実確認や正誤を含めて調べ、全体の矛盾《むじゅん》などを洗い出すこと。

そんななか、彼が「良い校閲者になるには酒を飲みに行け」と語り続けてきたのは、校正・校閲という作業が誤植や間違いを見つけ出す「技術」であると同時に、ゲラ刷りを通して著者とやり取りするコミュニケーションだという思いがあるからだ。

「例えば、ある言葉について「これは辞書にはありません」という疑問を私たちは出すわけです。でも、著者のなかには「辞書にあろうがなかろうが、いまここではこの字を使いたい」という強い思いを持っている人もいる。だから、ただ線を引いて簡単に疑問を出すのは、失礼に当たると私は思っているんです。

要するに、書かれたテキストと少し距離を置いた疑問の持ち方が大事だということです。編集者と違って私たちはほとんどの場合、著者と顔を合わせないし、相手が僕らの名前を知ることもない。ゲラのやり取りを通して、その人と付き合うのみです。だからこそ、疑問の出し方も一つひとつ、丁寧でなければならない。そして、それは次にその作家がうちの出版社で書いてくれるかどうか、ということにだってつながっているのです」

それは塩野七生《ななみ》氏の一連のベストセラーが新潮社から出版され、その校閲者として矢彦さんが指名されていることとも無関係ではないだろう。著者にとってゲラ刷りを通してやり取りする校閲者は、ときには編集者と同様にその出版社の代表者なのだ。

最近もこんなことがあった、と矢彦さんは続けた。それは彼と著者との「対話」が、ときにこのようなやり取りになるという一例だ。

ある時代小説の校閲をしていたときのこと。ゲラ刷りを読み込んでいると、「萌木色《もえぎいろ》」という言葉に引っ掛かりを感じた。

「たしか、萌木色というのは「萌葱《もえぎ》」と書くはずだぞ」

そう思った彼は小学館の『日本国語大辞典』――用例の出典と語誌が記載されているため、最も信頼している辞書だ――を開き、「もえぎ」を引いてみた。すると、「萌葱」「萌黄《もえぎ》」の他に「萌木」という表記も一応採用されていたが、「もえぎいろ」については思った通り「萌葱色」か「萌黄色」である。手元にある他の辞書でも同様だったため、「葱あるいは黄ではないでしょうか」と疑問を出すことにした（『日本国語大辞典』第二版では、後述の『貞丈雑記《ていじょうざっき》』を取り上げ、「萌木色」の用例をあげ男だったら、八人目にトライさせられでらじゃ」
母っちゃがうんざりしたように頭を掻《か》く。五十前にしては、白髪が多い。それとも他の母っちゃたちは、ちゃんと染めているんだろうか。
「そこまで頑張らなくても」
「だって、しょうがねっきゃ。父っちゃたら、娘の顔が見たいんだって、泣いて頼んでくるんだして」
「そんな理由で、七人も？」
「そうよ。愛でしょ」
そう言って、母っちゃはなぜか得意げに胸を張った。
「だからね、あんたは生まれてきただけで、父っちゃの願い叶えてやったのよ」
目頭がじわりと熱くなる。そんなこと、言ってくれなきゃ分からない。
覚えているはずもないのに、「女か。でかした、多津子！」と言って私を抱き上げる父っちゃの笑顔が、まぶたの裏に見えた気がした。
「馬鹿みで」
泣きべそをごまかすために、悪態をつく。
母っちゃはそんな私に微笑んで見せ、前方を指さした。
「ほら、その馬鹿のかたわれが前さいるよ」
曲がり角から父っちゃが出てきて、車道の真ん中を歩いている。成田先生の家はすぐ近くだ。そこからおいとましたばかりなのか、かなり怪しい足取りである。
「父っちゃ、危ないよ」
母っちゃが呼びかけると、父っちゃは回れ右の要領で体ごとこちらを向いた。
「おお、多津子に留子！」
大きく手を振って、胴間声を張り上げる。毎日見ている顔なのに、なにがそんなに嬉しいんだろう。呆れた父っちゃだ。
私のかつてのヒーローは、腕を広げて私たちが追いつくのを待っている。

（坂井希久子『17歳のうた』より）

※舫われている……船がつなぎ留められていること
※胴間声……調子はずれの濁った太い声

(一) マグロが人間にとって恐ろしい存在であることが分かる表現を本文中から二字で抜き出しなさい。

(二) 汗でごわついた髪とありますが、主人公がしているスポーツは何ですか。

(三) わざと投げやりに呟くとありますが、その理由は、
(イ) 進路が決まっていない不安を母には知られたくなかったから
(ロ) あからさまに母の気を引こうとするのが恥ずかしかったから
(ハ) 奈美の進路など自分には気にならないと強がりたかったから
(ニ) 母は真剣に考えてくれないだろうと内心あきらめているから

(四) 戦隊もののヒーローに憧れるようなものとは、
(イ) 憧れる気持ちには嘘があったということ
(ロ) 夢への強い期待を抱いていたということ
(ハ) 現実ばなれした夢を見ていたということ
(ニ) 大変な仕事だと思わなかったということ

(五) 男のロマンの、ものの数に入るのは、父と兄たちの他に誰がいますか。

【国　語】〈五〇分〉　〈満点：一〇〇点〉

一　次の文章を読んで、あとの㈠から㈧までの問いに答えなさい。

マグロの時期なら一本釣り漁船がはえ縄漁に漁場を譲って、続々と戻ってくる頃合いだ。でも今は港に人気はなく、海は静かに赤く染まっている。

自転車を押して、母っちゃと海岸沿いをゆっくり歩く。マグロが来ないとカモメの鳴き声にも、どことなく覇気《はき》がない。

たとえこの町を出ることになったとしても、この体にしみついた潮のにおいは消えないかもしれない。汗でごわついた髪を潮風に煽《あお》られながら、私は「あのさ」と切り出した。

「奈美は、学校の先生さなるつもりなんだって」

「そう、偉いね。もう決めでらんだ」

「私、どうしよっかなぁ」

前を向いたまま、わざと投げやりに呟《つぶや》く。

母っちゃが横目でちらりと、私の表情を確認したのが分かった。

「夢とか興味のあるものとか、ないの？」

「そんだなぁ」

港に舫《もや》われているプラスチック船の連なりに目を遣った。晃二兄ちゃんが早朝のノナ漁に使った多津丸も、その中に紛れている。

大半が四トン程度の小さな船だ。この町の男たちはこんな船で、数百キロの怪物と戦う。

「うんど小《ち》っちぇころ、『マグロ漁師になる』って言ったごどがあるんだ。父っちゃには無理って言われでまったけど」

今思えばあれは、小さな子供が戦隊もののヒーローに憧れるようなものだったのだろう。巨大なマグロを吊り下げて帰港する父っちゃは、かっこよかったから。

「父っちゃは、兄ちゃんどらに漁師継がなくていいって言ったんだってよ？」

勢いをつけて母っちゃを振り返る。驚くかと思ったのに、「そうね」と目を伏せた。

たぶん私は分かってた。そんなことくらい、母っちゃは承知の上だって。

「きつい仕事だもん。自分の息子にも、いや、息子だからこそ、勧められんよね」

それでも父っちゃは、じいちゃんと一緒に船に乗った。そして今は晃二兄ちゃんが、父っちゃと船に乗っている。強制しなくても、六人いる息子のうち一人が意志を継いでくれた。父っちゃにはそれで充分だったのかもしれない。

「なして私、女に生まれでまったかなぁ」

父っちゃが語る男のロマンとやらの、ものの数に私は最初から入っていない。漁師を継がなくていいと言ったって、兄ちゃんたちには少しくらい期待しただろう。でも私には、はじめからそれがない。

私も仲間に入れてほしかった。剣道も、だからはじめた。兄ちゃんたちがみんなやらされていたから。自分から「やる」と言って、逃げ出したいほど辛い寒稽古にも耐えてきた。それでも、ちっとも強くはなれなかったけど。

「あんたね、私がなんで気張って七人も産んだど思ってらの。あんたが

2022年度

立教池袋中学校入試問題（第2回）

【算　数】（50分）　＜満点：100点＞
【注意】 計算機つきの時計は使ってはいけません。

1　次の $\square$ にあてはまる数を求めなさい。

1）$3.5+\left\{\left(1\frac{3}{4}-\frac{2}{3}\right)\times 12+3.75\right\}\times 2=\square$

2）$0.82+0.18\times 2\frac{7}{9}-\frac{2}{5}\div 0.32+0.68=\square$

3）$18+\{72\times(\square-75)+504\}\div 6=2022$

4）$\left\{\left(\frac{1}{2}+\square\right)\times\frac{3}{4}-\frac{5}{6}\right\}\div\frac{5}{8}+\frac{9}{10}=1.1$

2　下の図のように，正方形の頂点を中心として４つのおうぎ形をかきました。

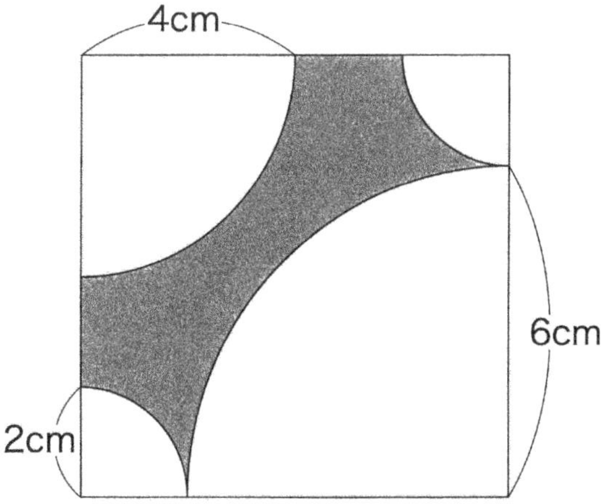

次の問いに答えなさい。ただし，円周率は3.14とします。

1） の部分の周りの長さは何cmですか。

2） の部分の面積は何cm^2ですか。

3　下の帯グラフは，ある生徒のスマートフォンの使用時間を目的ごとに分類したものです。また，全体の使用時間は２時間40分でした。

スマートフォンの使用時間

次の問いに答えなさい。

１）「読書」の使用時間は，全体の使用時間の何％でしたか。

２）「クリエイティブ」と「その他」の使用時間の比をもっとも簡単な整数の比で表しなさい。

4　整数Ａの約数の和を［Ａ］と表します。

たとえば，８の約数は１，２，４，８なので，［８］＝15です。

次の問いに答えなさい。

１）［18］はいくつですか。

２）［［24］－［14］］はいくつですか。

5　１辺が１㎝の立方体を，ある規則に従って，いくつか重ねて立体をつくります。

下の図は３段の立体で，１段目は１個，２段目は３個，３段目は６個です。

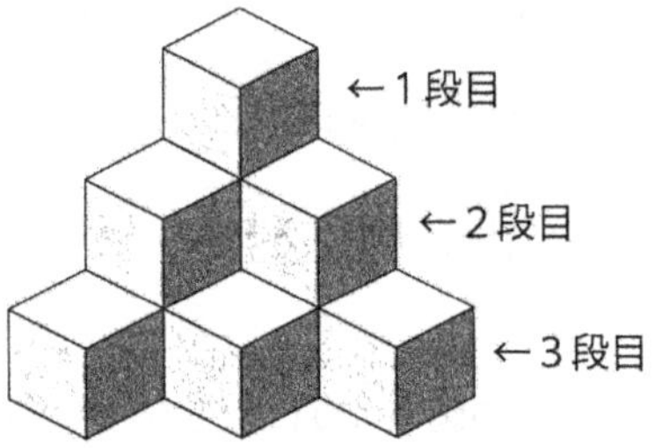

次の問いに答えなさい。

１）上の図の立体の表面積は何cm^2ですか。

２）同じ規則に従って10段の立体をつくったとき，その立体の表面積は何cm^2ですか。

6　同じロープを使って壁《かべ》の高さを調べました。

①のように，ロープを２つに折って垂らしたところ，1.8m余りました。

②のように，ロープを３つに折って垂らしたところ，40㎝余りました。

③のように，ロープを４つに折って垂らしたところ，地面には届きませんでした。

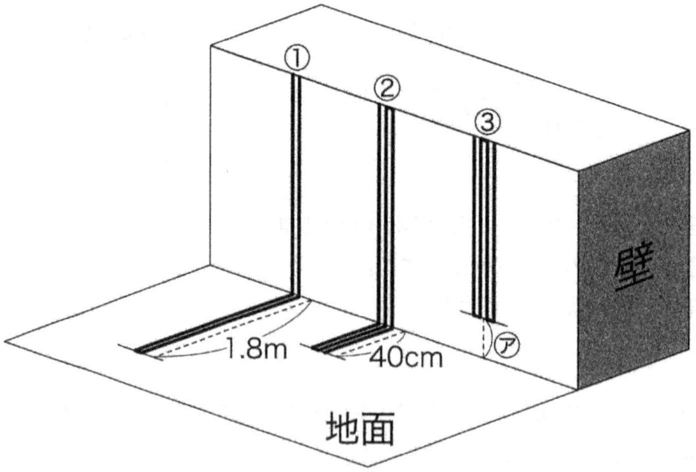

次の問いに答えなさい。ただし，ロープの太さは考えないものとします。

１）壁の高さは何ｍですか。

２）㋐の長さは何㎝ですか。

7　表も裏も白色のカードが１枚あります。このカードの両面の一部に，青色をぬりました。

カード両面の白色と青色の部分の面積の比は５：２です。また，表の青色の部分と裏の青色の部分の面積の比は３：１です。

次の問いに答えなさい。

1）カード両面の白色の部分の面積と，裏の青色の部分の面積の比を，もっとも簡単な整数の比で表しなさい。

2）カード両面の面積と，裏の白色の部分の面積の比を，もっとも簡単な整数の比で表しなさい。

8　下の図Ⅰは，おうぎ形からおうぎ形を切り取った図形と円を組み合わせた図形で，図Ⅱの立体の展開図です。

図Ⅰ

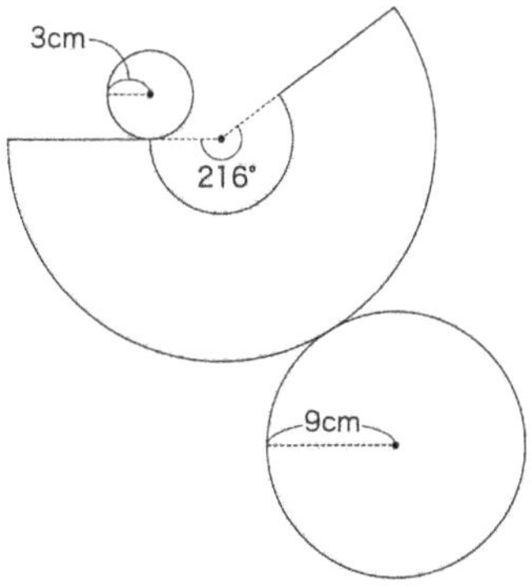

図Ⅱ

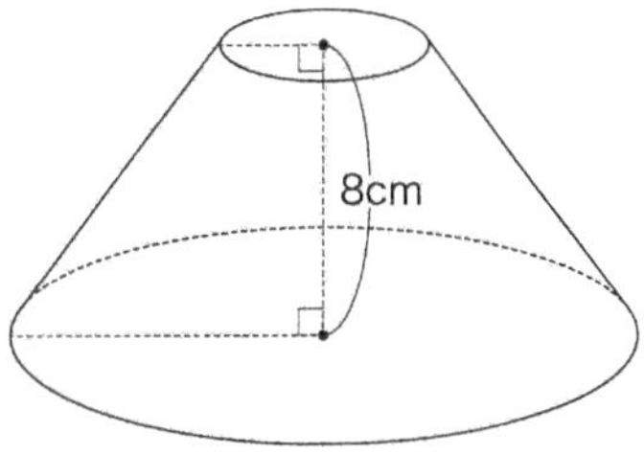

次の問いに答えなさい。ただし，円周率は3.14とします。

1）この立体の表面積は何cm²ですか。

2）この立体の体積は何cm³ですか。

9　まさや君は家からA駅まで歩き，A駅からB駅まで電車に乗り，B駅から学校まで歩きます。

右のグラフは，ある日のまさや君の通学にかかった時間と道のりの関係を表したものです。

この日は，家からA駅までと，B駅から学校までは同じ速さで歩き，電車は時速45kmで走りました。

次の問いに答えなさい。

1）A駅からB駅までの道のりは何kmですか。

2）この日，まさや君がB駅から学校まで歩いた時間は，何分何秒でしたか。

通学にかかった時間と道のりの関係

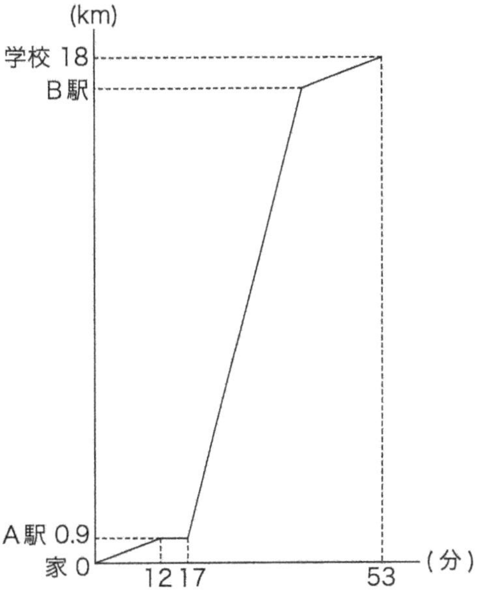

(六)　2　に入るのは、
(イ)　お前、ケガはないか　(ロ)　お前、すごいな
(ハ)　お前でも、無理か　(ニ)　お前、危なかったな

(七)　諦めの悪い親父だな、と、笑った時の圭介が父親に見たものは、
(イ)　覚悟　(ロ)　意欲　(ハ)　忍耐　(ニ)　自信

五　「今年の漢字」について、次の(一)から(四)までの問いに答えなさい。

※「今年の漢字」とは、毎年、一年の世相（世の中のありさま）を表す漢字一字が投票で選ばれ、十二月十二日に京都の清水寺で発表されるものです。

(一)　同じ漢字が何度も選ばれる、ということもあるのですが、これまでに最も多く選ばれたのは、二〇〇〇年、二〇一二年、二〇一六年のある漢字です。昨年（二〇二一年）も同じ字が選ばれました。八画のこの漢字とは何ですか。

(二)　来年（二〇二三年）以降、次に(一)の漢字が、また同じ理由で候補に挙がると思われるのは何年ですか。最も近い年を答えなさい。

(三)　二〇一九年には（　A　）が新たに「　B　」と定められ、この年の漢字には、「B」から一字が選ばれました。A・Bにあてはまる語を、それぞれ漢字二字で答えなさい。

(四)　発表の舞台となっている「清水寺」は、その名がことわざにも使われるほど有名です。そのことわざの意味とは、次のどれですか。
(イ)　人に教わるよりも、自分で直接体験してゆく方が身につくということ
(ロ)　思い切って大きな決断をすることのたとえ
(ハ)　自分から進んで災いや危険の中に飛びこむこと
(ニ)　一度してしまったことは、取り返しがつかないものであるということ

口を開くと、思いの外、大きな声が出た。そのまま躊躇《ちゅうちょ》することなく、膝《ひざ》をやわらかくして傾斜に入る。傾いたボードは、狭い自転車用スロープを、勢いよく滑り下りる。あっという間にアスファルトの歩道が迫ってくる。地面の角度が変わる寸前で、圭介はボードごとふわりと飛んだ。足に吸いついているかのように、ボードも一緒についてくる。そのまま膝で勢いを殺しながら着地し、すぐさま大学病院に向かえばいい。

だが、着地の衝撃で右手のお盆がバランスを崩した。アブねえ、と思った瞬間、心臓がズキリと縮む。左手を添えて倒れそうなお盆を支え、無理矢理バランスを取ろうと試みる。だが、ボードはコントロールを失って吹っ飛び、ひっくり返りながらアスファルトの歩道を転がっていく。なんとか着地しようとした結果、右の足首が変な角度で地面に着いた。それでも、全力で踏ん張ったおかげで、転倒は免れる。事前に練習をしたときには失敗はしなかったが、異様なプレッシャーに負けた。あのガキんちょめ、と圭介は舌打ちをした。

足首に走った痛みは捨て置いて、咄嗟《とっさ》に丼を見る。湯気で曇ったラップの中で、スープがゆらゆらと揺れていた。額からどっと汗が噴き出す。手術室で患者の体にメスを入れるとき、親父はこういう思いだったんだろうか、と圭介は思った。誰かになにかを託されるプレッシャー。人の役に立て、と口癖のように言う父親は、それだけ人の [1] を背負ってきたのかもしれない。俺はメンタルが弱《よえ》えな、と、圭介はため息をついた。

「圭介」

父親が圭介の様子に気づいて、駆け寄ってきた。見とけ、とまで叫んでおいてこのざまだ。痛みで足の踏ん張りが利かない。父親から「無理しやがって」「調子に乗るな」などと言われるのかと体を硬直させたが、圭介がなにか言う前に、父親は「 [2] 」とつぶやいた。瞬間、体中からどっと力が抜けた。

圭介が、お盆を差し出す。もう、四分は無理かもしれない。いや、無理だろう。圭介がフルプッシュするスケボーと、ろくに運動も配膳もしたことのない父親のヨチヨチ歩きでは、スピードが違いすぎる。だが、父親はそれでもラーメンを持って、病院の敷地に向かって脇目もふらずに走り出した。

足が痛《いて》えよマジで、とぼやきながらも、圭介は父親の背中を見送る。そして、諦《あきら》めの悪い親父だな、と、笑った。

（行成薫『本日のメニューは。』より）

(一) 圭介のスケボーの技術は非常に高いのですが、多くの技を達成してきたプロスケートボーダーらしい意識が表れている一文の最初の三字を抜き出しなさい。

(二) 小さい理由とありますが、圭介ははじめに誰のためを思って参加したのですか。

(三) （の計画の中で、圭介が時間を短縮できそうだと思っている行動が書かれている一文はどれですか。

(イ) 歩道橋の上……　(ロ) 子供の走力……

(ハ) 反対側に着……　(ニ) 圭介はえっ……

(四) 今は目的が少し違うとありますが、圭介の目的が変化したのは、何を見たからですか。本文中の言葉を使って十字以内で答えなさい。

(五) [1] には、「誰かになにかを託されるプレッシャー」の「なにか」が、漢字一字で入ります。考えて入れなさい。

以内。それが、「一口目を啜《すす》って、ウマい、と思える限界の時間」だと言う。店から病室までは通常十二、三分かかる。店の常連でかつ元大学病院医師の哲雄《てつお》は、何とかこの小学生の手伝いをしてあげたいと思い、自分の息子の圭《けい》介《すけ》に連絡をする。普段、圭介は父親の哲雄を避けている。プロスケートボーダーとして活躍しているのに、哲雄は「ちゃんとした仕事」と認めないのである。

――おい圭介、人の役に立て。

急に電話がかかってきて、開口一番、父親は圭介にそう言い放った。「四分間」「出前」というおおよその事情は聞いた。目標時間達成のために、圭介のスケボーが必要になったのだという。当然、気乗りなどしなかった。なんだそりゃ、都合のいいときだけ偉そうに、とさえ思う。それでも、わかったよ、と引き受けたのは、父親に自分の姿を見せつけてやろうと思ったからだった。正直言って、子供だのラーメンだのは圭介にとってはどうでもいい。父に貸しを作っておけば、今後少しは小うるさく言われることもなくなるだろう、というくらいの思いだった。

だが、いざ引き受けてみると、その子供とやらが、思った以上に必死の形相で真っすぐに歩道橋を駆け上がってきた。寒さに負けまいとするように、頬《ほお》が真っ赤に染まっている。鼻水も垂れている。圭介は体中が粟立《あわだ》つのと同時に、あまりにも小さい理由で参加してしまったことに後悔していた。

父から聞いた自分の役割は、簡単なものだった。歩道橋の上まで子供がラーメンを運んでくる。子供の走力では限界があるので、代わりに圭介がラーメンを受け取り、スケボーで一気に歩道橋を横断して時間短縮をする。反対側に着いたら、ボードだけを歩道橋の上から滑り落として、下に待ち受ける父がキャッチする。下りて再びスケボーを受け取り、大学病院の通用口まで漕《こ》いで届ける、という流れだ。普通に走るよりは速いかもしれないが、それでもギリギリ間に合うかどうかというラインだ。

ラーメン丼は、思った以上に重かった。子供から渡されたお盆を片手で持ち上げてバランスを取ると同時に、地面を蹴《け》ってスケートボードをフルプッシュする。がーっ、と派手な音を立てて、ボードが前に進む。速度を緩めることなく、突き当たりでフロントサイドに九十度ターンする。目の前には、急角度のスロープが待っている。

行くぜ、と圭介は腹に力を込めた。片手にラーメン丼を載せた状態で、自転車用のスロープを滑り下りるのだ。離れ業《わざ》なのは間違いないが、歩道橋の下に父親が陣取ると聞いた瞬間に、目の前で派手にキメてやろうと思っていた。だが、今は目的が少し違う。目標の四分を達成するために、一番肝になるのがこの歩道橋の上り下りだ。よちよち駆け下りるより、滑り下りれば相当な時間短縮になる。片手がふさがった状態での滑走《かっそう》は難しいが、難しいことをクリアするためでなければ、自分がここにいる意味などない。

「おい、圭介！　無茶するな！」

父親の声が下から聞こえてくる。

ラーメン出前四分間なんて無茶を言い出したのは、そもそも親父だろうが。

「うっせえな！　見とけ！」

の関係性が変わってしまう。

あまりにも当たり前のオートマティカルな行為として自然にやっていることは、報われるか報われないかという問題の外部で行われている行為であって、そこで「ありがとう」と言われると、やはり妙な感じがするのです。

（『「利他」とは何か』所収　中島岳志「利他はどこからやってくるのか」より）

※収斂……ものごとがまとまること

※釈然としない……すっきりと落ち着かないさま

※オートマティカル……自動的

㈠ 何も言わずにさっと荷物を持ってくれたんですとありますが、それは、

(イ) 本を分けてくれるのではないかと期待したから
(ロ) 高値で売れそうな荷物を盗もうとしていたから
(ハ) 相手が喜ぶことは自分にも喜ばしいことだから
(ニ) 自分にとってはして当たり前の行為だったから

㈡ □にあてはまるのは、

(イ) イギリス　(ロ) フランス　(ハ) ドイツ　(ニ) スペイン

㈢ もともと「ダンネワード」を連発する社会ではないのですについて、

① どのようなことを意味していますか。

(イ) 感謝を示さなくても特に失礼にあたらないということ
(ロ) 言葉を用いない気持ちの表し方が存在するということ
(ハ) 外国の影響により風習が大きく変えられたということ
(ニ) 言葉を使い感謝を示すのは恥ずべき行為だということ

② インドの人たちはどうやって感謝を伝えているのですか。

㈣ 「ありがとう」と言ったらキレられたとありますが、このトラブルが引き起こされたのは「私」の中にどのような感覚があったからですか。

㈤ みんなが集まり議論して、散り散りになっていくとありますが、集まってきた人たちの一番の目的は何だったと考えられますか。

(イ) みんなで集合したかった
(ロ) 大人数で議論したかった
(ハ) 正しい道を教えたかった
(ニ) 礼を受けず帰りたかった

㈥ 報われるか報われないかという問題の外部について、

① 報われるか報われないかという問題の外部で行われた「私」の具体的な行為を一つ答えなさい。

② 「私」が自分の子供から感謝の言葉を言われた時、それが報われるか報われないかという問題の外部で行われた行為だからこそ、抱いた気持ちを本文中から四字で抜き出しなさい。

三

次の㈠から㈣までの——の部分を漢字で書きなさい。

㈠ 物事のコンカンにかかわる。　㈡ 仏像のシュウフク作業。

㈢ 指揮ケイトウが乱れる。　㈣ 機能がもりだくさんの腕時計。

四

次の文章を読んで、あとの㈠から㈦までの問いに答えなさい。

父親が大学病院に入院しているという小学生がいた。その小学生は、父親が『ふじ屋』のラーメンを食べれば奇跡が起きて病気が治ると信じ、病院に出前をしたいと思っていた。しかし、店主が許せる出前にかかる時間は四分

配が入ってきて、簡易に感謝を表すサンキューといった言葉が入ってきてから、インド人は古典語の「感謝」という、非常にややこしい言葉を持ってきて、それを「ありがとう」に置き換えている。ですから、もともと「ダンネワード」を連発する社会ではないのです。

　しかし私は外国語としてヒンディー語を学んだ人間なので、日本人が「ありがとう」と言う感覚で、「ダンネワード」と言いました。あまりにも助かったので一回言っただけでは足りず、あと二回ぐらい、「バフットダンネワード（本当にありがとう）」と、「とても」という意味の「バフット」をつけて、感謝を強調する言い方をしました。

　すると、その瞬間にこの男性は、何かムッとした顔をしたんです。ムッとした顔をして、プンという感じでむこうに行ってしまいました。「ありがとう」と言ったらキレられた。不可思議な感覚のまま、私は重い荷物といっしょにそこにぽつんと残されました。

　そこから荷物をオートリキシャ（三輪タクシー）に載せ、自分の下宿に戻っている最中も、さらにその後も長いあいだずっと、なぜあんなにキレられたんだろう、と気になっていました。そこで考えたのはこういうことです。

　インドの人たちは「ダンネワード」とめったに言いません。たとえば、インドでひとりに道を訊《たず》ねると、「どうした、どうした」と周りの人が寄ってきて、全員が道を教え始めます。私のことはほったらかしで、「いやあ、どこそこはどっちからだ」「いや、あの道を行ったほうがいい」といった勝手な議論が始まり、最終的には一応収斂《しゅうれん》して「あっちだ」という話になる。それが間違えていたりするんですが、いずれにしても道を訊ねると、みんなが集まり議論して、散り散りになっていくという場面に何度も遭遇しました。

　インド人同士で同じようなことをしている場面を見たこともあります。でもそのときに、道を訊ねたほうは「ダンネワード」なんて言いません。感謝の念をニコッと微笑《ほほえ》みで示すと、相手のインド人は「分かったよ」というふうに首を傾《かし》げる。それくらいで、みんな散り散りに去って行きます。

　のちに自分の実感として、インド人の感覚が分かった気がしたのは、自分の息子に「ありがとう」と言われて、どうも釈然としない感覚を抱いたときでした。息子は幼稚園で「ありがとうと言いなさい」と習ってきたのだと思います。あるとき道を歩いていて、息子が転びそうになり「危ない！」とかばったときに、「ありがとう」と言われたことがありました。

　何か妙な感じがして、「こんなときにお父さんにありがとうと言わなくていいんだよ」と言ったんです。また、私がご飯をつくって、「はい、どうぞ」と言って出したときにも「ありがとう」と言われ、これも私はすごく違和感がありました。あまりにも当たり前にしていることに対して「ありがとう」という言葉でかえされることに、自分のなかで違和感が湧いたのです。そのときも「そんなこと言わなくていいから」と息子に言いました。

　このときの自分と、私の荷物を持ってくれて「ありがとう」と言われてキレたインド人の男性は、「ありがとう」と言われることでこれが贈与ではなく交換になってしまう、という問題に触れたのだと思います。つまり、何かやったことに対する返礼としての言葉がかえってくると、そ

(一) 仮面学級に天候は関係ないとあるように、「僕」は自分の部屋からスマホを開いて参加しています。この場面が自分の部屋だと考えられるのは、何があるからですか。一つ答えなさい。

(二) 書き込もうとするそぶりは、どのようなことからわかるのですか。

(三) 「僕」は、これまで周囲の人に合わせてきた経験があり、仮面学級の中でも人に合わせています。その様子がわかる一文の最初の五字を抜き出しなさい。

(四) □にふさわしい表現は、

(イ) ううん　(ロ) 嫌いじゃないよ
(ハ) 好きだよ　(ニ) 雨、いいよね

(五) 耳が熱いのは、どのような理由からですか。

(イ) 犬山さんに自分の思いを伝えようとして緊張したから
(ロ) 犬山さんと二人ということを必要以上に意識したから
(ハ) 犬山さんに雨が好きだと打ち明けられて安心したから
(ニ) 犬山さんへの個人あてというのが気がかりだったから

(六) 音はするのに静かでは、どのような状態を言っているのですか。

(イ) 聞こえるのは雨音だけで、ほかの音は聞こえない
(ロ) 雨が勢いよく降ったあとで、弱まってきた
(ハ) 雨音がとても小さく、わずかに聞こえている
(ニ) アスファルトに雨が当たっても、音がひびいていない

(七) 顔を合わせていませんが、「僕」が犬山さんとより深く心が通じ合ったと思った瞬間の一文を抜き出しなさい。

(八) 僕は変わったと言うのは、「僕」がどのようなことに気づいたからですか。

「僕」は、（　1　）を表現できて、さらにそれをほかの人と（　2　）できるすばらしさに気づいたから。

① （1）に入る表現を五字程度で考えて入れなさい。
② （2）に入る二字を本文中から抜き出しなさい。

二 次の文章を読んで、あとの(一)から(六)までの問いに答えなさい。

ここで私が二〇代半ばにインドで経験したことを少しお話しします。

私がインドで暮らし、地方都市に行って大量の文献を買ってきたときのことです。ものすごく重い荷物を両手に持って、デリーの自分の下宿に帰らなければなりません。鉄道で帰ってニューデリーの駅に着いたのですが、当時、ニューデリーの駅にはエスカレーターもエレベーターもなく、長い階段を歩いてあがらないといけませんでした。荷物を運んでくれるクーリーにお願いするとお金がかかるので、荷物を両手に持って階段をあがり始めました。

するとインド人の男性がやってきて、何も言わずにさっと荷物を持ってくれたんです。彼は、当時二〇代半ばだった私の一〇歳くらい上に見えました。何か盗もうとしているとか、悪さをしようとしているというよりは、親切心でやってくれていることがよく分かったので、私も彼に任せて、上までえっちらおっちらふたりで荷物を持ってあがりました。階段の上まで来たとき、私は大変ありがたかったので「ダンネワード（ヒンディー語で『ありがとう』）」と言いました。

このダンネワードは、ヒンディー語に昔からある日常語ではなく、近代になって古典語から借用された言葉です。インドでは日常語に「ありがとう」という言葉は流通していませんでした。おそらく、□の支

小学校の時、雨が降ると皆が不機嫌そうな顔をした。遠足が延期になったからだ。

僕はわざわざ遠くに行かされる遠足が嫌いで、雨の音が好きだったから、本当は笑顔でいたかった。けれど皆が雨を嫌うから、僕は笑顔になってはいけなかった。

だから、雨が好きな気持ちを共有できたのは嬉しかった。

ただ、それだけ。それだけのはずだ。

うん、「雨が好き」という話をしているだけだ。文脈は分かっている。

なのに、なぜ僕は照れているのだろう。

画面に並んだ二言を、僕は思いっきり抱きしめたい気持ちになった。

会話が記されたスマホを胸に抱いて、僕はやり場のない気持ちをぶつけるように枕を叩いた。耳が熱い。風邪は治ったはずだけど。

「町中に降る雨が好き」

犬山さんの返信。

続けて書き込みがあるので、僕はそれを待った。

「松尾芭蕉《ばしょう》？」

「岩にしみ入る蝉《せみ》の声、ってあるでしょ」

「そう、それ。固い岩に音が沁《し》み込むって表現が、子供のころ不思議だった」

「ああ、分かる」

緊張を自覚していた。今更、先ほどの二言のやりとりを意識しているみたいで、指先が微《かす》かに汗ばんで、入力に手間取るから、短い返事だけ返した。

犬山さんの語りは続く。

「でもある日、雨の日の町中を歩いてたら……なんだか、サァー、って雨の音が町に吸い込まれていく感じがした。アスファルトに当たって、どこかに沁み込んでいく雨。音はするのに静かで——ああ、音が沁み込むってこういう感じなんだ、って」

僕は窓の外を見つめて、耳を澄ませた。

アスファルトに当たり続ける雨雫《あめしずく》。

雨音は絶え間なく続いているのに、だからこそ、どこか静かな町。

アスファルトに当たった音が、町のどこかに——或《ある》いはそれを聞いている僕の耳に、沁み込んで消えていく。

迷わず、返信を送る指が動いた。

「分かるよ、その感じ」

「分かってくれると思ってた、キミなら」

仮面越しに笑い合った気がした。

同じ町の、少し離れた場所に僕らはいる。

けれど今、同じ場所で、同じ雨音が沁み込んでいくのを聞いている。

好きなことを好きと言えて、「自分も」と答えてもらえる。

それだけで僕は、世界の色が変わる気がした。

会話を終えた後、僕はごろりとベッドに転がった。画面の消えたスマホを、宝物みたいに胸に抱きながら、首だけ動かして窓の外を見た。

曇り空とコンクリートが広がる灰色の町が、遊園地よりも鮮やかだった。

その日、確かに僕は変わった。

僕が変わり、世界が変わり——翌日、全てが変わった。

（『非接触の恋愛事情』所収　北國ばらっど「仮面学級」より）

【国　語】（五〇分）〈満点：一〇〇点〉

一　次の文章を読んで、あとの㈠から㈧までの問いに答えなさい。

> 世間が見えない脅威《きょうい》と戦っている間、高校に上がる「僕」には、入学式も初登校もなかった。休校期間中、チャットアプリ上に作られた電子の教室〝仮面学級〟を見つけた「僕」は、スマホを使って参加することにした。参加者は、深空《みそら》高校一年A組に入学予定の十三人。〝仮面学級〟では、顔写真ではなく、用意された〝仮面〟が使われ、名前も素性もでたらめである。男子か女子かも曖昧《あいまい》だ。そして、会話はメッセージを送り合って行う。

梅雨《つゆ》を先取りしたかのように、雨が続いていた。

仮面学級に天候は関係ないが、皆同じ高校に通う予定の生徒ばかり。誰しもが窓の向こうに振りしきる、同じ雨を見ていた。

「はよ晴れんかな。外出できないったって、こんだけ降るとウンザリするわ」

「ね〜、部屋の中でもお日様浴びたいよね〜」

それまで続いていた、好きな食べ物の話題が切れて、鳥居さんが天気の話を始めた。

降りしきる雨に誰もがウンザリしているのを聞きながら、僕は大人しくしていた。

話すべきことがない時は黙っていても良い、という空気がこの学級にはあって、僕はそれも居心地の良さだと感じていた。

ふと、僕はクラスメイトたちの話に、犬山さんが混ざっていないのに気づいた。

書き込もうとするそぶりもない。

先ほどまでは元気に喋《しゃべ》っていたはずだから、僕は犬山さんがあえて黙っているのだ、ということが分かった。

「……」

魔が差す、とはこういう気持ちかもしれない。

僕は仮面学級に入ってから、初めて、個人あてのメッセージを――他の皆には見えないメッセージを、犬山さんに送った。

「雨、嫌い？」

たったのそれだけ。

そんな短い、何の変哲もない質問。

けれど、皆で話す場所ではない、ただ一人にあててのメッセージを送るのは……なんだか、そっと耳打ちをするような気恥ずかしさがあった。

犬山さんは、何度か〝書き込み中〟の表示をつけては、消して、それからようやく、とてもとても短く、返事を返してくれた。

「［　　］」

――何秒間か、僕はスマホの画面をじっと見つめていた。

それから、返事を待たせてしまっていることに気づいて、指先で入力画面をなぞり、返事を返した。

「僕も好き」

僕も雨が好きだ。

しとしとと静かに降る、雨が好きだ。

MEMO

大切なことはメモしておこうネ！

第1回

2022年度

解答と解説

《2022年度の配点は解答欄に掲載してあります。》

＜算数解答＞

1 1) 4　2) $\frac{1}{6}$　**2** 1) 72度　2) 126度

3 1) 時速12.5km　2) 2分24秒後　**4** 1) 670円　2) 270円

5 1) 7：4　2) 165度　**6** 1) 32.56cm　2) 64.26cm^2

7 1) 2.4cm　2) $2\frac{2}{3}$cm　**8** 1) 120点　2) 40人

9 1) 67個　2) 27個　**10** 1) 92.52cm^2　2) 323.82cm^3

○推定配点○

各5点×20　計100点

＜算数解説＞

1 (四則計算)

1) $\frac{16}{3}\times\frac{9}{5}+\frac{7}{4}\times\frac{9}{5}-8.75=9.6+3.15-8.75=4$

2) $\frac{7}{6}\div(1.75\times4)=\frac{1}{6}$

重要 2 (平面図形)

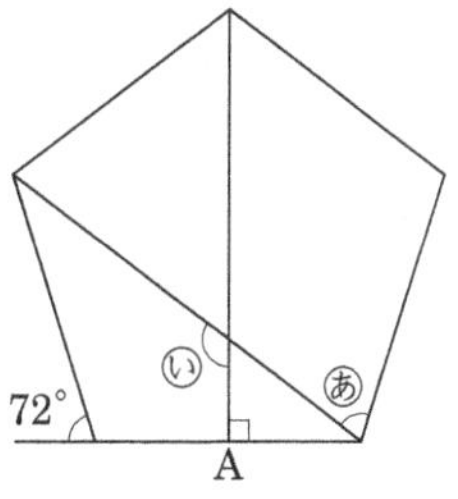

1) (あ)…180－72－72÷2＝72(度)

2) (い)…90＋72÷2＝126(度)

基本 3 (速さの三公式と比，単位の換算)

1) 125÷36×3600÷1000＝12.5(km)

2) 2人の秒速の差…$125\div36-125\div48=\frac{125}{144}$(m)　したがって，

求める時刻は$125\div\frac{125}{144}=144$(秒後)すなわち2分24秒後。

重要 4 (割合と比，売買算)

ジュース，サンドイッチ，ケーキ1個ずつの値段をそれぞれ△，□，○とする。

□×9＝○×10より，□＝10のとき，○＝9，$△=10\div3=\frac{10}{3}$

1) 30セット：10セット＝3：1，100％：80％＝5：4　定価で売った売り上げと残りの売り上げの比…(5×3)：(4×1)＝15：4　したがって，1セットは25460÷(15＋4)×15÷30＝670(円)

2) 1)より，$670\div\left(\frac{10}{3}+10+9\right)\times9=270$(円)

昨年のおこづかいの使い道

5 (割合と比，表とグラフ)

基本 1) 漫画の角度…360－(51＋67＋88)＝154(度)

したがって，求める比は154：88＝7：4

重要　2)　1)より，$360\times\{154\times1.5\div(360\times1.4)\}=165$(度)

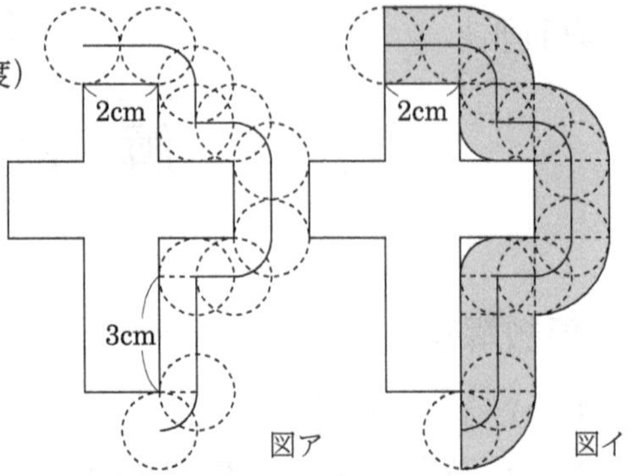

図ア　図イ

重要 6 (平面図形，図形や点の移動)

1)　図アより，求める長さは，$(2\times2+1\times3+3+2\times3.14\div4\times4)\times2=20+12.56=32.56$(cm)

2)　図イより，求める面積は，$\{2\times2\times5-(2\times2-3.14)\div2+2\times2\times3.14\div4\times4\}\times2=40-0.86+25.12=64.26$(cm^2)

重要 7 (平面図形，相似，立体図形，割合と比)

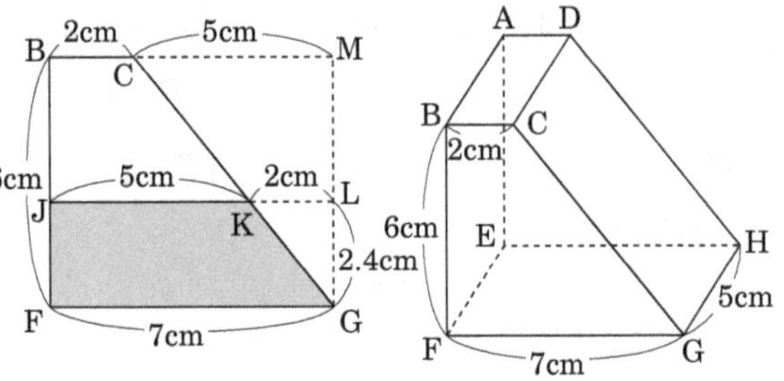

1)　右図より，JKが5cmのとき，KLは2cm　三角形CGMとKGLの相似比は5：2より，水面の高さは$6\div5\times2=2.4$(cm)

2)　1)より，水の体積は$(5+7)\times2.4\div2\times5=72$(cm^3)　したがって，求める水深は$72\div\{(2+7)\times6\div2\}=72\div27=\frac{8}{3}$(cm)

重要 8 (統計・表，平均算)

1)　右表において，対角線上の人数と対角線について対称な位置にある同じ人数は計算しない。

算数の点数の和…$60\times3+70\times2+80\times(12+2)+90\times3=60\times3+70\times2+80\times14+90\times3$

国語の点数の和…$60\times2+70\times(3+12)+80\times3+90\times2=60\times2+70\times15+80\times3+90\times2$　したがって，算数と国語の合計点の差は$60\times(3-2)-70\times(15-2)+80\times(14-3)+90\times(3-2)=60+880-910+90=120$(点)

国語＼算数	60点	70点	80点	90点	100点
60点		3			
70点	2			あ	
80点		12	3	2	
90点		あ	3	1	2
100点				2	

2)　1)より，クラスの人数は$120\div3=40$(人)

重要 9 (数の性質，規則性)

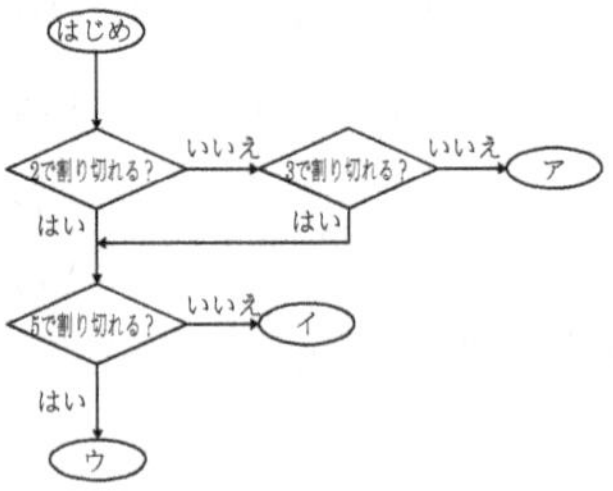

1)　199までの奇数…$200\div2=100$(個)　3の倍数である奇数(3，9，15，～，195)…$(195-3)\div6+1=33$(個)　したがって，アの個数は$100-33=67$(個)

2)　$2\times5=10$の倍数…$200\div10=20$(個)　1)より，3の倍数である奇数で5の倍数(15，45，～，195)…$(195-15)\div30+1=7$(個)　したがって，ウの個数は$20+7=27$(個)

10 (平面図形，相似，立体図形，割合と比)

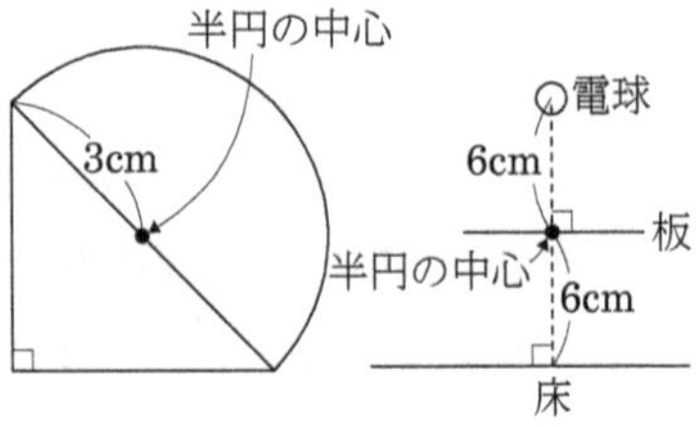

重要　1)　電球から板までの距離と床までの距離の比は1：2であり，影の面積は板の4倍になる。したがって，$(3\times3+3\times3\times3.14\div2)\times4=36+56.52=92.52$(cm^2)

やや難　2)　1)より，底面積が92.52cm^{2}で高さが$6\times2=12$(cm)の錐体(すいたい)とこの錐体のうち板の高さより上にある部分の体積比は$(2\times2\times2):(1\times1\times1)=8:1$　したがって，この錐体のうち板の高さより下にある部分の体積は$92.52\times12\div3\div8\times(8-1)=46.26\times7=323.82$(cm^3)

★ワンポイントアドバイス★

6「立方体の展開図と円の回転」に類する問題はよく出題され，ミスが出ないように注意しよう。8「国算の点数表」では，省略できる人数があることに気づくことがポイントである。9－2)「ウの個数」は，あわてるとミスしやすい。

<理科解答>

1　1)　ア　　2)　ウ　　3)　11円
2　1)　ウ　　2)　1.25倍　　3)　ア　　4)　ウ
3　1)　①　F　　②　B　　2)　カ　　3)　ウ　　4)　エ
4　1)　二酸化炭素　　2)　⑤　イ　　⑥　ア　　3)　(A)　2　　(B)　1　　4)　10mL
5　1)　90g　　2)　㋐　5cm　　㋑　32cm　　3)　鉄
6　1)　E　　2)　ア，エ　　3)　ノ，ハ，ヒ　　4)　ア，イ

○推定配点○
各2点×25(4　2)，6　2)～4)各完答)　　計50点

<理科解説>

1　(燃焼―熱量)

1)　下線部より，排気ガスを使って水を温め，温めた水を熱してお湯を沸かすので，アのように初めに排気ガス部分に水を通し，温めた水を加熱してお湯にする。

2)　燃料を燃やすと二酸化炭素と水蒸気が発生する。この水蒸気がパイプを通ってくる水と触れると冷やされて水にかわる。これが給湯機の内部にたまらないように水を捨てる管が必要になる。エの説明の間違いは，パイプの中の水は0℃以上なので氷になることはない。

重要　3)　1Lの水を1℃上げるのに4.2kJの熱エネルギーが必要なので，20℃の水200Lを40℃にするのに必要な熱量は200×4.2×20＝16800kJである。従来型の給湯器ではエネルギー効率が80%なので，1Lの燃料を燃やして温度上昇に使われる熱エネルギーは45×0.80kJであり，改良型では45×0.95kJである。よって節約できる燃料代は$\left(\frac{16800}{45\times0.80}-\frac{16800}{45\times0.95}\right)\times0.15=11.0\fallingdotseq11$円である。

2　(物体の運動―自転車のペダル)

基本　1)　ギア比が大きくなると後輪の回転数が多くなるので，自転車の進む距離は長くなる。しかし，ギア比を変えても，チェーンホイールの歯車の数が同じであれば1回転あたりのフリーホイールで動く歯車の数は同じである。

2)　チェーンホイールの数が48から60へ，60÷48＝1.25倍に増加すると，フリーホイールの回転数も1.25倍になり自転車が進む距離も1.25倍になる。

3)　両方の歯車で，歯車の回転数×歯数の値が等しくなる。チェーンホイールの歯数をA，フリーホイールの歯数をB，回転数を□とすると，$100\times A=\square\times B$となり，式を変形すると$\square=100\times\frac{A}{B}$となる。ここで，$\frac{A}{B}$の値はギア比であり，□とギア比は比例する。また，回転数が大きいという

ことは自転車の速さが速いことであり，自転車の速さとギア比は比例しグラフの形はアになる。

4) 悪条件のときはギア比を小さくして駆動力を大きくする。好条件のときにはギア比を大きくして後輪の回転数を増すと自転車の速度が増す。

3 (太陽と月―太陽，地球，月の大きさ)

基本 1) ① 月食のときは太陽，地球，月の順に一直線上に並ぶ。 ② 日食のときは太陽，月，地球の順に一直線上に並ぶ。

基本 2) Gの位置の月は向かって左側が太陽に照らされて光り，満月と半月の間の月になるのでカのように見える。

3) アリスタルコスの計算値では月と太陽の1周の長さの比は1：19であり，地球は月の大きさの約3倍である。よって太陽と地球の大きさの比は19：3≒6：1である。

4) 太陽と地球の大きさの比から太陽中心説を考えたので，大きさに関係した説明のエと考えられる。

4 (気体の性質―気体の反応)

基本 1) 石油に含まれる炭素分が燃焼により二酸化炭素に変わる。二酸化炭素は地球温暖化の原因物質の一つと考えられている。

基本 2) ⑤ 水素と酸素は体積比2：1でちょうど反応する。ここでは水素4mLと反応する酸素は2mLなので，反応後に酸素が2mL残る。 ⑥ 2mLの酸素と反応する水素は4mLであり，2mLの水素が残る。

基本 3) (A) 8mLの水素と反応する酸素は4mLであり，2mLの酸素が残る。 (B) 2mLの酸素と反応する水素は4mLであり，1mLの水素が残る。

4) 空気の中には4：1の体積比で窒素と酸素が含まれている。10mLの空気中には8mLの窒素と2mLの酸素が含まれる。2mLの酸素と反応する水素は4mLで，窒素は反応しないので，反応後の気体の体積は，残った水素2mLと窒素8mLの合計10mLである。

5 (力のはたらき―てんびん)

重要 1) おもりB，C，Dの合計の重さを□gとすると，図2の上側のてんびんのつり合いより，100×4=□×2 □=200gである。図2の下側の天秤のつり合いから，B，Cの合計の重さとDの重さの比は3：1になる。これより，Dの重さは200×$\frac{1}{4}$=50gである。また，BとCの合計の重さは150gになる。図3の下側のてんびんよりCの重さは100×3=□×5 □=60gであり，Bは150−60=90gになる。

2) BとDの重さの合計は140gなので，140×㋐=100×7 ㋐=5cm A，B，Dの合計で240gなので，60×㋑=240×8 ㋑=32cmである。

基本 3) Dの密度は50÷6.3=7.93g/cm^3なので，Dは鉄である。

6 (動物―遺伝の法則)

1) 問題文より，遺伝子Eを持てば黒い色の馬ができ，eのみを持つとき明るい茶色の馬ができるので，顕性遺伝子はEである。

やや難 2) 鹿毛の馬になるには，遺伝子AとEを少なくとも1つもっている。これに相当する遺伝子の組み合わせはアとエである。

やや難 3) 栗毛の馬が生まれるには，黒い色素を作り出す遺伝子が2つともeであり，芦毛かどうかを決める遺伝子のGが含まれないことが必要である。Eを持たないので，黒色の色素がどのように分布するかを決める遺伝子Aの影響はない。よってこの条件を満たす組み合わせはノ(AAeegg)，ハ(aaeegg)，ヒ(Aaeegg)の3つである。

4)　子供に現れる遺伝子の組み合わせの可能性としては，黒色の色素がどのように分布するかを決める遺伝子はAAかAaの2種類である。黒い色素を作り出す遺伝子はEeのみであり，芦毛かどうかを決める遺伝子はGgかggのいずれかである。Ggの組み合わせを持つ子供はA，Eに関係なく芦毛になる。ggの組み合わせを持つものはEeのみの組み合わせより栗毛か青毛であるが，分布を決める遺伝子がAAもしくはAaなのでどちらにしても栗毛になる。よって，子供に現れる毛色は芦毛か栗毛である。

★ワンポイントアドバイス★

実験や観察に基づいて考えて，結論を導く問題が多い。やや難しい計算問題も出題される。同様の形式の思考力を要する問題で十分に練習を重ねることが大切である。

＜社会解答＞

Ⅰ　問1　(1)　エ　(2)　イ　(3)　フェーン現象　問2　(1)　信濃川
(2)　第二水俣病　問3　液状化(現象)　問4　(1)　老人ホーム　(2)　ウ
(3)　海からの風やそれによって運ばれる砂を防ぐ目的で，海岸沿いに針葉樹が並んでいる。

Ⅱ　問1　(1)　ウ　(2)　オ　(3)　ア　問2　(1)　さ　(2)　あ　(3)　か
問3　(1)　け　(2)　あ　(3)　す　問4　団体交渉(権)　問5　環境(権)
問6　イ　問7　キ　問8　文民

Ⅲ　問1　(1)　国際連合　(2)　売れ残り覚悟で，人件費の安い国で過酷な労働により，大量生産された新品の服が，年間10億枚も捨てられている。　(3)　フードロス
問2　売れずに余る服が増えた。　問3　(1)　リユース，リデュース　(2)　埋め立て
問4　売れ残った服や使わなくなった服を店舗で回収して，カバンなどの新しい商品につくりかえて販売する。

○推定配点○

Ⅰ　問1(3)・問2・問3　各2点×4　問4(3)　5点　他　各1点×4
Ⅱ　問4・問5・問8　各2点×3　他　各1点×11
Ⅲ　問1(2)・問2　各3点×2　問4　5点　他　各1点×5　計50点

＜社会解説＞

Ⅰ　(日本の地理―新潟市に関連する問題)

基本　問1　(1)　エ　新潟港が開港させられることになったのは1858年の日米修好通商条約。1854年の日米和親条約で開港していたのは下田と函館だが，日米修好通商条約では下田の代わりに神奈川(横浜)を開き，函館はそのまま，他に長崎，新潟，兵庫(神戸)を開いた。　(2)　新潟市は日本海側の都市なので，冬の降水量が多いものになり，また新潟市は雪は多いが，1月や12月は寒いといっても平均気温が氷点下ということはないので，イになる。　(3)　フェーン現象は山地，山脈を超えてきた風が熱風となって吹くもの。

問2　(1)　信濃川は山梨県，埼玉県，長野県の県境にある甲武信ヶ岳から流れ出し，長野県内を大きく曲がりながら新潟県に入り新潟市のあたりで海に注ぐ。長野県内では千曲川という名称で

呼ばれ，信濃川は新潟県の名前。　(2)　信濃川の河口の東に河口があり海に注いでいるのは阿賀野川。阿賀野川は新潟県と福島県の県境近くから流れ出し，福島県側を回って新潟県に出て海に出る。福島県の中では只見川で，新潟県に出ると阿賀野川になる。ここで発生したのが有機水銀が含まれる工場排水が原因の新潟水俣病(第二水俣病)。

問3　液状化現象は埋立地や海や湖，沼沿いの低湿地に近いところで地震の際に，地面の下にある水の層が，その上に乗っている泥の層と攪拌され，泥の層のところを破って泥水が吹き出したり，泥の層が陥没したりする現象。

重要　問4　(1)　新地形図の小学校の左にある⌂は老人ホーム。　(2)　ウ　1968年の地図には白山公園の北に県庁があるが，2007年の地形図で同じところにあるのは市役所。　(3)　関屋浜の辺りに共通してみられるものは，針葉樹林。海沿いに松の木を植えて海からの風を防いだり，砂が飛ばされるのを防ぐ役割を持たせてきた。

Ⅱ　(日本の歴史と政治の総合問題―歴史上の出来事と法律に関する問題)

基本　問1　(1)　サラエボ事件は当時，現在のボスニアヘルツェゴビナのあたりをオーストリアが支配していたのに対し，その地に住むセルビア人が近隣のセルビアと一緒になることをオーストリアに求め，拒絶されたことで，1914年にセルビア人がオーストリア皇太子夫妻を殺害した事件。

(2)　柳条湖事件は満州の柳条湖のそばで，1931年にそこを走る南満州鉄道を日本の関東軍が爆破して，それを満州の人間のしわざとして日本が軍を展開し，満州を支配し満州国を建国するに至るいわゆる満州事変の発端となった事件。　(3)　盧溝橋事件は1937年にペキンの盧溝橋のところでそこにいた日本兵を何者かが銃撃したことで，そのそばにいた中国兵と日本兵とが銃撃しあい，これが日中戦争のきっかけとなったもの。

問2　(1)　さ　世界恐慌は1929年にアメリカのウォール街でおこった株の大暴落に始まるもの。

(2)　あ　内閣制度が発足するのは1885年。この前年に政府は華族令を出し，帝国議会が招集された際の貴族院の議員を選出する母体を確保し，また，この後には伊藤博文は首相を退いた後，枢密院を内閣の上に設け，そこで憲法制定に向けて動く。　(3)　か　小村寿太郎がアメリカ相手に関税自主権を認めさせたのは1911年。

問3　(1)　け　シベリア出兵を見込んで米商人が米の買い占め，売り惜しみを行った結果，米価が以上に上昇し，富山で暴動がおこったのが米騒動。米騒動の結果寺内正毅首相が退陣し，原敬内閣が発足する。　(2)　あ　国会開設の勅諭は北海道開拓使官有物払下げ事件で黒田清隆が汚職していたことが発覚し，政府が自由民権運動を展開していた勢力に批判されたことで，1881年に出されたもの。　(3)　す　第二次護憲運動以後，続いていた政党政治が1932年の五・一五事件で犬養首相が殺害されたことで終わり，以後，軍部の発言力が強まった。

問4　企業で雇われて働く労働者個人としては企業に対して弱い存在なので，その労働者が団結して様々なことが行えるようにしてあるのが労働組合法で，これを保障するのが団結権。さらにこの組合を通じて企業との交渉を行うことを保障するのが団体交渉権。万一，この交渉がうまくいかない場合に，労働者たちが自分たちの主張をアピールし，企業を追い込むことが出来るのが団体行動権。

問5　環境権そのものを憲法では定義し保障はしていないが，日本国憲法第13条の幸福追求権で保証されると現在では考えられている。

問6　イ「統治権を総攬し，この憲法の条規により，これを行使する。」と第4条にあるが，このことで，天皇が独自に統治権を行使するのではなく，例えば行政権については内閣の輔弼(助け)がないとならないと考えるのが天皇機関説で，あくまでも天皇がすべての権限を握り，それを制約するものはないとする考え方とは異なり，批判された。

やや難 問7　キ　政治の在り方などについて，別の考え方を持ち，それを出版物などを通じて発表する権利を大日本帝国憲法の第29条では法律で制限できると考えられる。

重要 問8　軍隊を動かし，戦争につながるような事柄を最終的に決定する権限は軍隊ではなく政治を行う政府に置くということが文民統制シビリアンコントロールとされる。軍の最高指揮権は通常は国家元首ないしは首相などが握ることになるが，あくまでもその軍隊を動かすことを決めるのは国民の代表の議会であると考える。

Ⅲ　(政治—SDGsに関連する問題)

問1　(1)　国際連合は1945年10月に発足した，世界の平和，国際的な問題を扱う国際機関。前身の国際連盟の抱えていた問題点を解消して設立されたが，設立後70年以上たち，またさまざまな問題点が浮かび上がっている。　(2)　本文の2行目から3行目にある，「売れ残り覚悟で人件費の安い国で過酷な労働を強いて大量生産し，原価を抑えてきた。一方，そうやって作られた新品の服が誰にも着られないまま，年間10億枚もすてられている」，という部分をうまく使う。個々の商品はまず安くないとなかなか買ってもらえないという実情があり，それゆえに販売価格を抑えるために，原価も安くなるようにしている。その原価を安くするために，この本文にあるような状態が起こっているということ。　(3)　フードロスは商店などで売られている食品が，製造時間から何時間という単純な数字の設定で，その時間を過ぎると，まだ食べられる食品であっても大量に捨てられているという問題や，ある特別な日に商品が品切れになり商売のチャンスを失うのを避けるために大量にその商品を製造し，結果としては売れ残りが大量に出て廃棄されてしまうということで問題となったもの。例えば，節分の恵方巻であったり，クリスマスのクリスマスケーキが典型例。

問2　購入量が横ばいで供給量が増えれば必ず商品は余る。資料1でいえば，約20億着から35億着の服の供給量に増えているということで，仮に，1990年の段階で供給量と需要量が同じであれば，そのままの需要量でいくと15億着は余るということになる。

重要 問3　(1)　3Rの中で，再資源化になるのはリサイクル。したがって，残りはそのまま再度使うリユースと削減するリデュースになる。　(2)　ゴミの再資源化されないものは，燃やされるか埋め立て地に埋められるかのどちらか。焼却がカッコの前にあるので，カッコの中には埋め立てが入る。

やや難 問4　アパレル会社で考えるとなると，ゴミを減らすために，商品の供給量を減らすこともありうるが，これは企業の売り上げそのものを減らすことにつながるので，現実的ではない。また商品のリユースを進めていくと，結果としては商品が売れなくなるので，これも企業としては積極的には取り組みづらいところ。そこでリサイクルとして考えれば，売った商品の着られなくなったもの，要らなくなったものを回収し，それを別の商品に作り替えて再度売れるようにすれば，ゴミとして廃棄されるものを減らす一方で，企業の利益にもつなげうる。実際にフリース素材などの商品のリサイクルはアパレル業界では行われている。

★ワンポイントアドバイス★

試験時間に対して問題数は多くないが記述が多いので時間配分が大事。資料を見て書く記述が多いので，日頃から資料の説明をする練習をしておくとよい。設問の誘導に沿って資料を見るのがポイント。

<国語解答>

一 一 怪物　二 剣道　三 ロ　四 ハ　五 じいちゃん　六 女である自分にははじめから期待していない　七 愛でしょ　八 かつてのヒーロー

二 一 ニ　二 こだわり　三 手紙　四 ニ　五 イ　六 著者　七 ハ　八 塩野七生氏の校閲者として指名されていること。

三 一 絶賛　二 包装　三 衛星　四 支柱　五 混　六 退

四 一 たたむ　二 書道　三 ホラーもの　四 ナイスパス　五 A 人づきあいが苦手　B きっかけ　六 ちょっとい

五 一 ニ　二 手を伸　三 小さな枝をくわえて　四 イ

○推定配点○

一 六～八 各4点×3　他 各3点×5　二 八 4点　他 各3点×7
三 各2点×6　四 五・六 各4点×3　他 各3点×4　五 各3点×4　計100点

<国語解説>

一 (物語—心情・情景，細部の読み取り，記述力)

一 傍線前後には，マグロそのものを説明する内容はない。「大半が四トン～」で始まる段落に，父や兄をはじめ，この町の男たちが，小さな漁船で数百キロの「怪物」と戦う。とある。魚とはいえ「捕る」と表現せず「戦う」と言い表すのは人間にとって恐ろしい相手という意味合いだからだ。

基本　二 自分が女だから仲間はずれのような気持ちをもっていたから，兄たちみんながやっていた「剣道」を自分から進んで始めたのである。

三 わざわざ友人の奈美ちゃんの話題を出し，自分の話題にするように持ち込んでいるのだ。線直後に，母親が自分の表情を確認するのが分ったとある。母がこの話題にのってくるかどうかは気になっているのだ。しかし，「どうしよっかなぁ」などとどうでもいいような言い方をしているのは，自分から積極的に相談にのってほしいというのは気恥ずかしく思うからである。したがってロだ。

四 小さい頃は何もわからず，父がかっこいいから自分もマグロ漁師になると言っていたが，実際になれるものではないと認識した今から考えれば，現実離れしたことを夢見ていただけだと思う言い方だ。

重要　五 「町の男たち」もロマンを語るだろうが，この場面では，そのような不特定な人ではなく，家族で語っているものと考える。父ちゃんは「じいちゃん」の息子だったからマグロ漁師になり，兄は父ちゃんの息子だからマグロ漁師になっているのだ。ロマンを語るものの数になるのは父，兄のほかには「じいちゃん」だ。

やや難　六 続く言葉が「と思っていたから」であることに注意しよう。目頭がじんわり熱くなった直接の理由を求められているのではない。これまでどのように思っていたかということだ。一人だけ娘である自分は，六人もいる兄たちは「少しくらい期待しただろう」と思っている。自分に期待しないのは，女であるからだ。漁師を継ぐということについてだけ考えれば，「女である自分にははじめから期待していない」と思っていたのである。

やや難　七 設問のとらえかたが難しいかも知れない。「女だから」と，いじいじ考えていたが，「女の子を」と望まれていたのだという思いがけないことを知ったのだ。母の「～愛でしょ」は，父の願いを叶えてあげたという父への愛と同時に，「生まれてきただけで父の願いを叶えた」という望まれて生まれてきた，愛情をいっぱいかけられた存在であることも表している。セリフという指示なので「愛でしょ」である。

八　マグロ漁師になろうとしていたのは戦隊もののヒーローに憧れるものというように表現している。その将来とは違う道を歩もうとしているから，最終行にあるように「かつてのヒーロー」としているのだ。

二 (随筆─心情・情景，細部の読み取り，空欄補充，記述力)

重要　一　「次にその作家がうちの出版社で書いてくれるか」・「編集者と同様にその出版社の代表者」という記述から，編集者と校閲者は出版社の人間というくくり方をしているのでBとCが編集者と校閲者ということになる。編集者は著者とやりとりをしているのでAが著者ということになる。

二　著者は，自分の作品には，この字，この表現を使いたいという思いがあるということだ。「萌木色」使用の例を挙げて説明しているのは，この思いの説明だ。「『著者はこの原典を～」で始まる段落にあるように，著者がその言葉に対する「こだわり」があるのだとしたらそこには何らかの意味があると考えるべきだと考えているのだ。

三　一般的には，校閲者は著者と顔を合わすことなく，ゲラ刷りでやりとりしているとしている。「萌木色」の時もゲラ刷りでやりとりしていたが，著者からの校正刷りでは，どうしてもこの字でという返事だったのだ。ここまでは，通常のゲラ刷りのやりとりである。そこで矢彦さんは様々な本で確認した結果「萌木色」表記が正しいとする学者がいたという「手紙」を著者本人に出している。

基本　四　著者からの校正刷りに書かれたコメントから，調べてみようという気持ちになり，くわしく，細かく調べ抜いている。正しい正しくないという問題以上に，どういう事実があるのかを知りたいという知的欲求を「心が燃える」と表現している。

五　著者のコメントには「～以前何かの本でこの字が使われているのを見た」というものだけだった。もちろん，著者にはその字にこだわりがあるから，そのままにしておいてほしいということなのだが，矢彦さんは，結局，実際にどの本に載っていたかをつきとめたのだ。だから，手紙には「おっしゃる通りでした」ということを知らせたのだからイである。

六　二でも考えたように，著者には「強い思い」・「こだわり」がある。辞書にないから，とか普通はこうだということではない，表現したいことがあるのだから，「著者」の立場に立って全体を見ることが大事だと言うのである。

七　最終段落にある，「なるべく見聞を広めて」や「人と話す日々を送ること」から考える。これは，人とふれ合うチャンスが多ければ，その中から仕事に重要なコミュニケーションが学べるということなのでハである。

八　「要するに～」で始まる段落の内容によると，校閲者は普通著者と顔を合わせることなく仕事をしている。だが，校閲者の仕事ぶりが，著者がまたその出版社で書いてくれる気持ちになるかどうかにもつながっているとしている。それは「編集者と同様にその出版社の代表者」という表現で繰り返している。このことから，作家の塩野七生氏が，ふつう顔を合わせない，したがって，校閲者の名前を知らなくても不思議はない関係なのに，矢彦さんを指名してくるということは，いかに良い仕事をしたかの現れである。

三 (漢字の書き取り)

重要　(一)「賛」は全15画の漢字。4画目はとめる。「夫」部分は左右同形ではない。　(二)「装」は全12画の漢字。4～6画めは「土」ではなく「士」である。長さに気をつける。　(三)「衛」は全16画の漢字。13画目は上に出す。　(四)「支」は全4画の漢字。3画目の始点と4画目の始点はつけない。　(五)「混」は全11画の漢字。9画目は右上方向にはねる。左右同形ではない。

(六) 「退」は全9画の漢字。6画目はとめる。

四 (物語—細部の読み取り，空欄補充，記述力)

やや難 一 店でひかりさんと話したり，似顔絵を描いているときに，経営者であるような会話はない。着目点は母との会話である。ひかりさんに言ったネガティブなことの数々の中に店を「たたむ」ということがある。「店をたたむ」とは商売をやめる，閉店するという意味である。経営者でなければそのような勝手なことは言えない。

基本 二 直後の「だから筆記用具といえば筆」から考えると，「書道」の先生であることがわかる。

三 マンガはどういう種類かや，どんなお話かと聞かれているので答えるのは当然としても，その答え以上に佳作止まり，陳腐だなどと言われたというところまで話している。話しているところの部分という問いなので，実際に質問されたことに対する答えの部分から答えるので「ホラーもの」からである。

四 「余計なこと～」は腹立ちである。「後に変化」というのだから，腹立ちが変化したということになる。余計なことを言った理由を問いつめようと電話したのだ。電話での会話で，その事情がわかると，母のしたことを「ナイスパス」と思うようになっている。

重要 五 A 喫茶店の経営者なら，お客様に愛想良く気軽に話しかけたり，話しかけられたりすることが商売上必要なことだ。しかし，結衣は，以前ひかりさんにネガティブなことばかり話したらしいことが母との電話の内容からわかる。喫茶店の経営者として必要な資質に反しているのは「人づきあいが苦手」ということだ。 B 四で考えたように母との会話で気づいたことは，ひかりさんに似顔絵を描いたことで，会話がはずんだことを思い出し，経営に使えるかもしれないと気づいたことが「ナイスパス」なのだ。これから会話の「きっかけ」に似顔絵描きは使えるかもしれないと思ったのである。

やや難 六 似顔絵を依頼するとき，できあがりを見たときのひかりさんの態度には「嘘の可能性」は見いだせない。しかし，帰るとき，筆ペンを渡し「何か描くのにまた使って」と言いながら「ちょっといたずらっ子のような笑い方」をしている。描いてもらって帰るのに「いたずらっ子のような笑い方」をするというのは不自然である。本当の話なら，感謝するだけで帰るはずだ。筆ペンを渡し，また描くときと言っていたずらっ子のように笑うのは，自分の作戦が上手くいくかなという気持ちである。

五 (詩—心情・情景，細部の読み取り，空欄補充)

重要 一 こちらからは見えるのに手もとどかない所は，彼らにとって苦しみや心配がなく安心して過ごせる所ということになるので「楽園」だ。

二 実際の距離は五メートル程度なのだから，「果てしない」わけではない。それなのに「果てしない」と感じるのは，たったその距離でも「手を伸ばしてもとどかない」から果てしないという気持ちになるのである。

三 一級建築士とは，建築物の大きさ規模の制限なく建築できる国家資格だが，ここでは比ゆとして，優秀な家づくりをするという意味として使われている。巣作りにはげむ動物ということなので，「彼」が「小さな枝をくわえて」巣作りにはげむのだ。

四 銅色の身，小さな丸い目，応援団は木の葉，地の花，チョウ，ミミズ，小さな枝で巣作りすることから考えるとリスである。

★ワンポイントアドバイス★

それぞれの課題文は短いが，しっかり読み取らないと進まない。テンポ良く解いていこう。

第2回

2022年度

解　答　と　解　説

《2022年度の配点は解答欄に掲載してあります。》

<算数解答>

1　1)　37　　2)　0.75　　3)　235　　4)　$\frac{7}{9}$　　2　1)　25.98cm　　2)　16.9cm^2

3　1)　15%　　2)　9：5　　4　1)　39　　2)　91　　5　1)　36cm^2　　2)　330cm^2

6　1)　2.4m　　2)　30cm　　7　1)　10：1　　2)　7：3

8　1)　659.4cm^2　　2)　979.68cm^3　　9　1)　16km　　2)　14分40秒

○推定配点○

各5点×20　　計100点

<算数解説>

1 (四則計算)

1)　3.5＋(21－8＋3.75)×2＝3.5＋33.5＝37

2)　1.5＋0.02×25－1.25＝2－1.25＝0.75

3)　□＝(2004×6－504)÷72＋75＝235

4)　$\square=\left(0.2\times\frac{5}{8}+\frac{5}{6}\right)\times\frac{4}{3}-\frac{1}{2}=\frac{14}{18}=\frac{7}{9}$

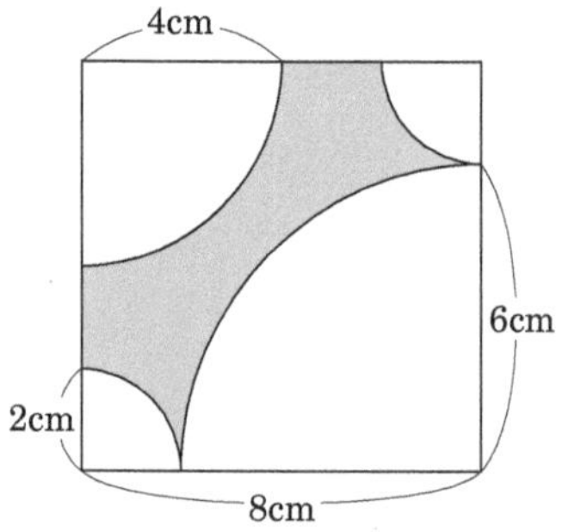

重要 2 (平面図形)

1)　{8×2－(2＋4)×2}＋(4＋6)×2×3.14÷4＋2×2×3.14÷2
＝4＋7×3.14＝25.98(cm)

2)　8×8－{(4×4＋6×6)×3.14÷4＋2×2×3.14÷2}＝64－15×3.14＝16.9(cm^2)

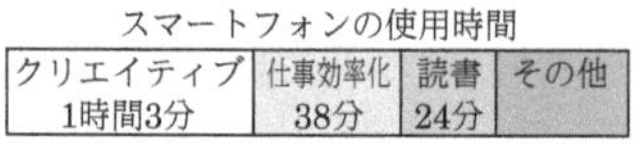

基本 3 (グラフ，割合と比，単位の換算)

1)　24÷(60×2＋40)×100＝15(%)

2)　「その他」の時間…2時間40分－(1時間3分＋38分＋24分)＝35分。
したがって，求める比は63：35＝9：5

4 (演算記号，数の性質)

基本　1)　1＋2＋3＋6＋9＋18＝39

重要　2)　[24]＝1＋2＋3＋4＋6＋8＋12＋24＝60　[14]＝1＋2＋7＋14＝24　60－24＝36
したがって，[36]＝1＋2＋3＋4＋6＋9＋12＋18＋36＝91

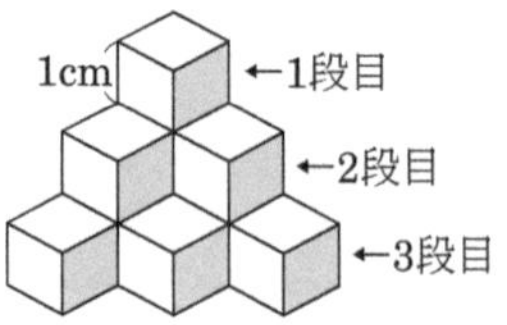

5 (平面図形，立体図形，規則性)

基本　1)　右図より，(1＋2＋3)×2×3＝36(cm^2)

重要　2)　1)より，(1＋10)×10÷2×2×3＝330(cm^2)

重要 6 (割合と比，消去算，単位の換算)

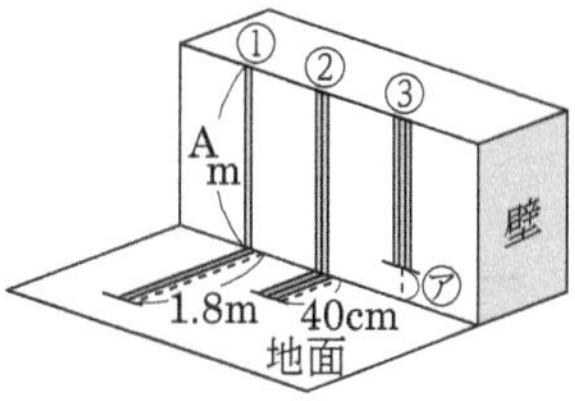

1) 右図より，$A\times2+1.8\times2=A\times2+3.6$はA×3+0.4×3 $=A\times3+1.2$に等しい。したがって，壁の高さは$3.6-1.2=2.4$(m)

2) 1)より，ロープの長さは$(2.4+1.8)\times2=8.4$(m)したがって，㋐は$2.4-8.4\div4=0.3$(m)すなわち30cm

重要 7 (割合と比)

1) 表と裏の青色部分の面積比が3：1であり，$3+1=4$ 表・裏両面の白色部分と青色部分の面積比が5：2＝10：4 したがって，表・裏両面の白色部分と裏の青色部分の面積比は10：1

2) 1)より，表・裏両面の面積は$10+4=14$ したがって，表・裏両面の面積と裏の白色部分の面積比は14：$(14\div2-1)$＝7：3

重要 8 (平面図形，相似，立体図形，割合と比)

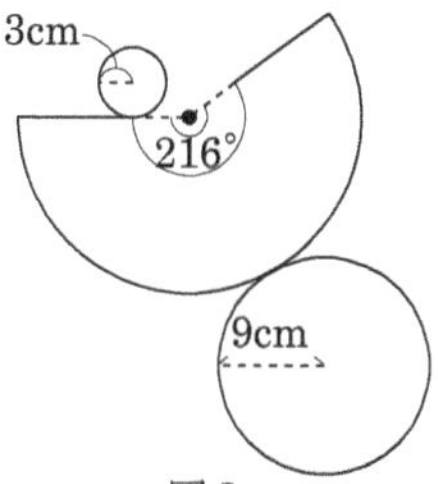

図Ⅰ

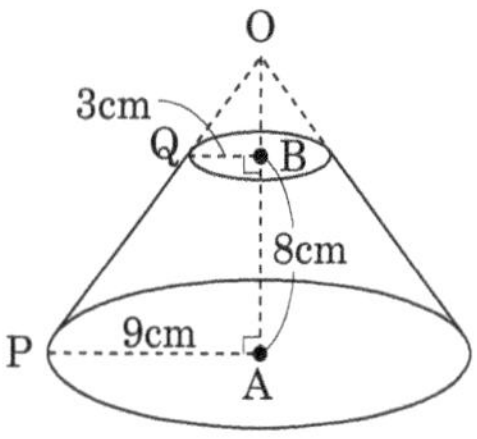

図Ⅱ

1) 図Ⅱより，三角形OQBとOPAの相似比は3：9＝1：3，面積比は1：9 図Ⅰより，360：216＝5：3，母線OPは$9\div3\times5=15$(cm) 上面と底面の円の面積の和…$(3\times3+9\times9)\times3.14=282.6$($cm^2$) 側面積…$15\times9\times3.14\div9\times(9-1)=120\times3.14=376.8$($cm^2$) したがって，表面積は$282.6+376.8=659.4$($cm^2$)

2) OA…$8\div(3-1)\times3=12$(cm) 高さ4cmの円錐部分と高さ12cmの円錐部分の体積比…1：27 したがって，円錐台の体積は$9\times9\times3.14\times12\div3\div27\times(27-1)=312\times3.14=979.68$($cm^3$)

重要 9 (速さの三公式と比，グラフ，鶴亀算，単位の換算)

通学にかかった時間と道のり関係

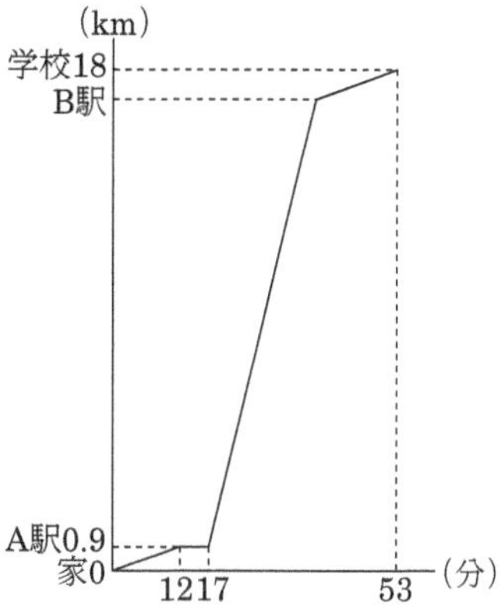

1) 電車の分速…$45\div60=0.75$(km) 歩きの分速…グラフより，$0.9\div12=0.075$(km) A駅から学校までの距離…$18-0.9=17.1$(km) A駅から学校までの時間…$53-17=36$(分) 電車に乗って移動した時間…$(17.1-0.075\times36)\div(0.75-0.075)=14.4\div0.675=\frac{64}{3}$(分) したがって，A駅とB駅間の距離は$0.75\times\frac{64}{3}=16$(km)

2) 1)より，$36-\frac{64}{3}=14\frac{2}{3}$(分)すなわち14分40秒

★ワンポイントアドバイス★

6「壁の高さ」は，ロープの2つ折りの場合と3つ折りの場合について「消去算」を利用すると，難しくない。7「カードの表裏と白色と青色の面積」は，「表裏両面の面積」に関する値を利用する。8「円錐台」，9「速さ」も難しくない。

<国語解答>

一　一　ベッド[枕]　二　“書き込み中”の表示がつくこと。　三　降りしきる　四　ハ
五　ロ　六　イ　七　仮面越しに笑い合った気がした。　八　①　(例)　本当の自分　②　共有

二　一　ニ　二　イ　三　①　ロ　②　微笑むことで伝えている。　四　感謝は言葉で伝えるという感覚　五　ハ　六　①　(例)　息子にご飯をつくってあげたこと。
②　妙な感じ

三　一　根幹　二　修復　三　系統　四　盛

四　一　片手が　二　自分　三　ニ　四　子供の必死の形相　五　命　六　ロ
七　イ

五　一　金　二　二〇二四(年)　三　A　元号　B　令和　四　ロ

○推定配点○

一　一・三～六・八②　各3点×6　他　各4点×3
二　三②・四　各4点×2　他　各3点×6　三　各2点×4
四・五　各3点×12　計100点

<国語解説>

一　(物語─心情・情景，細部の読み取り，空欄補充)

重要　一　自室であることがわかるのは部屋の様子と考えられる。「枕を叩いた」という表記もあるが持ち運びできる枕より，「ごろりとベッドに転がった」の「ベッド」のほうが，備え付けている点でも自室であることを表す。

二　みんなとのやりとりでは何も書き込んでいないから，犬山さんが参加していないことがわかったのだ。自分が個人メッセージを送ってみたら，「“書き込み中”の表示をつけては，消して」いることが確認されている。つまり，参加しているとわかるのは，“書き込み中”の表示がつくということになる。

やや難　三　後の展開で「僕」は雨が好きなのだ。しかし，仮面学級の参加者たちの会話は，雨がウンザリ，お日様浴びたいという方向に進んでいる。自分の感覚とは違うがそれを表明することなく，流れに任せるためには，発言しないでいればいいということだ。「黙っていても良いという空気感を好んでいる」ということから考えても，みんなに合わせるには，大人しくしていようという行動を選んでいる。それを表す一文は「降りしきる雨に～」の一文だ。

四　「僕『も』好き」という僕の返信から考える。「も」という表現を使うのは，犬山さんが「好きだよ」と書き込んできたからこその返信である。

五　「画面に並んだ～」で始まる段落にある，「思いっきり抱きしめたい気持ち」や，「緊張を自覚～」で始まる段落にある「～意識しているみたいで～微かに汗ばんで」などの気持ちから考えるとロの心情が適切である。

重要　六　芭蕉の句から話が発展している。奥の細道の「閑かさや(しずかさや)岩にしみ入る蝉の声」だ。この句では「閑かさ」を詠った句であるが，この場面では「岩にしみ入る蝉の声」のほうを重視した会話である。「アスファルトに～」で始まる段落に着目する。雨音はしているのに，他の音は聞こえないという状態である。

七　「顔を合わせてはいませんが」という設問文そのものがヒントになる。顔を合わせていないのに，つまり，画面上なのに，まるで対面で会話しているかのように通じ合ったということにな

る。したがって,「仮面越しに笑い合った気がした。」の一文だ。

やや難 八 ① 「好きなことを好きと～」で始まる段落に着目する。三で考えたように,「僕」は周囲の人に合わせる場面が多い生き方をしている。「変った」と感じたのは,「本当の自分」,「自分らしさ」を表現してみたことがきっかけだ。 ② 「自分も」と答えてもらえることが「変った」ことの中心になる。このように自分と相手がわかり合ったのは,「だから,雨が好き～」で始まる段落中にある「共有」できたという喜びだ。

二 (随筆―細部の読み取り,空欄補充,記述力)

重要 一 ハとニで迷うところだが,ハは道徳的にそう考えるのが自然ということで,文中で言いたいことではない。この随筆では,後に続く,息子とのやりとりで「当たり前のことに礼を言われる違和感」を述べているのだからニを選択する。

二 「サンキュー」といった言葉が入ってきたというのだから英語圏の「イギリス」である。インドを,イギリス政府が直接統治した時代は1858年～1947年だ。

三 ① 荷物を運んでくれた人の対応を,「このときの自分と～」で始まる段落の内容を重ね合わせるとロの選択肢がふさわしい。 ② 「インド人同士で～」で始まる段落で述べている,道を訊ねたときのエピソードに続く話がインド人同士でもあったという経験に着目する。質問に大勢がやってきて検討してくれるのに,お礼の言葉などいわず,「感謝の念をニコッと微笑みで示す」ことで相手も「分ったよ」と応えてくれるというのだから「微笑むことで伝える」のだ。

やや難 四 そもそもの疑問は,荷物を持ってもらいとても助かったから当然のようにお礼を言ったらキレられたことに対するものだった。三②で考えたように,インドではニコッとすることで伝えていたことと対比して考えれば,自分の中には「感謝は言葉で伝えるものだという感覚」があったのだ。

五 たかが道を訊ねただけなのに,周りから寄ってきてあれこれと検討することを面倒だと思わないのだ。そもそも面倒だったら,自分がたずねられたわけではないのに寄っていくこともしないだろう。つまり,大勢で議論すること自体が好きなのである。

六 ① 「のちに自分の実感～」で始まる段落,続く「何か妙な～」で始まる段落にある自分自身のエピソードに着目点である。一つ目のエピソードは「息子が転びそうになったときかばう声をかけた」ということで,今一つは「息子にご飯をつくってあげたこと」である。いずれかの一つを書く。 ② ①で考えた二つのエピソードに共通するのは,自分にとって当たり前の行動に対してお礼を言われたということだ。これに対して,何か変だなという違和感を覚えたということだ。四字指定なので,違和感ではなく「妙な感じ」と答えよう。

三 (漢字の書き取り)

(一) 「幹」は全13画の漢字。13画目は11画目の上まで出さない。 (二) 「修」は全10画の漢字。8～10画目は向きに注意する。 (三) 「系」は全7画の漢字。1画目は右から左へのはらいである「糸」との組み合わせのバランスがとりにくいが「一」としないように。 (四) 「盛」は全11画の漢字。11画目は左右に出す。

四 (物語―心情・情景,細部の読み取り,空欄補充)

やや難 一 設問のとらえかたが難しい。今回の父からの依頼は,プロでもなかなか難しいものと思われる。しかし,ちょっと上手い程度ではなれないのがプロだ。つまり,プロの技を出すことができるからこそ自分が必要なわけである。それができなければ「自分がここにいる意味はない」という意気込みだ。「一文で」という条件なので「片手が」だ。

基本 二 「それでも,わかったよ～」で始まる段落が着目点である。父に貸しをつくっておけばというような,「自分(自身)」のために引き受けたのである。

三　計画と実際の行動が違っているところを考える。計画ではスケボーだけがすべり降りて，その後を「えっちらおちら」追いかけて再びボードに乗る予定だったが，実際には，自分がボードに乗ったまますべり降りている。圭介は「えっちらおちら」歩いて降りる時間が短縮できると考えたから変更したのだからニだ。

四　「何を見たから」かというのが問いであることをしっかり確認する。二で考えたように，自分の利益で引き受けた圭介だが，それが小さい理由だと感じさせられたのは，「子供の必死の形相」を見たからだ。何としてもラーメンを食べさせて奇跡を起こしたいという願いを感じたからこそ，自分の利益を考えたことを恥じたのである。

五「手術室で患者の体にメスを入れるとき」のことを考えているのだから，医師として託されるものは「命」だ。

六　ラーメンは何とか無事だったが，肝心の自分が足を痛めてしまったのだから，計画としては失敗になるだろうと予想できる。だから，父親からは「何やってるんだ」のような非難の言葉が出てくるだろうと予想したのだ。「硬直させたが」の「が」には，予想していなかった言葉が出てきたということだ。「体中からどっと力が抜け」，素直に「お盆を差し出し」ているのは，父の計画が続行されるのに貢献したという気持ちだ。父は「すごいな」とねぎらったのである。

七　どんなに困難でもやりとげるという気迫を感じたことを「諦めが悪い」と表現していると考えて「覚悟」をもってのぞんでいるということを読み取る。

五　(漢字，空欄補充，ことわざ)

やや難　一　2000年はシドニーオリンピック，2012年はロンドンオリンピック，2016年はリオデジャネイロオリンピックが開催されている。本来2020年に東京オリンピックが開催される予定だったが，コロナの世界的拡大によって2021年に変更された昨年(2021年)も「金」が選ばれている。

二　一から考えると，本来の開催年である2020年の4年後「2024年」にパリで開催されるとき同じ漢字が同じ理由で選ばれる可能性を持っている。

やや難　三　A　平成天皇が特例法によって退位し上皇となるにしたがって，「元号」が変った。　B　新しい「元号」は「令和」である。

基本　四　「清水の舞台から飛び降りる」という，思い切って大きな決断をするという意味をもつことわざがある。

★ワンポイントアドバイス★

五のように，国語の学習範囲というより，社会的関心を問うような設問が出題される場合が見受けられる。視野を広げて，ニュースや社会の出来事などに関心をもつ姿勢が大切だ。

2021年度

★★★★★★★★★★★★★★★★★★★★★★★★★

入　試　問　題

2021年度

立教池袋中学校入試問題（第１回）

【算　数】（50分）　　＜満点：100点＞

【注意】 計算機つきの時計は使ってはいけません。

1　次の計算をしなさい。

1）$13.7-\{(4.23-1.97)\times 3.5+2.14\}\div 1.5$

2）$\dfrac{1}{4}+\dfrac{1}{20}\div\left\{\dfrac{1}{3}\times\left(\dfrac{4}{5}-\dfrac{1}{2}\right)\div\dfrac{3}{4}\right\}$

2　下の図は，ABを直径とする半円で，OはABの真ん中の点です。

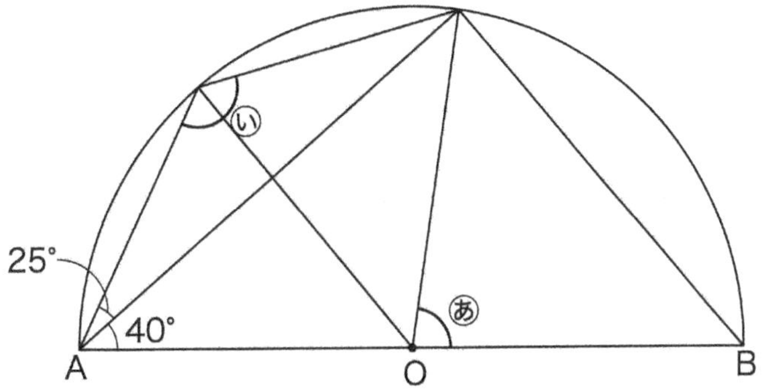

次の問いに答えなさい。

1）あの角度は何度ですか。

2）いの角度は何度ですか。

3　ようた君は，ある都市の２月から５月のそれぞれの月に降った雨や雪の量（降水量）を調べ，下の表のようにまとめることにしました。

下の表で，２月と３月の降水量の比は２：３で，５月の降水量は３月の降水量の2.2倍でした。

また，４月の降水量は２月から５月の降水量の合計の26%でした。

月	降水量(mm)
2月	
3月	
4月	150.8
5月	

次の問いに答えなさい。

1）２月と３月と５月の降水量の比をもっとも簡単な整数の比で表しなさい。

2）５月の降水量は何㎜ですか。

4　図Ⅰと図Ⅱで，▽には上の２つの□に入る数の最大公約数を入れ，△には下の２つの□に入る数の最小公倍数を入れます。

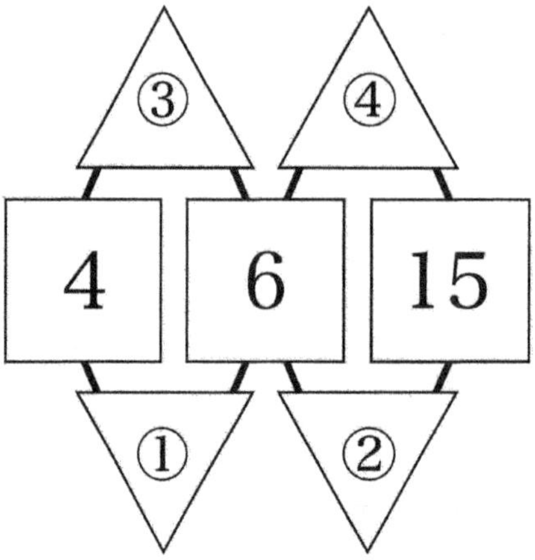

図Ⅰ

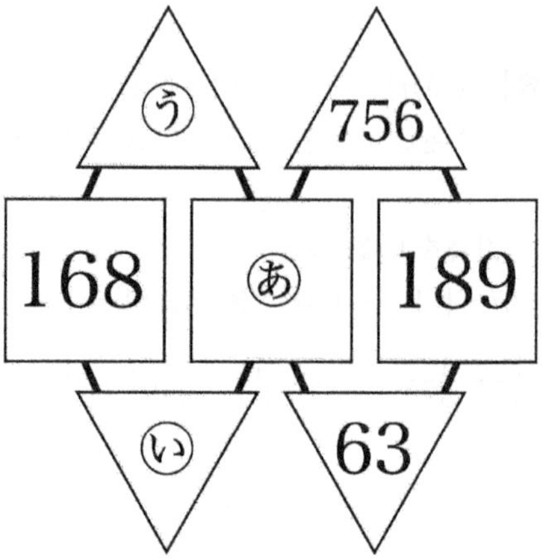

図Ⅱ

たとえば，図Ⅰの①には４と６の最大公約数である２を入れ，②には６と15の最大公約数である３を入れます。

また，③には４と６の最小公倍数である12を入れ，④には６と15の最小公倍数である30を入れます。

次の問いに答えなさい。

１）図Ⅱの㋐にあてはまる数はいくつですか。

２）図Ⅱの㋑，㋒にあてはまる数はそれぞれいくつですか。

5　太郎君は毎朝，学校まで自転車で通学しています。その通学路には赤と青をくり返す信号機があり，赤は15秒間，青は20秒間それぞれ点灯します。

太郎君が，その信号機の真下から150ｍ手前の地点を通過するときに，青から赤に変わりました。

次の問いに答えなさい。ただし，信号機の真下に着いたとき，赤ならば青になるまで待たなければなりません。

１）太郎君が時速15㎞で走るとすると，信号機の真下で青になるまで何秒間待つことになりますか。

２）赤から青に変わったときに太郎君が信号機の真下を通過するには，一番早くて，時速何㎞で走ればよいですか。ただし，太郎君は時速20㎞以上で走ることはできません。

6　濃度が５％の食塩水Ａと濃度が９％の食塩水Ｂがあります。空の容器に食塩水Ａを毎分15ｇ，食塩水Ｂを毎分45ｇずつ同時に入れ，よく混ぜ合わせていきます。

次の問いに答えなさい。

１）食塩水Ａ，Ｂを10分間入れると，何％の食塩水ができますか。

２）空の容器に食塩を20ｇ入れてから，食塩水Ａ，Ｂを入れたところ，12％の食塩水ができました。食塩水Ａ，Ｂを何分何秒間入れましたか。

7　１辺が３cmの立方体を５個組み合わせて，図Ⅰのような立体を作りました。さらに，図Ⅰの立体の頂点を結んで図Ⅱのような立体を作りました。

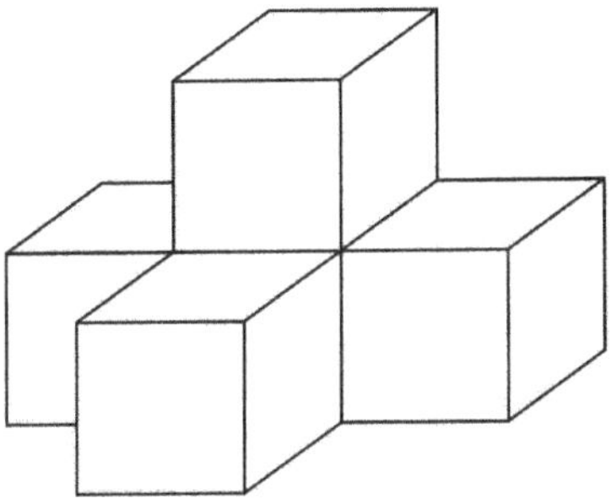

図Ⅰ

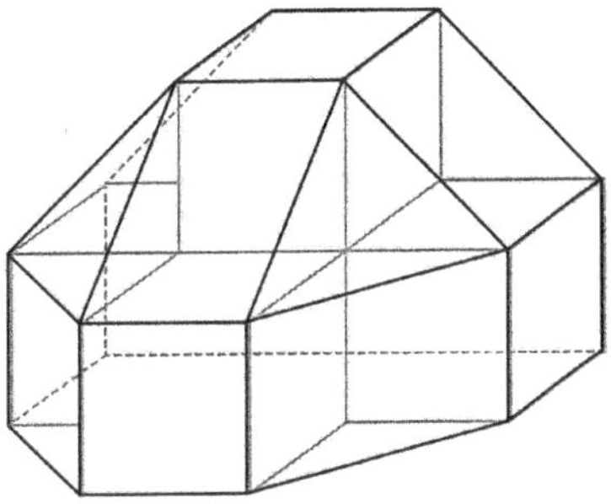

図Ⅱ

次の問いに答えなさい。

１）図Ⅰの立体の表面積は何cm^2ですか。

２）図Ⅱの立体の体積は何cm^3ですか。

8　下の21行20列の表に，１から420までの整数を書きます。

1	2	3	…	…	19	20
40	39	38	…	…	22	21
41	42	43	…	…	59	60
⋮	⋮	⋮			⋮	⋮
⋮	⋮	⋮			⋮	⋮
400	399	398	…	…	382	381
401	402	403	…	…	419	420

また，表の２行３列に38が入ることを，記号【　】を使って【2，3】＝38と表すことにします。

次の問いに答えなさい。

１）【9，13】はいくつですか。

２）【㋐，㋑】＝235となるとき，㋐と㋑にあてはまる数はそれぞれいくつですか。

9　大，中，小の３つの円柱があり，それぞれの底面の半径は６㎝，３㎝，２㎝で，体積の比は12：６：１です。

右の図のように，大，中，小の円柱を重ねて立体を作ったところ，立体の表面積は847.8㎠になりました。

次の問いに答えなさい。ただし，円周率は3.14とします。

1）大，中，小の円柱の高さの比をもっとも簡単な整数の比で表しなさい。

2）重ねて作った立体の高さは何㎝ですか。

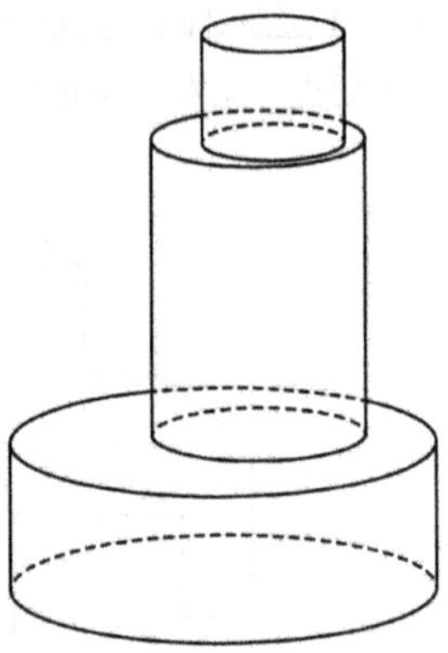

10　下の図のような道に沿って，地点Ａから地点Ｂまで進みます。

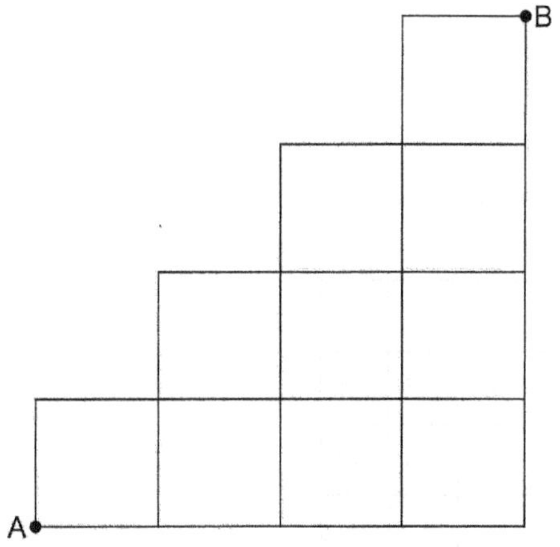

図Ⅰ

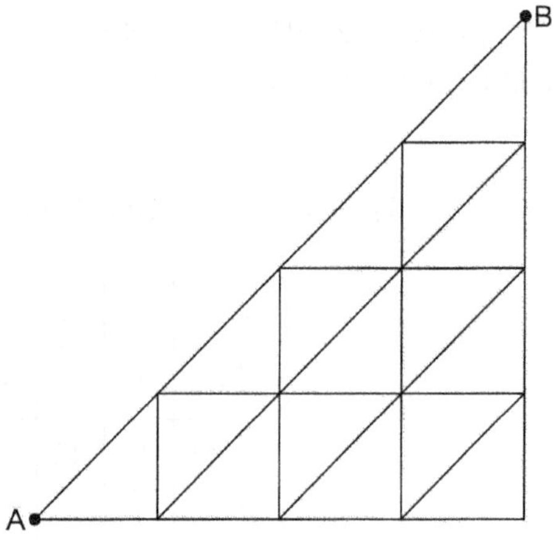

図Ⅱ

次の問いに答えなさい。

1）図Ⅰの道を，右，上のどちらかの方向に進むとき，行き方は全部で何通りありますか。

2）図Ⅱの道を，右，上，右ななめ上のどれかの方向に進むとき，行き方は全部で何通りありますか。

【理　科】（30分）　＜満点：50点＞
【注意】 計算機つきの時計は使ってはいけません。

1　太郎君は夏休みに家族でダイビングを体験し，海の中で見た美しいサンゴ礁《しょう》に興味を持ちました。図１はその時の海の中の様子です。

図１　ダイビングで見られるサンゴ礁

次の問いに答えなさい。

1）サンゴは，生物の分類ではどの仲間になりますか。正しいものを次のア～エから１つ選び，記号で答えなさい。

ア　サンゴは，花を咲《さ》かせる植物の仲間である。

イ　サンゴは，花を咲かせない植物の仲間である。

ウ　サンゴは，卵を産む動物の仲間である。

エ　サンゴは，卵を産まない動物の仲間である。

2）サンゴの中には，自分のからだの下にサンゴ礁をつくる仲間がいます。サンゴ礁が地層の中に閉じ込められ，長い年月をかけて固まった岩石は何と呼ばれますか。正しいものを次のア～エから１つ選び，記号で答えなさい。

ア　チャート　　イ　石炭　　ウ　凝灰《ぎょうかい》岩　　エ　石灰岩

3）サンゴの中には，共生している藻《そう》類の働きによって水中の二酸化炭素を吸収し，酸素を放出する仲間がいます。共生している藻類のこのような働きは何と呼ばれますか。漢字で答えなさい。

4）サンゴの中には，木の年輪と同じように一日ごとに「日輪」という成長線を刻む仲間がいます。日輪の数をくわしく調べることで，古代の地球の年間日数を知ることができます。次のページのグラフ１はサンゴの化石に刻まれた日輪の数を調査した結果です。

　グラフ１の結果をもとにしたとき，今から３億５千万年前の地球の一日の長さはおよそ何時間であったと考えられますか。最も近いものを次のア～エから１つ選び，記号で答えなさい。ただし，地球が太陽のまわりを一周するのにかかる時間は現在まで変わっていないものとします。

ア　18時間　　イ　22時間　　ウ　26時間　　エ　30時間

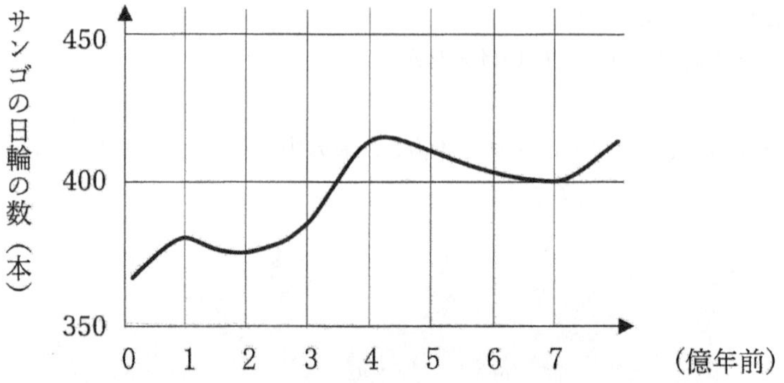

グラフ１　サンゴの化石に刻まれた日輪の数

2　太郎君は学校の屋上で，昇《のぼ》ってくる満月を双《そう》眼鏡で観察しました。すると，飛行機に気付き，図１のように満月の中央を横切る時間（ＡからＢまで）がちょうど１秒であったことが分かりました。

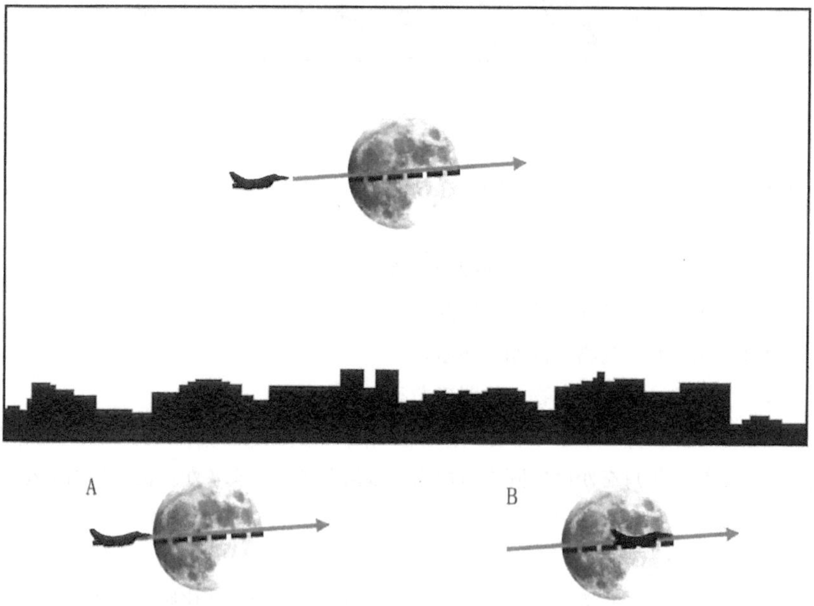

図１

１）飛行機は次のア～エのいずれかに針路を向けています。正しいものを１つ選び，記号で答えなさい。

ア　南から北へ　　イ　西から東へ　　ウ　北から南へ　　エ　東から西へ

２）飛行機は時速864kmで進んでいました。この飛行機は１秒間に何m進みますか。

３）満月の角度の大きさを次のページの図２のようにコンパスで測ると0.5°でした。次のページの図３のように中心角の小さいおうぎ形では，弧《こ》の長さと内側の二等辺三角形の底辺の長さが等しいとみなせます。太郎君と飛行機までの距離《きょり》は何kmになりますか。最も近い値を次のア～エから１つ選び，記号で答えなさい。

ア　14km　　イ　28km　　ウ　55km　　エ　864km

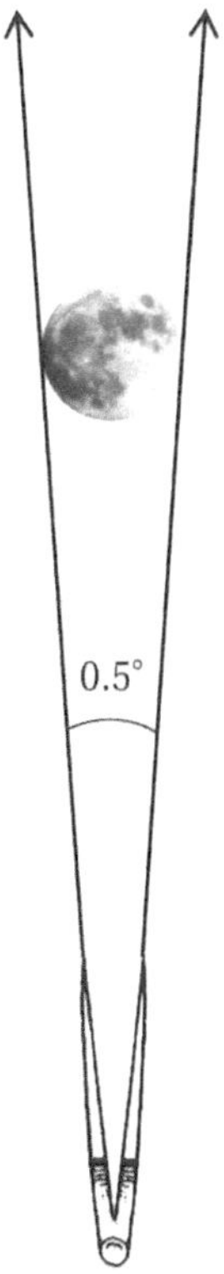

図２

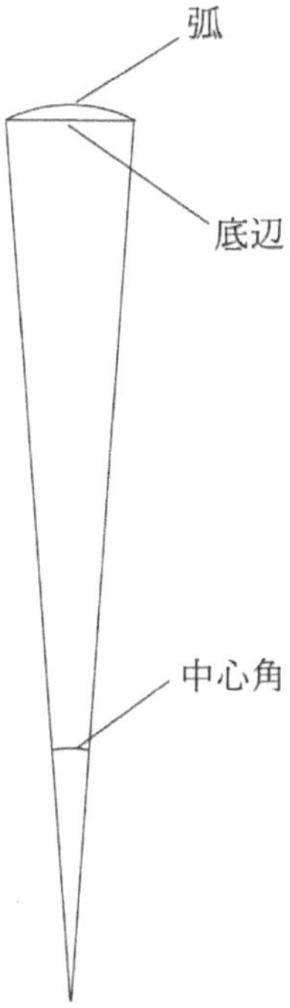

図３

3　太郎君はあるアニメ映画を見て日本刀に興味を持ちました。

次の問いに答えなさい。

1）日本刀は銀色の硬《かた》い金属を主成分としてつくられています。その金属は何ですか。最もふさわしいものを次のア～エから１つ選び，記号で答えなさい。

ア　銅　　イ　鉄　　ウ　アルミニウム　　エ　金

2）1）で答えた金属は，自然界ではもともと酸素と結びついています（これを酸化と言います）。酸化された金属を本来の金属にもどすために，日本では古くから「たたら」という方法が用いられてきました。この「たたら」は，酸化された金属と炭素の粉末を混ぜ，熱を加えます。なぜ，炭素の粉末を加えるのですか。最もふさわしいものを次のア～エから１つ選び，記号で答えなさい。

ア　加えた炭素によって酸化された金属の表面がけずられて，中から金属が現れるため。

イ　加えた炭素によって酸素が発生し，さらに燃えやすくするため。

ウ　金属に結びついている酸素を炭素に結びつかせて，取り除くため。

エ　金属に結びついている酸素に加えて，炭素も金属に取り込むため。

3）2）の方法で得られた金属は不純物として炭素を含《ふく》んでおり，含まれる炭素の量によって金属の硬さが変わります。それぞれの硬さの金属に分けた後，高温にして，図１のようにたたいて，のばして，たたむという作業を繰《く》り返します。このような作業を行う理由として，最もふさわしいものを次のア～エから１つ選び，記号で答えなさい。

ア　炭素が含まれているところを均一にするため。

イ　炭素が含まれているところを内側にするため。

ウ　炭素が含まれているところを外側にするため。

エ　炭素が含まれているところをなくすため。

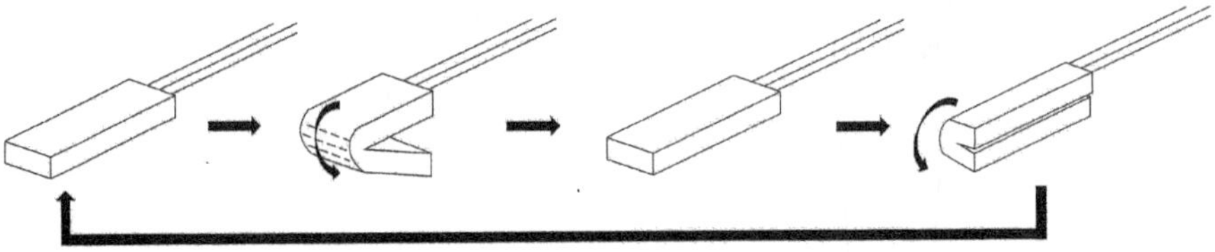

図１

４）３）の作業で得られた硬い金属と柔《やわ》らかい金属を用いて，切れ味がよく，しなやかな日本刀がつくられます。日本刀のつくり方として，最もふさわしいものを次のア～エから１つ選び，記号で答えなさい。

ア　硬い金属と柔らかい金属をとかし，混ぜたものを用いてつくる。

イ　日本刀の根元に硬い金属を，先端《たん》に柔らかい金属を用いてつくる。

ウ　日本刀の内側に柔らかい金属を，その外側に硬い金属をつけてつくる。

エ　日本刀の根元から先端に向かって，硬い金属と柔らかい金属を交互《ご》につけてつくる。

4　新型コロナウイルス感染症の予防策として，手指の消毒が大切であることはよく知られています。この消毒液としてアルコール（エタノール）が広く用いられています。以下は太郎君と先生の会話です。

太郎：先生，アルコール消毒で用いられるアルコールの濃《のう》度は100％ではなく，水で少しうすめたものの方が効果があると聞いたのですが。

先生：そうですね。アルコール濃度70％程度が効果的だと言われています。

太郎：それでは，アルコール消毒液を100mLつくるためにはアルコール70mLと水30mLを混ぜればつくれますね。

先生：それは違《ちが》います。この「70％」と表されている濃度は，正式には質量パーセント濃度と言います。食塩水の濃度（％）を計算するときと同じ方法で求めることができます。

太郎：なるほど。ではアルコール濃度70％の消毒液を100ｇつくるためにはアルコール（　①　）ｇと水（　②　）ｇを混ぜればつくれますね。

先生：そうですね。

太郎：でも，なぜアルコール70mLと水30mLを混ぜても70％にならないのですか？割合は７：３なので，70％になりそうな気がするのですが。

先生：それは，アルコールと水の１mLあたりの重さが違うからです。水は１mLが約１ｇですが，アルコールは１mLが約0.8ｇですから，アルコール70mLは約（　③　）ｇ，水30mLは約（　④　）ｇとなるので，濃度は約（　⑤　）％になります。

太郎：なるほど。では，アルコール濃度70％の消毒液を100ｇつくるためには，アルコール（　①　）ｇと水（　②　）ｇを混ぜればよいので，アルコールを約（　⑥　）mL，水を約（　⑦　）mLを混ぜた合計が全体の体積になりますね。

先生：計算は合っていますが，実際の体積は合計した値にはなりません。実は水とアルコールを混ぜると体積は少し小さくなります。

太郎：濃度ってむずかしいですね。

次の問いに答えなさい。ただし，答えは小数第１位を四捨五入し，整数で答えなさい。

１）（①），（②）に入る値をそれぞれ答えなさい。

２）（③），（④），（⑤）に入る値をそれぞれ答えなさい。

３）（⑥），（⑦）に入る値をそれぞれ答えなさい。

5　太郎君は泡《あわ》が出る入浴剤を自作するため，いくつかの成分比で実験を行いました。

【実験】　重さ100ｇの容器に，２ｇのクエン酸と300ｇの水を入れて，クエン酸を完全に溶《と》かしました。これをはかりにのせ，重そうを加えたときのはかりの値は表１のようになりました。

表１　実験結果

	重そうを加える前の値（g）	加えた重そうの重さ（g）	重そうを加えた後の値（g）
条件①	402	3	404.3
条件②	402	2.5	403.6
条件③	402	2	403.4
条件④	402	1.5	403.1
条件⑤	402	1	402.8

次の問いに答えなさい。

１）発生した泡を集めて石灰水に通したところ，白くにごりました。この泡と同じ気体が発生する方法として適切なものを，次のア～エから１つ選び，記号で答えなさい。

ア　オキシドールに二酸化マンガンを入れる。

イ　うすい塩酸にスチールウールを入れる。

ウ　うすい塩酸に大理石を入れる。

エ　水酸化ナトリウム水溶液にアルミニウムはくを入れる。

２）資料を調べたところ，条件②では，理論的には重そうを加えた後の値は403.2ｇになり，この実験結果よりも軽くなることが分かりました。また，この現象は他の条件でも起こることも分かりました。この現象はなぜ起こると考えられますか。正しいものを次のア～エから１つ選び，記号で答えなさい。

ア　すべての物質は水に溶かすと，溶かす前の合計の重さよりも軽くなるから。

イ　発生した泡が水に溶けやすく，外へ逃げる分もあるが液体中に残っているものもあるから。

ウ　発生した泡が水に溶けにくく，すべて外へ逃げていってしまうから。

エ　クエン酸は水に溶かすと，水と反応して軽くなるから。

３）表１から，最も多く泡が発生する条件はどれですか。①～⑤の番号で答えなさい。

6　図１のように，光を通さないうすい板に小さな穴を開けると，その穴を通して物体の像を得ることができます。この穴はピンホールと呼ばれています。太郎君はボール紙を使ってピンホールを作り，図２のような太陽の像を映し出す装置を作りました。

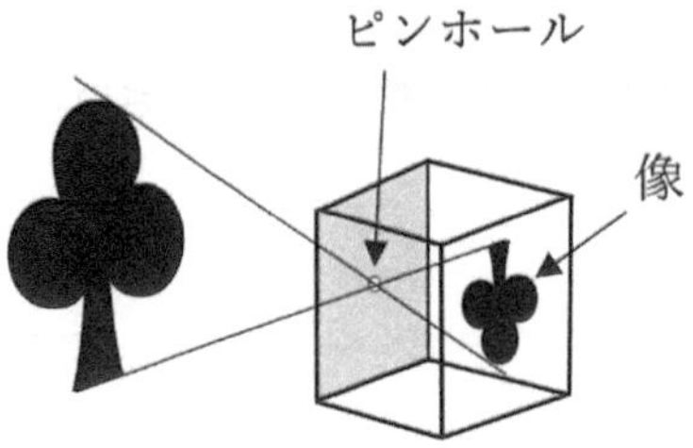

図１

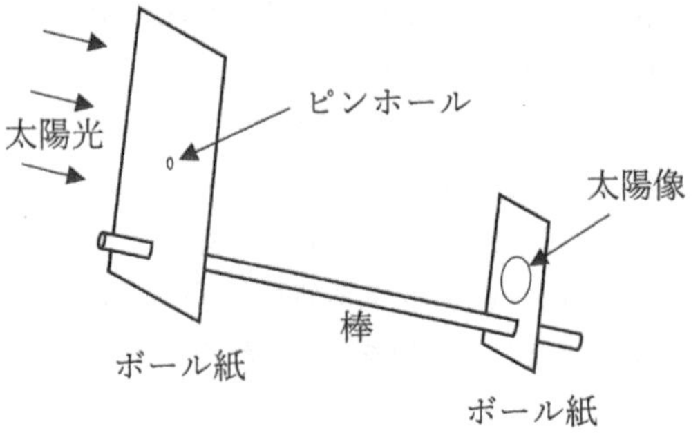

図２

太郎君の作った装置から，太陽の大きさを計算するための原理を図３に示します。

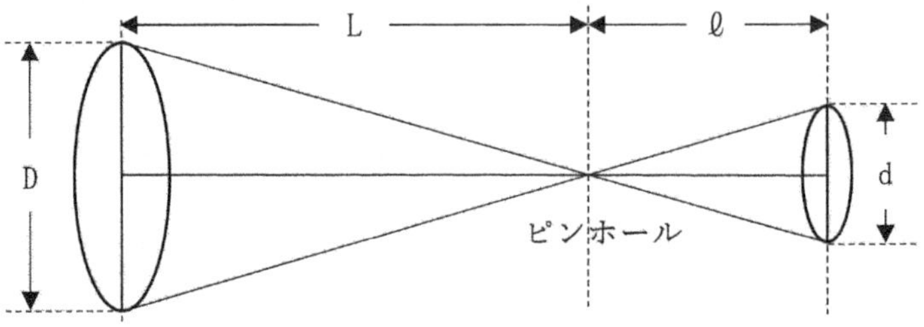

図３

１）太陽の光はとても強いので，太陽を直接見ないように注意する必要があります。日食を観察するときに使われる方法のうち，太郎君の装置と同じ原理であるものはどれですか。次のア～エから１つ選び，記号で答えなさい。

ア　日食メガネを使って観察する。

イ　容器に水と墨汁《ぼくじゅう》を入れて太陽光を壁《かべ》に反射させ，壁に映る像を観察する。

ウ　木漏《も》れ日によって地面につくられる像を観察する。

エ　太陽投影《えい》板をつけた望遠鏡で投影された像を観察する。

２）図３のD，d，Lは①，②，③のいずれかを表しています。D，d，Lを表す組み合わせとして正しいのは表のア～エのどれですか。また，図３をもとにしたとき正しい関係式はオ～クのどれですか。それぞれ記号で答えなさい。

①　地球から太陽まで距離

②　太陽の大きさ

③　太陽像の大きさ

	D	d	L
ア	②	③	①
イ	③	②	①
ウ	①	③	②
エ	③	①	②

オ　$D+d=L+\ell$

カ　$D+L=d+\ell$

キ　$D:L=d:\ell$

ク　$D:\ell=d:L$

３）太郎君が測定したところ，ℓ＝85cm，ｄ＝0.8cmでした。Ｌ＝150,000,000kmとして，これらの結果から太陽の大きさを求めると何万kmとなりますか。答えは１万の位までのがい数で答えなさい。

４）太郎君は満月の日に，同じ方法で月の大きさを求めてみました。地球から月までの距離は約380,000kmです。このとき，装置に映る満月の像の大きさはどうなりますか。正しいものを次のア～エから１つ選び，記号で答えなさい。

ア　距離の比になるので，像は太陽のときよりも約400倍大きくなる。

イ　距離の比になるので，像は太陽のときよりも約400倍小さくなる。

ウ　太陽と月の実際の大きさの比になるので，像は太陽のときよりもかなり小さくなる。

エ　太陽と月は，見かけの大きさがほぼ同じなので，像はほぼ同じ大きさになる。

7　太郎君は図書館で借りた理科の本を読んでいるときに，興味深い装置を見つけました。それは物体が落下するときの運動をくわしく調べるための装置で，かつてヨーロッパで製作されたものであると書かれていました。

太郎君は身近な道具を用いてこの装置を再現してみることにしました。図１のように装置の端《はし》にはふりこがつり下げられていて，１往復ごとに１回鈴《すず》を鳴らし，時間の経過を音で知らせます。鈴が鳴るのと同時に坂の上からそっと球を転がします。坂の途中にはいくつも鐘《かね》が取り付けられていて，球が触れると音を鳴らします。このように，坂を用いることで球の運動を遅《おそ》くして観察しやすくしています。また，坂の傾《かたむ》きを一定にしたまま実験を行いました。

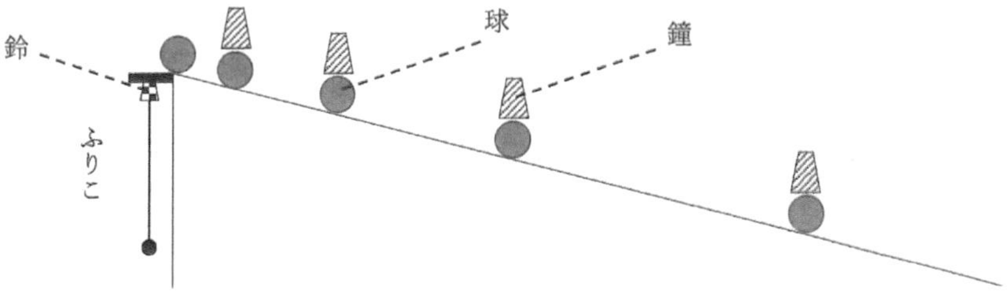

図１

はじめに，ふりこが１分間で往復する回数を調べると表１のようになりました。

表１

ふりこの糸の長さ（cm）	25	50	75	100
１分間で往復する回数（回）	60	42	34	30

次に，ふりこの鈴が鳴るたびに，坂に取り付けた鐘がちょうど鳴るように鐘の位置を調整します。ふりこの糸の長さが25cmのとき，坂の上から測ったそれぞれの鐘までの距離は表２のようになりました。

表２

	坂の上	１つ目の鐘	２つ目の鐘	３つ目の鐘	４つ目の鐘
坂の上からの距離（cm）	0	1	4	9	16

また，ふりこの糸の長さが100㎝のとき，坂の上から測ったそれぞれの鐘までの距離は表３のようになりました。

表３

	坂の上	１つ目の鐘	２つ目の鐘	３つ目の鐘	４つ目の鐘
坂の上からの距離（cm）	0	4	16	36	64

次の問いに答えなさい。

1）ふりこの糸の長さが25㎝のとき，１秒間に進む距離はどうなってゆきますか。次のア～エから正しいものを１つ選び，記号で答えなさい。

ア　1㎝，3㎝，5㎝，7㎝，…

イ　1㎝，4㎝，9㎝，16㎝，…

ウ　4㎝，12㎝，20㎝，28㎝，…

エ　4㎝，16㎝，36㎝，64㎝，…

2）ふりこの糸の長さが50㎝のとき，坂の上からそれぞれの鐘までの距離はどうなりますか。最もふさわしいものを次のア～エから１つ選び，記号で答えなさい。

ア　0.5㎝，2.0㎝，4.4㎝，7.8㎝，…

イ　2.0㎝，8.2㎝，18.4㎝，32.7㎝，…

ウ　3.1㎝，12.5㎝，28.0㎝，49.8㎝，…

エ　5.3㎝，21.2㎝，47.6㎝，84.6㎝，…

3）ふりこの糸の長さが75㎝のとき，坂の上から６つ目の鐘までの距離は，坂の上から２つ目の鐘までの距離の何倍になりますか。

4）この実験から分かることとして，正しいものを次のア～オからすべて選び，記号で答えなさい。なお，「スタートからの平均の速さ」とは，坂の上から進んだ距離をかかった時間で割った値です。たとえば坂の上から10㎝を２秒間で進んだ場合，「毎秒５㎝」となります。

ア　スタートからの平均の速さは，坂の上からの距離に比例して増えてゆく。

イ　スタートからの平均の速さは，時間に比例して増えてゆく。

ウ　スタートからの平均の速さは，（時間 × 時間）に比例して増えてゆく。

エ　坂の上からの距離は時間に比例して増えてゆく。

オ　坂の上からの距離は（時間 × 時間）に比例して増えてゆく。

【社　会】（30分）　＜満点：50点＞

Ⅰ　以下の文章を読んで，問いに答えなさい。

2020年は，新型コロナウイルス感染症拡大の影響によって，わたしたちの社会に大きな変化や課題がみられました。「新しい日常」ということばも聞かれるようになり，生活様式の一部が１年前と大きく変化したこともありました。

このような新たな課題とともに，①地方創生という問題にも取り組んでいく必要があります。これは，第二次安倍政権発足時に打ち出された政策で，（　１　）一極集中の現状を改善し，地方の人口減少を食い止めるとともに，地方に仕事を創出し，人の移動を生み出すことで地方を活性化させ，活力ある日本社会を維持していこうというものです。ただし，2008年に始まった②社会全体の人口の減少は，特に地方で深刻である一方，都市部への流入は多く，2020年に（　１　）圏の転出入を均衡《きんこう》させるという目標は実現にいたっていません。また，地方創生政策の中にある中央省庁の移転については，③京都への（　２　）の将来的な移転などごく一部にとどまっているのが現状です。

地方や故郷を応援したいという人の思いの実現，地方自治体の財源確保などを目的として，④2008年から＜　Ａ　＞という制度も始まりました。この制度を利用した各自治体の取り組みが活性化につながる例もみられます。また，政府主導ではなく，⑤元々地域にあった資源・魅力を，地方創生・地域おこしにつなげる自治体の取り組み・事例もあります。新型コロナウイルスへの対策もふくめ，現在は政府主導の政策や制度で進めることが多い日本社会ですが，各地域の実情にあった動きを可能にする柔軟なしくみをつくり，地方創生の実現に向かうことも必要といえるでしょう。

問１　文章中の（１），（２）について。

(1)　（１）にあてはまる地名を漢字で答えなさい。

(2)　（２）にあてはまる省庁を下の(ア)～(カ)から１つ選んで記号で答えなさい。

(ア)　スポーツ庁
(イ)　特許庁
(ウ)　気象庁
(エ)　検察庁
(オ)　文化庁
(カ)　消費者庁

問２　下線①について。

(1)　下線①を進める上でも導入が推進されてきましたが，新型コロナウイルス感染症拡大による「新しい日常」の中で，多くの企業が取り入れたことをカタカナで答えなさい。

(2)　日本の農業が成長産業となれば，下線①につながるとも考えられます。これを実現するために，農産物の生産に加え，食品加工や流通・販売に取り組み，新たな価値を生み出すことも進んでいます。このことを５文字で何といいますか。

問３　下線②について。次のページの資料１から読み取れる変化をもとに考えると，日本の社会はおおよそ1970年より前，1970年から1995年，1995年から2005年，2010年以降と区切ることができます。2010年以降の日本社会を何といいますか。漢字で答えなさい。（実際の区切りはここで示した年とは異なりますが，図の中で明示されている年を利用しています。）

問４　次のページの資料２は下線③を含むある農産物の都道府県別生産量を示します。□に入る都道府県について，あてはまらないものを(ア)～(オ)からすべて選んで記号で答えなさい。

(ア)　四大公害事件の１つが発生した都市がある。

(イ)　ブランドを冠した牛・鶏・豚の生産が盛んである。

(ウ)　新幹線が走っており，停車駅が複数ある。

(エ)　世界遺産に登録されたキリスト教建築物がある。

(オ)　活火山があり，火山灰などでできた台地が広がる。

問５　下線④について。

①　＜Ａ＞にあてはまることばを答えなさい。

②　以下の(ア)～(ウ)は，(1)の活用の例です。(ア)～(ウ)の場所としてあてはまらないものを，資料３の(カ)～(ケ)から１つ選んで記号で答えなさい。

(ア)　うかいの伝統を未来につなげる取り組みを行う

(イ)　世界文化遺産・三池炭鉱を世界に発信する

(ウ)　輪島塗職人による陶器再生プロジェクトを行う

問６　下線⑤について。次のページの資料４は，徳島県三好市の山間にある名頃という住人約30人の小さな集落のようすで，「かかしの里」と呼ばれます。かかしは，最初につくられた目的にはなかった「地域おこし」に大きく貢献しています。それはなぜですか。考えて書きなさい。

（資料１）高齢者人口および割合の推移

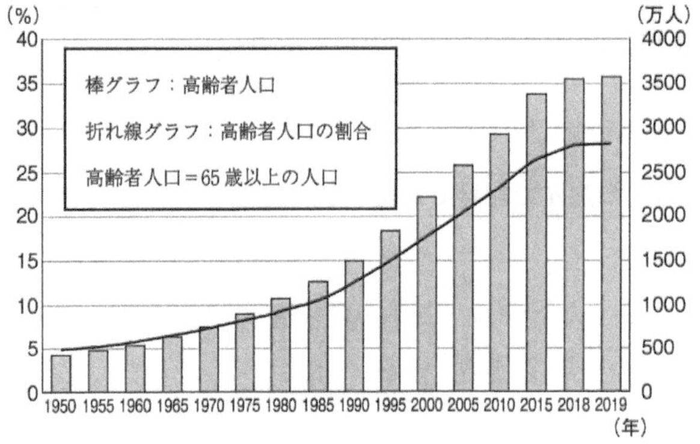

（総務省統計局 統計データより作成）

（資料２）ある農産物の生産：2017年

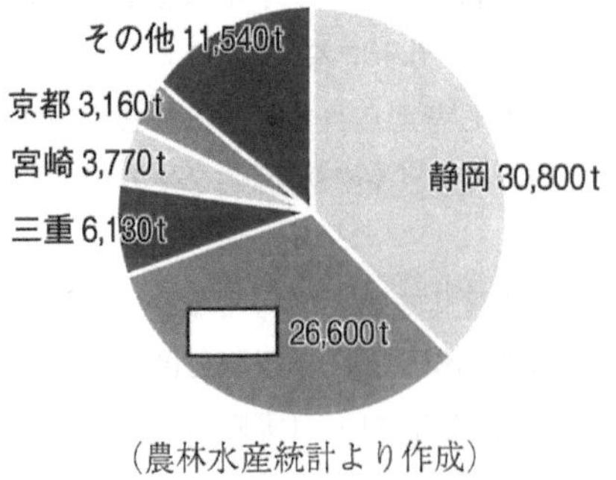

（農林水産統計より作成）

（資料３）

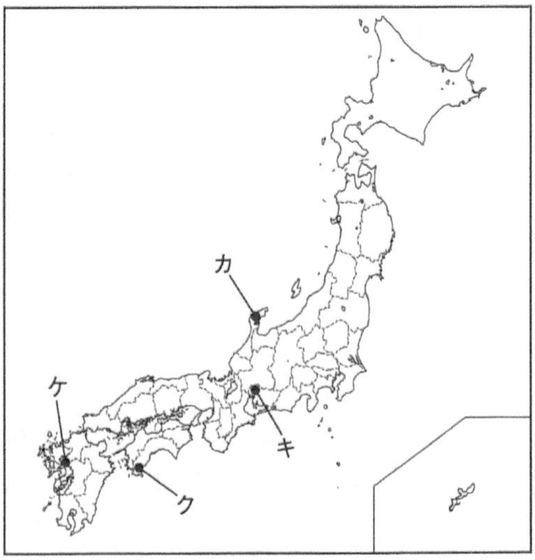

（資料４）かかし300体!? 住人よりも「かかし」が多い集落

（毎日新聞・徳島県名古屋事務所・阿波ナビ・四国ツーリズム創造機構ウェブサイト）

Ⅱ　次の①～⑩は，ある時代に広まった人々の考え方や生活を説明したものです。これらを読んで問いに答えなさい。

①仏の力によって国の安泰をはかることを目的として研究が進められ，国家の保護のもとにおかれた。一方これらと距離を置き，慈悲《じひ》の精神にもとづいて，ため池やかんがい用水の建設に取り組む動きも見られた。

②対立を戦によって解決しようとする動きや天災が相ついで起こり始めたため社会秩序が混乱し，人々は人間の無力さを痛感した。こうした世の中の変化を仏の教えが通用しない時代の到来ととらえ，人々は死後の世界での救いを求めた。

③人間は生まれながらにして固有の権利を持つという考えにもとづき，学問を通じた個人や国家の不平等の解消や，人間の自由や平等の権利を自ら勝ち取ることの重要性が説かれた。

④宗教や思想に対する規制は強くとも自然科学や技術への関心は高く，外来書物がさかんに日本語に翻訳《ほんやく》された。

⑤荘厳《そうごん》な寺院を建設して力を示すことに関心が集まり，仏は利益をもたらす「となりのくにのかみ」として受け止められた。

⑥仏が真理の本体で，日本古来の神は仏の本体が仮の形となって現れた姿であるとする考えが説かれた。

⑦外来思想を受け入れる前の古い時代の日本の思想を理想とし，古典の研究を重んじる考えが説かれた。

⑧恵みを与えてくれると同時に時に災いを起こす自然を神々とし，おそれ敬う気持ちで崇拝する考えが見られた。神の意志をうかがうために祭りが行われた。

⑨自然と人間社会には全てに上下の秩序があり，この秩序は礼儀を厳格に守ることで実現されると説かれた。また死や血をけがれたものとして排除する考えが広まり，人を殺傷したり主人の死を

追ったりすることに価値をおくそれまでの風潮が改められた。

⑩武士道を土台にキリスト教を受け入れる考えが，政治に批判的な武士の子弟たちに広がった。

問１　①～⑩の考え方や生活が見られるようになった時代として，また関わりの深い出来事としてもっともふさわしいものを，次の(あ)～(つ)の中からそれぞれ１つ選んで記号で答えなさい。

(あ)　３世紀，卑弥呼が中国に使いを送った
(い)　５世紀，倭王武が中国に使いを送った
(う)　６世紀，朝鮮半島の百済から五経博士が来日した
(え)　７世紀，聖徳太子が中国に使いを送った
(お)　８世紀，鑑真が中国から来日した
(か)　９世紀，最澄，空海が中国に渡った
(き)　９世紀，菅原道真の提案で中国への使いが停止された
(く)　12世紀，平清盛が中国と貿易をおこなった
(け)　13世紀，２度にわたり中国が北九州に襲《しゅう》来した
(こ)　15世紀，足利義満が中国に使いを送った
(さ)　16世紀，ザビエルがヨーロッパから来日した
(し)　17世紀，徳川家光がヨーロッパ貿易の拠点を出島に移した
(す)　17世紀，徳川綱吉が将軍となり政治を改めた
(せ)　18世紀，徳川吉宗が享保の改革をおこなった
(そ)　19世紀，ペリーが浦賀に来航した
(た)　19世紀，井伊直弼が桜田門外の変で暗殺された
(ち)　19世紀，板垣退助が議会を開くよう政府に申し入れた
(つ)　20世紀，日英同盟を結んだ後，日露戦争が起こった

問２　①～⑤の下線ともっとも関わりの深い人物を，次の(ア)～(ト)の中からそれぞれ１つ選んで記号で答えなさい。

(ア)　光明皇后　　(イ)　桓武天皇
(ウ)　阿倍仲麻呂　　(エ)　蘇我馬子
(オ)　日蓮　　(カ)　親鸞
(キ)　道鏡　　(ク)　行基
(ケ)　内村鑑三　　(コ)　福沢諭吉
(サ)　中江兆民　　(シ)　渋沢栄一
(ス)　大塩平八郎　　(セ)　杉田玄白
(ソ)　本居宣長　　(タ)　吉田松陰
(チ)　安藤昌益　　(ツ)　楠木正成
(テ)　源義経　　(ト)　坂上田村麻呂

問３　日本人は，日本古来の文化と外来の多様な文化を重層的に共存させてきたといわれています。「重層的に共存」しているとはどのようなことですか。これまでの問いをふまえたうえで，この特色にあてはまることがらを，私たちの一生や一年をめぐる生活の中から，いくつか例をあげて説明しなさい。

Ⅲ 以下の文章を読んで，問いに答えなさい。

国民の意思によって行われる政治を民主政治といい，多くの国民がもっている意見の一般的傾向を世論といいます。世論の形成にはマスメディアが大きな役割を果たしているためマスメディアは，立法権，行政権，司法権に次ぐ（　1　）とも呼ばれています。一般的には①新聞・雑誌・テレビ・ラジオがマスメディアの代表とされ，国民の（　2　）の重要な担い手となっていますし，近年発達したインターネットによるウェブメディア・ソーシャルメディアも影響力を強めています。これらによって世論のようすを把握することは，国民にとっても政府にとっても大きな意味があります。

マスメディアが大量の情報を多くの人々に流すことをマスコミュニケーションといいます。日本国憲法は第21条で（　3　）を保障していて，これによってさまざまな報道が行われたり，人々が意見を表明したりすることができます。このような中で私たち国民は，②マスメディアを上手に活用する能力を持つことが大切になってきています。

問１　（１）～（３）にあてはまることばを答えなさい。

問２　下線①について。資料１から読み取れることを説明しなさい。

問３　下線②について。

(1)　この能力を何といいますか。

(2)　2011年３月11日，東日本大震災により原子力発電所の事故が発生し，その後停止された大飯原子力発電所を再び動かすことについて新聞各紙が取り上げました。資料２と資料３を例にして，私たちができごとに対して意見をもつ上で，どのようなことを意識することが大切かを説明しなさい。

（資料２，資料３は次のページにあります。）

（資料１）

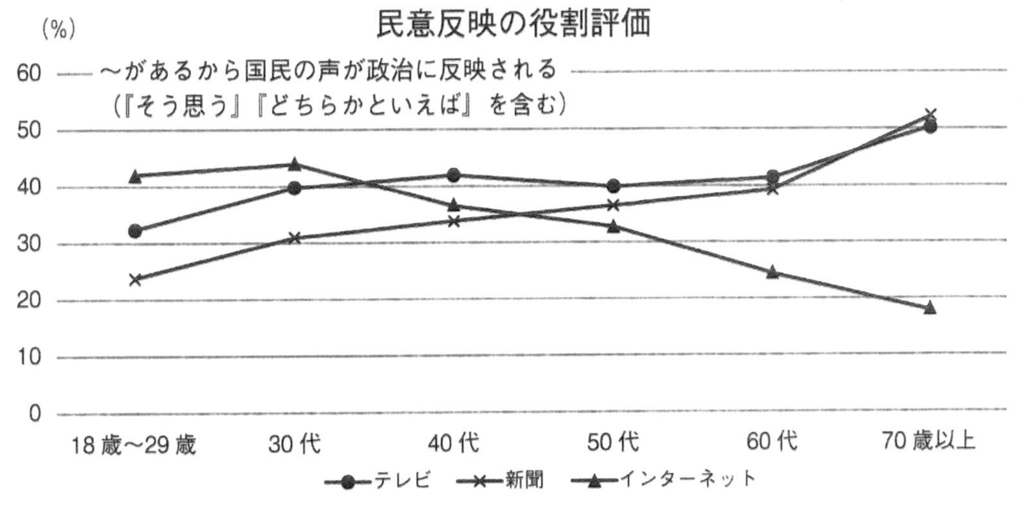

『放送研究と調査』2019年６月号から作成（NHK放送文化研究所）

（資料２）東京新聞 2012 年６月９日

確証なき安全宣言

「大飯再稼働すべき」

首相 来週にも決定

夏限定も否定

「事故防げる」根拠どこに

野田首相が大飯原発の再稼働を判断した理由

原発内外とも安全対策の課題が山積み

（資料３）読売新聞 2012 年６月９日

原発再稼働で「生活守る」

首相「夏限定」否定

中長期の重要電源

大飯再開を明言

首相会見のポイント

原子力発電を止めたままでは日本の社会は立ちゆきません。突発的な停電が起これば、命の危険にさらされる人がいます。空洞化が加速して雇用の場が失われます。夏場限定の再稼働では、国民の生活は守れません。

私たちは豊かで人間らしい暮らしを電力供給地に頼って実現してきました。関西を支えてきたのが福井県であり、おおい町です。立地自治体への敬意と感謝の念を新たにしなければなりません。

国民の生活を守るために、大飯発電所3、4号機を再起動すべきというのが私の判断であります。国政を預かる者として、人々の日常の暮らしを守るという責務を放棄することはできません。

大飯原発再稼働で想定される今後のスケジュール

いるときです。中にはいりたがっているときです。このときをはずさず、ちょっと手をかしてやることは、書物の国の市民権をもつおとなたちみんなの義務ではないでしょうか。

[2]、どうぞ中から門をあけてやってください。「おはいり」と声をかけてやってください。子どもたちは、すぐそこまで来ているんですから。

（松岡享子『えほんのせかい　こどものせかい』より）

㈠ 文庫とは何ですか。
(イ) 子ども用の本屋
(ロ) 読みやすい小さな本
(ハ) 子どものための図書室
(ニ) 本がたくさんある幼稚園

㈡ 筆者や「文庫のおとな」だと背中に何を見ますか。本文中から三字で抜き出しなさい。

㈢ 筆者は、のぶこちゃんと伸一君の共通点は何だと思っていますか。本文中から六字で抜き出しなさい。

㈣ すっかりこの本の中にはいったようでしたとは、筆者がどのようなことを思った場面ですか。
(イ) 伸一君は自分から話ができるようになったのではないか
(ロ) 伸一君と絵本を結びつけることに成功したのではないか
(ハ) 伸一君に物語の深い意味をわかってもらえたのではないか
(ニ) 伸一君は一人でも絵本を読めるようになったのではないか

㈤ おはいりとありますが、実際はどのように声をかけるのですか。

㈥ 子どもたちは、すぐそこまで来ているというたとえで、筆者は子どもたちのどのような様子を伝えたいのですか。

㈦ [1] に入る五字を考えて入れなさい。

㈧ [2] には、筆者が自分の思いを伝えたい二人の「おとな」が入ります。誰と誰ですか。解答欄に合うように答えなさい。

四 次の㈠から㈤までの――の部分を漢字で書きなさい。

㈠ シンコッチョウを発揮する。
㈡ 旧友がライホウする。
㈢ 日本の人口のスイイ。
㈣ こころよく引き受ける。
㈤ 運命の手にゆだねる。

五 あとの十一個の漢字の中から「慣習」「習慣」のように上下を入れかえても二字の熟語になる組み合わせを四組さがし、画数の少ない字を上にしてすべて答えなさい。また、使わずに残った三字を組み合わせてできる語を答えなさい。

相　当　学　進　生　日　観　手　小　客　行

は、当の伸一君より、小川君の方がずっと熱心だった感じで（なにしろ新しい子を連れてくると古株面《ふるかぶづら》ができるので！）入会手続のときも、伸一君は、ほとんど口をききませんでした。名前も書けなくて、会員簿には、署名の代わりに小さく○印をつけました。

　自分から来たくて来たのでないから、あまり最初からあれこれ世話を焼きすぎてはよくないだろうと、何も言わずに見ていますと、それでも絵本のたなの方へ、自分で近寄って行き、順々に絵本を引っぱり出しては見はじめました。本の題も読めないのでしょう。ちらっと見ては、元にもどしています。

「何かそこにあるんだ。物語の世界か、あるいは知識の宝庫か――だけど、それがぼくには意味のあるものとして伝わってこない。」

　次から次へ本を引っぱり出したり押しこんだりしている伸一君の満たされぬ顔つきが、そう叫んでいるようでした。わたしは、あらためて、字が読めないということの障壁《しょうへき》を痛切に感じました。だれかが、ほんの少しでも、それが何の話か話してやらなければ、伸一君にとって、本は意味のあるものにならないのです。

　わたしはできるだけさりげなく伸一君のそばへ行って、『かわ』という絵本を開いて声に出して読みはじめました。この絵本には、見るものがいっぱいあります。たとえば、川が平野に出て、村を流れている場面では、交番、郵便局、学校、水車小屋、お宮、バス、イヌ、ニワトリ等々。

　わたしが読むと伸一君がその絵をさがします。水車小屋は、ふたりとも最後までわからなくて大変でした。やっと見つけて、「あった！」と叫んだときには、伸一君は、すっかりこの本の中にはいったようでした。おしまいまで熱心に聞いていて、終わると「これ借りる」と宣言して、本をしっかり胸にかかえこみました。

　ある幼稚園の先生が、こんなことをおっしゃっていました。

「わたしは、いつもおかあさんがたに言うのです。子どもを本好きにしようと思ったら、まず絵本を読んでやること。それ以外にありません。とにかく、だまされたと思って、そうしてみてください。理屈を言うのは、そのあとですってね。」

　だまされたと思ってやってみろなどというのは、何だか新興宗教をすすめるときの言い草のようでおかしいのですが……と、その先生は笑っていらっしゃいましたが、たしかに、子どもを本の世界にひきいれるのに、読んでやることほど必要な、そして着実に効果のあがる方法はありません。どうぞ一冊でも二冊でも、お子さんに本を読んであげてください。

　くりかえし読んでもらうことによって、本の世界にすうっとはいりこんだのぶこちゃんは、おそらく、書物の国には国境があって、字が読めるという［１］を持っていなければ、なかなか中にはいれないんだということなど考えたこともないでしょう。

　伸一君が、最初、絵本に手を出しかねていたのは、国境のさくの前で、どこかに入口はないものかと、うろうろしていたのだといえないでしょうか。中から門をあけてやれば、「おはいり」と一言声をかけてやれば、子どもたちは、喜んで中にはいってきます。

　子どもたちが、絵本を手にとってながめているとき、それは子どもたちがさくのそばまで来ているときです。子どもたちが「これ読んで！」とねだるとき、それは、子どもたちが、さくの向こうから手をのばして

(イ) 今とは異なる世界への興味がわいてくるということ
(ロ) 見えなかったものが見えるようになっていくということ
(ハ) 様々な仕事について詳しくなっていくということ
(ニ) 活躍する場が海外にまで広がっていくということ

(五) 「僕」は何もわかっていなかったし、何もできなかったとあるように、今では考え方が変化しています。
① このように変化したのは、「僕」がどのような経験をしてきたからですか。本文中から十字で抜き出しなさい。
② 考え方が変化した「僕」は、
(イ) 祖父のように家族のために働く道が良いと思っている
(ロ) 自分なりの映画へのかかわり方が見えてきたと思っている
(ハ) 映画ひとすじの人生こそが豊かな人生だと思っている
(ニ) 人生には多くの人と交流することが必要だと思っている

(六) □には同じ語が入ります。漢字一字の語を考えて入れなさい。

三 次の文章を読んで、あとの(一)から(八)までの問いに答えなさい。

そろそろ一時。文庫の開館（開庫?）時刻です。きょうも一番乗りはのぶこちゃんかな……と思っていると、はや窓の下にパタパタと小さな足音。「おはようございますッ!」という元気のいい声といっしょに、のぶこちゃんの小さな姿が庭先に現われます。

のぶこちゃんは四つ。文庫には、開設当初から来ている〝お得意さま〟のひとりです。毎週かかさず来て、文庫で絵本を三、四冊読んでもらい、そのあと借りる本を三冊選び、来たときと同じように、大きな声で「さようなら!」といって、帰っていきます。

文庫で読んでもらう本は、だいたい決まっていて、その同じ本を、くりかえしくりかえし何週間も続けて読んでもらいたがります。目下『ゆきむすめ』と『三びきのやぎのがらがらどん』にご執心《しゅうしん》で、心得た文庫のおとなは、のぶこちゃんの顔を見ると、さっそく、絵本のたなに目を走らせて『ゆきむすめ』をさがすことになっています。

この間、たまたま、人手不足（?）で、ほうっておいたとき、のぶこちゃんが、絵本のたなの前で、「ない。『ゆきむすめ』ないよ」というのです。「だれかが借りているのかもしれないわ」といいながら、わたしがひょいと見ると、ちゃーんと、たなに並んでいるではありませんか。「あるじゃないの」といおうとして、わたしは、はっと思い出しました。のぶこちゃんは、まだ字が読めないんだということを。同じ大きさの、たくさんの本と一緒に、背中だけを見せて立っている一冊を、のぶこちゃんがさっと見つけられないのは当然のことでした。のぶこちゃんが絵本を読んだり、本を選んだりしているときの態度が、あまりにも堂に入《い》っているので、わたしは、のぶこちゃんがまだ字が読めないんだということを、つい忘れていたのでした。

字が読めるということは、ふつう、書物の国へはいるための[1]のように考えられています。とすれば、のぶこちゃんは、かわいい密入国者ということになりましょうか。しかし、絵本をひざに、そらんじた物語を、自分で語ってたのしんでいるのぶこちゃんを見ていると、どうしてどうして、書物の国の立派な一市民という感じです。

伸一君は、近所の小川君に連れられてやってきました。小川君は三年生、伸一君は一年生になったばかりです。伸一君が文庫に来るについて

「違いますよ。何、言ってんですか?」
「いいから、いいから」
　バイト内で付き合っている人は多い。しかし、オープン以来、プロジェクション同士で付き合った人はいない。フロアやコンセやボックスは飲み会も頻繁《ひんぱん》にやっていて、仲の良さを羨《うらや》ましく感じていた。
　けれど、他のセクションに配属されていたら、こんなに長く働けなかっただろう。フロアスタッフみたいに走り回って清掃できないし、コンセスタッフみたいに手際《てぎわ》よくポップコーンやドリンクを出したりもできないし、ボックススタッフみたいに考えながらチケットを売ることもできないし、ストアスタッフみたいに商品の発注から販売まで責任を持つこともできない。男だからオフィスになることはないが、事務仕事もできない。人がたくさんいるところも苦手で、飲み会に参加してもノリについていけなかった。
　できないから他の仕事をやりたくないというのは情けないが、そう考えて、僕は映写の仕事が好きなのだと改めて気がついた。好きなことだから、勉強して努力しようと思える。
　映写室にこもっていると、外には［　］が溢《あふ》れているように感じてしまう。
　でも、［　］は映写室から発せられる。
「違いますからね」三上君は顔を赤くして、立ち上がる。
「わかったよ」
「誰にも言わないでくださいよ」
「何を?」
「えっと、いや、だから、その」
「言わないよ」
「四階、行きます」
「お願いします」
　三上君は、映写室から出ていく。
　そろそろ最終上映が終わる。片づけをはじめる時間だ。

（畑野智美『シネマコンプレックス』より）

※シネコン……シネマコンプレックスの略。同じ施設の中に複数のスクリーンがある映画館のこと。
※セクション……部署のこと。

(一) 僕はシネコンで働いているについて答えなさい。
① 「シネコン」は、どこにありますか。本文中から抜き出しなさい。
② 「僕」は、いつからシネコンで働いていますか。
(イ) シネコンができたときから
(ロ) 大学を卒業してから
(ハ) 父が生きていたころから
(ニ) 三上君が働きはじめてから

(二) 三上君が「今度、フィルム上映があったら、僕にやらせてください」と言っていることから、話しかけられている「僕」（語り手）がフィルム上映に詳しいということがわかります。「僕」（語り手）はフィルム上映をどこで学んだと考えられますか。本文中から六字で抜き出しなさい。

(三) プロジェクションとは、映写の仕事をするセクションです。本文には他にいくつのセクションが出てきますか。算用数字で答えなさい。

(四) 僕の世界は広がっていくの意味は、

「プロジェクションになると、他に異動できないじゃないですか」
「そうだね」
「ちょっと後悔してるんです」
「どうして？」
「一年か二年は、フロアやコンセやボックスもやってみて、それからプロジェクションに異動するんでも、良かったんじゃないかって。その方が色々なことがわかるし」
「それは、そうだけど」
「けど、なんですか？」
「そうじゃない面もあると思うよ」
　三上君を見ていると、大学一年生のころの自分を思い出す。
　希望してプロジェクションに配属されたのだけれど、映写室にずっといると、不安になった。広い世界を見るために、地元を離れたのに、また映写室にこもっている。他のセクションのスタッフとは距離があり、積極性がないと、飲み会とかにも誘われない。映画館以外で働くべきだったのかもしれないと考えた時期もあった。そんな理由では辞められないと考えて、働きつづけた。
　そうしているうちに、ここでこうして働いている先に僕の世界は広がっていくのだと思えるようになった。
　ショッピングセンターの中にあるレストランや書店で働いていたら、もっとたくさんの知識を得られたかもしれない。それは素晴らしいことだと思うが、他で働いていたら辿りつけなかった深いところまで来られたのだと、ある日突然に感じた。
　一つのことをつづけるというのは、楽ではない。
　実家の映画館に休みはなかった。
　毎日毎日、朝から夜まで、祖父は映写室で映画のことばかり考えていた。父が生きていたころや僕が映写をできるようになってからは、祖母と二人で出かけたりもしていたが、それ以外の時は休まず働きつづけた。休んだのは、父が亡くなった後の三ヵ月くらいの間だけだ。寂しい人生に見えた。それも、僕が大学に行こうと決めた理由の一つだった。
　でも、世界中をまわっている人やたくさんの仕事をしてきた人と同じくらい、祖父の人生は豊かだったと思う。
　夢と希望を持ち、一番好きなことをつづけられた。
「そうじゃない面ですか……」何を考えているのか、三上君は不満そうにする。
　僕よりも背が高くて、見た目は大人っぽいのに、たまに子供みたいな顔をする。大学一年生の時の僕もこういう感じだったのだろう。一人暮らしをして、バイトして給料をもらい、大人になったつもりでいたが、何もわかっていなかったし、何もできなかった。
「フロアやコンセやボックスに異動したい理由は、他にあるんじゃないの？」
「えっ？　ないですよ」慌てた顔で、否定する。
「ああ、そっか、そういうことか」
　好きな女の子がどこかのセクションにいて、一緒に働きたいと考えているのだろう。僕も同じことを考えていた時期がある。島田と一緒に働いている男たちに、嫉妬《しっと》した。
「何もないですよ」
「まあ、プロジェクションスタッフは、誰もが考えることだから」

(二) 引き返すのは竹との再会への諦めだということ

(三) 母の考えていることはわからなかったとありますが、本文中には母の気持ちに気付く描写があります。抜き出して最初の三字を答えなさい。

(四) 小さい声で「八兵衛」と呼ぶのはどうしてですか。

(五) 改まった素振りとはどのような様子のことだと考えられますか。

(六) 戻ってきた竹のことを、いなくなる前と変わらない竹だと感じていることが分かる表現を七字で抜き出しなさい。

(七) 一連の出来事を通しての「わたし」の気持ちとしてふさわしいものは、

(イ) 竹が家族以外の手に触れてしまったことを心から後悔し、もう決して竹をひとりにはするまいと思っている

(ロ) いつもは感じることのできない父親の優しさに触れ、これからは家族のありがたさを忘れないようにしようと思っている

(ハ) 様々な猫が知らないところで入れ替わっているのかもしれないという状況を、とても不思議ではあるが少し可愛らしくも思っている

(ニ) 竹がどのようにいなくなり帰ってきたのか結局分からないままだが、きっとわたしには分からない竹の世界があるのだろうと思っている

二 次の文章を読んで、あとの(一)から(六)までの問いに答えなさい。

「フィルム上映って、しばらくないんですかね？」三上君が言う。

「ないんじゃないかなあ」

オフィスに行くと、半年くらい先までの上映予定が貼ってある。マンガ原作やシリーズものの大作ばかりで、フィルム上映する映画があるとは思えなかった。シネコンで公開されるような映画がフィルム上映されることは、この先もないだろう。僕だって、ハリウッド大作と言われる映画も見る。音響にも新しい技術が使われていて、斜《なな》め後ろから迫りくる音が聞こえると、すごいなと感じる。後ろの方でずっと喋っている人がいると思っていたら、臨場感を出すための効果音だった。４Ｄの映画館だって、行ってみたいとは思う。

しかし、新しくするばかりではなくて、古いものを残す方法も考えていきたい。

フィルムにこだわって撮影して、上映もするとしたら、邦画のオリジナル作品だろう。だが、ただでさえオリジナル作品が少なくなっている中で、それは無理な話だという気がする。僕はシネコンで働いているだけで、映画の制作会社や配給会社の都合はよく知らないけれど、オリジナル作品が減った理由には予算の問題があるという想像はできる。原作ものみたいにヒットの保証がなくて、製作費や宣伝費が出にくいのだろう。技術が新しくなっていくほどに、古い技術はお金がかかるようになるので、低予算の映画でフィルム撮影はできない。

「今度、フィルム上映があったら、僕にやらせてください」

「興味あるの？」

辞めることは、社員にしか話していない。

引き継ぎがあるし、新人が入るか誰か異動してくるかもしれないから、年内にはプロジェクションのスタッフには言うつもりだ。

「せっかくプロジェクションになったんだから、なんでも知りたいです」

「そうか」

階段をだだっとおりて居間に行くと、ソファに竹がいた。寝そべって前足をべろべろ舐《な》めている。母も起きてきている。きっと姉が起こしたのだ。

「たけ」

そばに寄ると、竹はちらっとわたしを見た。まるで、昨日もおとついもここにいたけど、なにか？　と言ってるような目だ。それからまた構えたままにしていた前足の裏を舐めはじめた。

竹の背中を撫《な》でる。頭も撫でる。尻尾を握る。ざらざらと砂の手触り。どこで寝ていたのだろう。竹の頭の匂いを嗅《か》ぐ。埃《ほこり》っぽい匂い。竹はグルグルと喉《のど》を鳴らしはじめた。

耳に口を寄せて「八兵衛」と小さい声で呼んでみた。反応はない。ふうん。竹は三人に取り囲まれても改まった素振りは見せず、いつもと同じ顔をしている。

「なんじゃろうね、猫ってさあ。人をさんざん心配させといてさあ」と母が言った。

おっと、とわたしは思った。

眠っている竹を見ながら、マーマレードを塗ったパンを食べ、牛乳を飲んだ。ほんとに、なんじゃろうね、猫ってさあ、と思った。

家を出ると、むこうから寺山くんが歩いてきているのが見えた。近づいてくるのを待って、「あのね、うちの猫、帰ってきた」と言った。

「ふうん。イエイ」

寺山くんはわたしの前を通り過ぎていった。

「イエイ」わたしも言った。

学校から帰ったら、あの家にもう一度行ってみよう、と思う。物置の屋根に八兵衛がいるかどうか確かめてみよう。あれはほんとうに八兵衛だったのか。竹じゃなかったのか。

丸っこい寺山くんの後ろ姿を見ながらわたしも歩きだす。寺山くんの大きい背中の真ん中にちょこんと黒いランドセル。中学生が無理やりランドセルをしょってるみたいに見える。

あの八兵衛は、八兵衛になっている竹じゃないのかなと考える。そして、うちにいるのは竹になっている八兵衛だったりして。そういうこと、あるかなあ。あるかもしれないと思う。じゃああの庭にいたたくさんの猫たちはいったいどこから、と考えかけると、とたんに「ここら辺り」の地理がぐにゃぐにゃしてくる。いやいやと思う。竹はどこかへひとりで行ってきたのだ。探してもわからない場所を歩いてきたのだ。姉は今もまだ竹は近田に遠くに捨てられて、そこから戻ってきたと信じている。

とにかく、と思う。竹は帰ったのだ。姉は誰もピストルで撃たずに済む。

寺山くんから離れすぎないように足を速めながら、わたしは坂をくだっていった。

（『１００万分の１回のねこ』所収　岩瀬成子「竹」より）

㈠　姉が帰ってきたのは夜遅くだったとありますが、［　　］に時間の経過を示す表現を考えて入れなさい。

㈡　まさしくそうなんだとは、

(イ)　途中で引き返す必要を感じていないということ

(ロ)　稚内まで探し続けていく予定があるということ

(ハ)　気持ちの上ではいつまでも探したいということ

【国　語】（五〇分）〈満点：一〇〇点〉

一　次の文章を読んで、あとの㈠から㈦までの問いに答えなさい。

> 猫の「竹」が消えた。「わたし」の姉は近所の近田のおじさんが「竹」を目の敵にしていたことから狙われたのではないかと心配して探し回っている。そんな中、友達の寺山くんが猫の集まる家を教えてくれ、そこで「竹」にそっくりの猫を見つけるのだが、その猫は、その家にずっといる「八兵衛」という名の猫だそうで……。

　姉が帰ってきたのは夜遅くだった。

「どうして携帯に出ないのよ」と母がなじった。

「自転車漕いでたし、風がすごかったし」

どこまで行ってたの？　と訊《き》くと、姉は［　　］トンカツを電子レンジに入れながら、「それが、わからんの。だって道って、どこまでも続いちょるんよ。自転車を漕ぎながら、どこまで行ったらもう帰ってもいい地点に辿《たど》りつけるんだろうと考えてた。でも、そんな地点はないんよ。引き返したら、そこで竹を見捨てることになるじゃろ。そう簡単に引き返せないよ」

　姉は電子レンジの光を見つめて言った。

「そんなことを言ってたら稚内《わっかない》まで行くことになるよ」

「そう、まさしくそうなんだ」

　姉は電子レンジに向かって言った。

「ばかねえ。待ってればいいんだって」

　母は自分で漬けたわさび漬けを肴《さかな》に日本酒を飲んでいる。母はわたしたちがいなくなっても、やっぱりお酒を飲みながら待つんだろうか。そう思って母を見たが、母の考えていることはわからなかった。

　竹にそっくりの猫がいた、と、大きい木の家から帰って母に話したときも、母は「追ってもだめなんだって。待ってればいいの」とキャベツを刻みながら言ったのだった。

　わたしの携帯が鳴った。父からだ。

「竹、帰ったの？」と父は言った。

「まだ」

「ふうん。なんか帰ってきてるような気がしたんだけどなあ。満月だろ」

「父さんは帰ってこないの？」

「今週末あたり、帰ってみようか」と父は言った。

「母さんに替わろうか？」

「いい、いい。近田さんと揉《も》めるなって、穏便《おんびん》にって。そう言っといて」

じゃ、と父は電話を切った。

母に父が今週末に帰ってくると伝えると、母の返事は「ほうほう」だった。母はぐいっと杯をあけた。

「菜々ってば。竹」

大声で言いながら、姉はわたしの布団を剝《は》いだ。

はあ？

「だから竹が帰ってる」

姉は部屋を出ていった。

2021年度

立教池袋中学校入試問題（第２回）

【算　数】（50分）　＜満点：100点＞

【注意】計算機つきの時計は使ってはいけません。

1　次の $\square$ にあてはまる数を求めなさい。

1）$42 \div \left[2 \div \left\{ 3 \div \left(5 - \frac{1}{2} \right) + 1 \right\} + 3 \right] = \square$

2）$\left(0.25 \div \frac{3}{8} + \frac{5}{6} \times \frac{2}{3} \right) \times 3 - 2\frac{3}{4} = \square$

3）$\left\{ 4 + 0.25 \times \left(\square - 1\frac{1}{3} \right) \right\} \div \left(\frac{1}{3} + 0.5 \right) = 5$

4）$\frac{3}{14} + \left(5 \times \square - 2 \div \frac{7}{8} \right) \times 4 = 2.5$

2　２つの事務所Ａ，Ｂがあります。

事務所Ａでは100人が働いていて，給料として10000円もらえる人が60人，20000円もらえる人が40人います。事務所Ｂでは100人が働いていて，給料として12000円もらえる人と22000円もらえる人がいます。事務所Ａと事務所Ｂの給料の平均は同じです。

次の問いに答えなさい。

1）給料の平均は何円ですか。

2）事務所Ｂで，22000円もらえる人は何人ですか。

3　右の図の正八角形に，対角線を５本引きました。

次の問いに答えなさい。

1）㋐の角の大きさは何度ですか。

2）㋑の角の大きさは何度ですか。

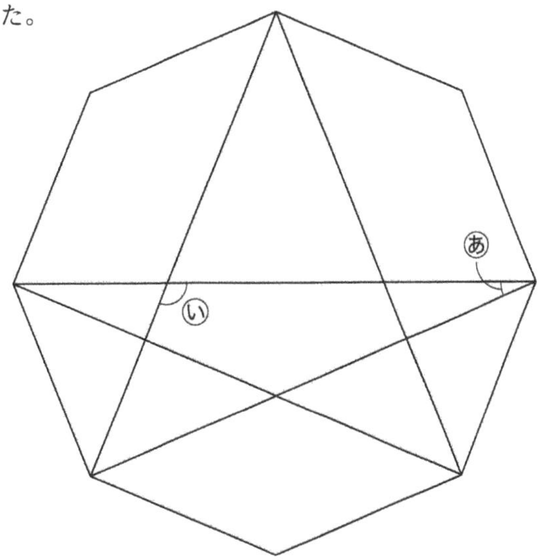

4　数字のかかれた４枚のカード $\boxed{1}$，$\boxed{3}$，$\boxed{5}$，$\boxed{7}$ があります。$\dfrac{\square}{\square\square}$ にカードを置いて，分子が１けたで，分母が２けたの数になる分数を作り，その値を調べます。

次の問いに答えなさい。

１）約分できる分数は，全部で何個できますか。

２）分数の値は，全部で何通りありますか。

5　ひろし君が旅行にかかる金額を調べたところ，プランＡとプランＢがありました。

プランＡの金額は，Ａのもとの金額に消費税10％を加え，その金額から35％引きした20449円でした。プランＢは，Ｂのもとの金額に消費税10％を加え，その金額から35％引きし，さらに3000円引いた金額で，Ｂのもとの金額の59％になっていました。ひろし君はＡとＢのどちらのプランにするか迷いましたが，Ｂに申し込むことにし，その金額を支払いました。

次の問いに答えなさい。

１）プランＡのもとの金額は何円でしたか。

２）ひろし君が支払った金額は何円でしたか。

6　右の図のように，１辺の長さが６㎝の正八角形の辺の上を，点Ｐは頂点Ａから毎秒1.2㎝の速さで，また，点Ｑは頂点Ｇから点Ｐより遅い速さで，それぞれ矢印の方向に同時に動き始めます。

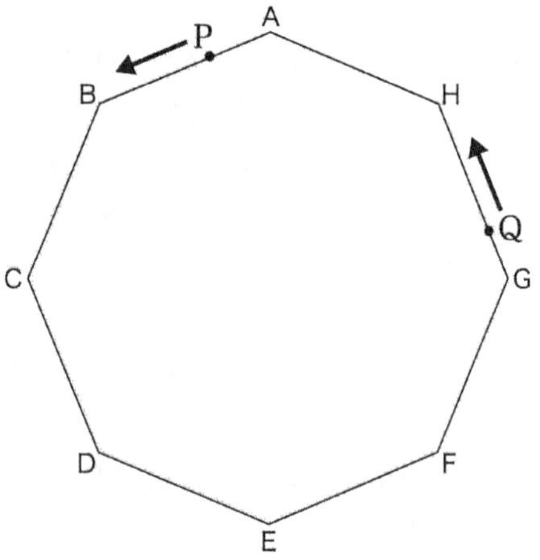

次の問いに答えなさい。

１）点Ｑの速さが毎秒１㎝のとき，点Ｐは動き始めてから何周目のどの頂点で，初めて点Ｑに追いつきますか。

２）点Ｐが動き始めてから，ちょうど４周して頂点Ａについたとき，初めて点Ｑに追いつきました。点Ｑの速さは毎秒何㎝でしたか。

7　重さが等しい２つの容器Ａ，Ｂに，水が２：１の割合で入っており，容器全体の重さの比は７：５でした。

また，容器Ａから容器Ｂに水を110ｇ移すと，容器Ａと容器Ｂの全体の重さの比は２：３になりました。

次の問いに答えなさい。

１）はじめの容器Ａの全体の重さは何ｇでしたが。

２）容器の重さは何ｇでしたか。

8　次のページの図のような立方体があります。ＡとＢは頂点で，Ｃは辺の真ん中の点です。この立方体を，３つの点Ａ，Ｂ，Ｃを通る平面で切って，２つの立体に分けます。

次の問いに答えなさい。

１）切り口の図形として最も適切なものを次のア～カから選び，記号で答えなさい。

ア　直角三角形　　イ　二等辺三角形　　ウ　四角形

エ　平行四辺形　　オ　台形　　　　　　カ　五角形

２）２つの立体の表面積の差が112cm^2のとき，立方体の１つの面の面積は何cm^2ですか。

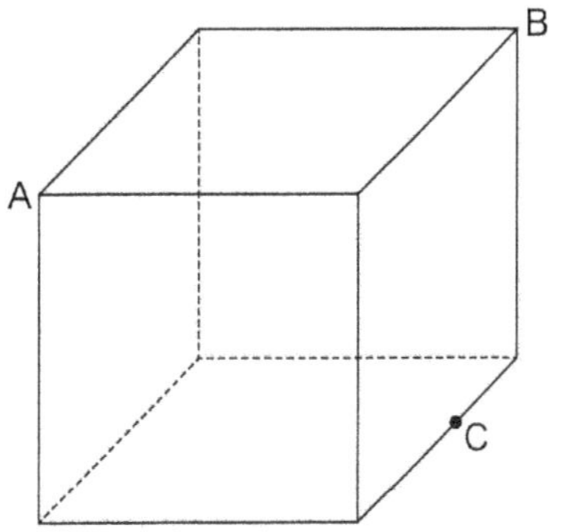

9　図Ⅰは，円柱の底面に対して垂直，水平に切り取った立体で，底面はおうぎ形です。図Ⅱは，この立体を真上から見た図で，４つのおうぎ形の中心角はすべて同じ大きさです。

また，この立体の体積は4710cm^3です。

次の問いに答えなさい。ただし，円周率は3.14とします。

１）図Ⅱで㋐の角の大きさは何度ですか。

２）この立体の表面積は何cm^2ですか。

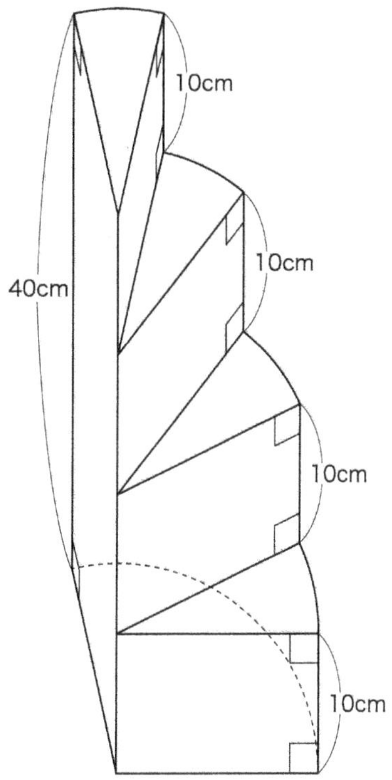

図Ⅰ

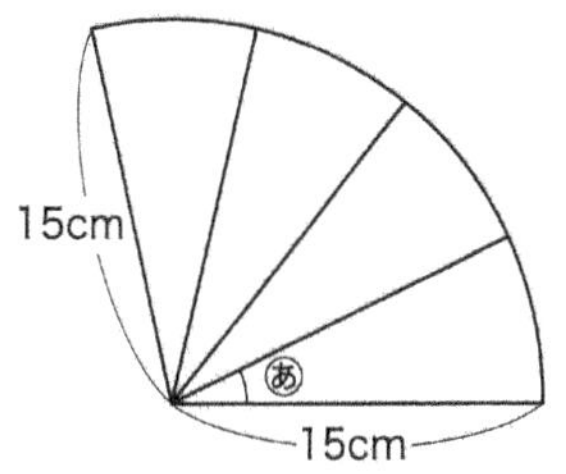

図Ⅱ

明治生まれの歌人斎藤茂吉は、母の待つ［A］を目指す列車の中で、自分が駆けつけるまで生きていてくれと念じていた。

のど赤き※玄鳥《つばくらめ》ふたつ※屋梁《はり》にゐ《(い)》て※足乳根《たらちね》の母は死にたまふなり

今、死出の旅に赴いた母、そして二羽のツバメののどの赤さこそは［　］あるものの象徴に違いない。

秋いくとせ石鎚《いしづち》を見ず母を見ず

大正生まれの俳人石田波郷は、十代と若くして東京での生活を始めた。そして時折思うこと、少年時代朝な夕な見上げた西日本で一番高い故郷［B］の山、石鎚出であった。

螢火《ほたるび》や※疾風《はやて》のごとき母の脈

老いた母を看取る息子、心電図の明滅を思わせる螢の光、予断許さぬ緊迫した病室、不安や祈りや願いなどすべてが螢火に集約されている。

※　玄鳥……ツバメの古称。

屋梁……柱を固定するために柱上にわたす水平材。

足乳根……「母」にかかる枕詞。

疾風……急にはげしく吹き起こる風。

㈠　［A］・［B］に適しているのは、それぞれどれですか。

(イ)　北海道　(ロ)　山形　(ハ)　富山　(ニ)　長野　(ホ)　愛媛

㈡　［　］に最適な語を抜き出しなさい。

㈢　螢火とは、夜間、ホタルの放つ光のことですが、季節は春夏秋冬のどれですか。

「というと？」

「彼は［1］なのに、手紙では平泳ぎの名手にされていた。彼女がプールへ行こうと言い出して、彼は一週間特訓して、やっと泳げるようになり、ピンチを切り抜けた。彼は歌謡曲しか聞かないのに、手紙に〈クラシック音楽のことなら何でも訊いて下さい〉と書かれた。音楽の本を読みあさり、レコードを何十枚も一度に買って必死で勉強した。インスタントラーメンしか作った事がないのに、〈料理の腕はホテルのコック並み〉と書かれて、わざわざ男性の料理教室へ通った。万事この調子で、その内に彼は仲介の友人を疑い始めた。何しろ彼の好みや何かまでちゃんと知っているんだからね。ところがそこへ致命傷だ」

「何だい？」

「結婚の申し込みさ。それも代書人が手紙に書いた。そして彼女からは喜んでＯＫしますと返事が来た。――で、一巻の終り。今は彼と彼女は円満にやっているよ」

「で、結局、代書人というのは……」

「分らないか？　代書したのは彼女自身なのさ。仲介を頼まれた友人が彼女にその事をしゃべった。彼女は一計を案じ、両方の手紙を、筆跡を変えて書き、未来の夫を自分に合うように教育したわけだ」

僕は、どんなに下手でも、［2］と決心した。

（赤川次郎『踊る男』所収「代筆」より）

㈠　上着の上から押えていたのは、

㈠ 彼女の手紙に書かれた内容に照れているから

(ロ) 手紙を無くさないように気を付けているから

(ハ) 彼女から手紙をもらい嬉しく思っているから

(ニ) ちゃんと返事が書けるのか心配しているから

㈡　巧く行ったとは、

(イ) 彼女の元にちゃんと手紙が届けられていたということ

(ロ) 手紙に無駄な労力を払う必要がなくなったということ

(ハ) 彼女を感動させる文面を書いてくれていたということ

(ニ) 自分が望む通りの内容を書いてくれていたということ

㈢　彼の注文とはまるで違うんだとありますが、その結果引き起こされる事態の大変さをどのように表現していますか。五字で抜き出しなさい。

㈣　［1］に当てはまる四字の言葉を答えなさい。

㈤　両方の手紙とはそれぞれどのような手紙のことですか。

㈥　教育したわけだとありますが、この「教育」が成功したことがわかる一文の最初の三字を答えなさい。

㈦　「彼女」にあてて代筆された手紙の中身は注文とはまるで違ったものでしたが、それでは手紙の中身は何に基づいて書かれていたと考えられますか。

㈧　［2］に当てはまる言葉を十字以内で答えなさい。

五

次の歌・俳句について解説した文章を読んで、あとの㈠から㈢までの問いに答えなさい。

個人がスマートフォンを持つのが当たり前となった今の世の中。しかし、かつては固定電話、さらにその前には「ハハキトクスグカエレ」などという電報が重宝された時代があった。

みちのくの母のいのちを一目見ん一目みんとぞただにいそげる

(一) スタジアムのコウホチ。
(二) めきめきトウカクを現す。
(三) キジョウの空論。
(四) 薬のきき目がある。
(五) 悪人をさばく。

四 次の文章を読んで、あとの(一)から(八)までの問いに答えなさい。

バーへ入って行く時、僕は無意識に内ポケットの中のものを、上着の上から押《おさ》えていたらしい。彼はいつもの席に座っていたが、僕を見るとニヤリとして、訊《き》いた。
「ボーナスが出たのかい？」
「いいや。どうしてさ？」
「胸のあたりを、さも大事そうに押えてるからだよ」
「え？――ああ、これは違うんだ。手紙なんだよ」
「手紙？　よほど大切な手紙らしいね」
「彼女からでね」
と僕はいささか照れながら言った。
「それは羨《うらやま》しい」
「しかしね、返事が問題なのさ」
「というと？」
「いや、ともかく僕は筆無精でね。およそまともに意味の通る文が書けないんだよ。いっそ巧《うま》い奴に代筆してほしいくらいさ」
「代筆か？　それはやめた方がいい。とんでもない事になりかねない」
「どういう意味だい？」
「僕の友人に君と同じ事を考えた奴がいる」
彼は僕のために水割りを注文して、言った。「彼は気心の知れた友人に誰か適当な人間を紹介してほしい、と頼んだ。その友人はすぐに書き手を見つけたが、その代書人の条件として、決してその依頼者当人とは会わない、どういう内容の手紙を書くかだけ、仲介の友人を通して指示してもらえば、それを書いて彼女へ送り、そのコピーを彼の方へ送る、という話だった。仲介した友人の話では、代書人は秘密のアルバイトとしてやっているので、それが外部へ洩《も》れては困るというわけだ。彼もすぐ承知し、早速ラブレター第一号が発信され、コピーが彼の手もとへ送られて来た。確かに文はスマートで、悪ふざけにならないユーモアと、重々しくならない格調があって、彼も金を出して頼んだかいがあったと喜んだ。――二通目、三通目までは巧く行った。ところがその内に様子がおかしくなって来た」
「というと？」
「その代書人が、頼まれもしないのに手紙を出すようになったのさ。差出人はちゃんと彼の名になっているが、中身は彼の注文とはまるで違うんだ。たとえば手紙に〈僕はゴボウとニンジン、シイタケが大好物です〉とある。こんな手紙をもらえば、彼女が次に彼を招いた時に、それを食べさせようとするのは当然だろうな。ところがこれらは彼の大嫌いなものばかりなんだ。といって彼女の手作りの料理を食べないわけにいかない。まさか代書人が間違ったんだとも言えないし。そうだろう。代書だというのは秘中の秘だったからね。仕方なく決死の覚悟で嫌いなものを食べたそうだ。仲介した友人に文句を言うと、そいつも肝心の代書人と連絡が取れなくなってしまった。そして幻の代書人は次々に手紙を出し始めた。コピーもちゃんと送って来る。――そりゃ大変だったそうだよ」

5．自分の食器を台所まで運んだら、テーブルを拭く。
7．麦茶のペットボトルやドレッシング等をきちんとしまう。
8．椅子をきちんとしまう。
9．最後の者はテレビ、電気を消す。

ワープロでプリントされた8か条は、なぜか6．がない。これは単なるご愛嬌《あいきょう》だが、どれも当たり前のことといえばそうなのだが、これがなかなかできないのが現実。

正直言ってわたし自身、できていません。この心得にはさらに続きがある。余白に手書きでこのように加えられている。

「食べれないものは1年生にまわさない」

これはわたしの姉が書き足したものだ。トマトやナスなど上級生が自分の嫌いなものを1年生にこそこそ渡すのを姉は知っていて、渡された後輩は先輩からのものとなれば好物であろうがなかろうが受け取らないわけにいかない。そんなやりとりを「知ってるんだヨー」と姉は言わんばかりに、心得に書き足したのだった。

わたしは部員たちの好き嫌いがなんとなくわかっていたが、とにかく、誰もみな同じ、出すものを部員によって変えるような特別扱いはしないことにしていた。だから、好き嫌いがあっても、例えばシーフードが苦手な部員にはほかの部員の皿にエビフライを3本載せるところ「1本だけでもがんばってね」となくすのではなく減らしてあげて、それ以外のおかずを増やしてあげるのだ。

トマトが嫌いだとわかると、みんなには3切れつけるところを2切れにして、そのかわりブロッコリーが好きならばそれを増やしてあげるような、部員によって嫌いなものは好きなものとの増減で調整してあげていたのだが、このようにしていると、最初のうちはすごい顔をして無理やり飲み込んでいた苦手食材も、そのうち自然に食べられるようになるものだ。とにかく、無理じいと特別扱い、オール・オア・ナッシングはナッシング——!!

このようなことは、彼らが食事をとるときにひとりひとりの目前でわたしかやるわけではない。部員たちは座る席が決まっているため、事前に量を調整したうえでテーブルへ配膳《はいぜん》するのだ。目の前にいなくても、わかっていますよ、と、このような小さなことであっても、わたしにとっては大切な彼らへのメッセージ、コミュニケーションのひとつだった。

（渡辺元美『甲子園、連れていきます！　横浜高校野球部　食堂物語』より）

㈠ ［1］・［2］には、ともに「お」から始まる四字の語が入ります。それぞれ考えて入れなさい。

㈡ 母親が子どもを見守るような感覚とありますが、では彼らにとっての「父親」のような存在はだれですか。本文中から抜き出しなさい。

㈢ 無理じいとは、「わたし」がどのようにすることですか。

㈣ 本文中に一か所、「わたし」が部員と同じ感覚、言葉遣いで自分のことを述べている部分があります。その一文の最初の五字を抜き出しなさい。

㈤ 「わたし」が様々な工夫をしているのは、どのようなことを大切に考え、「食事」を作っているからですか。二つ答えなさい。

三 次の㈠から㈤までの——の部分を漢字で書きなさい。

んは中でもホワイトボード書き込みの常連だった。

　合宿所の食堂は、全員がそろって「いただきます！」とばかりに一斉に食事をとるわけではない。例えば、夕食。ポジションによって練習の終了時間が違っていたり、グラウンドでの練習が終わっても、その後、自主的にジムへトレーニングに行く部員がいたり、怪我を抱えていてそのリハビリに通う部員もいるため、同じ時間に食事をとることが不可能なのだ。それだけに、先の秋田くんや増田くんのようにマネージャーや寮当番など手伝いをよくしてくれて、合宿所にいる時間の長い部員は別だが、長い会話ができる時間のない選手にとって、ホワイトボードがコミュニケーションツールとして大いに役立ったのである。

　わたしも彼らがきつい練習を終えて帰ってくるときの楽しみにと、昼食のあとホワイトボードに「本日の夕食メニュー」を書いていた。すると、翌朝、食堂へ行ってみると、「今日のご飯、めっちゃうまかった！」だったり、ハートマークやちょっとしたイラストのようなものを交えながら、部員たちは食後の感想を書き残してくれたりしていたのだった――。

　ある日のこと、小川くんが合宿所から練習へ出かけようとしていたところ、ふらふらと足元がおぼつかない。「監督かコーチに言ってあげるから練習を休んだら」と声をかけたが、「いえ、大丈夫です。大会前だし、休むわけにはいきません」と出かけて行ったのだった。小川くんはキャプテンになるだけあって、気配りができてガッツのある熱血漢だったが、その日はどう見ても熱のある顔をしている。部員の体調管理も寮母として大切な仕事のひとつなのだが、まずは彼の言葉を信じることにした。しかし、しばらくすると彼は炎天下の練習に耐えられずグラウンドから戻り、合宿所の玄関先でユニフォームを着たまま倒れこんでいたのだ。このような姿を見れば、ますます応援したくなるのが人情だ。それは母親が子どもを見守るような感覚といってもいい。熱で倒れた小川くんのために特別メニュー、といってもおかゆを作ったり、ゼリーを買ってきたりわたしには食を通じて応援することだ。

　わたしが何か特別に部員の食事を考えるとき、それは部員たちが体調を崩したときのことだけではない。聞けば簡単で単純なことと思われるだろうが、食材はできるだけ食べやすいように料理する。例えば、タンパク源の豆腐は、単なる「やっこ」で出すのではなく、彼らが好きな牛丼の具のような肉を載せて食べやすくする。植物繊維やビタミン摂取に欠かせない葉野菜類も、「［ 1 ］」にして出すと彼らにとっては「がんばって食べる」おかずのひとつと化してしまう。それでは自分がモットーとしている「食事を楽しく」に反することとなる。ここはひと手間かかってもナムルにしたり、グラタンに入れたり工夫を凝《こ》らすのだ。

　ただし、基本的には好き嫌いをして残してはダメだと言っている。ここで、合宿所の食堂のテーブルに貼ってある「横浜高校野球部合宿所食堂における心得」を紹介しておこう。

1．「いただきます！」感謝を込めて。
2．残さず食べることが体作りの基本であり、作ってくれた人への礼儀。
3．［ 2 ］をしよう！
4．「ごちそうさまでした！」感謝を込めて。

海道を飛び出し、旅をするようになった。そして最近の私はなかなか北海道にいられなくなった。周囲の環境もどんどん変わっていき、次々と新しいことをするようになった。しかし大切なのは、何をしていてもどんな環境にあっても、今自分がどこにいるのかを理解しておくことだ。忙しさの中で少しずつそれを見失うことがある。自分がどこに居るのかさえ分かっていれば家に戻れる。どこに行こうが、どこまで行こうが家に戻れる。こう思えることが強さだと思う。甘えと言われるかもしれないが、帰る場所を持ってることが、次の冒険につながる原動力である気がする。この先何が起こるかは分からない。でも家に帰ることができれば、そこで準備を整えてまたゆっくり旅に出ればいい。そう思えると、強くいられる気がする。帰る場所を持ってることを幸せに思える。

　二十年前の自分とは違う。

　もうどこへ行っても一人で帰って来られるだろう。

　おじさんに送ってもらわなくても。

（大泉洋『大泉エッセイ　僕が綴った16年』より）

㈠　書き出しやすいフレーズという表現が意味することは、

㈦　子供の頃の旅にまつわる記憶を語るのは簡単ではないということ

㈺　大人になった今では様々な場所へ旅することに慣れたということ

㈩　旅先の話や旅にまつわる自分の考えを書くことが多いということ

㈡　旅先で原稿を執筆する上で雰囲気を文章に乗せやすいということ

㈡　自分の街の名前を答えなさい。

㈢　迷わずに帰って来られるか不安だったのだろうとありますが、不安な帰り道を何にたとえていますか。二字で抜き出しなさい。

㈣　スケールの小ささに驚いたとありますが、小さく思えるようになったのはどうしてですか。

㈤　私だけは過去の大泉少年に同情しておこうとは、

㈦　その不安がいかに大きかったかは「私」にしか分からないということ

㈺　大人になった今ではその不安がよく分からなくなっているということ

㈩　過去の話は大人になった今でも情けなくて泣き出しそうだということ

㈡　大泉少年の情けなさを想像するとかわいそうになってくるということ

㈥　大泉少年と大人になった「私」の違いとは何ですか。十一字で抜き出しなさい。

㈦　自分の人生を旅にたとえる「私」は未来のことをどのように捉えていますか。十二字で抜き出しなさい。

㈧　本文中に登場する乗り物の内、大人の「私」だけが乗っているものを答えなさい。

二　次の文章を読んで、あとの㈠から㈤までの問いに答えなさい。

コミュニケーションといえば、合宿所の食堂には横１５０センチ、縦１００センチほどのホワイトボードがあり、主にマネージャーや寮《りょう》当番の仕事の内容を書き込んでいたり、その日の食事のメニューを書き込んでいたりした。このホワイトボードの余白に部員たちが食事の感想などをよく書き込みをしていた。筒香くん、秋田くん、増田くんの1学年先輩で、彼らを引っ張って甲子園へいったときのキャプテン、小川健太く

【国　語】〈五〇分〉〈満点：一〇〇点〉

一　次の文章を読んで、あとの㈠から㈧までの問いに答えなさい。

仕事がらよく旅に出る。この書き出しを私は何回使っただろう。「移動」をテーマに書いてきたこのコラムでは非常に書き出しやすいフレーズであった。そして実際に移動中の乗り物で作文をすることも多く、思わずそう書き出していたのかもしれない。実は今も沖縄へ向かう飛行機の中で、紙コップに注がれた熱いお茶を飲みながらこの文章を書いている。

私がこんなに旅をするようになってどれぐらい経っただろうか。北海道はおろか自分の街から出るのもままならなかった子供の頃から考えれば、月の半分以上を道外で生活する今の自分は到底想像がつかない未来像である。

小さい頃は自転車に乗って隣の街まで行ってみるだけで冒険だった。ちゃんと道に迷わずに帰って来られるか不安だったのだろう。

あれは小学何年生の頃だったか、欲しかった漫画が近所の本屋には見つからず、子供の私にとっては未開の地である隣街まで本屋を探しに行ったことがあった（多分、藤子不二雄先生の何かだろう）。見たことのない街並に不安を覚えながらも何とか本屋を見つけ、お目当ての漫画を買ったのを覚えている。いや、本当はお目当ての本だけではなく、偶然見つけたちょっとエッチな漫画も買おうとして、店のおじさんに「子供の読む本じゃないよ」と注意されたことも告白しておこう。

本を買った帰り道、来た道を間違えないように丁寧にたどりながら自転車を漕ぐ。一本でも間違えたら、ずっと自分の家に辿《たど》りつけないような不安な気持ちだった気がする。今思えば驚くほど近い距離なんだろうが、その頃の私には一度迷えば抜け出せない樹海のようにも思えたのだろう。実際、子供の頃自転車で走っていた道を大人になって車で走り、そのスケールの小ささに驚いたことがある。

それでも当時の私には、近所の見慣れた景色まで戻って来た時の安堵《あんど》感は、随分と大きいものであった。

中学生になってすぐの夏休みのことだ。家族で小樽の親戚の家に遊びに行ったのだが、私が従兄弟連中と海で遊んでいる間に急用ができた両親が、先に帰ってしまったことがあった。ところが情けないことに、中学一年生の大泉少年はまだ一人で電車に乗ったことがなかったのである。自転車で隣街までは行けても、電車に乗り札幌駅で地下鉄に乗り換えて、家に帰ることは到底できなかった。親には電話で「一人で帰っておいで」と言われていたが、私にはどうにも不安だった。大体、そんな経験を中学生になるまでさせてなかった親にも多少の責任はあるのではないだろうか。それをしないでいきなりある時「一人で帰って来い」と言われても困ってしまうのは仕方ない、と私だけは過去の大泉少年に同情しておこう。結局その時は、親戚のおじさんに車で家まで送ってもらったのであった。家に着く直前に情けなくて泣き出した記憶がある。

そんな大泉少年が北海道を飛び出し、日本はおろか世界中を連れ回されるようになるなんて、人生とは何とも皮肉である。さすがに今はたとえ地球の裏側へ行ったとしても、一人で帰って来られるだろう。そしてどこまで行ったとしても私は家に戻って来るだろう。

帰るところがあるから安心してどこまでも行けるのだと思う。二十年前の私は一人では札幌の街すら出られなかった。十年前の私はやっと北

第1回

2021年度

解　答　と　解　説

《2021年度の配点は解答欄に掲載してあります。》

<算数解答>

1　1)　7　　2)　$\frac{5}{8}$　　**2**　1)　80度　　2)　130度　　**3**　1)　10：15：33　　2)　244.2mm

4　1)　あ　252　　2)　い　84　　う　504　　**5**　1)　14秒間　　2)　時速10.8km

6　1)　8%　　2)　7分20秒間　　**7**　1)　198cm^2　　2)　211.5cm^3

8　1)　173　　2)　あ　12　　い　6　　**9**　1)　4：8：3　　2)　27.5cm

10　1)　42通り　　2)　90通り

○推定配点○

1～3，5～6　各4点×10　　他　各5点×12　　計100点

<算数解説>

1　(四則計算)

1)　13.7－(2.26×3.5＋2.14)÷1.5＝13.7－10.05÷1.5＝13.7－6.7＝7

2)　$\frac{1}{4}+\frac{1}{20}\div\frac{2}{15}=\frac{1}{4}+\frac{3}{8}=\frac{5}{8}$

2　(平面図形)

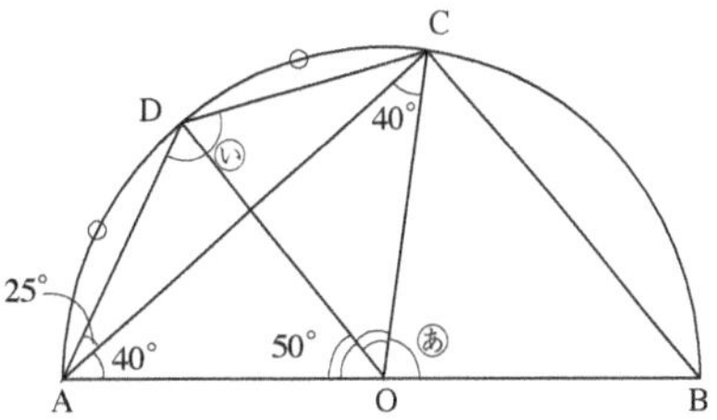

基本　1)　あ…40×2＝80(度)

重要　2)　い…二等辺三角形ODAとOCDは合同であり，
角いは180－50＝130(度)

重要　3　(統計・表，割合と比)

1)　2：3：(3×2.2)＝2：3：6.6＝10：15：33

2)　4月以外の降水量の合計は150.8÷0.26－150.8＝429.2(mm)
したがって，1)より，429.2÷(10＋15＋33)×33＝244.2(mm)

月	降水量
2月	
3月	
4月	150.8
5月	

重要　4　(数の性質，演算記号)

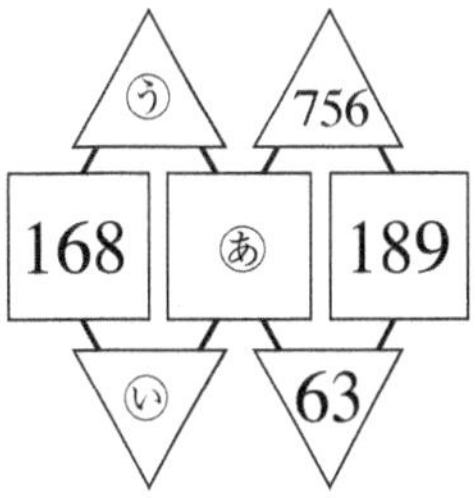

1)　あ＝63×A，189＝63×3より，63×A×3＝756
したがって，あは756÷3＝252

2)　い…168＝84×2，252＝84×3の最大公約数は84
う…84×2×3＝504

重要　5　(速さの三公式と比，単位の換算)

1)　時速15kmは秒速15000÷3600＝$\frac{25}{6}$(m)
太郎君が信号機の位置についたときは150÷$\frac{25}{6}$＝36(秒後)
したがって，青に変わるまでの時間は15＋20＋15－36＝14(秒間)

2)　時速20kmは秒速20000÷3600＝$\frac{50}{9}$(m)，150÷$\frac{50}{9}$＝27(秒後)
1)より，太郎君は15＋20＋15＝50(秒後)に青に変わるとき，信号機を通過する。
したがって，このときの時速は150÷50×3.6＝10.8(km)

6 (割合と比，濃度，速さの三公式と比，単位の換算)

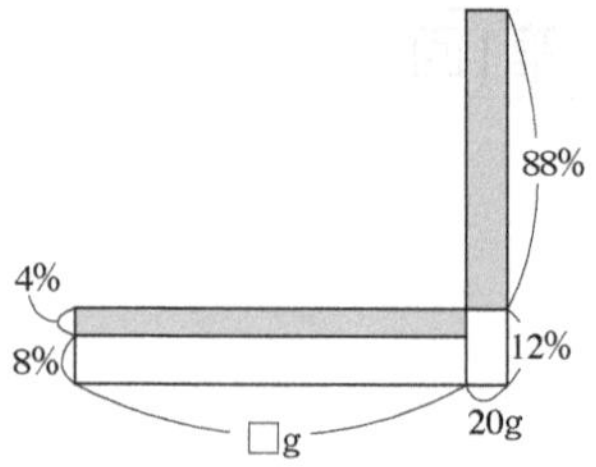

基本 1) 15g：45g＝1：3より，(1×5＋3×9)÷(1＋3)＝8(%)

重要 2) 1)より，右図において，色がついた部分の面積が等しく，
20×(100－12)÷(12－8)＝440(g)
したがって，440÷(15＋45)＝$\frac{22}{3}$＝7$\frac{1}{3}$(分間)
すなわち7分20秒間

重要 7 (平面図形，立体図形)

1) 3×3×(4×4＋3×2)＝9×22＝198(cm²)

2) 3×3×3×5＋3×3÷2×3÷3×2＋3×3÷2×3×5
＝211.5(cm³)

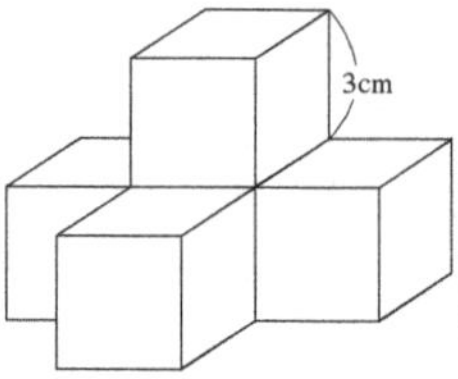

図I

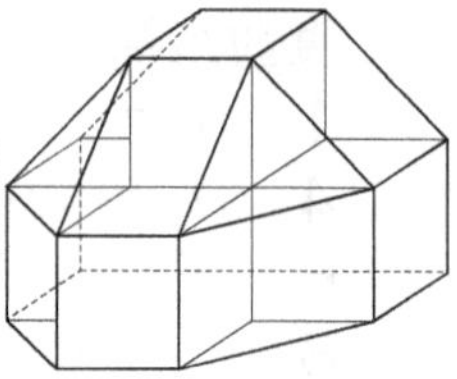
図II

重要 8 (数列・規則性，数の性質)

1) 9行13列は20×(9－1)＋13＝173

2) 220＝20×11，240＝20×12
㋐…12
㋑…240－235＋1＝6

1	2	3	… …	19	20
40	39	38	… …	22	21
41	42	43	… …	59	60
⋮	⋮	⋮		⋮	⋮
⋮	⋮	⋮		⋮	⋮
400	399	398	… …	382	381
401	402	403	… …	419	420

9 (平面図形，立体図形，割合と比)

重要 1) 底面積の比は(6×6)：(3×3)：(2×2)＝36：9：4
したがって，高さの比は
(12÷36)：(6÷9)：(1÷4)＝$\frac{1}{3}$：$\frac{2}{3}$：$\frac{1}{4}$＝4：8：3

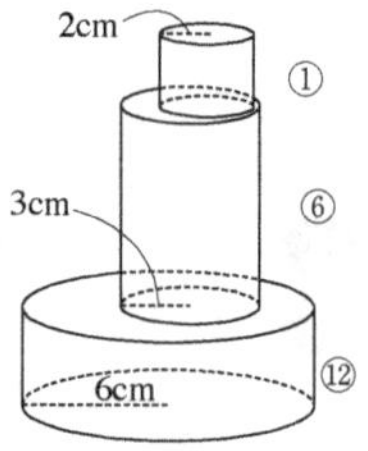

やや難 2) 表面積から「底面積×2」を引いた側面積は847.8－6×6×3.14×2
＝198×3.14(cm²)
1)より，198×3.14÷{(6×4＋3×8＋2×3)×2}÷3.14＝99÷54＝$\frac{11}{6}$(cm)
したがって，立体の高さは$\frac{11}{6}$×(4＋8＋3)＝27.5(cm)

10 (平面図形，場合の数)

重要 1) 図Iより，42通り

やや難 2) 図IIより，90通り

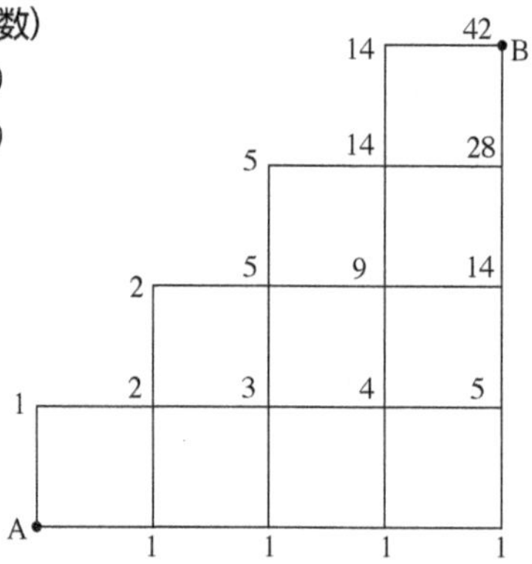

図I

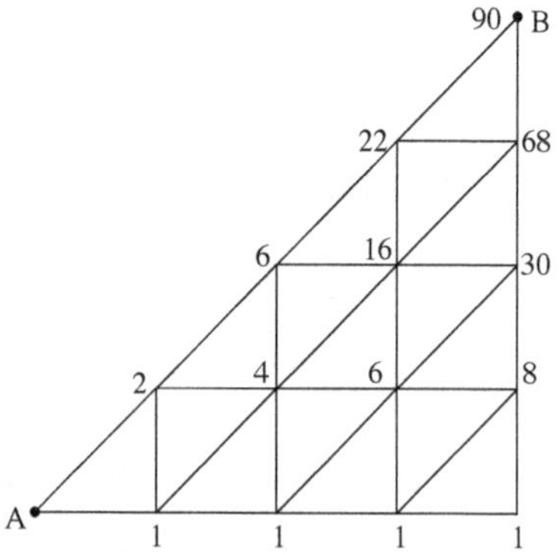

図II

★ワンポイントアドバイス★

7では「立方体を5個で組み合わせて立体を作った」と書かれており，「5個」に注意する。8 2)偶数行では，右端から左端へ数字が増えていく。特に，考え方自体については難しい問題はなく，解きやすい問題から取り組んで行こう。

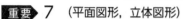

<理科解答>

1 1) ウ　2) エ　3) 光合成　4) イ
2 1) ウ　2) 240m　3) イ
3 1) イ　2) ウ　3) ア　4) ウ
4 1) ① 70　② 30　2) ③ 56　④ 30　⑤ 65　3) ⑥ 88　⑦ 30
5 1) ウ　2) イ　3) ②
6 1) ウ　2) (組み合わせ) ア　(関係式) キ　3) 141万km　4) エ
7 1) ア　2) イ　3) 9倍　4) イ，オ

○推定配点○
各2点×25(4，6，2)，4)各完答)　計50点

<理科解説>

1 (動物―サンゴ)

基本 1) サンゴはクラゲやイソギンチャクの仲間に分類される動物である。サンゴは個体が分裂して増えることも，産卵して受精し幼生を産み出して増えることもある。

基本 2) サンゴ礁からできた岩石を石灰岩という。

基本 3) 藻類の光合成によって酸素がつくられる。

4) 3億5千万年前のサンゴの日輪の数が400本であり，その頃の1年は400日であった。地球が太陽の周りを一周するのにかかる時間は現在と同じなので，その当時の1日の長さは，24×365÷400＝21.9≒22(時間)であったと考えられる。

2 (太陽と月―月の動き)

基本 1) 満月は夕方に東の空に昇る。昇ってくる満月を観察したので月は東の方向にあり，飛行機は北から南の方向に飛んでいる。

基本 2) 時速864kmなので，秒速に直すと864×1000÷(60×60)＝240(m/秒)になる。よって1秒間に240m進む。

3) (地球から月までの距離)：(月の直径)＝(太郎君と飛行機の距離)：(飛行機が月を横切った時に移動した距離)の関係が成り立つ。地球から月までの距離をRkmとすると，月の直径は$2\times3.14\times R\times\frac{0.5}{360}$kmなので，$R:2\times3.14\times R\times\frac{0.5}{360}=\square:0.24$　□＝0.24×360÷3.14＝27.5≒28(km)である。

3 (物質の性質―鉄の性質)

基本 1) 日本刀は鉄からできている。

2) 炭素を加えて熱することで，炭素が鉄に結び付いた酸素を奪い二酸化炭素に変わる。このような反応を還元という。

3) 2)でつくった鉄は少し多めに炭素を含む。炭素が多いと硬いがもろい鉄になる。高温にして鉄に含まれる炭素を少なくし，炭素を含む部分を均一にするためにのばしたり，たたいたりする。

4) 内側に柔らかい鉄，外側に硬い鉄を付けることで，よく切れて折れにくい日本刀ができる。

4 (ものの溶け方―濃度・密度)

基本 1) ① アルコールが70％なので，100×0.7＝70(g)　② 水の重さは100－70＝30(g)

基本 2) ③ アルコールは1mLが約0.8gなので，70mLでは70×0.8＝56(g)になる。　④ 水は1mLが約1gなので30mLは30gになる。　⑤ このときの濃度は{56÷(56＋30)}×100＝65.1≒65(％)

3) ⑥ 70gのアルコールの体積は，70÷0.8＝87.5≒88(mL)　⑦ 水は30gが30mLである。

5 (気体の性質―二酸化炭素の発生)

基本 1) クエン酸の水溶液に重そうを加えると，二酸化炭素が発生する。ウの組み合わせで二酸化炭素が発生する。アは酸素，イは水素，エも水素が発生する。

2) 理論的な重さは，発生した二酸化炭素がすべて空気中に出ていったとしたときの重さである。しかし，発生した二酸化炭素のうちいくらかは水溶液中に溶け込むので，実験の値は理論の値より大きくなる。

3) (重そうを加える前の値)＋(加えた重そうの重さ)－(重そうを加えた後の値)が，②で最も大きくなる。この値が気体として外に逃げていった分の重さに相当するので，②が一番多く泡が出る。

6 (光や音の性質―ピンホールカメラ)

1) 木の葉の間からもれてくる光によって地面に太陽の像ができる。これが小さな穴から光がやってくるピンホールカメラと同じ原理でできる像である。

2) 相似な図形の対応する辺どうしの長さの比を取ると，D：L＝d：ℓになる。

重要 3) 2)よりD：15000万km＝0.8：85　D≒141万km

4) 距離の比と実際の大きさの比がほぼ同じ割合になるので，見かけ上大きさがほぼ同じになり，像の大きさもほぼ同じになる。

7 (物体の運動―ふりこ・斜面を下る物体の運動)

1) ふりこの長さが25cmのとき1分間で60回往復するので1往復が1秒になり，坂に取り付けた鐘の位置が1秒ごとの球の位置をあらわす。表2より，1秒間に進む距離は1cm，3cm，5cm，7cmと増えていくことがわかる。

やや難 2) ふりこの糸の長さが長くなるほど1往復にかかる時間が長くなり，坂の上からそれぞれの鐘までの距離が長くなる。ふりこの長さが25cmのとき1つ目の鐘までの距離が1cmで，アでは1つ目の鐘までの距離が0.5cmなので，アはありえない。また，長さが100cmのとき1つ目の鐘までの距離が4cmで，長さが50cmではそれより距離が短くなるので，エもありえない。ふりこの長さが25cmから100cmへ4倍になったとき，1つ目の鐘までの距離も4倍になっているので，このことより長さが2倍の50cmになると，1つ目の鐘までの距離も2倍の2cmになると考えられる。よってイである。

やや難 3) 長さが25cmの3倍になるので，1つ目の鐘までの距離が3cmになる。また，2つ目の鐘までの距離は1つ目の鐘までの距離の4倍，3つ目の鐘までの距離は1つ目の鐘までの距離の9倍となっていくので，6つ目の鐘までの距離は6×6＝36(倍)になる。よって3×36＝108(cm)となり，2つ目の鐘までの距離の3×4＝12(cm)に対して，108÷12＝9(倍)になる。

4) 表2より，1つ目の鐘を通過するときの球の速度は1÷1＝1(cm/秒)，2つ目では4÷2＝2(cm/秒)。3つ目では9÷3＝3(cm/秒)となり，平均の速さが時間に比例して増えることがわかる。また，3)で示したように，坂の上からの距離はその鐘まで進むのに要した時間の2乗(時間×時間)に比例する。

★ワンポイントアドバイス★

実験や観察に基づいて考えて，結論を導く問題が多い。やや難しい計算問題も出題される。同様の形式の思考力を要する問題で十分に練習を重ねることが大切である。

＜社会解答＞

Ⅰ　問1　(1)　東京　　(2)　オ　　問2　(1)　リモートワーク[テレワーク]
(2)　6次産業化　　問3　超高齢社会　　問4　ア，エ　　問5　(1)　ふるさと納税
(2)　ク　　問6　住人の人数を大きく超えるかかしが作られ，そのユニークな表情や人々が生活している様子のかかしが話題を呼び，観光客が来るようになったから。

Ⅱ　問1　①　お　　②　く　　③　ち　　④　せ　　⑤　え　　⑥　き　　⑦　た
⑧　あ　　⑨　す　　⑩　つ　　問2　①　ク　　②　テ　　③　サ　　④　セ
⑤　エ　　問3　七五三は神社で祝い，結婚式はキリスト教式で行い，葬儀は仏式で行うなどの生活が，多様な文化を重層的に共存させてきた例としてあげられる。

Ⅲ　問1　(1)　第4の権力　　(2)　知る権利　　(3)　表現の自由　　問2　高齢者より若者の方が，自分たちの意見を政治に反映させる手段としてインターネットを高く評価している。
問3　(1)　メディアリテラシー　　(2)　原子力発電所を再稼働させることについて伝える同じ記事でも，新聞によって取り上げ方が違うので，情報をうのみにせず，比較したり，時に批判的に考えたりすることが大切である。

○推定配点○
Ⅰ　問1(2)・問4・問5(2)　各1点×3　　問6　3点　　他　各2点×5
Ⅱ　問3　4点　　他　各1点×15　　Ⅲ　問3(2)　4点　　問2　3点　　他　各2点×4
計50点

＜社会解説＞

Ⅰ　(総合問題－日本の地理と政治に関連する問題)

問1　(1)　東京一極集中の状態についてはかなり前から転換すべきという意見があり，地方の再生という観点でいえば，首都機能を分散させることが，その地域の発展につながるかもしれないという期待をこめて一部官庁を地方へ動かすという話はあるが，あまり進展はない。また，現実的な観点でいえば，将来予測される南海地震等が発生した場合に東京への一極集中だと，東京が地震などの被害を受けて首都機能がマヒするのを防ぐという意味合いもある。　(2)　文化庁を京都へ移転させるというのは地方への中央省庁の分散のひとつだが，後に続く省庁の話がいまだに出てこない。

重要　問2　(1)　以前からも動きはあったが，2020年のコロナによる緊急事態で，にわかに広がったのが職場に出勤しないで自宅で仕事をこなすというテレワーク(リモートワーク)。コンピュータとインターネットにアクセスできる環境さえあれば，どこにいてもできるという仕事であれば，導入は比較的容易だが，顧客との対面での応対が必要な仕事や，自宅には設置できない機械などを使う仕事などでは現実的な話ではない部分も多い。　(2)　農林水産業などの第一次産業，工業などの第二次産業，販売や飲食店などの第三次産業を見ると，第一次よりも第二次，第二次よりも第三次と付加価値がついてきて利益をあげやすくなり，雇用も増える。そこで，第一次産業がメインの地方の過疎地でその第一次産業の産品を加工し販売するように第二次産業，第三次産業と連動できるようにするという考え方が第六次産業というもの。第六次とは1＋2＋3もしくは1×2×3ということ。

問3　65歳以上の人口が全体の7％を超えると高齢化社会，14％を超えると高齢社会，21％を超えると超高齢社会といい，日本は現時点では65歳以上の人口が既に全人口の25％を超えている。

基本　問4　空欄に当てはまるのは鹿児島県。アは熊本県，新潟県，富山県，三重県のいずれか。エは長崎県。

他は鹿児島県に該当する。

問5 (1) ふるさと納税は，自分が応援したい地方自治体に地方税を納めることで，必ずしも自分の住んでいる自治体に納めなくてもよくなるというもので，住民が少なく税収が乏しい自治体にとっては地方税収を増やせるもの。このふるさと納税での税収を増やしたい自治体が，返礼の品をいろいろと出し，さらにそれを豪華にしたことで，ふるさと納税をする人がかなり増えたが，一部，この返礼品が豪華になりすぎたという批判もあり，対象から外された自治体も出てきた。

(2) (ア)は長良川の鵜飼なのでキ，(イ)は長崎県，福岡県のあたりなのでケ，(ウ)は輪島で石川県なのでカになり，該当しないのはクとなる。

やや難 問6 設問の文章と資料4の見出しや写真を丁寧に見て考える。住人が30人ほどの小さな集落に，300体以上のかかしがあるということ，写真が農作業をしている農婦，バス停のようなところに多数いる人々の様子，集会所みたいなところで何やら話し合いをしている人々の様子がいずれもかかしによるものであろうと判断すれば，そこの集落にいる人々の日常生活をモデルにしてつくられたかかしと思われ，もともと田畑で害獣や害鳥を近づけないために置かれているかかしと比べると，本来のものの目的や姿とはかけ離れており，その珍しさ，面白さが人気を集め，見物に来る客が出てきたことから，集落の方でも，その独特のかかしの製作により力を注ぎ宣伝するようになったと考えられる。

Ⅱ (日本の歴史－さまざまな時代の宗教，思想と人との関わりに関する問題)

やや難 問1 ① (お) 奈良時代の仏教の在り方。 ② (く) 源平の合戦の頃。 ③ (ち) 19世紀後半，明治時代初期。 ④ (せ) 江戸時代。徳川吉宗の時代以後。 ⑤ (え) 仏教公伝後，飛鳥時代。6世紀末から7世紀。 ⑥ (き) 平安時代中頃。 ⑦ (た) 江戸時代後半。国学の研究がなされる頃。 ⑧ (あ) 古代。自然信仰の時代。 ⑨ (す) 江戸時代初期。綱吉の時代からあとの文治政治の時代。 ⑩ (つ) キリスト教をもとに政府が戦争を行うことへの批判がなされた日露戦争直前の頃。

問2 (1) 奈良時代に一般の民衆への仏教の布教や，土木事業を指導した行基。 (2) 源平の合戦の際に，当初は源頼朝の命を受けて活躍したが，後に頼朝と対立し自害に追い込まれた源義経。 (3) 18世紀のフランス革命の頃に自由権，平等権などの思想を説いたルソーの「社会契約論」を翻訳し紹介した中江兆民。 (4) キリスト教には関係がないオランダ語の洋書を中国語に訳したものの輸入を許可し，日本における蘭学の受け入れを始めさせた徳川吉宗。 (5) 仏教の受け入れをめぐり物部氏と対立し排除し，飛鳥寺を開かせた蘇我馬子。

重要 問3 日本古来の宗教のひとつである神道，6世紀以後伝わり広まった仏教，さらに16世紀半ばに伝わったキリスト教などの宗教に関連する行事や風習が，日本の日常の中に同時に存在し，そのことに普通の日本人はほとんど違和感を持たないで受け入れている。模範解答にある例もそうだが，分かりやすい例でいえば12月末から1月の頭頃までの人々の一般的な風習を考えれば良い。クリスマスを受け入れ，大晦日には寺の除夜の鐘を聞き，元日には神社へ初詣にいくことに，ほとんどの人は違和感を持っていないであろう。

Ⅲ (政治－マスメディアに関連する問題)

基本 問1 (1) マスメディアはテレビや新聞，雑誌，あるいはインターネットなどの一般の人々に情報を伝える媒体で，人々はこのメディアに，情報収集を依存している。そのため，メディアの情報の見せ方が人々の考えを左右するといっても過言ではないのが実情であり，そのことが「第四の権力」とされる理由でもある。 (2) 「知る権利」は，人々が何らかの情報を得ることを国や地方自治体が制限することができないということと，人々が知りたい情報を国家に対して請求できるという権利。 (3) 「表現の自由」は日本国憲法が定めている自由の一つで国が保障しているので，この権利を侵害しないことが「知る権利」にもつながってくる。

問2　下線部①で，マスメディアが果たす，国民の「知る権利」の重要な担い手としての役割，影響力の強さについて触れられており，資料1から，国民の声が政治に反映されるようになるのに影響力のあるメディアに関しての意識が年齢層によって異なっていることが読み取れる。新聞に関しては年齢が上がるにつれて，民意を政治に反映させる影響力が強いものととらえており，逆にインターネットは比較的若年層の方が影響力が強いとしていることが分かる。これらのことを合わせれば，若年層の方がインターネットが民意を政治へ反映させる影響力の大きさを評価していることが書ければよい。

やや難　問3　(1)　メディアリテラシーとは，マスメディアごとの性格を把握したうえで，情報収集の際に的確にマスメディアを選び利用することができる能力のこと。　(2)　資料2と資料3は原発再稼働に関して，同じ新聞という媒体による記事でありながらその新聞社によって報道の仕方が極端に異なる例といえる。資料2は原発再稼働に踏み切った政府のやり方に批判的であり，資料3はどちらかといえば原発再稼働に踏み切った政府のやり方を肯定するものになっている。このように，マスメディアによって，報道内容へのそのメディアの会社の姿勢が色濃く出てくる場合があるので，受け止める側の我々は，そのメディアの偏りを割り引いて受け止める必要がある。

★ワンポイントアドバイス★

試験時間に対して問題数は多くないが記述が多いので時間配分が大事。資料を見て書く記述が多いので，日頃から資料の説明をする練習をしておくとよい。設問の誘導に沿って資料を見るのがポイント。

＜国語解答＞

一　(一)　冷たくなった　(二)　ハ　(三)　おっと　(四)　本当に「竹」かどうか，疑っているから　(五)　落ち込んで，反省している様子　(六)　いつもと同じ顔　(七)　ニ

二　(一)　①　ショッピングセンターの中　②　イ　(二)　実家の映画館　(三)　5つ　(四)　ロ　(五)　①　一つのことをつづける　②　ロ　(六)　光

三　(一)　ハ　(二)　本の題　(三)　字が読めない　(四)　ロ　(五)　(例)　絵本を読んであげようか。　(六)　本を読みたがっている様子　(七)　パスポート　(八)　おとうさん，おかあさん

四　(一)　真骨頂　(二)　来訪　(三)　推移　(四)　快　(五)　委

五　(熟語)　手相・日当・行進・客観　(三字)　小学生

○推定配点○

一　(一)・(三)～(五)　各4点×4　他　各3点×3

二　(一)・(五)①・(六)　各4点×3　他　各3点×5

三　(一)～(四)　各3点×4　他　各4点×4

四　各2点×5　五　各2点×5　計100点

＜国語解説＞

一　(物語ー心情・情景，細部の読み取り，空欄補充，記述力)

重要　(一)　状況を考える。母が，携帯に連絡しても出ず，心配するほど夜遅くまで自転車で「竹」を探しに出かけた姉である。電子レンジに入れて温めるのだから，トンカツは冷たくなってしまっているのだ。空欄に入るように「冷たくなった・冷めた」のような表記にしよう。

(二)　「～稚内まで行くことになる」と母があきれて言ったのに対し「まさにそのとおり」というのは，実際できるかどうかではなく，気持ちの上では　道が続く限り自転車を漕いで探しに行くつもりであるということなのでハである。

やや難　(三)　「～待ってればいいんだって」と言う母のことを見て，自分たち娘がいなくなってもお酒を飲みながら待つのだろうかと疑問を持つが，母の表情からは答えがつかめないのである。つまり，心配したりしないのだろうかという疑問ということになる。しかし，帰ってきた「竹」を見て，「なんじゃろうね。～心配させといてさあ」と「心配」という心情を表した言葉を聞いて，「おっと，と私は思った」のである。

(四)　さんざんみんなに心配をかけたのに，「竹」は，いつも通りの態度でいる。そっくりだった「八兵衛」ではないのかと疑い，「八兵衛」と呼んだら何か反応するのではないかと思い，自分の家の猫の名前ではないものを呼んでみたのだ。つまり，「本当に『竹』かと疑っている」のだ。

やや難　(五)　「改まった素振りを見せず」いつも通りなのだ。それを見た母が「なんじゃろうね～人をさんざん心配させといて」と言っていることから考える。本来，人に心配をかけたと思ったら，申し訳なかったという態度を見せるものである。そのような，神妙な様子もなく，反省しているふうでもなく，落ち込む様子も見せないことに対する母の感想である。

(六)　「まるで，昨日もおとついも～」も，「いなくなる前と変わらない竹」ではあるが，字数制限に合わない。七字で変化なしを表現している言葉は「いつもと同じ顔」だ。

(七)　ハとニにしぼれる。が，「入れ替わっているのかもしれない」という感覚を持ったのは事実だが，あくまでもそのように感じるというだけで，そういう「状況」であるということではない。「竹」がどのようにしていたのかは実際のところよくわからないが，いつも通りにしている竹には竹の世界があるのだと考えたのである。

二　(物語ー心情・情景，細部の読み取り，空欄補充)

やや難　(一)　①　「ショッピングセンターの中にある……」で始まる段落が着目点である。三上君の，他のセクションで働いてからプロジェクションに来た方がよかったかもしれないという話を聞いて，自分自身の大学一年生の頃を思い出している場面である。「ショッピングセンターの中にある……」は，シネコンがショッピングセンターの中にあると明確に言っているわけではないので難しいところだが，今の仕事と，「もし(同じ)ショッピングセンターの中にあるレストランや書店で働いていたら」と仮定して考えているということで，シネコンはショッピングセンターの中にあるのだ。　②　シネコンがいつできたのか明らかではないが，「僕」は大学一年生のころ「希望してプロジェクションに配属された」とある。しかし，選択肢には，それがない。大学一年生のころなのだから，ロは誤りで，父は大学に行こうと決めた理由の一つは父が亡くなったこととあるのだからハも誤りである。また，三上君は後輩であるのだから誤りだ。したがって，大学一年生のころシネコンができたと考えてイを選択する。

(二)　「毎日毎日……」で始まる段落に「僕が映写をできるようになってから」とある。祖父が出かけるようになったのは，「僕」に任せることができるようになったからだ。したがって学んだのは「実家の映画館」だ。

基本　(三)　三上君もいくつか挙げているが，まとまっているのは「けれど，他のセクション……」で始まる段落だ。フロアスタッフ，コンセスタッフ，ボックススタッフ，ストアスタッフ，オフィスの「5つ」のセクションが挙がっている。

(四)「広がっていく」という言葉に引きずられて，イを選択しないように気をつけよう。「ショッピングセンターの中にある……」で始まる段落の最終文に「深いところまでこられた」と実感している。知らなかったことがわかってきたということでロだ。

(五) ① (四)を参考にできる。見えなかったものが見えてくるようになったと自分自身で思えるのは，「一つのことをつづける」ことで得たものである。 ② イの「家族のために働く」は，述べられていない。ハの「映画一筋の人生」を送った祖父の人生は豊かだったのだと思えるようになっているが，そういう人生「こそ」豊かだと考えたわけではない。ニ 多くの人と交流することにうらやましさを感じた時もあったが，自分自身を「人がたくさんいるところも苦手」と分析している。考え方が変化したからといって，これまでの自分を否定しているわけではないのでニは誤りである。長く続けたからこそ得られた深みを知ることで，「すきなことだから，勉強して努力しよう」と思っている映画に関わってきたのだからロがふさわしい。

やや難 (六) 映写室は照明が暗い場所である。スクリーンに向かって「光」を発する場所だ。映写室と比較すると外は「光」が溢れていると感じてしまうが，自分がいる映写室から光は発せられるのだ。

三 (随筆一心情・情景，細部の読み取り，空欄補充，記述力)

基本 (一)「借りる」という行為が何回か出てくることから「図書室」であることがわかるのでハを選択する。

(二)「背中だけを見せて立っている」という表現は，本が背表紙をこちら側に向けて書だなに並んでいるという擬人法を用いたものである。この段階で「題名」であることは理解できるが三字の抜き出しなのでそれを探すと，「自分から来たくて……」で始まる段落に，伸一君が順々に絵本を引っ張り出して見はじめました」という箇所がある。しかし「本の題」も読めないのだからちらっと見ては元にもどしてしまうという様子が書かれている。

(三) のぶこちゃんの「『ゆきむすめ』ないよ」という発言から「字が読めない」ことを思わず忘れてしまっていたことが述べられている。また，(二)で考えたように，伸一君は「本の題」すら読めないのだからつまらなくて元にもどしてしまう様子を観察している。二人に共通しているのは「字が読めない」ということになる。

(四) 筆者は字が読めなくても本の中に入ることはできるということを二人の子どもの例で述べているのだ。ニのように，「一人で読める」ことを求めているのではない。興味がなさそうにしていた伸一君が絵本の中の水車小屋を発見したときの嬉しそうな「あった！」という声は，すっかり絵本との関係ができたという思いなのでロである。

基本 (五)「国境のさくの前で，どこかに入り口」という比ゆは，文字が読めない子どもが，本に興味を持つことができるきっかけということだ。このことを，伸一君の例で考える。伸一君と筆者の場合は，「さりげなくそばへ行って」絵本を読み始めたのだが，「おはいり」と一声かけてやるというのだから，「絵本を読んであげようか」のような声かけだ。

(六) (五)との関連で考えよう。字が読めないから絵本の前でウロウロしていた伸一君の様子から，読んであげようかと誘ってあげようと声をかけてほしいと願っている筆者である。「すぐそこまできている」とは，その声がけをするべきタイミング，つまり，「本を読みたがっている様子」である。

基本 (七) 直前にある「書物の国には国境があって」が着目点である。この比ゆに合うような言葉を考える。ある国に入国するには「パスポート」が必要だ。

基本 (八) 直前にある「おとなたちみんなの義務」から考える。「ある幼稚園の先生が，……」で始まる段落に「～いつもおかあさんがたに～」という記述がある。二人のおとなは「おとうさん，おかあさん」である。

四　**(漢字の書き取り)**

(一)「真骨頂」とは，そのものの本来の姿という意味の言葉だ。「骨」は全10画の漢字。1～4画目は「回」ではない。　(二)「訪」は全11画の漢字。10画目ははねる。　(三)「推」は全11画の漢字。部首は「扌(てへん)」である。　(四)「快」は全7画の漢字。5画目は右側に出す。(五)「委」は全8画の漢字。「委員」の「イ」は音読み。訓読みは「ゆだ－ねる」である。

五　**(漢字)**

基本　「画数の少ない字を上にして」という条件に注意しよう。「手相」と「相手」・「日当」と「当日」・「行進」と「進行」・「客観」と「観客」はそれぞれ上下入れかえても熟語になる。のこりは「小学生」だ。

★ワンポイントアドバイス★

問題数は多くはないが，時間の余裕はないと思われる。時間配分に気を配ろう。

第2回

2021年度

解 答 と 解 説

《2021年度の配点は解答欄に掲載してあります。》

＜算数解答＞

1 1) 10　2) $\frac{11}{12}$　3) 2　4) $\frac{4}{7}$　**2** 1) 14000円　2) 20人

3 1) 22.5度　2) 112.5度　**4** 1) 5個　2) 23通り

5 1) 28600円　2) 14160円　**6** 1) 5周目　頂点E　2) 毎秒$\frac{39}{40}$cm

7 1) 350g　2) 150g　**8** 1) オ　2) $64cm^2$　**9** 1) 24度　2) $2204.8cm^2$

○推定配点○

各5点×20(6 1)完答)　計100点

＜算数解説＞

1 (四則計算)

1) $42\div\left(2\div\frac{5}{3}+3\right)=42\div4.2=10$

2) $\frac{2}{3}\times\frac{11}{6}\times3-2\frac{3}{4}=2\frac{5}{3}-2\frac{9}{12}=\frac{11}{12}$

3) $\square=\left(5\times\frac{5}{6}-4\right)\times4+1\frac{1}{3}=2$

4) $\square=\left\{\left(\frac{5}{2}-\frac{3}{14}\right)\div4+\frac{16}{7}\right\}\div5=\frac{4}{7}$

2 (平均算，鶴亀算)

基本 1) 60人：40人＝3：2より，(10000×3＋20000×2)÷(3＋2)＝14000(円)

重要 2) 1)より，(14000×100－12000×100)÷(22000－12000)＝200000÷10000＝20(人)

重要 3 (平面図形)

1) ㋐…正八角形の1つの内角は180－360÷8＝135(度)

180－{135÷2＋135－(180－135)}＝22.5(度)

2) ㋑…180－67.5＝112.5(度)

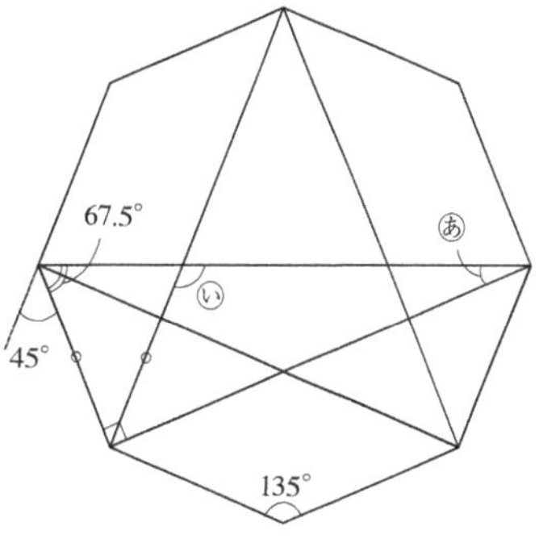

4 (数の性質)

重要 1) 以下の5個がある…$\frac{3}{15}$, $\frac{3}{51}$, $\frac{3}{57}$, $\frac{3}{75}$, $\frac{7}{35}$

重要 2) 4×3×2－1＝23(通り) …$\frac{3}{15}=\frac{7}{35}$

重要 5 (割合と比)

1) 20449÷{(1＋0.1)×(1－0.35)}＝20449÷0.715＝28600(円)

2) Bのもとの金額…3000÷(0.715－0.59)＝24000(円)

したがって，ひろし君が支払った金額は24000×0.59＝14160(円)

重要 6 (速さの三公式と比)

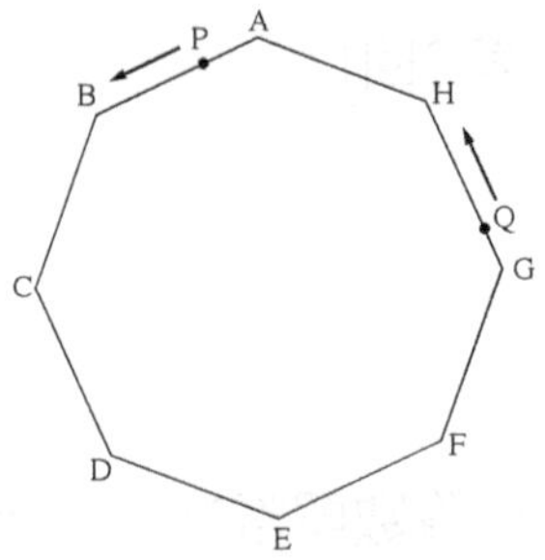

1) PとQの速さの比は1.2：1＝6：5
Pが，頂点の数が8－2＝6先にあるQを追いかけるとき，Pは6×6÷8＝4…4より，5周目の頂点EでQに追いつく。

2) 1)より，PとQの速さの比は(8×4)：(8×4－6)＝32：26＝16：13
したがって，Qの秒速は$1.2\div16\times13=\frac{39}{40}$(cm)

重要 7 (割合と比)

1) 7：5＝(7×5)：(5×5)＝35：25が，2：3＝(2×12)：(3×12)＝24：36に変化したので35－24＝11が110gに相当する。したがって，最初のAの全体の重さは110÷11×35＝350(g)

2) 1)より，最初のA，Bの全体の重さは350g，250gであり，それぞれの水の重さは(350－250)×2＝200(g)，100g　したがって，容器は350－200＝250－100＝150(g)

重要 8 (平面図形，立体図形)

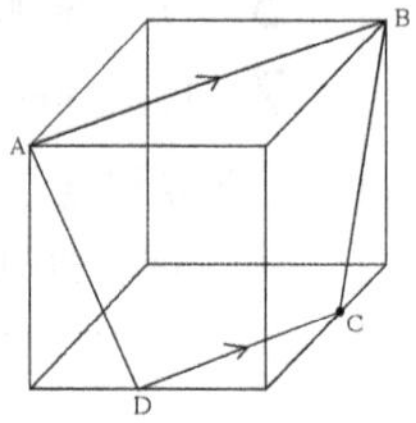

1) 右図より，ABとDCは平行であり，切り口は「オ台形」である。

2) 2つの立体の表面積の差…図1より，立方体の1面と「アーイ」の面積の和に等しくアーイは，$1-\frac{1}{2}\times\frac{1}{2}\div2\times2=\frac{3}{4}$(面)である。したがって，立方体の1面の大きさは
$112\div\left(1+\frac{3}{4}\right)=64(\mathrm{cm}^2)$

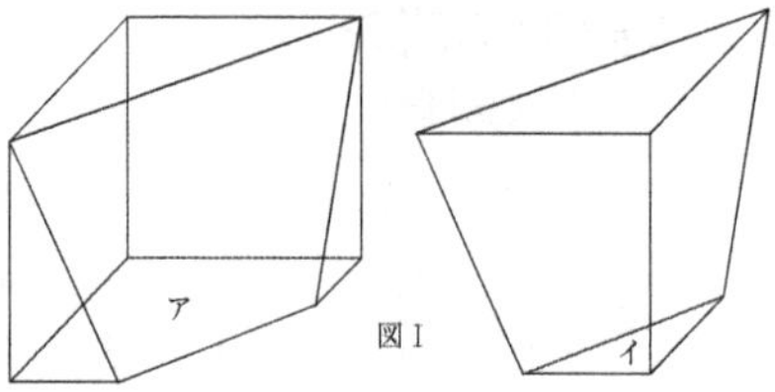

図Ⅰ

9 (平面図形，立体図形)

重要 1) 図Ⅱより，色がついた部分の面積は4710÷{(1＋2＋3＋4)×10}＝15×3.14(cm^2)　したがって，㋐は360÷(15×15×3.14)15×3.14＝24(度)

やや難 2) 右図より，15×15×3.14÷360×(24×4×2)＋40×15×2＋15×2×3.14÷360×24×(1＋2＋3＋4)×10＝120×3.14＋1200＋200×3.14＝320×3.14＋1200＝2204.8(cm^2)

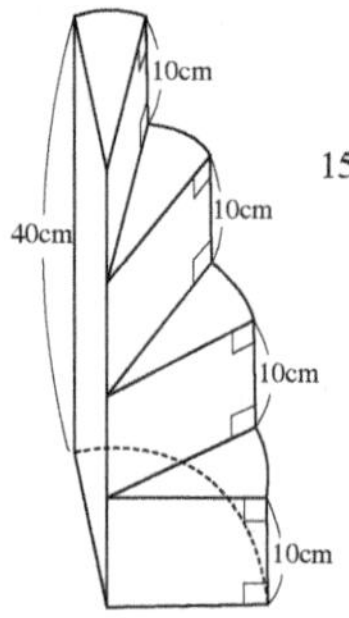

図Ⅰ

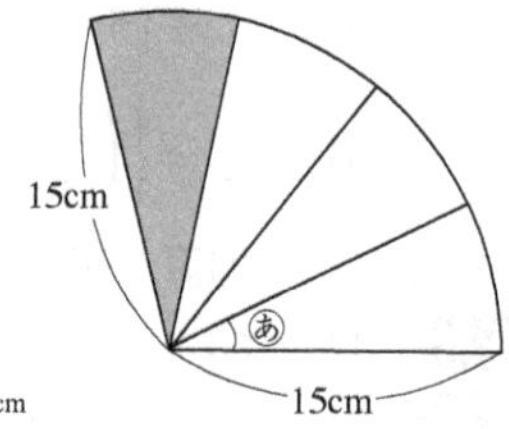

図Ⅱ

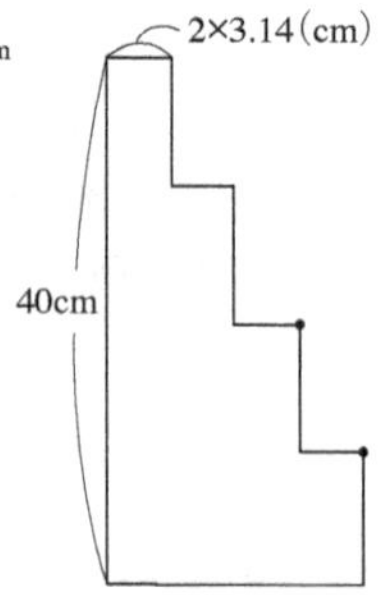

★ワンポイントアドバイス★

4 2)「分数の値」では，$\frac{3}{15}=\frac{7}{35}$に注意しなければいけない。また，7 2)「2つの容器の重さ自体」はそれぞれ等しく，8 2)「2つの立体の底面積の差」に，注意して解かなければいけない。まず，1の4題を全問正解すること。

＜国語解答＞

一　（一）　ニ　（二）　札幌　（三）　樹海　（四）　大人になって広い世界を旅してきたから。　（五）　イ　六　帰る場所を持ってること　（七）　何が起こるかはわからない　（八）　飛行機

二　（一）　1　おひたし　2　おかわり　（二）　監督　（三）　部員みなに同じものを同じ量出すこと。　（四）　正直言って　（五）　部員の体調管理をする
（六）「食事を楽しく」とってもらう

三　（一）　候補地　（二）　頭角　（三）　机上　（四）　効き　（五）　裁

四　（一）　ハ　（二）　ニ　（三）　決死の覚悟　（四）　カナヅチ　（五）　彼女あての代筆された手紙・彼あての彼女からの返信　（六）　今は彼　（七）「彼女」の理想
（八）　手紙は自分で書こう

五　（一）　A　ロ　B　ホ　（二）　いのち　（三）　夏

○推定配点○
一　（四）・（六）　各4点×2　他　各3点×6　二　（三）　4点　他　各3点×6
三　各2点×5　四　（七）・（八）　各4点×2　他　各3点×7
五　（二）　4点　他　各3点×3　計　100点

＜国語解説＞

一　（随筆－心情・情景，細部の読み取り，記述力）

重要　（一）　冒頭の段落で，「『移動』をテーマにしたコラムでは書きやすい」とあり，「実際に乗り物で書いていることが多いので思わず書き出した」とあるのでニである。

（二）「帰るところがあるから……」で始まる段落に「二十年前の私は一人では『札幌』の街すら」とある。その後転居した話はないので，私が「自分の街」としているのは「札幌」である。

（三）「本を買った帰り道，……」で始まる段落に，小学生当時の私が隣街の本屋からの帰り道に感じたことが述べられている。「一度迷えば抜け出せない『樹海』のように」という，たとえた表現がある。

やや難　（四）「大人になって車で」とあるので，当時遠いと思っていた道が実はそうでもなかったということだから，まずは「大人になったから」が一番に考えられることである。が，それだけでは「スケールの小ささに驚いた」を説明しきったとは言いきれない。「大人になった」だけでは，体が大きくなったということでしか「スケール」をとらえていないからである。筆者は今では世界を回る生活をしている。つまり，「広い世界を旅している」から，スケールの違いを言っているのだ。

（五）「私だけは」と限定していることがポイントである。他の人に聞いたら，たいしたことではないと思われるかもしれないが，当時の大泉少年の不安は，間違いなく「私だけ」はよくわかるということだからイである。

やや難　（六）　設問のとらえかたが難しい。大人か子どもかの違いではない。「帰るところがあるから……」で始まる段落からが着目点である。大人になり，周囲の環境もどんどん変わり，次々と新しいことをすることになっても，強くいられるのは，自分がどこにいるのかを理解しておくことと考えている。なぜそのように考えることが必要なのかといえば，それがわかっていれば「家に戻れる」からと思うのだ。「帰る場所を持ってること」が次の冒険につながる原動力と考えている。もちろん，子どものころも帰る家はあったのだが，それを意識して考えていないという点で大人の今と異なっている。

(七)　(六)を参考に考える。「帰る場所がある」ということが強くなれると考える筆者は，「この先『何が起こるかは分からない』」人生の旅でも，家に帰ることができれば準備を整え，またゆっくり旅に出ればいいと考えている。

(八)　自転車や電車，地下鉄は小学生，中学生時代に乗っていることがわかる。大人になった今，この文章を書いている沖縄にも「飛行機」に乗っている。世界を旅しているのも「飛行機」を利用していることは明らかである。

二　(随筆ー細部の読み取り，空欄補充，記述力)

やや難　(一)　2はわかりやすいが，1は読解問題というより，語彙の問題なので難しい。「葉野菜」とは，葉もの野菜とも呼ばれる野菜で代表的なものに，ほうれん草，小松菜，レタス，白菜などがある。これらの野菜を「『がんばって食べる』おかずのひとつ」となる「お」がつく料理といったら「おひたし」だ。

(二)「ある日のこと，……」で始まる段落に，体調が悪そうな小川くんに「監督かコーチに言ってあげるから～休んだら」と声をかけている。野球部全体を家庭と見て，「母親のよう」としているのだから，家庭のまとめ役である父親は「監督」ということになる。

(三)　合宿所では，基本的に「残してはダメ」という前提だ。好き嫌いがあっても特別メニューを出すことはしないのが「特別扱いなし」ということになる。そこで，「トマトが嫌いだ……」で始まる段落にあるような配慮をしているのだ。嫌いなものでも特別扱いすることなく出すが,「部員によって嫌いなものはすきなものとの増減で調整」しているということだ。つまり，「無理矢理同じ量を食べることを強制しない」ことを「無理強いしない」としている。

(四)　(二)で考えたように，この文章は終始，「母親のような感覚」で部員たちの食事を考える立場で述べられているので，自分自身が食に対してどのようにしているかは述べていないが，唯一「正直言ってあたし自身,できていません」の表記がある。これは「母親のような感覚」の「あたし」が，その母親の言うことを「できていない」という子ども，つまり，部員の感覚で述べている一文だ。

(五)「ある日のこと……」で始まる段落にある小川くんとのやりとりで「部員の体調管理も寮母として大切な仕事のひとつ」とある。また，「わたしが何か特別に……」で始まる段落に「自分がモットーとしている『食事を楽しく』」とある。モットーとは，常々心がけていること，主義，行動の指針のような意味の言葉だ。したがって「大切に考えていること」になるので「食事を楽しくすること」が二つ目になる。

三　(漢字の書き取り)

(一)「候」は全10画の漢字。3画目の縦線を忘れずに書く。　(二)「角」は全7画の漢字。5画目が下まで突き出ないようにしよう。　(三)「机上」とは,文字通り「机の上」という意味だが「机上の空論」は，実現できない理論や計画のことを批判的に言う場合に使う。　(四)「効」は全8画の漢字。6画目はとめる。「交」ではない。薬の効果ということなので「効」を使う。　(五)「裁」は全12画の漢字。12画目の点を忘れずに書く。

四　(物語ー心情・情景，細部の読み取り，空欄補充,，記述力)

基本　(一)「彼」が「よほど大切な手紙らしいね」と言うと，「彼女から」と照れながら返事をしているのだから,僕もまた「大切」だと認めているということだ。嬉しくてたまらないのだからハである。

(二)　代書屋は，思ったことを，満足できる書きぶりで書いてくれたから「頼んだかいがあったと喜んでいる」のだから，ニである。

(三)　嫌いな食べ物を好きだと代書屋が書いたため「決死の覚悟」で食べたことから始まって，スポーツ，音楽，調理と，同じようなことが繰り返されている。そのたびに「決死の覚悟」でそれらをクリアする大変さが書かれている。

(四)　一週間特訓して，やっと泳げるようになったというのだから，それまでは泳げなかったと考えられる。泳げないことを「カナヅチ」と表現する。

重要 (五)　「代書したのは彼女自身」に着目する。代書屋を頼んだ人は彼女だったということだ。一つの例で言えば，「ゴボウとニンジン，シイタケが大好物です」と書いた，代筆屋の手紙も，それに対する返信も彼女自身が書いたということだ。解答としてわかりやすくするために，「彼女あての代筆された手紙」・「彼あての彼女からの返信」のように，違いをきちんと出す表記を心がけよう。

重要 (六)　自分に合うように未来の夫を「教育」してきたのだ。「成功した」というからには，妻になる人はうまくいったと考えられるが，夫になる人が，結婚が失敗だったと感じるようでは「成功した」とはいえない。したがって,「今は彼と彼女は円満にやっている」から「成功」なのである。

(七)　「未来の夫を自分に合うように」が代書屋としての彼女の目的だったのだ。つまり，「彼女」の好み，「彼女」の理想に合うことに基づいて書いたのだ。

(八)　もともと「僕」が代筆を頼みたいと言ったところ,「それはやめた方がいい」と「彼」は言い，「彼」の友人の話を始めている。結果的に円満な夫婦になっているとはいえ，「必死の覚悟」が必要になり，教育された話を聞いたので，「どんなに下手でも」「手紙は自分で書こう」と決心したのである。

五　(短歌と俳句一細部の読み取り，空欄補充)

(一)　A 「みちのくの」に着目する。「みちのく」とは，東北地方を指し示す言葉である。選択肢の中で東北地方に分類されるのは「山形」。　B 「西日本で一番高い」に着目する。選択肢の中で西日本に当たるのは「愛媛」である。なお，石鎚山は愛媛県西条市にある，標高1982mの，四国の「日本百名山」の一つにされている山である。

やや難 (二)　母は死出の旅に赴いた，つまり，亡くなったということだ。「のど赤きつばくろ」は死と対比する「生きている」ものの象徴として登場させている。直後が「あるもの」なので「『いのち』あるもの」,「『生』あるもの」などの表記がふさわしい。

基本 (三)　「ホタル」は，「夏」の季語である。

★ワンポイントアドバイス★

課題文はそれぞれ短いが,大問数は多いので,テンポよく解答していこう。また,国語という教科にしばられず，幅広い教養を身につけよう。

MEMO

大切なことはメモしておこうネ！

2020年度

★★★★★★★★★★★★★★★★★★★★★★★

入　試　問　題

2020年度

立教池袋中学校入試問題（第１回）

【算　数】（50分）　＜満点：100点＞

【注意】 計算機つきの時計は使ってはいけません。

1 次の計算をしなさい。

1） $\left\{5.5+14\times\left(5.25-1\frac{4}{7}\right)\right\}\div\left(1.2-\frac{1}{4}\right)$

2） $0.36+\left(4.125\times10\frac{2}{3}-4\frac{1}{8}\div\frac{1}{10}\right)\times0.16$

2 次のような約束記号を考えます。

$7*2=7\times6=42$

$6*3=6\times5\times4=120$

$5*4=5\times4\times3\times2=120$

次の問いに答えなさい。

1） $\frac{11*7}{(8*2)*3}$ は，いくつですか。

2） $\frac{1}{10*3}-\frac{1}{11*4}$ は，いくつですか。

3 下の図のように，９つのマスの一部に数が書かれています。残りのマスに数を入れます。図Ⅰは，縦，横，ななめに並ぶ３つの数の和がどれも同じになるようにします。また，図Ⅱは，縦，横に並ぶ３つの数の積がどれも同じになるようにします。

36	99	54
	27	あ

図Ⅰ

36	99	54
		297
い	27	

図Ⅱ

次の問いに答えなさい。

1） あにあてはまる数はいくつですか。

2） いにあてはまる数はいくつですか。

4 次のページの図Ⅰのような三角形ABCがあります。三角形ABCの頂点B，Cが頂点Aと重なるように折ると図Ⅱのようになり，頂点Bが頂点Cと重なるように折ると図Ⅲのようになりました。

図Ⅲで同じ印をつけた角の大きさは等しいことを表しています。

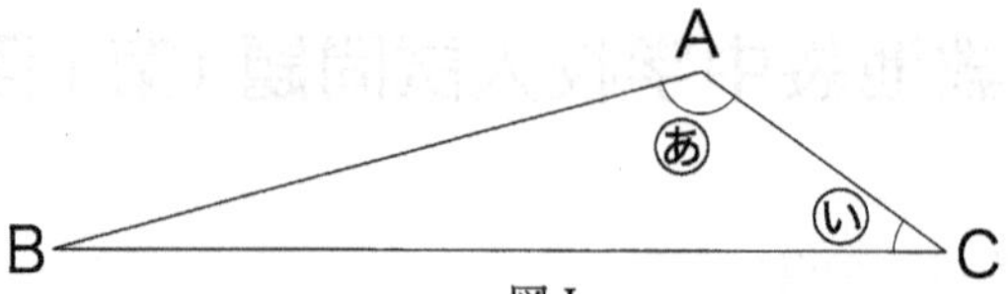

図Ⅰ

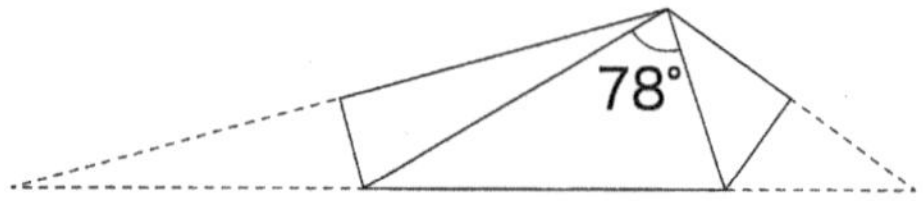

図Ⅱ

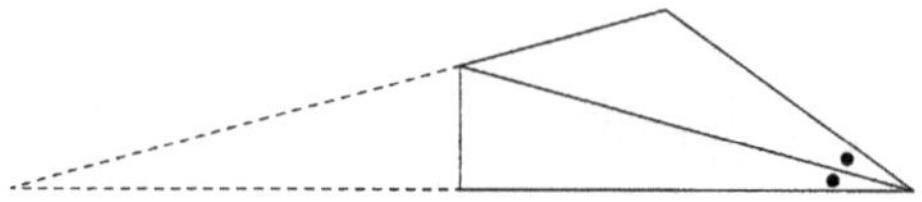

図Ⅲ

次の問いに答えなさい。

１）(あ)の角の大きさは何度ですか。

２）(い)の角の大きさは何度ですか。

5　下の図のような正方形と平行四辺形があります。正方形を図の位置から矢印の向きに毎秒１㎝で動かします。

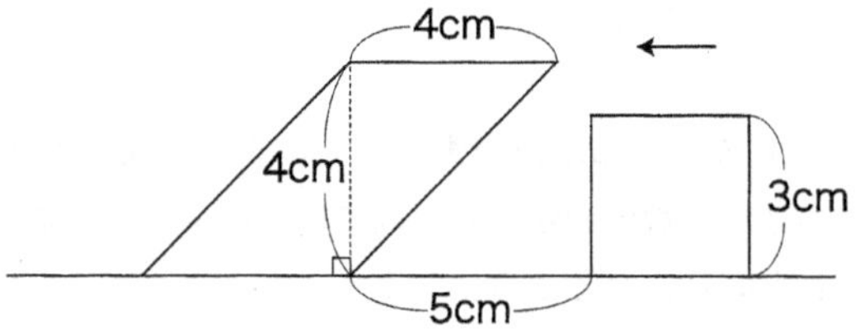

次の問いに答えなさい。

１）正方形と平行四辺形が重なっている時間は何秒間ですか。

２）正方形を動かしてから７秒後の正方形と平行四辺形が重なっている部分の面積は何cm^2ですか。

6　A君，B君，C君が持っているおはじきの個数の比は５：４：３です。

次の問いに答えなさい。

１）A君が持っているおはじきの８％と，B君が持っているおはじきの５％をそれぞれC君にあげると，B君とC君が持っているおはじきの個数の比はどうなりますか。もっとも簡単な整数の比で表しなさい。

２）最初の状態から，A君が持っているおはじきの15％と，B君が持っているおはじきの一部をそれぞれC君にあげて，A君とC君が持っているおはじきの個数を等しくします。B君は持っているおはじきの何％をC君にあげればよいですか。

7　かいと君とたつや君の２人は，駅を９時に出発して9.5km離れた公園へ向かいました。かいと君は分速95mで歩き，15分間歩くごとに５分間休けいをしました。たつや君は分速75mで歩き，休けいをしませんでした。

次の問いに答えなさい。

１）かいと君は公園に何時何分に着きましたか。

２）たつや君がかいと君を４回目に追い越したのは何時何分でしたか。

8　３つの円錐《すい》Ａ，Ｂ，Ｃの展開図をかいて，円錐の側面になる部分を並べると，右の図のように１つの円になりました。㋐と㋑の角度の比は７：５で，円錐Ｂの底面の半径は10cmです。

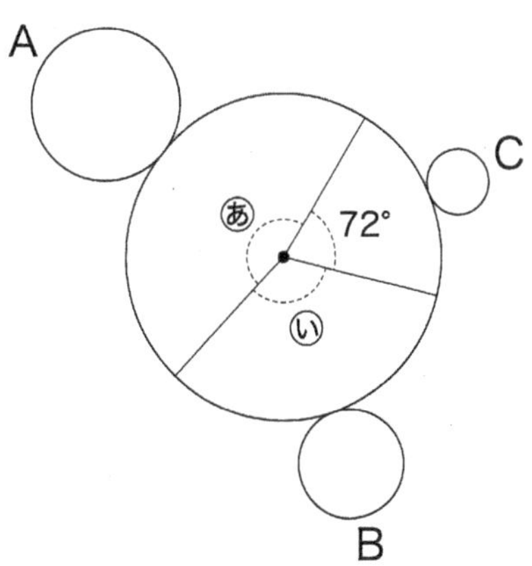

次の問いに答えなさい。ただし，円周率は3.14とします。

１）円錐Ａの底面の半径は何cmですか。

２）円錐Ｃの表面積は何cm^{2}ですか。

9　ある学校の文化祭で小学生，中高生，大学生，保護者の来場者の人数を調べたところ，次のようなことがわかりました。

・中高生は全体の35％
・中高生で，男子と女子の人数の比は　３：７
・大学生で，男子と女子の人数の比は　７：３
・小学生と大学生の人数の比は　５：２
・大学生と保護者の人数の比は　１：３
・小学生，中高生，大学生を合わせると，男子と女子の人数の比は　15：13

次の問いに答えなさい。

１）小学生で，男子と女子の人数の比をもっとも簡単な整数の比で表しなさい。

２）中高生で，男子と女子の人数の差は84人でした。小学生の男子と大学生の男子の人数の差は何人でしたか。

10　１辺の長さが８cmの立方体から，次の図Ⅰのように直方体を横の面から反対の面までくり抜き，円柱を手前の面から反対の面までくり抜き，立体を作りました。図Ⅱはこの立体を手前の面と奥の面から見たもので，図Ⅲは真横から見たものです。

（図Ⅰ～図Ⅲは次のページにあります。）

次の問いに答えなさい。ただし，円周率は3.14とします。

１）この立体の体積は何cm^{3}ですか。

２）この立体の表面積は何cm^{2}ですか。ただし，立体の内側の部分の面積も考えます。

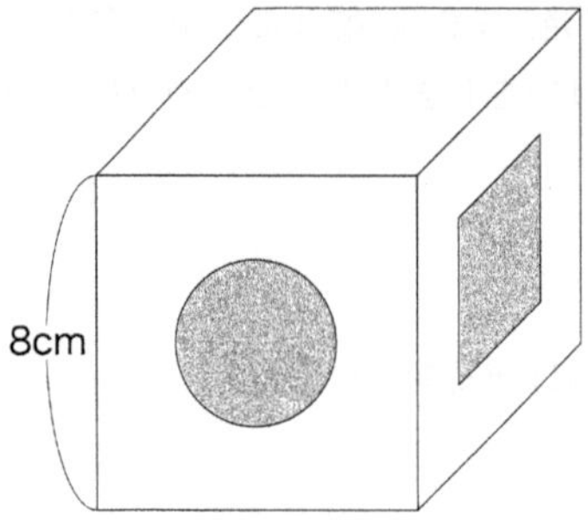
8cm

図Ｉ

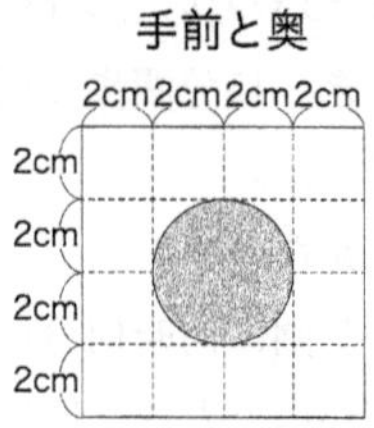
手前と奥
2cm
2cm
2cm
2cm
2cm
2cm
2cm
2cm

図II

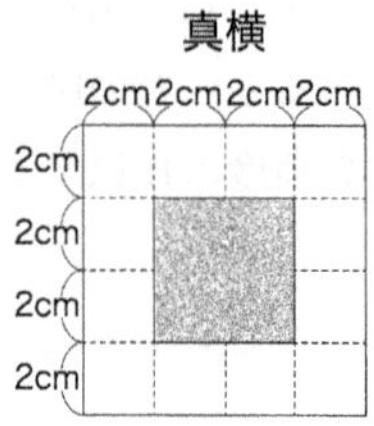
真横
2cm
2cm
2cm
2cm
2cm
2cm
2cm
2cm

図III

【理　科】（30分）　＜満点：50点＞

【注意】 計算機つきの時計は使ってはいけません。

1　太郎君はある植物を窓際で育てることにしました。すると，はじめはまっすぐに立っていた茎《くき》が，だんだんと窓の方に曲がっていくことに気づきました。調べてみると，植物にも動きがあることが分かりました。そこで，植物の動きについて調べてみたところ，例として以下のＡ～Ｄの動きがあることが分かりました。

次の問いに答えなさい。

Ａ：オジギソウに触《ふ》れると葉が下に垂れる。

Ｂ：カイワレダイコンの根が水分のある方に伸びていく。

Ｃ：ハエがとまるとハエトリグサの葉が閉じる。

Ｄ：鉢《はち》植えのトマトを地面に寝かせておくと，茎は空に向かって曲がって成長する。

1）　太郎君が育てていた植物の茎が窓の方に曲がったのはなぜですか。正しいものを次のア～エから１つ選び，記号で答えなさい。

ア　窓の方から音が聞こえたから。　　イ　窓の方から日光が当たったから。

ウ　窓の方が暖かいから。　　エ　窓の方に養分があるから。

2）　Ａ～Ｄの動きは，外からの作用やきっかけ（これらを刺《し》激といいます）によって動いていることが分かります。これらの動きは２つのグループに分けられることが知られています。その分け方として正しいものを次のア～エから１つ選び，記号で答えなさい。

ア　Ａ，Ｂ，ＣとＤ　　イ　Ａ，ＢとＣ，Ｄ　　ウ　Ｂ，ＣとＡ，Ｄ　　エ　Ａ，ＣとＢ，Ｄ

3）　太郎君が育てていた植物の動きは，どのグループと同じですか。正しいものを次のア～エから１つ選び，記号で答えなさい。

ア　Ａ，Ｂ　　イ　Ｂ，Ｃ　　ウ　Ｂ，Ｄ　　エ　Ａ，Ｂ，Ｃ

2　太郎君はテレビで“桜の開花予想”が発表されたのを見て，「なぜこのような予想ができるのだろう」と不思議に思い，家の近くの桜について調べてみることにしました。

次の問いに答えなさい。

1）　離《はな》れた場所にある桜の開花日を予想することができるのはなぜですか。最も関連の深いことがらを次のア～エから１つ選び，記号で答えなさい。

ア　桜の木を植えた年　　イ　桜の木を植えた季節　　ウ　桜の品種　　エ　桜の寿《じゅ》命

2）　家の近くの桜の木を調べると，はじめの数輪が咲《さ》いた日である「開花日」と，全ての花の８割が咲いた日である「満開日」とでは約一週間の差がありました。その日に開花した花の割合を示す「日開花率」は（その日に開花した花の数÷全ての花の数）で表され，結果はグラフ１のようになりました。また，開花日から日開花率が最大となる日（グラフの点線）までは６日間でした。

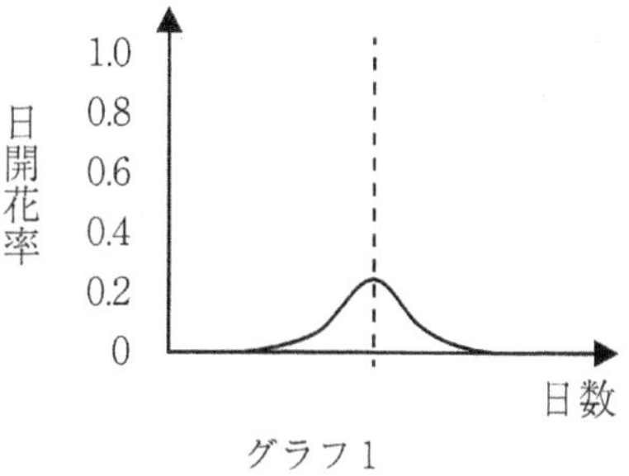

グラフ１

すでに開花した花の割合は「累《るい》計開花率」と呼ばれ，（すでに開花した花の数÷全ての花の数）

で表されます。累計開花率はどのような形のグラフになりますか。正しいものを次のア～エから１つ選び，記号で答えなさい。

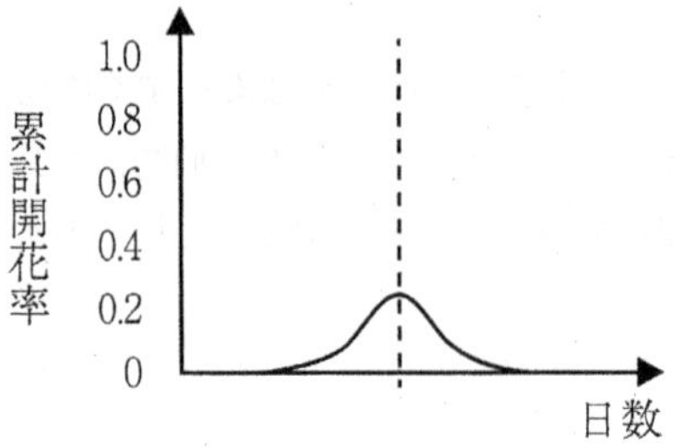

ア

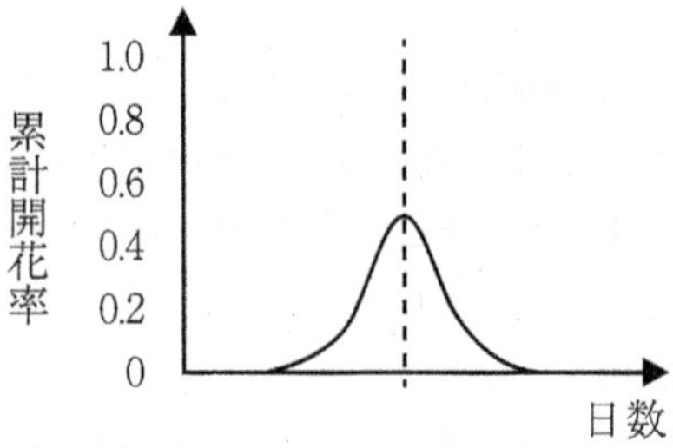

イ

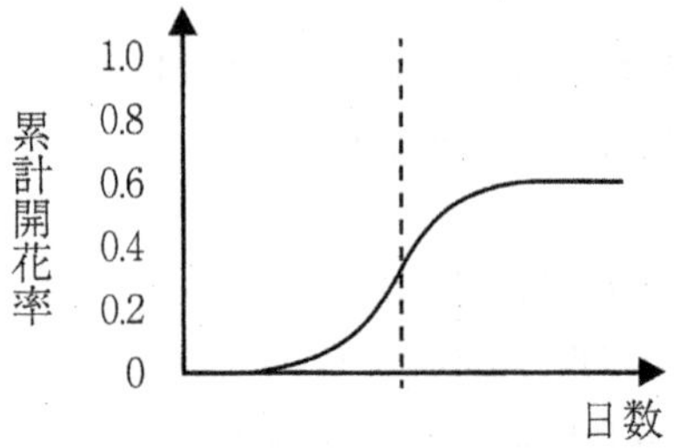

ウ

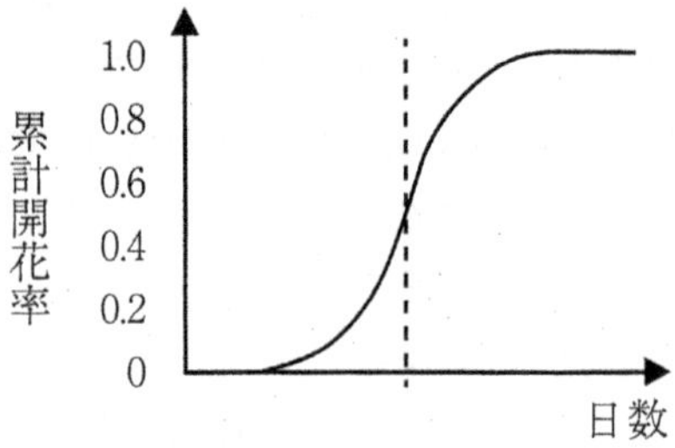

エ

3）　その時点で開花している花の割合は，単に「開花率」と呼ばれ，（その時点で開花している花の数÷全ての花の数）で表され，「見かけの開花率」とも呼ばれます。「見かけ」と呼ばれる理由は，はじめに咲いた花は木全体が満開となるころに散り始めをむかえているからです。「見かけの開花率」はどのような形のグラフになりますか。正しいものを次のア～エから１つ選び，記号で答えなさい。

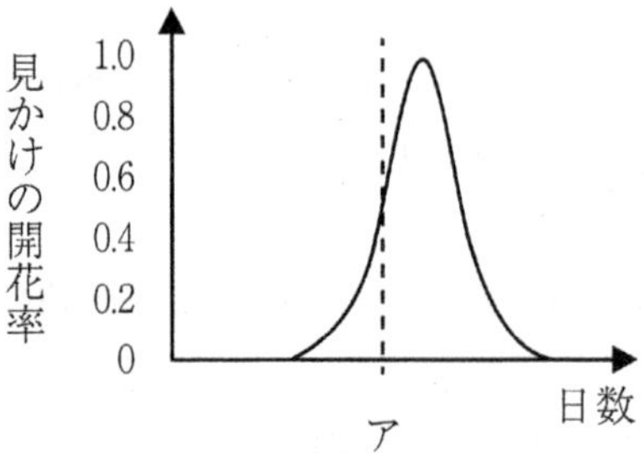

ア

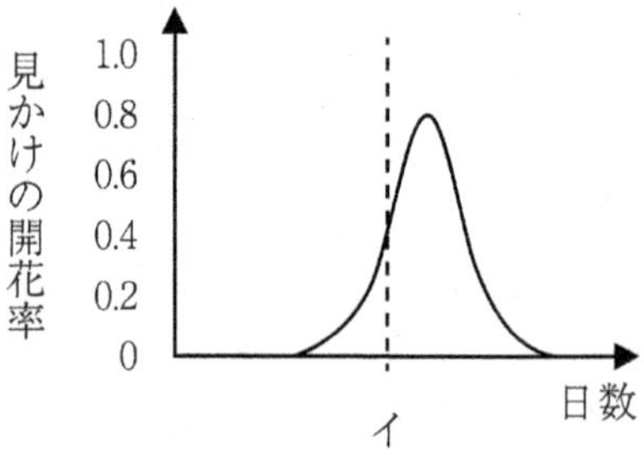

イ

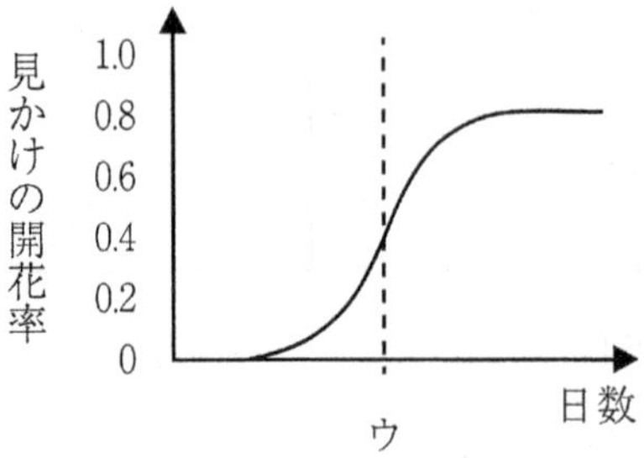

ウ

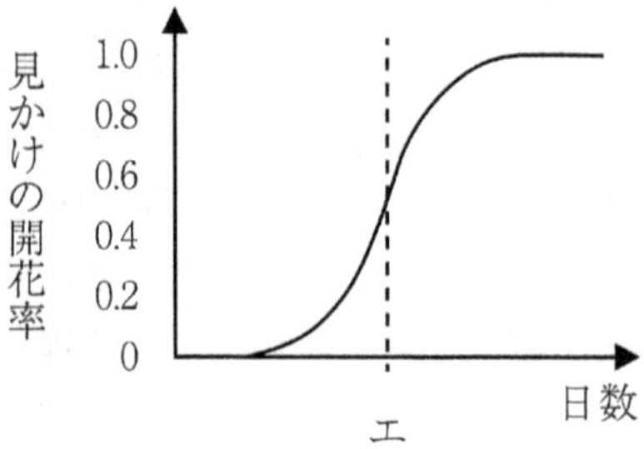

エ

3　太郎君は夏に冷蔵庫からジュースを出して飲もうとしたとき，容器の周りに水がついていることに気付きました。しかし，冬に同じことをしても容器の周りに水がつかないことを疑問に思いました。

調べてみると，この現象は空気中に含まれる水蒸気量の違《ちが》いによるものだと分かりました。一定量の水に溶《と》ける砂糖の最大量が決まっているのと同じように，一定の体積の空気に含まれる水蒸気の最大量（これを飽《ほう》和水蒸気量といいます）も決まっており，下のグラフのようになります。

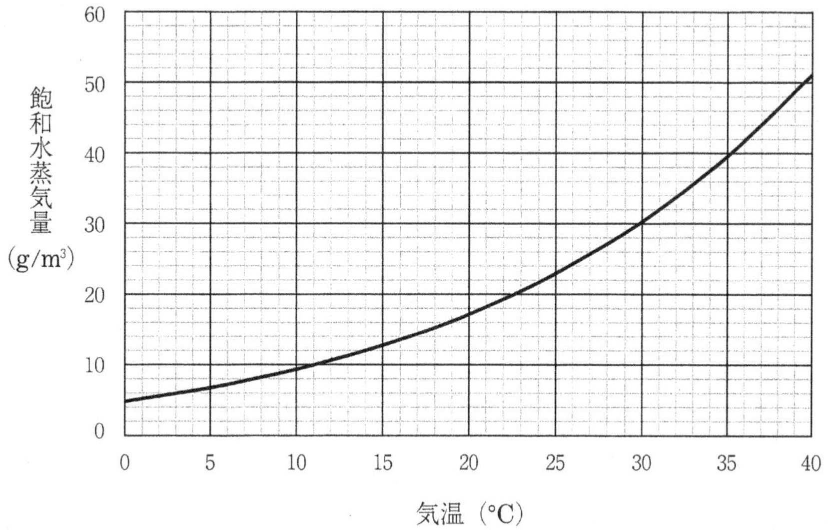

このグラフから，空気の湿《しめ》り具合をしめす湿度が求められます。例えば，気温が30℃ のときの飽和水蒸気量は約30 g/m^{3}で，実際の空気中に含まれている水蒸気量は，湿度が50％だとすると約15 g/m^{3}になります。湿度が100％を超えると水蒸気は水滴《てき》に変わり，空気中では雲や霧《きり》が発生します。

次の問いに答えなさい。

1）　下線部と同じ理由で起こる現象はどれですか。次のア～エから１つ選び，記号で答えなさい。

ア　冬に吐《は》く息が白くなる　　イ　冬に霜《しも》柱ができる

ウ　雨が降った後に虹《にじ》ができる　　エ　夕焼けが赤く見える

2）　冷蔵庫から出したジュースが５℃ で，周りの気温が30℃のとき，湿度が約何％以上ならば下線部の現象を見ることができますか。次のア～エから最も近いものを１つ選び，記号で答えなさい。

ア　15％　　イ　25％　　ウ　35％　　エ　45％

3）　標高500mの地点で気温25℃，湿度75％であった風が，標高2000mの山を越《こ》えるときのことを考えます。空気が上昇《しょう》するときに温度が下がる割合は100mあたり1.0℃で，空気が下降するときに温度が上がる割合も同じとします。また，途《と》中で雲や霧が発生しているとき，その割合は100mあたり0.5℃ であるとします。

①　風が山の斜《しゃ》面を上昇するとき，標高約何mで雲や霧が発生し始めますか。最も近いものを次のア～エから１つ選び，記号で答えなさい。

ア　500m　　イ　1000m　　ウ　1500m　　エ　2000m

② ①の風が山頂まで上昇し，その後，雲や霧のない状態で下降しました。このとき，標高０ｍの地点では何℃になりますか。小数第一位を四捨五入し，整数で答えなさい。

4 2019年12月，吉野《よしの》彰《あきら》氏がノーベル化学賞を受賞しました。その際に，幼少期に先生にすすめられた本として，『ロウソクの科学』が注目されました。このことを聞いた太郎君と先生の会話を読み，問いに答えなさい。

太郎：先生！『ロウソクの科学』とはどんな本ですか。

先生：イギリスの科学者ファラデーが，一般市民や子どもたちに向けて行った講演をまとめた本です。「ロウソクが燃える」という現象を題材に，日常的な現象を科学の目で見ることで，何が起こっているのかをわかりやすくまとめています。

太郎：ロウソクが燃える現象？　何か特別なことが起こっているのですか？

先生：例えばロウソクが燃えると（　①　）と（　②　）という物質ができます。でも燃えている様子を見ただけではわかりませんね。これらが発生したことを実験で確かめていきます。例えば（　①　）はこの図（右図）のように，ロウソクが燃えているときに炎《ほのお》の少し上に氷と食塩を入れたボウルを置くと，ボウルの下に液体状の（　①　）がたまります。

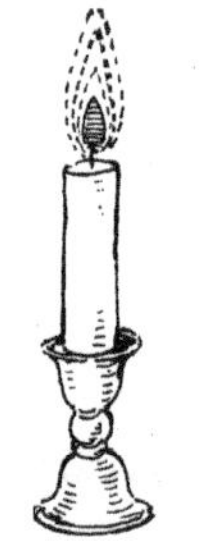

太郎：先生，（　②　）を確かめる方法はわかります。集めた気体の（　②　）を（　③　）に入れると白くにごるのですよね。

先生：そうです。ファラデーも同じ方法で証明しています。また，講演の中でファラデーは，（　②　）は別の方法でも発生することを実験で示しています。

太郎：先生，これもわかります。（　④　）に大理石のかけらや貝がらを入れるのですね。

先生：そうです。よく勉強していますね。さらに，ファラデーは炎の周りで起きていることもくわしく解説しています。固体であるロウがどのように炎となって燃焼するのかを。

太郎：そう考えると不思議ですね。

先生：火のついているロウソクの一番上の部分は皿のようになっていて，その中にロウソクがとけて液体になっています。⑤このとけた液体のロウが木綿の芯《しん》を上昇し，炎の中まで運ばれます。そして気体になって燃えます。

太郎：すごいですね。どうしてそんなことがわかるのですか？

先生：ロウが皿のようになった部分の中で液体であることは観察すればわかりますね。この図（右図）を見てください。ロウソクの芯のそばからつながったガラス管の先にフラスコがあります。ここに出てきた気体はフラスコで冷やされ，元のロウに戻ります。芯の近くには気体があることを示していますね。

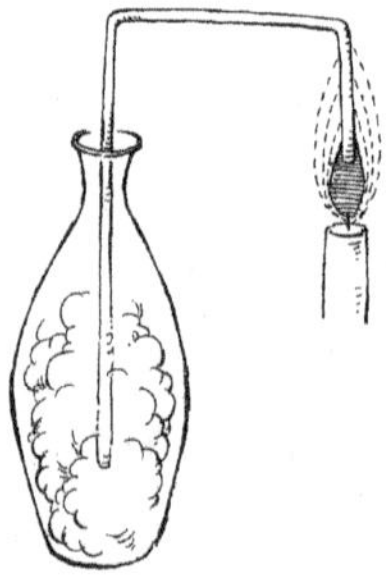

太郎：なるほど。ロウは固体から液体そして気体へと変化してから燃えているのですね。

先生：そうです。⑥芯の周りには燃える前の気体のロウがあるのです。まだまだ，ファラデーの実験は続きますが，今日はこのあたりにしておきましょう。

1）（①）～（②）に入る物質名を漢字で答えなさい。

2）（③）～（④）に入る水溶《よう》液を次のア～オから１つずつ選び，記号で答えなさい。

ア　アンモニア水

イ　塩酸

ウ　エタノール水溶液

エ　水酸化ナトリウム水溶液

オ　石灰水

3）次のア～エは，講演の中で実際にファラデーが行った実験です。下線部⑤，下線部⑥の現象を説明する実験を，次のア～エから１つずつ選び，記号で答えなさい。

ア　皿の上に食塩を山のように盛り，色を付けた飽和食塩水を皿に入れると，液体は塩の山に吸いこまれて上昇していく。

イ　ロウソクの炎に強い光を当てるときにできる影《かげ》で，最も暗い部分は実際のロウソクの炎で最も明るい部分である。

ウ　燃えているロウソクの炎の中央にガラス管の一方の先を入れ，反対側から出てくる気体に火をつけると燃える。

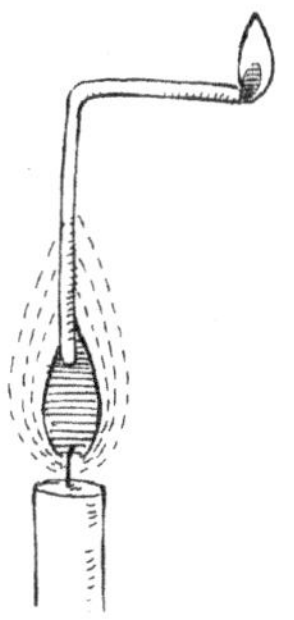

エ　燃えているロウソクの炎の中に，紙を燃えないように短い時間だけ入れると，中央はほとんど変化せず，その周辺に黒くすすがついた部分が輪のようになる。

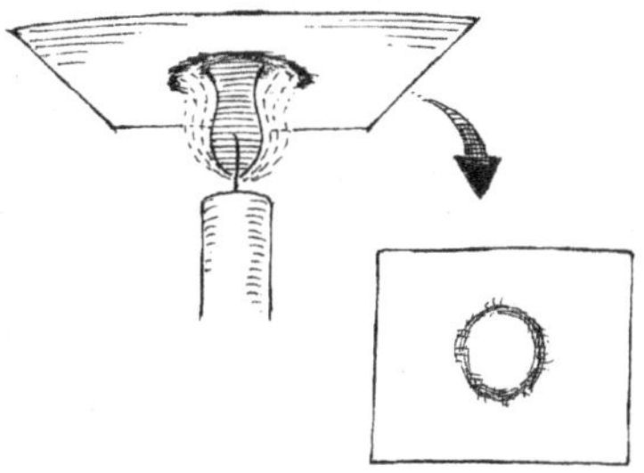

5　北極星について，次の問いに答えなさい。

1）北極星について正しく述べているものはどれですか。次のページのア～エから１つ選び，記号で答えなさい。

ア　地球の自転軸《じく》の方向に位置する星で，北の方角や観測地点の緯《い》度を知ることができる。

イ　地球の自転軸の方向に位置する星で，北の方角や観測地点の経度を知ることができる。

ウ　北の方角からのぼるただ一つの星で，観測地点の標高を知ることができる。

エ　北の方角からのぼるただ一つの星で，観測地点の季節を知ることができる。

２）　カシオペヤ座を使った北極星の見つけ方を表しているものはどれですか。次のア～エから１つ選び，記号で答えなさい。

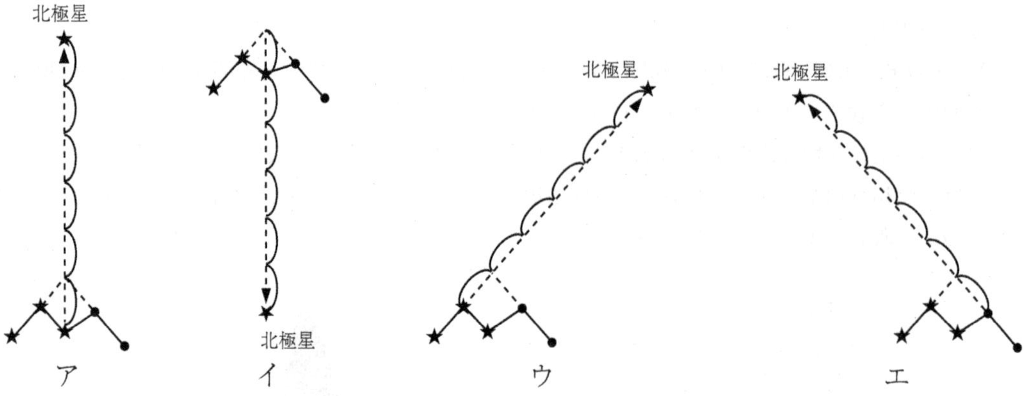

３）　２）と同様に北極星を見つける方法として，正しいものを次のア～エからすべて選び，記号で答えなさい。なお，必要ならば次のページの星図を参考にしなさい。

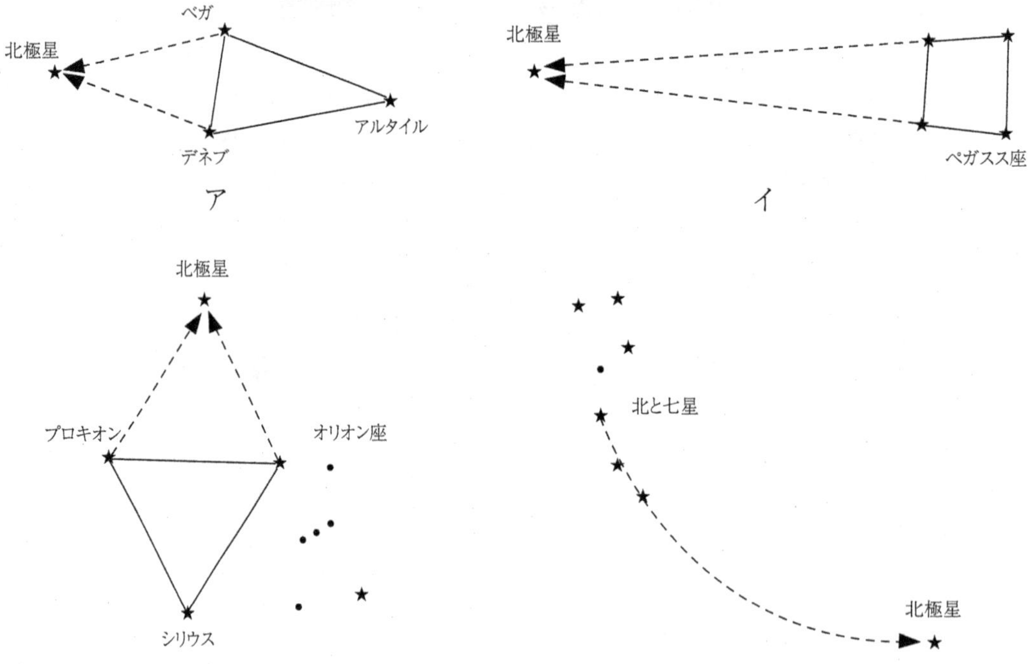

【参考】星図

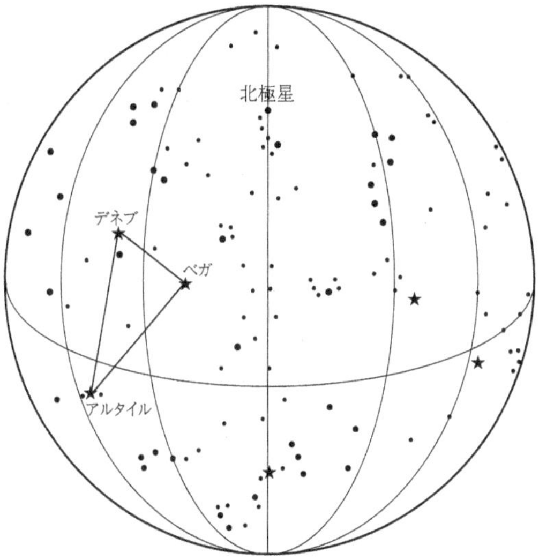

夏

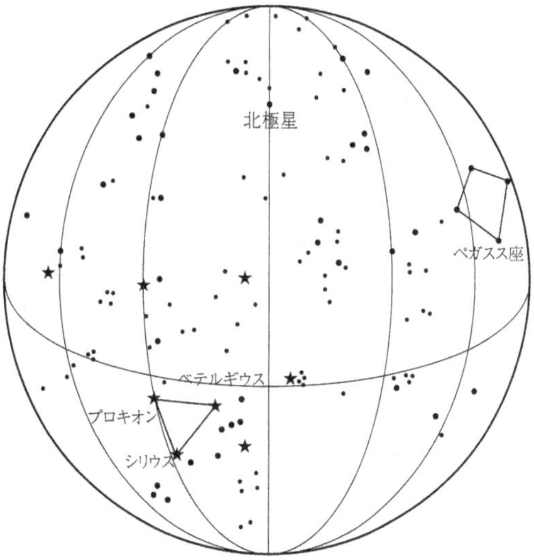

冬

４） 極軌《き》道衛星は，北極と南極の上空を通る軌道を周回する人工衛星です。この人工衛星は約120分で一周します。この人工衛星からカメラを地球と反対側に向け，ちょうど北極点上空（図のＡ地点）を通過したときからＢ地点を通過するまでシャッターを開けたままにしておきました。このときに得られる北極星の画像はどのようになりますか。次のア～オから選び，記号で答えなさい。なお，ア～オのＢ，Ｃは得られた画像においてそれぞれの地点がある方向を示しています。

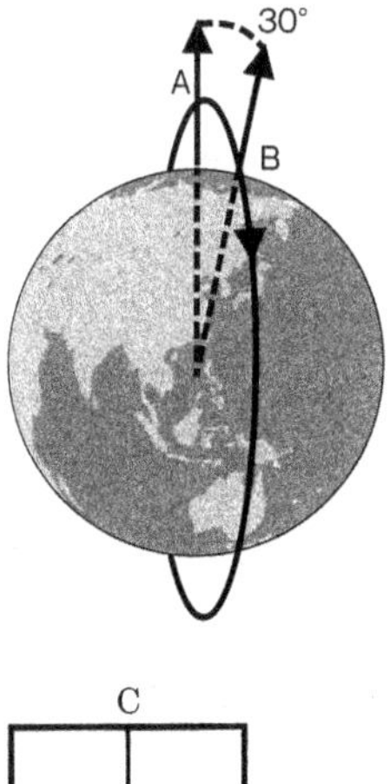

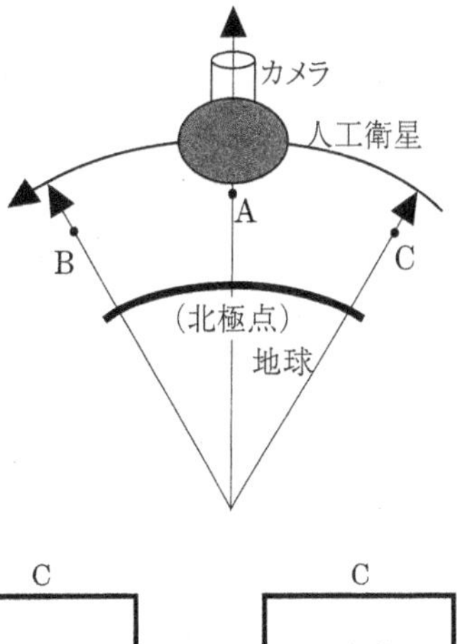

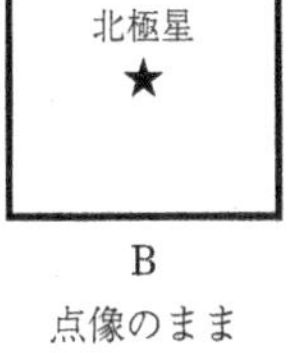

点像のまま

ア

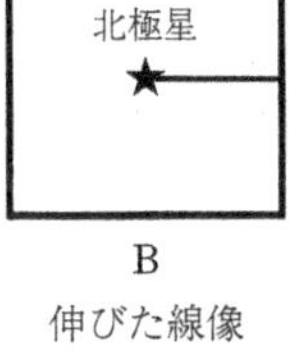

伸びた線像

イ

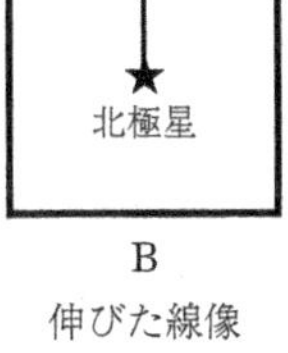

伸びた線像

ウ

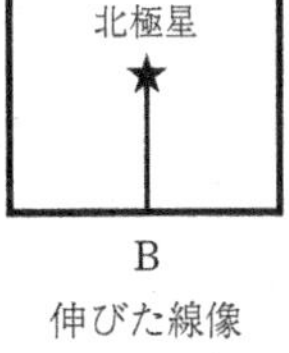

伸びた線像

エ

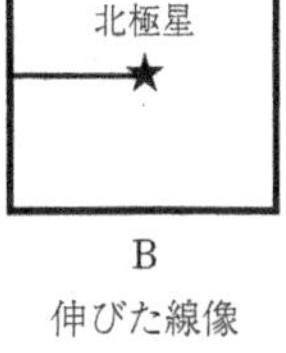

伸びた線像

オ

6　機械式の呼び鈴《りん》は，一般的に右の図１のように壁《かべ》に設置して使用します。ボタンを押《お》すとコイルに電流が流れ，鉄の棒がコイル側に動き，短い音さをたたいて「ピン」という音が鳴ります。また，ボタンをはなすと鉄の棒が戻り，長い音さをたたいて「ポン」という音が鳴るしくみとなっています。この呼び鈴はどの向きに設置しても使用できます。

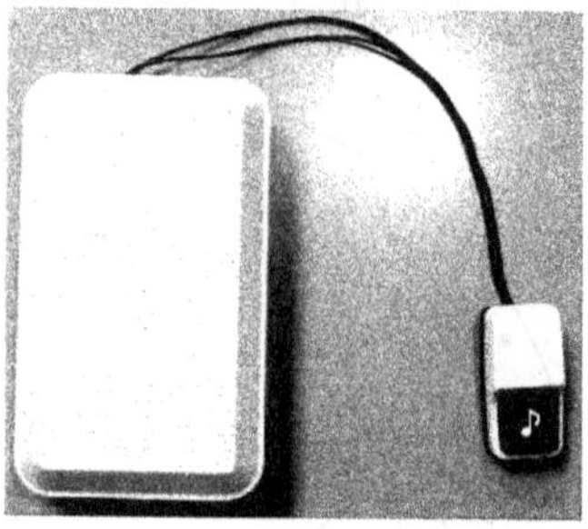

図１　機械式の呼び鈴

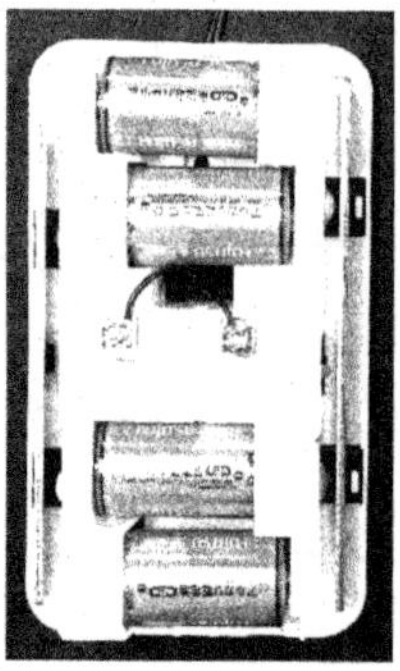

図２　内部の様子

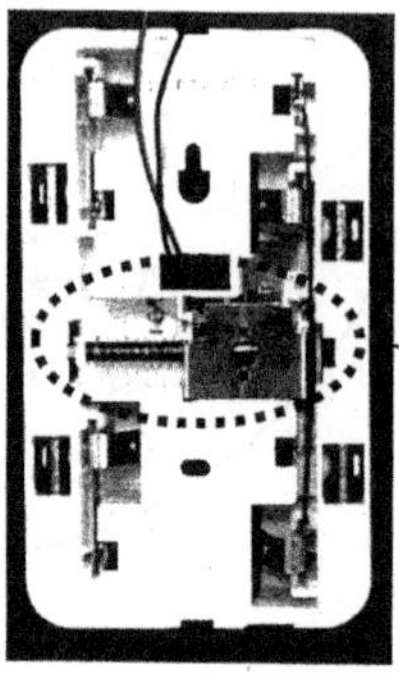

図３　装置の裏面

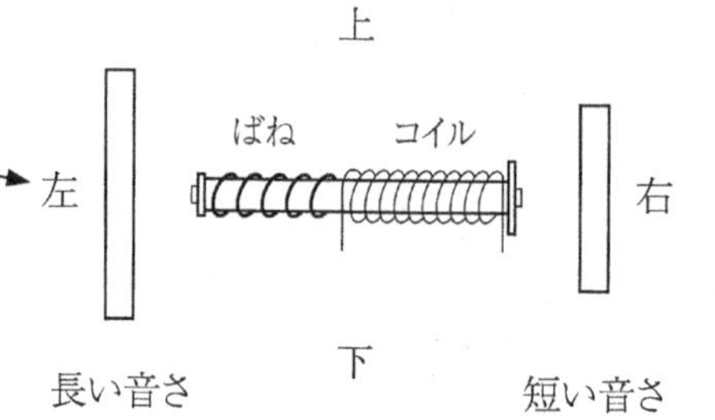

図４　壁に設置した呼び鈴の機械部の模式図

次の問いに答えなさい。

1）　直列につながれている４本の電池の本数を１本減らし，その場所の＋極と－極を導線でつないでボタンを押すと，呼び鈴の音はどうなりますか。次のア～ウから１つ選び，記号で答えなさい。

ア　大きくなる　　イ　小さくなる　　ウ　まったく変わらない

2）　４本の電池を入れた呼び鈴を図４のように設置し，ばねを取り除いてボタンを押してはなすと，呼び鈴の音はどうなりますか。次のア～エから１つ選び，記号で答えなさい。

ア　「ピン」の音のみ鳴って，「ポン」の音は鳴らない。

イ　「ポン」の音のみ鳴って，「ピン」の音は鳴らない。

ウ　「ピン」の音が先に鳴って，その後「ポン」の音が鳴る。

エ　音は鳴らない。

3）　ばねを取り除いた状態で，図５のようにばねがついていた側を下にして設置し，ボタンを押してはなすと呼び鈴の音はどうなりますか。次のア～オから１つ選び，記号で答えなさい。

ア　「ピン」の音のみ鳴って，「ポン」の音は鳴らない。

イ　「ポン」の音のみ鳴って，「ピン」の音は鳴らない。

ウ　「ピン」の音が先に鳴って，その後「ポン」の音が鳴る。

エ　「ポン」の音が先に鳴って，その後「ピン」の音が鳴る。

オ　音は鳴らない。

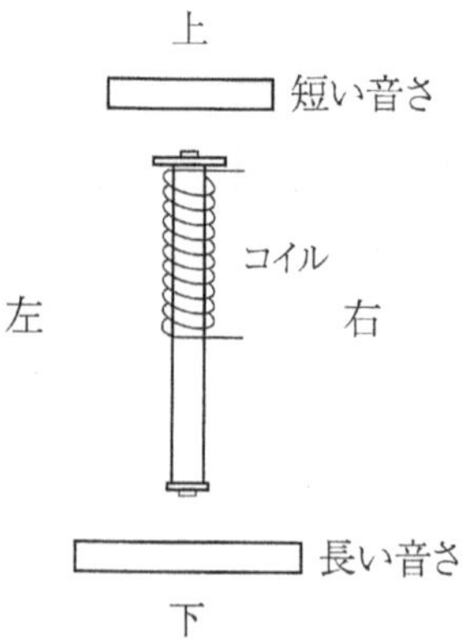

図５　ばねを外した模式図

4）　図４の状態にもどし，電池の＋極と－極をすべて入れ替《か》えてつなぎ，ボタンを押してはなしても，音が鳴りました。その鳴り方として最も適切なものを，次のページのア～エから１つ選び，記号で答えなさい。

ア　「ピン」の音のみ鳴って，「ポン」の音は鳴らない。
イ　「ポン」の音のみ鳴って，「ピン」の音は鳴らない。
ウ　「ピン」の音が先に鳴って，その後「ポン」の音が鳴る。
エ　「ポン」の音が先に鳴って，その後「ピン」の音が鳴る。

7　太郎君は，夏休みの自由研究で電気回路について調べることにしました。すべて同じ種類の金属で，長さや太さが異なる金属線を学校からいくつか借りてきました。そして，金属線･電源装置･電流計を用いて【実験１】と【実験２】を行い，回路を流れる電流の強さについて調べました。１本の金属線の太さはどこでも一定とします。

次の問いに答えなさい。

【実験１】　はじめに，図１のような回路を作り，回路を流れる電流の強さについて調べました。回路には電流計が二か所で別々につながれていますが，実験中どちらも常に同じ値を示していました。表１は実験で用いた金属線㋐～㋖の長さや太さを示したものです。また，電源装置の値を変化させて，電流の強さを測定した結果も示しています。なお，表１では金属線の太さを断面積（mm^2）で表しています。

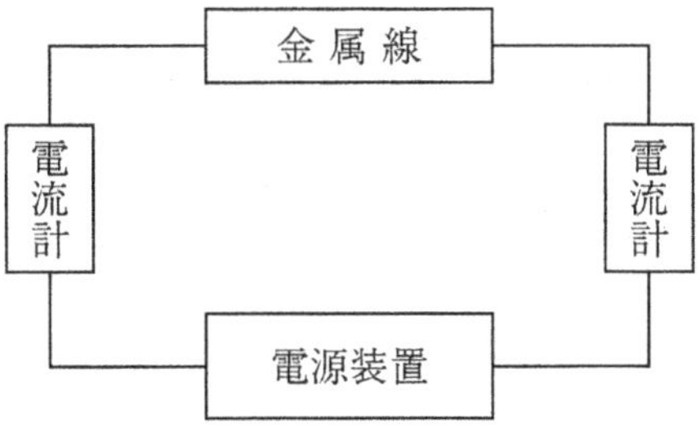

図１

表１

	長さ（cm）	太さ（mm^2）	電源装置の値（ボルト）	電流の強さ（アンペア）
㋐	10	0.06	3.6	2.00
㋑	20	0.06	3.6	1.00
㋒	40	0.06	1.8	0.25
㋓	40	0.06	3.6	0.50
㋔	40	0.06	5.4	0.75
㋕	40	0.12	5.4	1.50
㋖	40	0.18	5.4	2.25

1）【実験１】の結果をもとにすると，次の①～③の関係を示すグラフはどのような形になりますか。正しいものを次のページのア～オからそれぞれ選び，記号で答えなさい。ただし，同じ記号を何度用いてもかまいません。

①　横軸：電源装置の値　　縦軸：電流の強さ
②　横軸：金属線の長さ　　縦軸：電流の強さ
③　横軸：金属線の太さ　　縦軸：電流の強さ

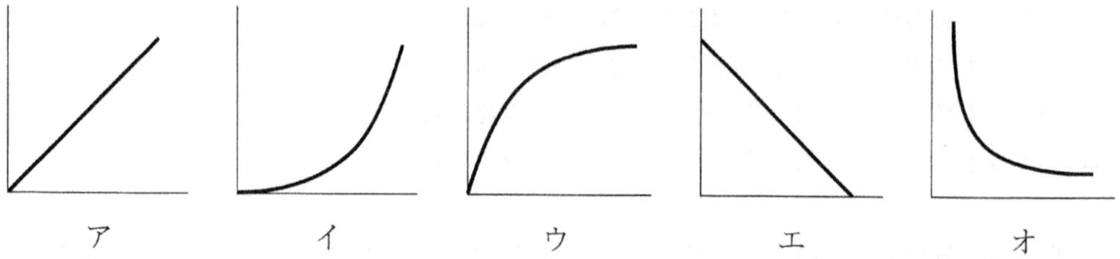

2） 図1の回路で，長さ60cm・太さ0.15mm^2の金属線Aを用いて測定をしました。電源装置の値が5.4ボルトのとき，電流の強さは何アンペアになりますか。

【実験2】 次に，図2のような回路を作り，金属線(い)と(き)を直列に接続し，電源装置の値を6.0ボルトにしました。このとき電流計はどちらも1.00アンペアを示しました。

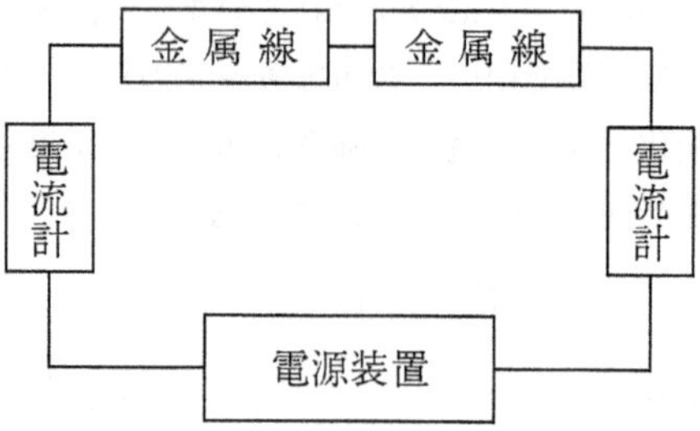

図2

3） 図2の回路で，長さ45cm・太さ0.12mm^2の金属線Bと長さ15cm・太さ0.04mm^2の金属線Cを直列に接続して電流を流すと，電流計はどちらも2.00アンペアを示しました。電源装置の値は何ボルトになっていますか。

【社　会】（30分）　＜満点：50点＞

Ⅰ　次の文章を読んで，以下の問いに答えなさい。

2019年５月１日，平成に代わって新しい元号が「令和」となりました。この「令和」という元号は，日本に存在する歌集のうち，もっとも古い（　1　）に由来しています。（　1　）をもとに元号が定められた背景は，日本の豊かな国民文化と長い伝統を象徴するものであるからといわれています。

日本の人々は，長い歴史の中で，さまざまな文化・伝統を築いてきました。こうしたものの中でも，世界的に認められ，「①世界遺産」・「無形文化遺産」・「世界の記憶」として登録され，未来に向けて保護・保存をしていくものもあります。これらは，（　2　）という国連機関で管理されており，「三大遺産事業」といわれます。

私たちにとって，見聞きする機会が多いのは「世界遺産」ですが，日本には多くの「無形文化遺産」に登録されたものもあります。「無形文化遺産」は，社会の変容や近代化に伴い，人々が伝えてきた慣習や技術など形のない文化的遺産に衰退や消滅の危険性がもたらされるという認識から，その保護を目的として制定されました。伝統芸能，②職人の技術，祭りや行事などが登録対象です。2008年に，日本の伝統芸能である能楽・人形浄瑠璃文楽・歌舞伎が，2013年には，自然の美しさや季節の移ろいを表現した盛り付け，正月行事などの年中行事との密接な関わりなどが評価され，（　3　）が登録されました。2018年には，「③来訪神：仮面・仮装の神々」の無形文化遺産登録が認められました。

長い歴史の中で築かれた有形・無形の日本の遺産が，世界的に価値あるものと認められるのは，非常に喜ばしいことです。一方で，私たちには④その問題点も正しく理解し，より一層の保護・保存，そして未来へ引き継いでいくことが求められるでしょう。

問１　文章中の（１）～（３）にあてはまることばを答えなさい。

問２　日本の下線①の登録数は2019年12月時点で23件となっています。下線①の中でも，グループ分けがされていますが，以下の日本の世界遺産をグループ分けすると，４つと２つに分けられます。２つの方に分類されるものを(ア)～(カ)から２つとも選んで記号で答えなさい。

(ア)　屋久島
(イ)　富士山
(ウ)　白神山地
(エ)　知床
(オ)　小笠原諸島
(カ)　平泉

問３　下線②について，(ア)～(カ)のうち，地図中の地域のものでない工芸品を２つ選んで記号で答えなさい。

(ア)　小千谷縮
(イ)　鳴子漆器
(ウ)　南部鉄器
(エ)　美濃和紙
(オ)　輪島塗
(カ)　将棋駒

問４　下線③では，複数の来訪神行事が登録されています。

⑴　下線③の中で，地図中のＺ県で行われている行事を答えなさい。

⑵　東北地方には「東北四大祭り」と呼ばれるものがあります。地図中のＺ県で行われているものを下の㋐～㋓から１つ選んで記号で答えなさい。

（ア）

（イ）

（ウ）

（エ）

問５　下線④について，「世界遺産条約」が成立した目的は，「文化遺産及び自然遺産を人類全体のための世界の遺産として損傷，破壊等の脅威から保護し，保存するための国際的な協力及び援助の体制を確立すること」（外務省ウェブサイト）とあります。つまり，世界全体で「人類共通の財産」を守り，未来に残し，受け渡していこうということです。しかし，現在こうした目的とは異なる点から，さまざまな問題が発生しています。それはどのようなことでしょうか。資料Ａ・Ｂからわかることを用いて，解答らんの文章に続くように，考えて書きなさい。

（地図）

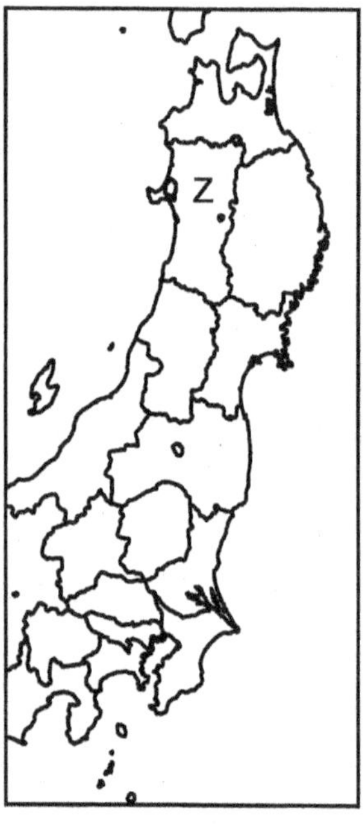

（資料 A）

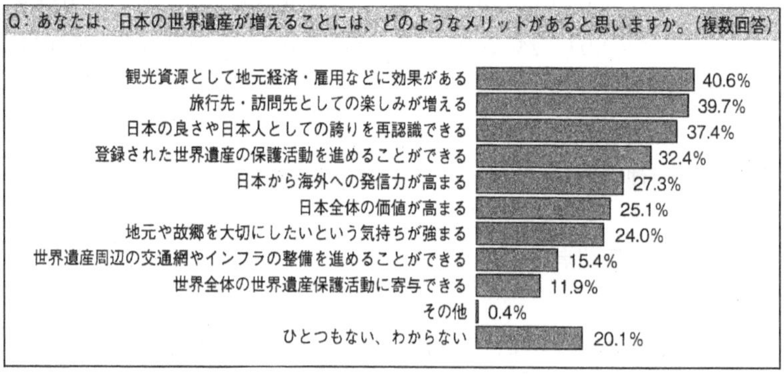

＊インフラ…産業や社会生活の基盤となる施設

（「DIMSDRIVE」ウェブサイトより）

〔資料Ｂ〕

➡ 自撮り棒での撮影にはご注意を！

➡ SNS映えを探して敷地内に入ったりしないで

➡ ドローンの撮影はご遠慮ください

➡ トイレは決められた場所で！

（白川村役場ウェブサイト「漫画で読む白川郷マナーガイド」より）

Ⅱ　次の文章を読んで，以下の問いに答えなさい。

古来より，アジアにおいては，周辺の国や地域の長が中国皇帝にみつぎ物を送ったり（＝朝貢），そのかわりに中国の皇帝が，その長をその国の王として認めたり，返礼の品を与えたりすることで国際体制が成り立っていました。原始や古代から，日本もしばしばその関係に組み込まれており，たとえば邪馬台国の卑弥呼は魏にみつぎ物を送り，「親魏倭王」の称号を与えられていました。その後も，日本は使いを送ることで多くの中国の品物や文化，制度も取り入れていきました。

中世・近世以降の日本は，この体制からは離脱することも多くありましたが，その時期においても①日本と中国の民間の貿易はさかんにおこなわれました。14世紀に新しく中国に成立した②明は，朝貢をするように周辺諸国に呼びかけ，力を高めようとしました。江戸時代を通じて，日本は朝貢体制に組み入ることはなく，③幕府はいわゆる「鎖国」の体制をとりましたが，世界に開かれた場所も存在しており，活発に交易がおこなわれました。

問１　下線①について，大輪田泊を築き，貿易を行った人物を漢字で答えなさい。

問２　下線②について，

⑴　室町幕府の将軍はこの国際体制に組み入り，日明貿易を行いました。この際に使用された渡航証明書を漢字二字で答えなさい。

⑵　もっとも多く朝貢を行ったのは，現在の沖縄にあたる琉球王国でした。

①　その中心地にあった城を漢字で答えなさい。

②　資料Ａ（次のページ）は琉球王国の王がシャム国（現在のタイ）にあてて書いた手紙です。なぜ琉球王国の使いがシャムを訪れたのでしょうか。その理由を説明しなさい。

⑶　資料Ｂ（次のページ）の国や地域の品物のやりとりをふまえて，琉球王国が栄えた理由を説明しなさい。

問３　以下の文章は，15～17世紀の世界各地のようすをあらわしたものです。下線③について，通商関係を持った国や地域の文を，㋐～㋔から２つ選んで記号で答えなさい。

㋐　国王死後，王位継承の争いが起きたが，かつて王により信任を受けた日本町の首領が武士たちを率いて王宮の王子を守り活躍し，新しい王は首領に最高の役人の地位を授けた。

㋑　キリスト教会の改革運動によってカトリック教会の支配から抜け出すプロテスタントという宗派が現れると，カトリック教会が新たな信者を獲得するためイエズス会が組織され，海外での布教と共に貿易もさかんに行われた。

㋒　主に漁業を仕事としていた人々が，この地に移り住み始めた日本人との間で，サケやコンブなどの交易をおこなった。日本人の鍛冶屋とのいざこざがきっかけとなり日本人との間に戦が起きた。

㋓　プロテスタント信者が多かったが，カトリック教会と関係の深い国の支配を受けてその信仰を強制されたため，戦争を通じて独立した。この国は東インド会社を設立し，積極的に海外に進出しインドネシアを拠点としてアジアでの貿易に力を入れた。

㋔　航海技術が発達し大洋を横断できるようになると，胡椒《こしょう》の直接の買い付けを求めてインドのゴアに進出し拠点とした。その後さらに東アジアに進出し，貿易で大きな利益をあげた。また国王はイエズス会との関係を深め布教もさかんに行った。

（資料Ａ）

琉球国中山王よりお手紙いたします。わが国は遠く東の海にありながら，これまで長く貴国と友好を深め，周辺の国々とは家族のように付き合って参りました。本国は中国へのみつぎ物に恵まれませんので，今回は，欲沙毎を正使とし，贈り物を持たせて感謝の思いをお伝えしますので，お受け取りいただければ幸いです。また，持参する陶磁器とシャム国の胡椒《こしょう》・蘇木《そぼく》との公平な交易を許可していただけないでしょうか。帰国して，それらを中国への献上品にしたいと思います。すみやかに交易を行い，季節風にのって国に帰れるようお取りはからいください。贈り物の品目と数量をあとに書き記しました。

模様のある織物五疋《ひき》	青色の織物二十疋	腰刀五把《わ》	彩色扇三十本
青磁の大皿二十個	青磁の小皿四百個	青磁の椀二千個	硫黄《いおう》二千五百斤《きん》

（沖縄県教育委員会『歴代宝案の栞』より作成）

＊欲沙毎…使者の名前　　蘇木…赤色の染料，または薬剤としてもちいられた木材　　硫黄…火薬の原料

（資料B）

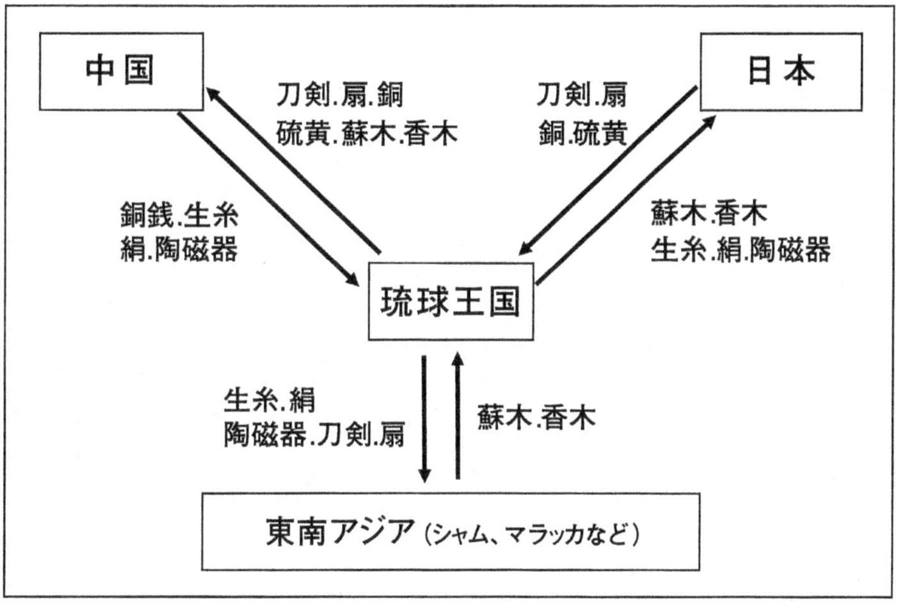

Ⅲ　次の文章を読んで，以下の問いに答えなさい。

『食品ロス，誰のせい？　処理工場にパンや卵の山』

相模原市にある「日本フードエコロジーセンター」。9日午前，トラックが絶え間なく訪れ，大型のコンテナが搬入された。コンテナの中は，原形をとどめたままの食パンやメロンパン，殻をむいたばかりのゆで卵，鮮やかなピンク色のハムなどでいっぱいだ。

「ここに来る廃棄物はほとんどが食べられるものです」と語るのは同センターの高橋巧一社長（52）。廃棄物にもかかわらず，腐敗臭はなく，カビの生えた食品も見当たらない。工場はスーパーや食品工場など約180の事業所と契約しており，毎日約35トンもの食品を（　1　）しているという。

食品はベルトコンベヤーに載せられ，手作業や磁石を使った機械で異物を取り除く。殺菌処理の後，乳酸発酵させて液状の豚の飼料に姿を変え，翌日には関東近郊の養豚場に送られる。高橋社長は「（　1　）される食品はほんの一部。全国では大量の食品が焼却処分されている」と説明する。

環境省によると，①食品ロスは2016年度に643万トン。統計を始めた12年度以降，高止まりの状態が続く。近年，問題となったのがスーパーやコンビニなどが期間限定で大量販売する…売れ残りだ。高橋社長は「②イベントの日付が近づくと大量の廃棄食品が運び込まれる」と語る。

廃棄処分には国民の（　2　）も投入されている。食品を含む事業系一般廃棄物を焼却処分する場合，事業者に加え，自治体も一部の費用を負担するためだ。自治体によって異なるが廃棄物1トンを燃やすのに数万から十数万円の（　2　）が使われている。

ジャーナリストの井出留美さんは食品ロスの現状について「小売業者は賞味期限ぎりぎりの商品を消費者が敬遠することを恐れて，メーカーに製造日から間もない商品の供給を求める。メーカーは圧倒的な購買力を持つ小売業者の要求に逆らえず，賞味期限まで余裕のある商品も廃棄に回す。悪循環が続いている」と指摘する。

変化の兆しはある。国会では16日，食品ロス削減推進法案が衆院を通過した。法案は，政府に食品ロスに関する施策を行う責務があると明記。内閣府に「食品ロス削減推進会議」を設け，廃棄される賞味期限内の食品を企業などから譲り受けて福祉施設などに届ける「(　３　)」活動への支援を義務付けた。

セブン―イレブン・ジャパンが今秋から販売期限の迫った弁当やおにぎりの実質的な値引きを始めるなど，廃棄削減に向けた小売業者の取り組みも目立ち始めた。

より新鮮で，注目される食べ物を求めてきた③消費者にも意識改革が迫られている。

…（後略）

（日本経済新聞ウェブサイト2019年５月19日より作成）

問１　文章中の（１）～（３）にあてはまることばを答えなさい。

問２　下線について，次の問いに答えなさい。

⑴　下線①について，右の資料の食品ロスの状況でもっとも大きな割合を占めるものは何ですか。㋐～㋔から１つ選んで記号で答えなさい。

㋐　外食産業

㋑　家庭

㋒　教育機関

㋓　製造業

㋔　輸送

（資料）食品ロスの状況

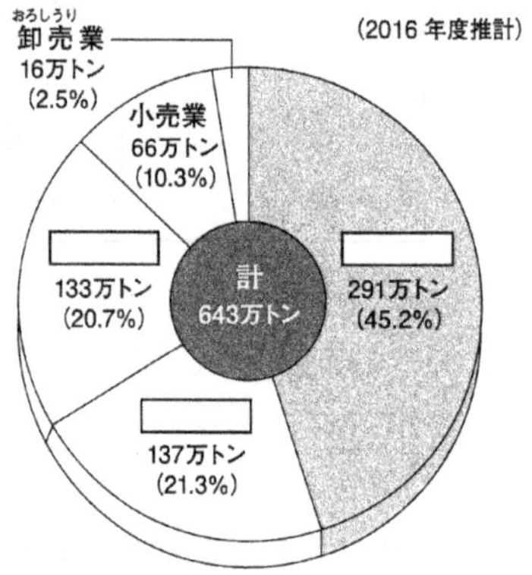

（農林水産省ウェブサイトより作成）

⑵　下線②について，イベントと食べものの組み合わせを，自分で考えて答えなさい。

⑶　下線③について，食品売り場で買い物をする際，どのようなことを意識したらよいと思いますか。

問３　この新聞記事のテーマは，2015年９月の国連サミットで採択された，すべての国を対象に経済・社会・環境の３つの側面でバランスがとれた社会を目指す世界共通の目標に関係しています。

⑴　これを何といいますか。解答らんにあてはまるように７字で答えなさい。

⑵　次の㋐～㋔は，アジェンダ（行動計画）に盛り込まれた，各国が2030年までに実現すべき17のゴールの一部です。この新聞記事のテーマは，どのゴールの達成につながりますか。もっともあてはまるものを記号で答えなさい。

㋐　貧困をなくそう

㋑　安全な水とトイレを世界中に

㋒　産業と技術革新の基盤をつくろう

㋓　つくる責任，つかう責任

㋔　すべての人に健康と福祉を

問４　将来的に地球が抱える問題をふまえた場合，食品ロスの問題解決に取り組まなければならない理由はどのようなことだと思いますか。説明しなさい。

たちまち恐怖が襲ってくる

しばらく歩くと心にゆとりが生まれた
五感をフルに使って
様々な鍾乳石を見て
石灰水の落ちる音を聞いて
地面の赤い泥に触れて
独特の水の臭いを嗅いだ

垂れてくる雫《しずく》には何がつまっているのか
石灰成分の他にも
数百万年の歴史がつまっている
数千万年かけて雫によって
数億年の大きな鍾乳石のつららが
できあがる
ほら　また落ちてきた

（本校生徒作品）

㈠ □にあてはまるのは、

(イ) 友人の気配　(ロ) 平らな道　(ハ) 笑い声　(ニ) ライトの光

㈡ ほら　また落ちてきたとは、

(イ) 限りない繰り返しの中に自分も組み込まれたように思っている
(ロ) 気の遠くなるような時を前に自分の小ささに不安を覚えている
(ハ) したたり落ちる雫を見ながらはるかな歴史に思いをはせている
(ニ) 数億年もの時に思いをはせながら未来の不確かさを感じている

㈢ 一番静かなのは第何連ですか。

㈣ 第二連では二つの感覚を同時に使っている場面があります。他の連において、同じように二つの感覚が同時に使われている行の最初の三字を答えなさい。

もう長いこと、頭にドーンと石が乗っかっている。これまでにはなかった、重く、大きい石だ。どんな歌詞を書いても、どこかを切り取られて、本来とは違う解釈をされたらどうしよう、ということばかり考えてしまう。無数の槍から自分を守るために頭に乗せた石のせいで、自分がどんどん押しつぶされて行く。腕を伸ばして深呼吸することも、空を見上げることも、忘れてしまいそうになる。

　そんな時にはいつも、この小学生時代の転校のことを思い出す。そしてその度に、我に返るのだ。

　新しいアルバムを出したり、新しい仕事に挑戦をしたりすると、新しい評価が下される。それは嬉しいこともあれば、悲しい事だってある。でもそれは、たまたま誰かに、その時 [2] だけの話かもしれない。時間をかけてでも、きちんと自分らしくいたら、いつか分かりあえるかもしれない。手軽に愛されようとしたり、安心できる場所にあぐらをかいていては、いつまでたっても始まらない。失敗しながら、たくさんの仲間を作って行けば良いじゃないか。私は死ぬまで、転校生だ。

（関取花　公式ブログ掲載「転校生」より）

㈠　私は小学校時代を三つの学校で過ごしたとありますが、「私」が一番長く通った小学校はどこですか。

㈡　「[1]」に適するのは、

(イ)　友達に褒められたいから
(ロ)　賞をとりたかったから
(ハ)　皆が描いていたから
(ニ)　なんとなく描きたかったから

㈢　[2] に適する七字を考えなさい。

㈣　仲良しのみんなとありますが、「私」にとっては本当の仲良しの段階ではなかったということを、ある語を複数回用いて描写しています。五字で抜き出しなさい。

㈤　少し、泣きそうになったという表現に、「私」と母親の結びつきの強さを感じることができます。今の「私」が過去を振りかえって母親への思いを述べている文を二か所探し、それぞれ最初の五字を抜き出しなさい。

㈥　自分が転校生だった時の話から現在の話に移っていきますが、私は死ぬまで、転校生だという言葉に今の「私」の曲作りに対する思いを見ることができます。「うさちゃんの絵を描く」ことは曲作りで考えると、どうすることですか。

五　次の詩を読んで、あとの㈠から㈣までの問いに答えなさい。

景清洞と名付けられた洞窟
「けいせい」じゃなくて「かげきよ」
外の光をも通すことのないこの穴に
か細いヘッドライトの光を頼りに
吸い込まれるかのように入っていった

一歩一歩がぎこちない
視界はせまく　足はたどたどしい
聴覚　触覚は敏感になって
手と耳ばかり神経を使う
[　　] が途絶えたものなら

たのだ。

　日本に帰国してから通うことになった小学校には、私がドイツに行く前、本当に赤ちゃんの頃によく一緒に遊んでいた友達が通っていた。ちなみにその子には二つ上の兄がいて、私の兄と同級生で、家族ぐるみでずっと仲良くさせてもらっていた。今考えると、転校の多い私や兄を気遣って、両親はその兄弟と同じ地域に住むことにしたのではないか、と思う。

　転校してからすぐ、「プレゼント」というテーマで作品を作ろうという図工の授業があった。

　私は赤ちゃんの頃から、「うさちゃん」という名前のうさぎのぬいぐるみを持っていて、絵を描くときはとにかくその絵ばかりを描いていた。よし、「うさちゃん」を主人公にした絵を描こう、と思ったのだが、周りを見渡すと皆は宇宙人の絵を描いていた。当時、私のクラスでは宇宙人の絵を描くのが流行っていたらしかった。私はすぐに迎合して、皆と同じような宇宙人の絵を描いた。理由は簡単である。またいつ転校になるかわからない、とにかく一刻も早く馴染みたい。ただそれだけであった。中国の小学校から転校することになった時、あんなに後悔したのに、結局同じことを繰り返してしまったのである。

　しばらくして、なぜかその絵が横浜市の小学校の図工展のようなものに入賞したと聞かされた。

　私のそのあまり思い入れのない宇宙人の絵は、関内にあるホールに展示されるとのことだったので、休日に家族で見に行くことになった。一応その絵の隣で慣れないピースをして写真を撮ったものの、それだけ済ますと、「はい、じゃあもう行くよ！」と母はさっさとそのホールを出ようとしたのであった。

　母は、「上手に描けてるねぇ」とは言ってくれたが、それ以上のことは言わなかった。私が広告の裏にマッキーで「うさちゃん」の絵を描いた時の方がよっぽど褒《ほ》めてくれたなぁ、と思うと、その心理が私にはよくわからなかった。普通、子供が何かで賞をとったら、親というのは、「すごいわね！さすが私の子！」みたいな感じで褒めるものなんじゃないのか？　そんなことを思ってとぼとぼと母のうしろを歩いていた。

　すると母が、「花ちゃん、どうして宇宙人の絵を描いたの？」と聞いてきた。私はドキッとして、正直に「［ 1 ］」と答えた。すると母は、「だよねぇ、でもお母さんは、宇宙人の絵で賞をとる花ちゃんより、うさちゃんの絵をニコニコ楽しそうに描いている花ちゃんが好きだなぁ」と言った。少し、泣きそうになった。

　それから、学校生活でもなんでも、もっと自分らしくしようと思った。お腹が空いていたら、胸を張って給食のおかわり戦争にも参加した。（結果、すごく太った。）めんどくさかったから、風呂に入らなかった。（それは毎日母親に怒られていた。それは「らしさ」じゃなくて「怠惰《たいだ》」だと。）

　でも、そこから急激に毎日が楽しくなったし、今でも大親友でありこのブログにも何度も登場しているRちゃんとも急速に仲良くなったりした。あの時、母が私の宇宙人の絵を、賞をとったからと言う理由で褒めちぎっていたら、きっとそうは行かなかったと思う。

　さて、なぜこんな話をしたかと言うと、私は今、曲作りに完全に煮詰まっているのである。

(三) 大会記録をジュリツする。

(四) 蜜にむらがるカブトムシ。

(五) 目測をあやまる。

四 次の文章を読んで、あとの(一)から(六)までの問いに答えなさい。

私は小学校時代を三つの学校で過ごした。

はじめに通ったのは、ドイツの小学校であった。

父親の仕事の都合で二歳でドイツに引っ越し、日本人幼稚園に通った後、日本人小学校に通った。私の住んでいた地域は日本人の家族が多く、30人以上のクラスが各学年3クラスあった。ドイツ語の授業も週に一回くらいだったので、ほとんど日本の小学校と変わりはなかった。地域柄なのか、のんびりした子が多く、平和な空気しか漂っていない学校で、本当に良い思い出ばかりが思い出される。

しかし、小学校二年生の途中で、また父親の転勤が決まり、中国の小学校へ転校することになった。

こちらも日本人小学校で、中国語の授業も週に一回程度、やはりのんびりした子が多かった気がする。転校してすぐになんとなく友達ができて、間もなくあった学校祭でも、友達と浴衣《ゆかた》を着て色々見て回った記憶がある。しかし忘れてはいけないのが、この浴衣は母の手作りであったという事である。

ドイツから転校してきた私は、浴衣を持っていなかった。もちろん、中国に浴衣は売っていない。今のようにネットショッピングも一般的ではなかったし、すぐに手元に準備できる環境ではなかった。しかし、友達は「学校祭では、仲良しのみんなで何かお揃いにしたいから、花ちゃんも浴衣着ようよ」と言ってくれていた。学校祭は二日後、今から買って準備するのは到底無理な話であった。でも、どうしても浴衣が着たかった。幼心に、とにかく新しい環境に早く馴染《なじ》みたかったのだ。

私は母親にダダをこねた。はじめこそ「無理よ」と言っていたけれど、母親はしばらくすると、「わかった、なんとかする」と言ってくれた。それから、母親は寝る間も惜しんで、実家から持ってきた大きめのシーツのようなものを使って、手作りの浴衣を作ってくれたのだった。帯は同じマンションに住んでいる人から借りた気がする。友達は皆ピンクや水色など鮮やかな色の浴衣を着ていたが、私は真っ白いガーゼのような生地に、細かい紅葉か何かの柄があるだけの浴衣だった。確かに地味ではあったが、間違いなくあれは世界で一番素敵な浴衣だった。

しかし、たった二ヶ月ほど中国に住んだだけで、また父親の転勤が決まり、日本に帰ることになった。

転校するということは勿論事前に両親から知らされていたが、教室で「関取さんが来週転校することになりました」と先生がクラスの皆に報告した時に、私は思わず泣いてしまった。人前で泣くなんて大嫌いだったので、先生や友達に「どうしたの?」と聞かれた時、私は「転校するなんて聞いていなかった」と嘘をついた。皆は「寂しいよね、悲しいよね」と言ってくれたのだが、私はそれで泣いたわけではなかった。浴衣がなくても自信を持って学校祭を楽しめるようになるまで、この学校にいられなかったことが悔しかったのだ。なんとなく皆に混じって、一応昼休みに算数セットを使ったおままごとに参加したりもしていたが、「たまにはドッヂボールしようよ」と言いたかった。いつか言えたら良いな、と思っていたのだが、それができないまま転校するのが悔しかっサッカーや草野球をする原っぱをもっています。「サザエさん」一家には車がありません。クーラーすらないのです。そのかわり、広い庭と卓袱《ちゃぶ》台《だい》があります。酒屋がご用聞きにきます。「サザエさん」は時代を映していないからこそ、理想の家族でありつづけるのかもしれません。

波平という人間は、激しさも思想性もなく、なにかうじゃじゃけた覇気のない人間だと思っていましたが、父権がこれほど低下してくると、だんだんりっぱな父親に見えてきました。

（永井一郎『朗読のススメ』より）

※フクニチ……フクニチ新聞。かつて存在した福岡県の地元紙。

㈠　「いいねえ。アニメは歳とらなくて」、「いいえ。年々歳々、若くなっているんです」の会話について説明した次の文の（1）と（2）にあてはまる語を本文中から抜き出しなさい。

アニメのキャラクターに設定されている（　1　）が変わらないため、担当する役者はいつまでも同じ気持ちで演じることができるということについて話した前者に対し、後者は設定した（　1　）は変わらないが、生きている（　2　）はどんどん変化していき、結果としてキャラクターの人間性が異なっていく（若くなっていく）ため、演じることが大変であると話している。

㈡　筆者の年代を考えます。本文中に描写されている三人の「波平」をそれぞれ第二次世界大戦では戦争に行かなかったかもしれません…①、同級生が大勢戦死した年代です…②、戦後っ子です…③、の記号で示すとすると、筆者自身はどこにあてはまりますか。

(イ)　①の前　(ロ)　①と②の間　(ハ)　②と③の間　(ニ)　③の後

㈢　日に日に戦争の記憶がちがうとありますが、ここで戦争のことを考えるのはなぜですか。

(イ)　第二次世界大戦の前と後では国民性に大きな違いが生じているから

(ロ)　戦争の体験を次世代に伝えていかなくてはならないという思いがあるから

(ハ)　人間性を決めるもっとも大きな要素が戦争だと考えているから

(ニ)　理想的な父親を演じるとすると戦争の体験は関係なくなるから

㈣　時代を映していないとありますが、もし、逆に「サザエさん」が「現代を映している」作品だとするならば、作品中に表現される事象としてどのようなものを考えることができますか。「カツオ」に関してあなたが考えついたことを自由に書きなさい。ただし、本文中で扱われていることは避けること。

㈤　理想の家族でありつづける状態は世の中の人からどのように評価されていますか。本文中から八字で抜き出しなさい。

㈥　最後の段落から感じられる印象としてふさわしいのは、

(イ)　波平を演じることへの迷い

(ロ)　父権が低下する社会への嘆き

(ハ)　理想の父親像を演じることへの限界

(ニ)　筆者が波平を演じた時間の長さ

㈦　この文章は何年に書かれたものだと考えられますか。

三

次の㈠から㈤までの――の部分を漢字で書きなさい。

㈠　区のチョウシャが完成する。

㈡　チームのキリツを大切にする。

十五歳近く年上になっています。

「いいねえ。アニメは歳《とし》とらなくて」

同じ役を四十年もやっていると、こんなふうにひやかされます。

「いいえ。年々歳々、若くなっているんです」

こう言うと、たいていの方が不思議な顔をなさいます。年月が過ぎていくのですから、長い間、同じ年齢で留まっているということは若くなっていることを意味します。そしてこのことは、役者にとってなかなか厄介なことなのです。つまりですね……。

「サザエさん」がフクニチの夕刊で四コマ漫画として登場したのは一九四六年（昭和二十一年）。終戦の翌年です。このときの波平を五十三歳とすると、波平は明治二十六年、日清《にっしん》戦争の前年に生まれたことになります。第二次世界大戦では戦争に行かなかったかもしれませんが、大政翼賛会に参加していたかもしれません。

一九六九年（昭和四十四年）にテレビアニメの「サザエさん」がはじまりました。このときの波平も五十三歳です。この波平は大正五年の生まれ。終戦が二十九歳。同級生が大勢戦死した年代です。

二〇〇八年の「サザエさん」の波平も五十三歳。この波平は終戦十年後に生まれたことになります。戦後っ子です。

さて、この三人の波平は同じ人間でしょうか。この三人の波平の戦争体験はそれぞれちがいます。人間は時代によってつくられるといいます。とすればこの三人の波平は完全にちがう人間であるはずです。波平という人間は日に日に若返っているのです。そして、厳密にいえば、日に日にちがう人間なのです。しかしやはり波平です。

俳優の仕事は、人間を一人つくることです。波平という人間は、はたしてどんな人間なのでしょうか。私はどんな人間をつくればいいのでしょうか。日に日に新しい波平をつくればいいのでしょうか。日に日に戦争の記憶がちがう波平を、そのときそのときで捉《とら》えていけばいいのでしょうか。

波平を時代がつくった人間として捉えると、どうしても無理が生じます。私はいつのまにか、「どんな時代にも通用する人間」としての波平を表現するようになっていました。どんな時代にも通用する父親像、それは理想的な父親像ということになります。

いつだったか、理想の父親像コンテストというような催しがありました。波平が「架空の人物」というジャンルで、理想の父親像の一位になりました。当然です。どんな時代にも通用する父親像としての波平を表現しているのですから。

そしてこれは、波平だけでなく、家族全員にいえることなのです。フネは理想の母親像だし、カツオは理想の男の子像、ワカメは理想の女の子像、タラちゃんは理想の幼児像というわけです。

こうなると「サザエさん」という番組はもうメルヘンです。だからこそ、「サザエさん」一家は日本の理想の家族でありつづけるのです。

原作者の長谷川町子さんが亡《な》くなったとき、「サザエさん」を評して、時代を映した作品といった方がたくさんいらしたようですが、むしろ「サザエさん」は時代を映していないといったほうが正しいのではないでしょうか。

カツオは塾へは行きません。テレビゲームもしません。そのかわり、

「声をかけてくれたこと、飯を奢《おご》ってくれたこと、旅に連れ出してくれたこと、実家に招いてもらったこと……最近よくあの頃のことを思い出すんだ。自分にとって親友と呼べる男は、生涯あいつだけだったからな」

夢に出てくるのだと祖父は言った。真鍋がこのところしょっちゅう夢に現れる。夢の中のわしは嬉しくなって、伝えそびれた言葉を伝えようとその手を取る。だが言葉が声になる直前に、あいつは消えていなくなるんだ。「その繰り返しだ」と祖父は寂しそうに笑いながら、ガラスケースに顔を寄せた。澪二も祖父の隣に立ち、ガラスケースの中の石を見つめる。

十八歳の真鍋が、二十八歳の祖父に手渡した琥珀《こはく》。五十年以上の歳月を経てなおこの石は、祖父の胸の真ん中で光り続けている。

「人生は短いぞ、澪二。今日一日を限界まで生きろ」

自分を奮い立たせるように声を張り、祖父が顔を上げた。配置図を片手にガラスケースを点検して回る。展示物の並び方が正しいか。解説パネルは正しい位置に掲げられているか。ひとつひとつ入念に確認していく祖父の双眸《そうぼう》から弱々しさは消え去り、いまはまた強い目に戻っていた。歳を重ねても輝きを失わない鉱石の瞳だった。

（藤岡陽子『海とジイ』所収「波光」より）

＊細君……妻のこと

(一) 澪二の祖父は石たちのことをどのように言っていますか。本文中から六字で抜き出しなさい。

(二) ひっそりと静かにとありますが、博物館内のこの静けさをどのように表現していますか。本文中から二十字で抜き出しなさい。

(三) 真鍋の家族として本文中に出てこないのは、

(イ) 祖父　(ロ) 父親　(ハ) 息子　(ニ) 孫

(四) この博物館が開館した年とは、

(イ) 十年以上前　(ロ) 二十年以上前

(ハ) 三十年以上前　(ニ) 五十年以上前

(五) 若い頃の祖父を助けてくれたとありますが、具体的にしてくれたことが書かれている部分を探し、その最初の五字を抜き出しなさい。

(六) 不慣れだと言う理由は何ですか。

(七) 「退屈なんかじゃないよ……全然」と言っていますが、澪二がどのようなことを思いながら聞いていたのかがわかる続きの二文を探し、その最初の五字を抜き出しなさい。

(八) 伝えそびれた言葉とは何ですか。本文中から抜き出しなさい。

(九) 「真鍋」のことを思う祖父の気持ちに澪二が寄り添おうとしていることは、どのようなことからわかりますか。

二　次の文章を読んで、あとの(一)から(七)までの問いに答えなさい。

「サザエさん」は四十年めを迎えます。サザエさんの父親・磯野《いその》波平を演じて四十年。あたりまえのことですが、なんと生まれた子が四十歳になる年月で、我ながら驚いています。一九六九年十月にはじまり、偉大なるマンネリなどと皮肉をいわれながら、いつのまにか、国民的番組になっていました。マンネリでいいのです。日に日に、新しい子どもが見ることになるのですから。

ところで、波平の年齢を五十三歳としますと、私は波平より十五歳若いときに波平の役をはじめたことになります。いまちょうど波平より二澪二は静まり返った館内に視線を移した。壁に沿ってガラスケースが置かれ、ローズクォーツ、スノーフレーク、碧玉《へきぎょく》、ソーダライト、白《しろ》瑪《め》瑙《のう》、と見たことも聞いたこともない美しい石が並んでいる。静寂しかないこの場所に祖父と二人きりでいれば、石たちの息遣いが聞こえてきそうな気がした。

「息子の名前は毅《つよし》と言ってな」

祖父が再び話し出すのを澪二は黙って見守っていた。どうしてか祖父とこんなふうに話をするのは、今日が最後のような気がしていた。

「真鍋の葬式の日、毅は空っぽの棺《ひつぎ》の前でじっと正座をしていたよ。涙も流さずな。だが気がつくと姿がなくて、わしは慌てて外に探しに行ったんだ。そしたら毅は、桟橋の上に立っていた。桟橋の先端で、海を見ていた。『ここでなにしてる』と訊くと、『とっちゃんと話しとる』と返ってきた。あまりに早く逝ったもんで、とっちゃんにありがとうを言えなかったから、とな」

おじさんもだ、おじさんもきみのお父さんにありがとうを言いそびれた、おじさんには十分な時間があったのに、それなのにたった一度もお礼を言えなかったんだ——。隣に立つ毅があまりにか細く頼りなくて、こんな小さな子供を置いてあいつは逝ったのかと思うと悲しくて、祖父はそんな言葉を口にしながら泣き崩れてしまったと話す。それまでずっと耐えていたのに八歳の子供の前で、涙が止まらなかった。

「おじさん、うらのとっちゃんは海におるよ」

海を前にむせび泣く祖父に、毅は手に持っていた石をひとつ、手渡してくれた。

「こうしてとっちゃんと話すんじゃ」

言いながら、毅が自分の手にあった石を海に落とした。石はゆらゆらと揺れながらも真っすぐに海の底へ沈んでいく。自分も同じように石を落とし、「真鍋、ありがとうな」と両手を合わせ、感謝の言葉を海に手向けた。

それから祖父は毅と二人で海を眺めていたのだという。先の台風が幻だったかのように天気のいい日で、波の間から金色の光が弾けていた。風が吹くと波の形が変わり、光も揺れた。

「ここにある石のほとんどは、真鍋のものだ。あいつの細君が譲ってくれてな」

売ればひとつ何万もする高価な鉱物もあったから、始めは固辞していたのだ。だがどうしてもと乞《こ》われ、断れなかった。

「あいつの形見を譲り受けた時、わしは細君と両親、それから毅に『石の博物館を開く』と約束した。いつか必ず博物館を開設するから来てほしいと伝えた。博物館を真鍋竜生の詣《まい》り墓《ばか》だと思ってほしいとな」

約束を果たせたのは真鍋が亡くなって十五年以上月日が経ってからだったが、真鍋の家族は博物館ができてからは毎年、この隣島に足を運んでくれるようになった。成長した毅の姿を見るとただただ嬉しかった。この前の春に九十五歳でこの世を去った真鍋の親父さんは、亡くなるひと月前にもここへ来て、懐しそうに石を眺めていた……。

「じいちゃん？」

ガラスケースに体を向けたまま、祖父が突然話を止めた。その背中に悲しみなのか安堵《あんど》なのか、澪二にはわからない感情が満ちていく。

「悪いな澪二。退屈な話を聞かせたな」

「退屈なんかじゃないよ……全然」

【国　語】（五〇分）〈満点：一〇〇点〉

一　次の文章を読んで、あとの㈠から㈨までの問いに答えなさい。

高校三年生の戸田澪二《れいじ》は、有望な陸上選手として名門大学への推薦《すいせん》が決まっていたが、最後の駅伝大会のメンバー決めのレース中に大けがをしてしまう。推薦がだめになり、受験、陸上、友達と様々なものから逃げ出すように家を飛び出した澪二は、島で暮らす祖父の家へとやってくる。突然やってきた彼を、祖父は「よく来たな」と笑って迎えたのだった。

「じゃあその箱はこの隅に置いてくれ」

引っ越し屋のアルバイトさながら、祖父の指示に従ってきびきびと動いた。祖父だけがわかる秩序であるべき場所に収まった石たちは、ひっそりと静かにその存在を光らせている。

「いつも疑問に思ってたんだけど、どうしてここ、元旦から開館するの？　正月くらい休んでも罰当たらないって」

澪二が中学に上がる前までは、祖父母の家で新年を迎えることも何度かあった。でも祖父は元旦から博物館を開けていたので、一緒に島の八幡神社に初詣でに出かけたことがない。それをいつも不思議に思っていたのだ。

「元旦は午前十時の船に乗って真鍋の家族が来ると決まってるからな。それはこの博物館が開館した年からずっと続いている、新年の行事なんだ」

今年の元旦も真鍋の息子が東京からやってくる。今回は初めて妻や子供たちも連れてくると言ってきた。だからどうしてもリニューアルを間に合わせたかったのだと祖父が頷《うなず》く。

「へえぇ、東京に住んでるんだ。ならじいちゃんの親友の真鍋さんも、いまは東京で暮らしてるってことか」

若い頃の祖父を助けてくれた人。瀬戸内の島で漁師の息子として生まれた、生真面目《きまじめ》で優しい理科教師。祖父と同様にいまは引退してのんびりと暮らしているのだろう。

だが澪二がそう訊《き》くと、祖父は動作を止めて、

「真鍋竜生は来ない。あいつはいまから三十八年も前に亡くなったからな」

とガラスケースの上に視線を落とした。

「真鍋さん……死んだの」

「ああ、三十五の時にな。大型台風がこの辺りを襲った年に突風に煽《あお》られ、海に落ちたんだ。漁船を桟橋に固定する作業を手伝っていた時だったそうだ」

訃報《ふほう》を知らせてきた真鍋の細君が、「不慣れなことをしたもんじゃから」と繰り返し呟《つぶや》いていた。あいつにはまだ八つの息子がいて……遺体は結局見つからなかった。

祖父はとぎれとぎれに言葉を繋ぎ、澪二に背中を向けるようにしてガラスケースに両手をついた。後ろから見るとケースの中を眺めているようにも見えたが、涙をこらえているのだろう。祖母の葬式の日も、祖父はこんなふうに家族に背を向けていた。

天井の蛍光灯が館内を白く照らしている。祖父はこれまでどんな思いでこの博物館を続けてきたのだろう。もう会うことのない親友になにを語りかけていたのか。

MEMO

大切なことはメモしておこうネ！

2020年度

立教池袋中学校入試問題（第２回）

【算　数】（50分）　＜満点：100点＞

【注意】　計算機つきの時計は使ってはいけません。

1　次の $\square$ にあてはまる数を求めなさい。

1）　$1\frac{6}{7}-1\frac{1}{6}-\frac{3}{5}\div 2\frac{1}{10}-\frac{1}{14}-\frac{1}{9}=\square$

2）　$\left\{\left(\frac{3}{4}+2.5\right)\div 0.125-2\frac{1}{4}\times\frac{2}{3}\right\}\div\frac{7}{12}=\square$

3）　$\left\{2\frac{1}{2}\times\left(\square-\frac{3}{4}\right)-7\right\}\times 8=49$

4）　$\{(\square-11)\times 68+66\times 23\}\div 53=62$

2　たろう君は400ページある本を，１日目にすべてのページ数の24％を読み，２日目は１日目に読んでいないページ数の25％を読みました。

次の問いに答えなさい。

1）たろう君が１日目に読んでいないページ数は，何ページでしたか。

2）たろう君が１日目と２日目に読んだページ数は，すべてのページ数の何％でしたか。

3　半径が６cmの円を３個使い，下のような図形をかきました。

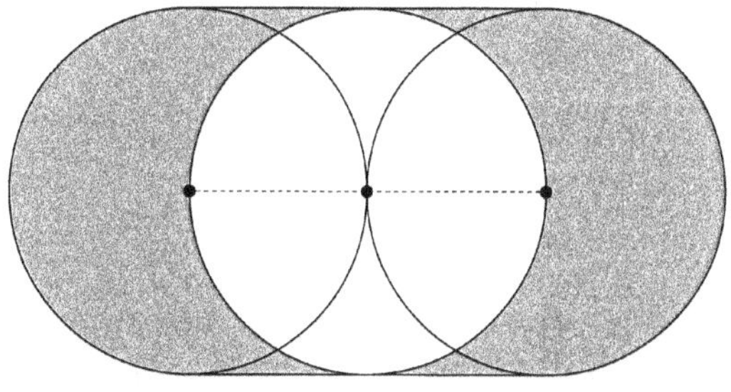

次の問いに答えなさい。ただし，円周率は3.14とします。

1）　 の部分の面積は何cm^2ですか。

2）　 の部分の周りの長さは何cmですか。

4　ゆうき君はお正月に，集まった親戚《しんせき》の人たちの年令を調べました。

おばあさん，おじさん，お兄さん，ゆうき君，妹の５人の現在の年令の和は141才で，10年前の年令の和は94才で，妹はまだ生まれていませんでした。現在から７年後には，おばあさんとおじさんの年令の和は，お兄さん，ゆうき君，妹の年令の和の２倍より８才大きくなります。また，おばあさんはおじさんよりも30才年上です。

次の問いに答えなさい。

１）現在の妹の年令は何才ですか。

２）現在のおじさんの年令は何才ですか。

5 ある学校の数学の成績は基準点によって決まります。その基準点は，次のように計算します。

(基準点)＝(定期テストの平均点)×0.6＋(確認テストの平均点)×0.4

ゆうき君の今までのテストの結果は，下の表のようになりました。

定期テスト（点）			確認テスト（点）			
1回目	2回目	3回目	1回目	2回目	3回目	4回目
65	80	74	59	68	80	91

次の問いに答えなさい。

１）ゆうき君の現在の基準点は何点ですか。

２）基準点を現在よりもちょうど３点上げるためには，4回目の定期テストで何点取ればよいですか。ただし，確認テストはもう行いません。

6 右の図のように，４つの歯車Ａ，Ｂ，Ｃ，Ｄがあります。歯の数は，Ａが20個，Ｂが36個，Ｃが24個，Ｄが15個です。また，歯車がかみ合っている部分の両方に，アとイの印を図のようにつけました。

次の問いに答えなさい。

１）Ａが21回転すると，Ｄは何回転しますか。

２）アとイの印が同時にそろってから，再びアとイの印が同時にそろうまで，Ａは何回転しますか。もっとも小さい整数で答えなさい。

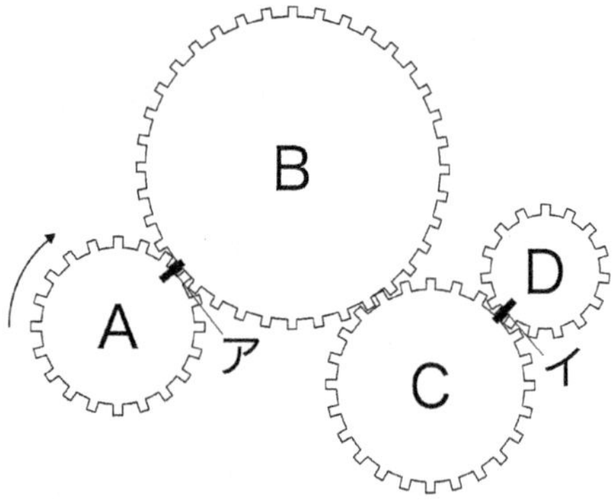

7 けんじ君とたかし君は，電車と競争をしました。けんじ君は時速10.5㎞で走り，たかし君は自転車で時速22.5㎞で走りました。電車に追いつかれてから完全に追いぬかれるまでの時間は，けんじ君が15秒間，たかし君が45秒間でした。

次の問いに答えなさい。

１）電車の速さは時速何㎞でしたか。

２）電車の長さは何ｍでしたか。

8 次のページの図のように，底面が直角三角形である三角柱の容器に水を入れてかたむけたところ，水面が三角形ABPとなりました。

次の問いに答えなさい。ただし，容器の厚みは考えないことにします。

１）容器に入っている水は何cm^3ですか。

２）長方形BCFEが底面となるように水平な台に置くと，水面の高さは何cmになりますか。

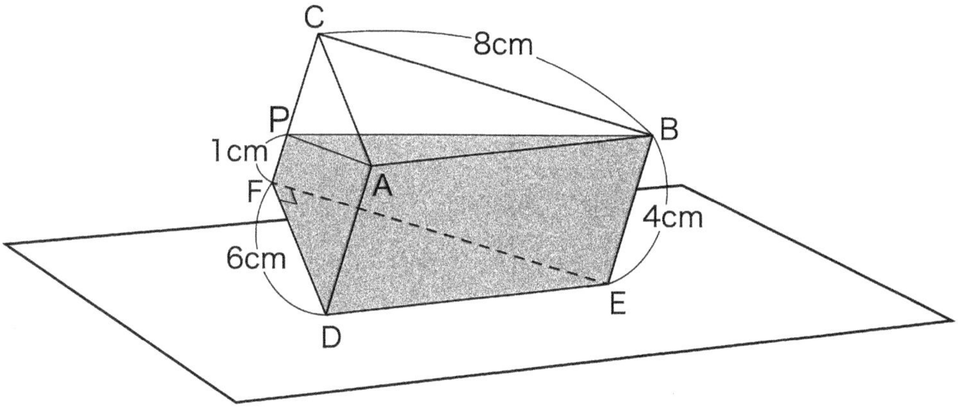

9 右のグラフは，ある41人のクラスで行った算数のテストの結果をまとめたものです。女子の平均点は7.8点で，女子と男子の人数の差は５人以上10人以下です。

また，この地域の児童4223人に同じテストを行った結果，8点以上を取った人数の割合が，このクラスの８点以上を取った人数の割合と等しくなりました。

次の問いに答えなさい。

１）この地域で８点以上を取った児童は何人ですか。

２）このクラスの男子の平均点は何点ですか。

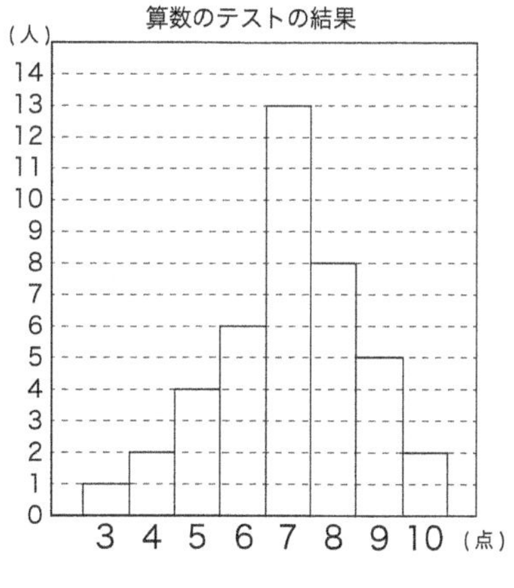

(六)「声を『もらう』」のほかに、相手に敬意を払うという気持ちが表れている行動を本文中より十字程度で抜き出しなさい。

(七) 1スタイルと2スタイルのそれぞれの意味は、

(イ) 1 服装　2 誇り
(ロ) 1 はやり　2 生き方
(ハ) 1 好み　2 姿勢
(ニ) 1 センス　2 こだわり

(八) [2] に入る二字を本文中より抜き出しなさい。

(九) 現場とはどのような場所ですか。次の文の（　）に本文中の一語を入れて答えを完成させなさい。

鬼たちがそれぞれの（　　　）をもって仕事をする場所

五 次の四つの短い手紙を読んで、あとの(一)から(四)までの問いに答えなさい。

「おばあちゃん」へ
たくさんあるね。（　）ったしるし。

「膝《ひざ》」へ
もう少し（　）わないでくれる？
この仕事が終るまで。

「□の看板」へ
「前向きに！」いつもエールをありがとう。
あなたのおかげで、今日も私は（　）顔です。

「おねえちゃん」へ
みてみて。[A]も[B]も[C]も[D]も[E]も、
みんな（　）うおとや。
[A] [B] [C] [D] [E] って、たのしいの。

（『日本一短い手紙　新一筆啓上賞』より）

(一) 四つの手紙の（　）に共通して入る漢字一字を答えなさい。（「おねえちゃん」への手紙ではひらがなで入っています）

(二)「おばあちゃん」への手紙のしるしとは何のことですか。

(三) 三つ目の手紙は、ある場所の看板の違う意味の言葉を、自分へのメッセージのように感じたことから書かれたものです。□に入る場所はどこですか。

(四)「おねえちゃん」への手紙の□に入るひらがな五字を答えなさい。

「○○さん、怒りはなしで。我慢してる感じでお願い。痛いのをうんと我慢するの。絵は見ないで」
と切り返した。ぽかんとなる声優も、その通りにすると、見ていないはずの絵にぴたりと声が合った。
手練手管《てれんてくだ》ではない。作品を読み込み、監督の意図を理解し、声優の声の質を頭に叩き込んだ上での指示である。その根底には空恐ろしいほどの真剣さがある。そしてこの鬼は最後に必ず、
「それ、いただきます」
と相手に敬意を払うのである。
声を「もらう」のだ。決して「俺の言う通り出せ」ではない。
「その証拠に、Mさんのジーンズのズボンって、たいてい膝《ひざ》のところが擦り切れて、穴があいているんだよね」
ある有名声優さんに、そう教えてもらった。
Mさん自身もふくめ、誰も気にしていなかったことであったらしい。単にMさんの[1]スタイルだと思っていた。確かにそれは誰にも真似《まね》できない彼の[2]スタイルだった。
「それ勲章《くんしょう》だね」
あるとき有名声優が、Mさんのジーンズの穴を指して言った。
分厚い防音ガラスの向こうにいる声優陣の所に行き、直接指示を出すとき、Mさんは必ず、椅子に座って待機する彼らよりも低い場所から声をかける。
つまりその場に膝をつくのだ。だから穴があく。逆に言えば、穴があくほどひざまずく。そのことに、その有名声優だけが気づいた。
Mさんは指摘されて初めて、家にあるジーンズを見た。全て膝が破けていた。
「穴があいたズボンが勲章かよ」
とMさんは苦笑する。だがあるプロデューサーいわく、
「それって、Mさんにとっては仕事をしていて一番、言われて嬉しかった言葉なんじゃないかな」
とのことだ。
その、C鬼の膝小僧に、私は心底しびれた。
王者のように君臨し、D鬼のような気配を発するMさんは、今日も両膝が擦り切れたジーンズを穿《は》き、そこにいる人々の前に、そして何より、【2】の前に、ひざまずくのである。
こうして学ぶことが沢山ある現場からは、しばらく離れられそうにない。

（冲方丁『もらい泣き』より）

㈠ 鬼とありますが、AからDの中でMさんを指すものはどれですか。

㈡ 他方の別の表現を本文中より十二字で抜き出しなさい。

㈢ 【1】に入る語を本文中より抜き出しなさい。

㈣ 甘いセリフとは、

(イ) 文字の少ないセリフ

(ロ) 詩歌のような美しいセリフ

(ハ) 慎重さに欠けるセリフ

(ニ) 子供向けのわかりやすいセリフ

㈤ 独善的とは「勝手に自分が正しいと考えること」ですが、「私」もこのような状況におちいってしまう可能性があります。それは「私」が仕事柄どのように過ごすからですか。解答欄に続くように本文中より十字で抜き出しなさい。

そのときスタジオを訪れた私は、挨拶しようとして彼に近づいた。

「どけ」

というのが彼の返答だった。

別に、嫌な人だとは思わなかった。まさに「鬼がいる」と思った。

というのも、緊迫感が漂うレコーディングの最中に、むやみに声をかけるほうが、悪いのである。当時の私には、その塩梅《あんばい》がよくわかっていなかった。

アフレコは、声優陣がアニメーションに声を吹き込む現場だ。

スタジオの防音ガラスのこちら側には、音響スタッフ、アニメ監督、脚本家、プロデューサー陣がいる。他方にはヘッドホンをし、脚本を手に、出番を待つ役者たちがずらりと並ぶ。

場合によるらしいが、私が知るのは緊張の現場ばかりだ。音響監督は作品の「音」に責任を持つ。だから「声」にも恐ろしく真剣だ。特にMさんは声音の根本にある「意味」について容赦せず、監督にも遠慮なく訊《き》く。

「絵で見ると近いよね。『それ』ってセリフじゃ言ってるけど、『［ 1 ］』だよね」

というのは決して重箱の隅をつついているわけではない。

「『それ』だと距離があるから自然に声をはっちゃう。すぐそばにいるのに、相手と離れた芝居になるけど、いい？」

このように指示語一つで会話全体のニュアンスががらりと変わることがあるからだ。複数の登場人物がいるとき、必ず複数の声優陣がいる。彼らが互いの感情の距離感を読み違えれば、芝居がちぐはぐになる。

その原因が、ときに文字数にして、たった二文字か三文字のセリフであったりする場合もある。

小説家としても身が引き締まるし、肝が冷える。甘いセリフなど、問答無用でぶっ叩かれるからだ。

「この、『ああ』の返事の意味は？　相手の感情に気づいたの？　相手に共感を示したいの？　それともこれ、単に会話をつなげたいだけ？」

という具合だ。

別の現場でこんな話を聞いた。

ある有名タレントがアニメの声優として参加した。子供向け作品ということもあり、現場をなめきっていたらしい。

だが彼の先輩タレントがレギュラー出演しており、後輩より早くスタジオ入りした。そして音響監督とともに、

「彼の声が芝居に入るから、俺はこういう声にしないとな」

と後輩の声を想定し、自分の声を作っていた。

その光景に、なめきっていたタレントの表情が一発で真剣そのものになった。

そういう「伝わる真剣さ」を現場のB鬼たちはことごとく身につけている。

独善的に「俺は真剣だ」とわめいたところで、誰も従いはしない。代わりに彼らは作品を少しでも良くするために何でもやる。

たとえばあるアフレコ現場で、Mさんが、

「駄目だ、できない」

と呻《うめ》いたことがある。

声優の実力が足らず、セリフのニュアンスが出ないのである。しかしMさんは諦めず、数秒ほど沈黙し、それからその声優に、

と思って本当に無理をしすぎてしまうと、やっぱり体の調子も悪くなってしまうし……。難しいですね。

ただやっぱり、頑張らないでいることのほうが私は、どこか居心地が悪いのです。

そういう居心地の悪さのようなものって、積もり積もっていくと色々なことが上手くいかなくなることに繋がってしまう気がするのです。

だからこそ、「何だかちょっと気持ち悪いなぁ」という、その「ちょっと」を見過ごさないようにしたいのです。

（八千草薫『まあまあふうふう。』より）

㈠　そういう時はちょっと怒るんです（笑）と同じように（笑）が入るのは、①から④のどこですか。

㈡　「甘えないで自分でやれ！」と言い聞かせながらも、「私」は周りの気づかいを受け入れようとしています。それがわかる表現を五字で抜き出しなさい。

㈢　毎年きちんと歳はとっていきますからとは、

(イ)　自分の歳は隠さずに言っているということ
(ロ)　毎年少しずつできないことは増えているということ
(ハ)　見た目がだんだん年相応になってきたということ
(ニ)　毎年誕生日はきちんと祝っていくつもりだということ

㈣　「私」の仕事とは、どのような仕事ですか。解答欄に続くように答えなさい。

㈤　本文中のＡからＣにあてはまるものの組み合わせとして適切なのは、

(イ)　Ａ　ぱっと　Ｂ　すっと　Ｃ　そっと
(ロ)　Ａ　そっと　Ｂ　ぐっと　Ｃ　ぱっと
(ハ)　Ａ　ぽっと　Ｂ　さっと　Ｃ　すっと
(ニ)　Ａ　すっと　Ｂ　ぱっと　Ｃ　さっと

㈥　「私」の目指す生き方を表している言葉を、本文中から抜き出しなさい。

三　次の㈠から㈥までの——の部分を漢字で書きなさい。

㈠　時計をナイゾウしている。　㈡　シュノウ会談が行われる。
㈢　今年の暑さにはコウサンだ。　㈣　試験の準備にヨネンがない。
㈤　初日の出をおがむ。　㈥　しずくがたれる。

四　次の文章を読んで、あとの㈠から㈨までの問いに答えなさい。

作家のくせに映像作品の脚本にも手を出すことが是か非かは、実のところ最近、私にもよくわからないのだが、少なくとも他メディアに参加し続ける理由の一つは明白である。

Ａ鬼がいっぱいいるからだ。

現場の鬼である。特に集団で仕事をする現場の鬼どもは、一人で原稿に没頭する作家生活ではなかなか身につけられないものを備えている。私自身の作品をアニメーション化した際の制作現場など、鬼の群れだった。

中でもアフレコ現場に、とびきりの鬼がいた。音響監督のＭさんである。今回の作品だけでなく、かれこれ十年前、最初にアニメーションに参加したときにも勉強させていただいた。

自分だけでできることも少なくなっていきますし、今までできたことが、ままならなくなることも増えていきます。

ただ、だからと言って流されるがままでいることは不満です。自分でできるだけ、それに抵抗していきたいのです。

「無理をしないでどうするのかな……」

「どこかでちょっと頑張るほうが、〝生きている〟っていう感じがするのにな……」

そう思うのです。

だって、のんびり静かにしすぎたら、人生全体がつまらなくなってしまうでしょう？

だから、「ちょっとだけ無理をする」くらいの気持ちでいようって。

「甘えないで自分でやれ！」

自分で自分に、そう言い聞かせています。

ただ逆に、ちょっとではなく、たくさん無理をして頑張りすぎてしまうと、それも今の私にとってはいいことではありません。

ケガに繋がったり体調を崩したりしてしまって、結局、皆さんに迷惑をかけてしまうから。

そうならないように、「ちょっとだけ」。

それでも、毎年きちんと歳はとっていきますから（笑）。

この数年間はそんなふうに、決めていることもあって、仕事に限らず、普段の生活でも、意識してたくさんの予定をカレンダーに書き込むようにしています。

お友達と舞台を見に行ったり、出かけたり、山へ行く予定を立てたり、刺激を受けられる楽しい予定をできるだけ入れるように。

そうした予定は、すべて自分で責任を持つようにしています。小さな卓上カレンダーにどんどん書き込んで、自分なりにスケジュールの管理をするんです。

カレンダーだと手帳のように取り出して確認する手間もなくて、テーブルに置いてあるものをちょっと見れば、ひと目で予定がわかるので、とても便利です。

でも、そうすると、どうしても予定を詰め込むことになるんです。

カレンダーに書かれた予定を見ながら、

「こんなに色々できないわよねぇ……」

なんて、あとになって困ったり。自分で書いておきながら。

でも、たとえそうなったとしても、

「しんどいから用心してやめておこう……」

というのでは、やっぱりつまらないのです。

だから、約束の日時になったら、あまり後先のことは考えないようにしています。

予定どおりに（　A　）出かけて行って、（　B　）楽しくやって、（　C　）帰ってくる――そういう毎日のほうが、たとえ大変だったとしても、心がうきうきするんです。

まぁ、実際には、カレンダーに1週間の予定を3つくらい書き込んでいても、ひとつしかできないこともしょっちゅうなんですけれど。

それが悔しくて、

「頑張ってやっちゃおう」

ると考えているのですか。次の文の（　）を埋めて答えを完成させなさい。

美樹に公園でたいやきを食べてもらって、

（　　　　　　）ことを期待している

㈣　お兄さん、お兄さん、お兄さんとありますが、美樹はお兄さんにあこがれを抱いています。美樹にはお兄さんがどのように見えていましたか。次の文の（　）に本文中の五字を入れて答えを完成させなさい。

優しくて（　　　　）見えていた

㈤　ひっでぇなという言い方は、

(イ)　お姉さんの発言にうれしさもとまどいも両方ある

(ロ)　お姉さんの気をひいて話をはずませようとしている

(ハ)　お姉さんが勘違いしているのを必死に否定している

(ニ)　お姉さんが『ひらかわ』を知らなくてびっくりしている

㈥　お兄さんが言ってるのは嘘だとありますが、お兄さんが知っていたことは何ですか。

㈦　直感のようにわかってしまうについて答えなさい。

①　美樹の直感はもう少し前からはたらいていたと言えます。美樹の最初の直感が表現されている一文を本文中より抜き出しなさい。

②　美樹は最後に、お母さんの言っていたサクラと、お兄さんが考えていたサクラがちがうことに気づきます。美樹は、お兄さんが何を期待していたことに気づきましたか。次の文の（　）を埋めて答えを完成させなさい。

美樹に公園でたいやきを食べてもらって、

（　　　　　　）ことを期待していた

二

次の文章を読んで、あとの㈠から㈥までの問いに答えなさい。

70歳くらいになった頃からでしょうか。皆さんが私のことを心配してくださるようになりました。

「気をつけて――」

「あまり無理しないで――」

なんて、言われることも多くなりました。

「私もそういう歳になったんだなぁ ①」

その言葉で気づかされるようになりましたね ②。

言葉だけではなくて、撮影で外やスタジオを歩いていると、ちょっとした階段だったり段差があるでしょう？　すると、私に付いてくれている若い方がサッと手を差し出してくれるんです。

それが私はおもしろくないの ③。

階段を上がるにしても、私は自分で「大丈夫だな」と判断して上がっているんですけれど、横で見ているとどうしても心配になってしまって、それで手を貸そうとしてくれる。

ありがたいことですが、そういう時はちょっと怒るんです（笑）。

「手を貸して欲しい時は、私からお願いしますから」

「私が手を出したら、その時に支えるようにしてね ④」

やっぱり、いつも人を頼りにしていたらよくありません。つい、私のほうも手を出しちゃったりして、甘えてしまう。

それが嫌なんですね。

それでなくとも体力も筋力もどんどん落ちていきます。

黙ってしまう。これ以上つっぱねて、お父さんに言われたら困る。

「美樹、返事は？」

唇を引き結んだまま、顎《あご》を動かし、こくんと頷《うなず》く。お兄さんの顔がチカチカ浮かんで、涙を呑《の》む思いがした。

キミコちゃんの家に遊びに行ってくる、と嘘をついて家を出た。

私が〝サクラ〟だなんて、きっとお母さんの間違いだ。お金を払わない嘘のお客。お兄さん、お兄さん、お兄さん。

『ひらかわ』の前に行くと、明るく、楽しそうな笑い声が聞こえた。昨日までとは全然空気が違って見えた。店の前に、行列はない。私がたいやきをもらいに行くはずなのに、店の前に立ってたのは、公園で毎日見かけていたあのお姉さんだった。今日はマフラーを結ばずに、ただ両肩からだらりと掛けてる。顔を隠さず、すらりと立ってる姿はやっぱりきれいだった。

「ヒラカワくんが、はっぴ着てるなんてびっくり」と、お姉さんが言った。

「おうちのお手伝いなの？　ここのお店、おいしくて人気なんでしょう？　公園に来る人、みんな食べてるもん。すごいね、偉いね。ヒラカワくん、学校の制服と違って、そうしてると本物のたいやき屋さんみたい」

「ひっでぇな。本物って何だよ」

お兄さんが身を乗り出して答える。とても、とても嬉しそうに明るく。背筋をひやっと冷たいものが流れる。お兄さんの顔が、赤くなっていた。

聞いたことのない言葉遣いと声の出し方をするお兄さんは、今初めて見る別人のように見えた。いつもみたいじゃない。もっとずっと子どもみたいで、大人っぽくない。私の足はすくんだように動かなかった。だけどすぐ、金縛りが解けるような一瞬がやってきた。『ひらかわ』にくるりと背を向けて、公園の方に引き返す。聞きたいけど、聞きたくない。

二人の声が追いかけてくる。耳に入ってしまう。

「だけど、本当に偶然だな。こんなとこ見られて恥ずかしい」

「美術部の課題なの。最近は毎日、あそこの公園に通ってて。でも、こんなに近くでも、ヒラカワくんがここで働いてるなんて、全然気づかなかった」

「ほんと？　――だけど、ああ、そういえば、俺、公園でオガワさんに似た人、見たような気がしてたんだよな。まさか、本人だとは思わなかったけど」

嘘だ！

私の心が叫び声を上げる。

お兄さんが言ってるのは嘘だ。ほとんど直感のようにわかってしまう。

（『ショートショートドロップス』所収　辻村深月「さくら日和」より）

㈠　たいやきの別の表現を本文中より三字で抜き出しなさい。

㈡　お母さんのこのあとの気持ちは、

(イ)　心配が消えたわけではなくいまだに気がかりでいる

(ロ)　本当のことを言わなかった美樹にがっかりしている

(ハ)　お父さんに『ひらかわ』のことを言うべきか迷っている

(ニ)　たいやきをタダでくれる理由がわかり安心している

㈢　美樹をサクラと言っているお母さんは、お兄さんが何を期待してい

【国　語】（五〇分）〈満点：一〇〇点〉

一　次の文章を読んで、あとの㈠から㈦までの問いに答えなさい。

「お父さんに言う？」

　たまらなくなって聞く。テレビの向こうでバットがボールをかっ飛ばすカーンという音と、歓声が聞こえた。誰にも何にも迷惑をかけていないけど、親に隠れておやつを食べていたことは、それだけで叱られる原因になりそうな気がした。お母さんならまだいいけど、お父さんが出てくるのは本格的に怒られるときだ。そうなったら、私はもう言い訳する言葉も失って、ただ泣いてしまうだろう。

「言わないけど、お父さんも心配すると思うな」と、お母さんが言った。

「本当に『ひらかわ』さんからタダでもらってたの？」

「お兄さん、本当に優しい人なんだよ。あそこの子どもなんだって」

　お母さんは手の中のナプキンとおてふきを見て、しばらく考えこんでいた。やがて顔を上げ、「美樹は〝サクラ〟なのかもしれないわね」と言った。

　急に変なこと言われてびっくりしてしまう。満開の東公園のさくらの木を想像する。

「サクラ？　花？」

「ううん。違う、違う。他のお客さんをつれてくるために、わざとお店が用意する仕込みのお客さんのこと。嘘《うそ》のお客さんって言えばいいかな。そういう人のことをね、サクラって言うの」

　お母さんは言葉を考え考えしながら、「わかるかな」ってふうに私を見て続ける。

「わざとおいしそうに食べて、商店街や公園にいる人たちにアピールするの。いいでしょ、ほら、あなたも食べませんか？　そこで売ってますよって。美樹だって、目の前で誰かが何か食べてたら気になるでしょ？」

「わざとおいしそうに食べたわけじゃないよ。本当においしいもん」

「わかってるよ。お母さんもあそこのたいやきは好き。でもね」

　お母さんの口元が緩んだ。

「美樹がおいしそうに食べてくれることで、お店も助かるってこと。それに、あそこのたいやきが焼けるのは三十分に一回で、それがいつのタイミングかわからないでしょう？　美樹が焼きたてを食べてれば、事情を知ってる人たちはもう焼けてるんだなってわかるでしょ」

　そういえば、と思い当たる。私がたいやきを食べながら商店街を通るとき、みんなが私を見てたこと。公園から帰るとき、再びお店の前が行列になってたこと。

　だけど、うまく言えないけど、そんなの嫌だった。「タダより高いものはない」ってことわざがあることは知ってる。うまい話には裏がある。世の中はそんなにうまいことできてないって言葉だって。わかってるけど、そんなふうに考えるのは、お兄さんを裏切るみたいで嫌だった。

「明日も、『ひらかわ』に行く約束したの」

　私は泣き出しそうになっていた。

「行っていいでしょ？」

　お母さんが私を見つめる。間を置かずに「ダメよ」と答えた。

「今度、お母さんと一緒のときに行きましょう。タダでお店のものを何回ももらうのは、やっぱりあんまりよくないわ」

MEMO

大切なことはメモしておこうネ！

第1回

2020年度

解 答 と 解 説

《2020年度の配点は解答欄に掲載してあります。》

＜算数解答＞

1 1) 60　2) $\frac{4}{5}$[0.8]　**2** 1) 10　2) $\frac{1}{792}$　**3** 1) 90　2) 594

4 1) 129(度)　2) 34(度)　**5** 1) 10(秒間)　2) 8(cm^2)

6 1) 19：18　2) 12.5$\left[12\frac{1}{2}\right]$(%)　**7** 1) 11(時)10(分)　2) 10(時)16(分)

8 1) 14(cm)　2) 678.24$\left[678\frac{6}{25}\right]$(cm^2)　**9** 1) 4：1　2) 78(人)

10 1) 333.76$\left[333\frac{19}{25}\right]$(cm^3)　2) 480(cm^2)

○推定配点○

各5点×20　計100点

＜算数解説＞

基本 **1** (計算問題)

1) $\left\{5.5+14\times\left(5.25-1\frac{4}{7}\right)\right\}\div\left(1.2-\frac{1}{4}\right)=\left\{5.5+14\times\left(5\frac{1}{4}-1\frac{4}{7}\right)\right\}\div\left(1\frac{1}{5}-\frac{1}{4}\right)=\left\{5\frac{1}{2}+14\times\left(5\frac{7}{28}-1\frac{16}{28}\right)\right\}\div\left(1\frac{4}{20}-\frac{5}{20}\right)=\left(5\frac{1}{2}+14\times3\frac{19}{28}\right)\div\frac{19}{20}=\left(\frac{11}{2}+\frac{103}{2}\right)\times\frac{20}{19}=\frac{114}{2}\times\frac{20}{19}=60$

2) $0.36+\left(4.125\times10\frac{2}{3}-4\frac{1}{8}\div\frac{1}{10}\right)\times0.16=\frac{9}{25}+\left(4\frac{1}{8}\times10\frac{2}{3}-4\frac{1}{8}\times10\right)\times\frac{4}{25}=\frac{9}{25}+4\frac{1}{8}\times\frac{2}{3}\times\frac{4}{25}=\frac{9}{25}+\frac{11}{25}=\frac{20}{25}=\frac{4}{5}$

2 (演算記号)

1) 8＊2=8×7=56なので，(8＊2)＊3=56×55×44である。　また，11＊7=11×10×9×8×7×6×5である。よって，$\frac{11*7}{(8*2)*3}=\frac{11\times10\times9\times8\times7\times6\times5}{56\times55\times54}=10$である。

2) $\frac{1}{10*3}-\frac{1}{11*4}=\frac{1}{10\times9\times8}-\frac{1}{11\times10\times9\times8}=\frac{11}{11\times10\times9\times8}-\frac{1}{11\times10\times9\times8}=\frac{10}{11\times10\times9\times8}=\frac{1}{11\times9\times8}=\frac{1}{792}$

3 (数の性質)

36	99	54
	ア	
	27	(あ)

1) 36+99+54=189より，右の図のア=189−(99+27)=63である。よって，(あ)=189−(36+63)=90である。

36	99	54
		297
(い)	27	イ

2) 36=2×2×3×3，99=3×3×11，54=2×3×3×3より，36×99×54=2×2×2×3×3×3×3×3×3×3×11で，2が3個と，3が7個と，11が1個の積で表すことができる。また，297=3×3×3×11より，54×297=2×3×3×3×3×3×3×11で，2が1個と，3が6個と，11が1個の積で表すことができる。よって，右の図の(い)は，

2が2個と，3が1個の積で，2×2×3である。27＝3×3×3で，3が3個の積で表すことができる。以上より，(い)は，2が1個と，3が3個と，11が1個の積で，2×3×3×3×11＝594である。

4 (平面図形)

重要 1) 下の図Ⅰより，(あ)＋(い)＋(う)＝180(度)である。また図Ⅱより，(あ)－((い)＋(う))＝78(度)である。よって，(あ)×2＝180＋78＝258(度)なので，(あ)＝258÷2＝129(度)である。

2) (い)＋(う)＝180－129＝51(度)である。また，図Ⅲより，(い)＝(う)×2である。よって，(う)＝51÷3＝17(度)より，(い)＝17×2＝34(度)である。

図Ⅰ

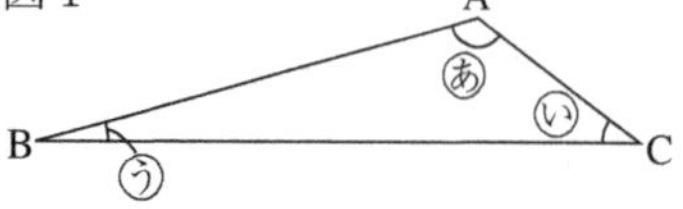

図Ⅱ

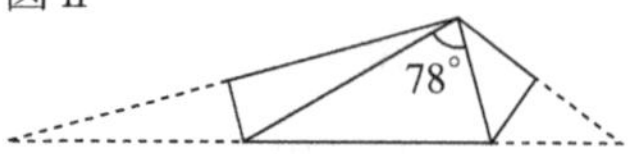

図Ⅲ

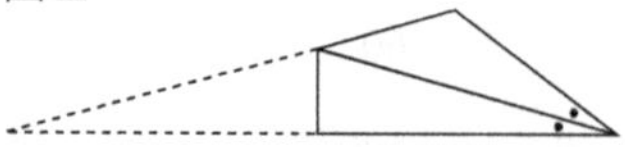

5 (図形の移動)

1) 正方形と平行四辺形は，右の図1のときに重なり始めて，図2のときに重なり終わる。よって，重なっている時間は，3＋4＋3＝10(秒)である。

図1 〈重なり始め〉

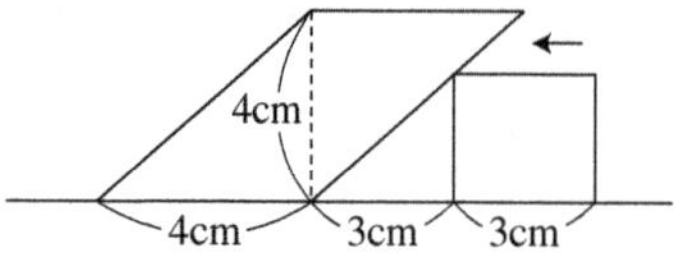

図2 〈重なり終わり〉

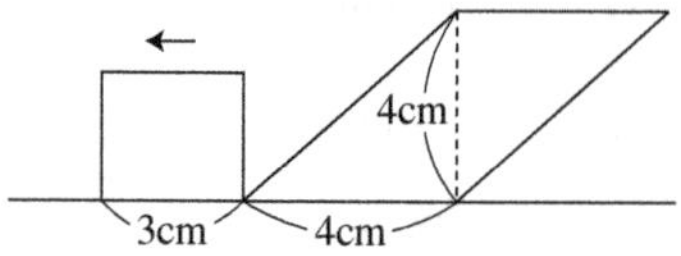

重要 2) 正方形を動かしてから7秒後には，右の図のようになる。正方形と平行四辺形が重なっている部分の面積は，1辺の長さが3cmの正方形の面積から，直角をはさむ二辺の長さが1cmの直角二等辺三角形2個の面積を引いて求めることができる。よって，求める面積は，3×3－(1×1÷2)×2＝8(cm^2)である。

〈7秒後〉

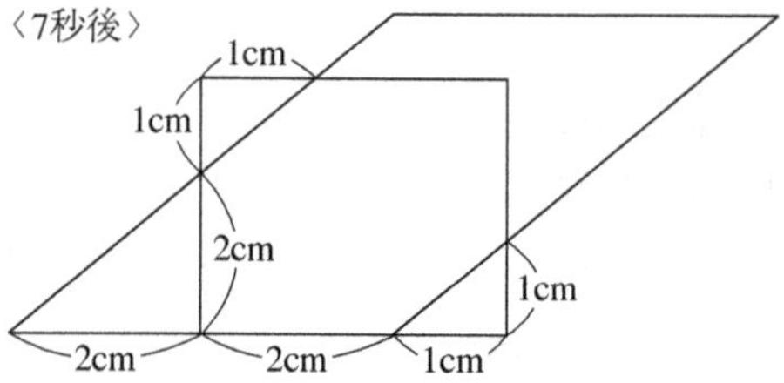

6 (割合と比)

1) A君が持っているおはじきは，最初に持っていたおはじきの数を5とすると，5×(1－0.08)＝4.6と表せる。B君が持っているおはじきは，最初に持っていたおはじきの数を4とすると，4×(1－0.05)＝3.8と表せる。また，C君が持っているおはじきは，最初に持っていたおはじきの数を3とすると，3＋5×0.08＋4×0.05＝3.6と表せる。よって，B君とC君が持っているおはじきの個数の比は，3.8：3.6＝19：18である。

2) A君が持っているおはじきの個数は，5×(1－0.15)＝4.25と表せる。A君とC君が持っているおはじきの個数を等しくするには，B君からおはじきを，4.25－(3＋5×0.15)＝0.5渡すことになる。よって，Bは持っているおはじきの，0.5÷4×100＝12.5(%)をC君にあげることになる。

7 (旅人算)

1) 95×15＝1425(m)より，かいと君は15分間で1425m進む。9500÷1425＝6(回)あまり950(m)より，かいと君が公園に着くまでにかかった時間は，(15＋5)×6＋950÷95＝130(分)＝2(時間)10(分)である。よって，求める時刻は，9時＋2時間10分＝11時10分である。

やや難 2) 出発してからの2人が進んだ様子は，次ページのグラフのようになる。(かいと君が太線，たつや君が細線である。)1425÷75＝19(分)より，たつや君がかいと君を1回目に追い越したのは，出発して19分後である。たつや君がかいと君を2回目に追い越したのは，出発して，19×2＝38(分後)である。また，グラフのように，たつや君がかいと君を追い越すのは，かいと君が休憩を終わる時間より1分ずつ早くなる。よって，4回目に追い越すのは，出発して，$19\times4=76$(分後)$=1$(時間)16(分後)である。よって，求める時刻は，9時＋1時間16分＝10時16分である。

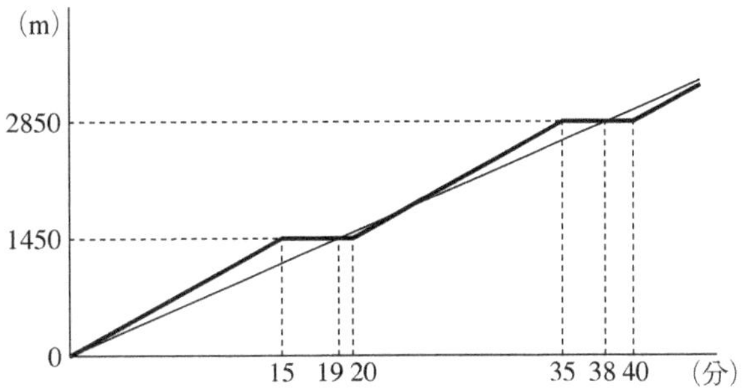

8 (立体図形)

重要

1) あといの角度の比が7：5なので，あ$=(360-72)\times\frac{7}{12}=168$(度)，い$=(360-72)\times\frac{5}{12}=120$(度)　円錐の側面の部分の半径を□cmとする。円錐Bについて，$(□\times2)\times3.14\times\frac{120}{360}=(10\times2)\times3.14$が成り立つので，$(□\times2)\times\frac{1}{3}=20$より，□$=30$(cm)である。次に，円錐Aについて，底面の半径を△cmとすると，$(△\times2)\times3.14=(30\times2)\times3.14\times\frac{168}{360}$が成り立つので，$△\times2=60\times\frac{7}{15}$より，$△=14$(cm)である。

2) 円錐Cについて，底面の半径を○cmとすると，$(○\times2)\times3.14=(30\times2)\times3.14\times\frac{72}{360}$が成り立つので，$○\times2=60\times\frac{1}{5}$より，$○=6$(cm)である。よって，円錐Cの表面積は，$6\times6\times3.14+30\times30\times3.14\times\frac{72}{360}=113.04+565.2=678.24$($cm^2$)である。

9 (割合と比)

やや難

1) 大学生と保護者の人数の比は，1：3＝2：6である。よって，小学生と大学生の人数の比は5：2なので，小学生と大学生と保護者の人数の比は，5：2：6である。また，中高生の人数が全体の35％なので，小学生と大学生と保護者の人数の合計は，全体の$100-35=65$(％)である。よって，小学生の人数は，全体の$65\times\frac{5}{5+2+6}=25$(％)である。同様に，大学生の人数は，全体の$65\times\frac{2}{5+2+6}=10$(％)である。保護者の人数は，全体の$65\times\frac{6}{5+2+6}=30$(％)である。中高生で，男子と女子の人数の比が3：7なので，男子は，全体の$35\times\frac{3}{3+7}=10.5$(％)，女子は，全体の$35\times\frac{7}{3+7}=24.5$(％)である。また，大学生で，男子と女子の人数の比が7：3なので，男子は，全体の$10\times\frac{7}{7+3}=7$(％)，女子は，全体の$10\times\frac{3}{7+3}=3$(％)である。小学生，中高生，大学生を合わせると，全体の$25+35+10=70$(％)で，男子と女子の比は15：13なので，男子は全体の$70\times\frac{15}{15+13}=37.5$(％)，女子は全体の$70\times\frac{13}{15+13}=32.5$(％)である。小学生，中高生，大学生について，以上のことを表にまとめると，右のようになる。よって，小学生の男子が全体にしめる割合は，$37.5-(10.5+7)=20$(％)，小学生の女子が全体にしめる割合は，$32.5-(24.5+3)=5$(％)である。以上より，小学生で男子と女子の人数の比は，20：5＝4：1である。

	男子	女子	合計
小学生	ア	イ	25
中学生	10.5	24.5	35
大学生	7	3	10
計	37.5	32.5	70

2) 中高生で，男子と女子の人数の差は，(1)より，全体の24.5−10.5＝14(%)である。よって，来場者の全体の人数は，84÷0.14＝600(人)である。小学生の男子と大学生の男子の人数の差は，(1)より，全体の20−7＝13(%)である。よって，求める人数は，600×0.13＝78(人)である。

10 (立体図形，体積)

1) 円柱と直方体が重なっている部分は，直方体によって，すでにくり抜かれている。よって，この立体の体積は，1辺が8cmの立方体の体積から，底面が1辺4cmの正方形で高さが8cmの直方体の体積と，底面の半径が2cmで高さが4cmの円柱の体積を引いて求めることができる。以上より，この立体の体積は，8×8×8−(4×4×8＋2×2×3.14×4)＝512−(128＋50.24)＝333.76(cm^3)である。

やや難 2) 立体の外側の部分の面積は，1辺8cmの正方形が6個から，半径2cmの円の面積が2個と，1辺4cmの正方形の面積が2個を引いて求めることができる。よって，立体の外側の部分の面積は，(8×8)×6−{(2×2×3.14)×2＋(4×4)×2}＝64×6−(25.12＋32)＝384−57.12＝326.88(cm^2)である。次に，立体の内側の部分の面積を求める。くり抜いた立体は，右の図のようになる。立体の内側の部分の面積は，底面の半径が2cmで高さが4cmの円柱の側面積と，たて4cm横2cmの長方形が8個と，1辺が4cmの正方形が4個から半径2cmの円を2個引いた面積との合計で求めることができる。よって，立体の内側の部分の面積は，4×{(2×2)×3.14}＋(4×2)×8＋{(4×4)×4−(2×2×3.14)×2}＝50.24＋64＋(64−25.12)＝153.12(cm^2)である。以上より，この立体の表面積は，326.88＋153.12＝480(cm^2)である。

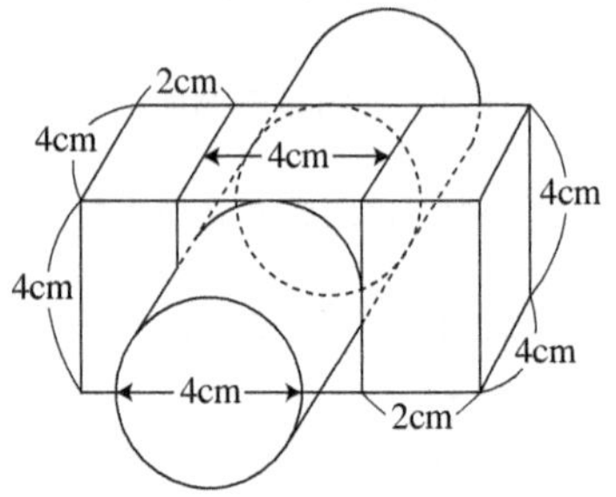

★ワンポイントアドバイス★

1の計算問題と，基本的な問題を速く正確に解くことが重要である。また，後半の問題には，難易度の高い問題や思考力を必要とする問題も出題されているので，時間配分に十分注意しながら，解ける問題を確実に得点することがポイントである。

＜理科解答＞

1 1) イ　2) エ　3) ウ

2 1) ウ　2) エ　3) イ

3 1) ア　2) イ　3) ① イ　② 35℃

4 1) ① 水　② 二酸化炭素　2) ③ オ　④ イ　3) ⑤ ア　⑥ ウ

5 1) ア　2) イ　3) ア，イ　4) ウ

6 1) イ　2) ア　3) ウ　4) ウ

7 1) ① ア　② オ　③ ア　2) 1.25アンペア　3) 16.2ボルト

○推定配点○

各2点×25(**4** 1)・2)，**5** 3)，**7** 1)各完答)　計50点

<理科解説>

1 (植物のなかまー刺激に対する反応)

1) 光の当たる方に茎が曲がる性質を光屈性という。植物が刺激のくる方向に対して,決まった方向に屈折する性質を屈性という。

2) AやCは刺激に対して,同じ反応をするが,BやDは刺激の方向によって曲がる方向が違う。

3) 光の方向に応じて曲がる方向が変わるので,B,Dと同じグループである。

2 (観察・実験ー桜の開花予想)

1) 桜の開花予想は,日本全国のソメイヨシノという同じサクラの品種で比べている。

2) 累計なので,毎日の開花したサクラの花の数をたしていくと最終的には1.0になる。

3) グラフのピークが満開日になる。満開日に約8割が咲いているので,イのグラフになる。満開後は,見かけの開花率は減少する。

3 (総合問題ー蒸気圧・フェーン現象)

基本 1) 冷たくなった容器に,暖かい空気が触れて急に冷やされ水蒸気が水滴に変わる。同様の現象は,体内の暖かい空気中の水蒸気が,冷たい外気に触れて水滴に変わり白く見える。

基本 2) 5°Cで飽和水蒸気量に達すると水滴が生じる。グラフより5°Cの飽和水蒸気量は7g/m^3であり,30°Cのときこれだけの水蒸気が含まれていると,30°Cの飽和水蒸気量が30g/m^3なので,湿度は$(7\div30)\times100=23.3$…よって,23%になり,一番近い値が25%である。

重要 3) ① 標高500m地点での水蒸気量は,25°Cの飽和水蒸気量が23g/m^3なので,$23\times0.75=17.25$(g/m^3)である。これが露結するのは約20°Cなので,気温が5℃下がる。空気は100mで1.0°C下がるので,5°C下がるには500m上昇する。よって標高は1000mになる。 ② 標高1000m地点から山頂までの1000mの間に気温は$0.5\times10=5$(°C)下がり,山頂の気温は15°Cになる。ここから標高0mまで空気が下降すると気温は$1.0\times20=20$(°C)上昇するので,0m地点では$15+20=35$(°C)になる。

4 (化学総合ー燃焼・気体の性質・実験)

基本 1) ロウソクの成分には炭素,水素が含まれるので,燃焼すると二酸化炭素と水が生じる。氷を入れたボールで発生した気体を冷やすと,水蒸気が水になりボールの下にたまる。

基本 2) 二酸化炭素は石灰水を白くする。塩酸と大理石や貝がらが反応すると二酸化化炭素が発生する。

3) ⑤は,液体のロウが木綿の繊維と繊維の間の小さなすき間を伝わって上昇する毛細管現象と呼ばれる。これと同様なのがアである。固体のすき間に液体が吸い上げられていく。⑥は炎で温められた固体のロウが気体になっており,これがガラス管を通ってフラスコの中に移動する。同様の現象がウであり,ガラス管を通って移動した気体のロウがガラス管の先で燃える。

5 (星と星座ー北極星の見つけ方)

基本 1) 北極星は地球の自転軸の延長線上にあり,時間が変わっても位置が変わらず,その高さは観測点の緯度に相当する。

2) 北極星は,カシオペア座のWに見える両端の線を延長し交差した点とWの真ん中の点を結び,その方向に5倍した場所にある。

3) アは夏の大三角を使った北極星の探し方である。ベガとデネブを結ぶ線で三角形を折り返すと,アルタイルの位置に北極星がくる。イはペガスス座を利用した探し方である。ペガスス座は四辺形で短い辺を北の方角に伸ばすと,その方向に北極星がある。星図を見ながら考えるとよい。

4) 人工衛星の回転方向と逆側に北極星が移動するように見える。よってウのようにC点の方へ移動するように見える。

6 (電気と磁石ー電磁石)

基本 1) 電池の本数を減らすとコイルを流れる電流が小さくなり磁力が弱くなるので,鉄の棒をたたく力が弱まり音が小さくなる。

2) ボタンを押すと磁力が発生するので，鉄の棒が右側の音さをたたくので「ピン」の音は鳴るが，ばねがないとボタンを離しても鉄の棒が戻らないので「ポン」の音が鳴らない。

3) ボタンを押すと磁力が発生し，鉄の棒が右側の音さをたたくので「ピン」の音は鳴る。ボタンを離すと重力で鉄の棒が落ち，「ポン」の音が鳴る。

4) 電池の向きをかえると電流の向きが反対になり，鉄の棒にはたらく力の向きが逆になる。そのため，はじめに「ポン」の音が鳴り，その後ばねで引き戻されて「ピン」の音が鳴る。

7 (電流と回路ー回路を流れる電流)

重要 1) ① 抵抗の大きさが一定のとき，電圧と電流は比例する。グラフの形はアになる。 ② 同じ太さ，電圧で，長さの違いと電流の大きさを比較する。表1の(あ)，(い)，(え)を比べると，長さが2倍，4倍になると電流の大きさは$\frac{1}{2}$倍，$\frac{1}{4}$倍に変化する。反比例の関係になるので，グラフはオになる。 ③ 長さと電圧が同じで，太さと電流の大きさを比べる。(お)，(か)，(き)を比較すると，太さと電流の大きさが比例する。グラフはアである。

2) (あ)の電熱線と比較すると，長さが$\frac{3}{2}$倍で，太さが$\frac{5}{2}$倍になるので，電流の強さは$\frac{2}{3}\times\frac{5}{2}\times 0.75=1.25$(A)

重要 3) 電流の大きさと金属線の長さが反比例するので，長さと抵抗の大きさは比例する。逆に，太さと電流の大きさは反比例するので，太さと抵抗の大きさは反比例する。(あ)の金属線の抵抗は$3.6\div 2.0=1.8$(Ω)であり，金属線Bはこれに比べて長さが4.5倍，太さが2倍になるので，Bの抵抗は$1.8\times 4.5\times\frac{1}{2}=4.05$(Ω)。金属線Cは(あ)に比べて長さが1.5倍，太さが$\frac{2}{3}$倍なので，Cの抵抗は$1.8\times 1.5\times\frac{3}{2}=4.05$(Ω)である。2つの抵抗を直列につなぐので，全体の抵抗の大きさは8.1Ωとなり，電圧の大きさは$2.0\times 8.1=16.2$(V)になる。

★ワンポイントアドバイス★

実験や観察に基づいて考えて，結論を導く問題が多い。同様の形式の思考力を要する問題で十分に練習を重ねることが大切である。

<社会解答>

Ⅰ 問1 (1) 万葉集 (2) ユネスコ (3) 和食 問2 イ，カ 問3 エ，オ
問4 (1) なまはげ (2) ア 問5 (「人類共通の財産」として守ることを目的としていながら，)観光資源として利用して経済効果をあげることを優先しがちで，地元の生活に悪影響をおよぼす場合もある。

Ⅱ 問1 平清盛 問2 (1) 勘合 (2) ① 首里城 ② 琉球は中国への貢ぎ物に恵まれないため，シャム国から胡椒・蘇木などを手に入れ，中国に献上したいから。
(3) 日本から手に入れた刀剣などを，中国や東南アジアへ輸出することで利益をあげたから。 問3 ウ，エ

Ⅲ 問1 (1) リサイクル (2) 税金 (3) フードバンク 問2 (1) イ
(2) (イベント) クリスマス (食べ物) ケーキ (3) 賞味・消費期限の短い食品か

ら買う。　問3　(1)　持続可能な開発(目標)　(2)　エ　問4　将来的な人口増加または気候変動により，食糧不足の深刻化が心配されるから。

○推定配点○

Ⅰ　問5　3点　他　各2点×7(問2・問3各完答)

Ⅱ　問2(2)②，(3)　各3点×2　他　各2点×4(問3完答)

Ⅲ　問4　3点　他　各2点×8(問2(2)完答)　計50点

＜社会解説＞

Ⅰ　(日本の地理－世界遺産に関連する問題)

重要　問1　(1)　万葉集は奈良時代に編さんされた最古の和歌集。　(2)　ユネスコUNESCOは国連教育科学文化機関の略称。　(3)　和食は日本の気候風土と密着に結びついて，年中行事との密接な結びつきや，日本の自然や季節の移ろいを美的に盛り付けることなどが評価されている。

問2　(イ)の富士山，(カ)の平泉は文化遺産で，他は自然遺産。

問3　東北，関東，甲信越地方に当てはまらないものを選ぶ。(エ)の美濃和紙は岐阜県，(オ)の輪島塗は石川県の伝統工芸品。

問4　(1)　Zの秋田県で，お面やかつらなどをまとった人が演じて行われるのがなまはげ。今では観光用にいつでも見られるが，本来は大みそかの日に行われる。　(2)　秋田県の祭りは(ア)の竿灯。(イ)は仙台の七夕まつり，(ウ)は青森のねぶた，(エ)は山形の花笠まつり。

や難　問5　問5の問題文の中の世界遺産の目的として「世界全体で『人類共通の財産』を護り，未来に残し，受け渡していこうということ」とあるのに注目し，この内容と資料Aとを照らし合わせると，世界遺産のメリットが本来の目的とは異なる事の方に感じられているということを読み取り，また資料Bからわかることとして世界遺産が指定された場合に，地元の人々の日常生活に悪影響がありうることが読み取れる。これらのことを組み合わせて文章にすれば正解になる。

Ⅱ　(日本の歴史－中国との関わりに関する問題)

問1　平清盛が修築した大輪田泊は現在の神戸港の近く。

重要　問2　(1)　勘合は明側で日本から来る正規の貿易船と倭寇との区別をつけるためのもの。

(2)　資料Aにある通り，琉球王国がシャムと比べると明への貢ぎ物として持っていける品物に恵まれないので，琉球がシャムとの間で陶磁器と胡椒や蘇木とを交換し，その胡椒や蘇木を明への貢ぎ物として持っていけるようにしたかったからである。　(3)　琉球王国は日本とアジアの他の国々との間に入り日本から得たものをアジアの他の国々に売り，アジアの他の国々から得たものを日本へ売る中継ぎ貿易を行っていた。

問3　日本の室町時代から江戸時代初期において日本と通商関係にあった場所を選ぶ。(ウ)はアイヌ，(エ)はオランダ。どちらも鎖国下の日本との関係を持っていたところ。(ア)はタイで，日本とは直接的には特につながりはない。(イ)はヨーロッパのドイツやフランスで，この時代には日本との接点は特にない。(オ)はポルトガルで，日本が鎖国化した際に関係が切れる。

Ⅲ　(政治－食品ロスに関連する問題)

問1　(1)　人間の食べるはずだった食品を養豚場の飼料に作り替えるのでリサイクル。　(2)　ゴミ処理施設は地方自治体や国が作っているので，その資金は国民や住民が払う税金。　(3)　賞味期限が近いことが理由となり一般の店舗などから回収される食品を，経済的な理由やそのほかの家庭の事情などで満足に食事をとることが難しい人たちや，そのような人に食事を提供する施設などへ回すのがフードバンク活動。

重要 問2 (1) 日本で食品ロスが最も多いのは家庭。買ってきて食べないものやつくりすぎて食べないものなどがほとんど。2番目に多いのは食品製造業のもので，3番目に多いのは外食産業。
(2) 特定の日と食べ物が組み合わさったイベントを考えればよい。クリスマスとそのケーキ以外にもお正月とおせち料理や節分と恵方巻，ひな祭りと菱餅や桜餅，端午の節句と柏餅などいろいろある。特にクリスマスのケーキや節分の恵方巻などは近年，食品ロスやコンビニなどでの従業員のノルマのことで社会的な問題として注目されたりしている。 (3) 食品ロスを消費者として減らすことを考える。あらかじめ献立を考えて必要以上には買わないことや，すぐに消費するのがはっきりしているのなら賞味期限に近いものを選んで買うなどの行動を考えればよい。

問3 (1) 「持続可能な開発」は，現代社会において様々なところで掲げられている標語になってきている。 (2) SDGs持続可能な開発目標を設定し，いろいろな取り組みがなされている中で，食品ロスの問題は商品を出す企業と消費者の問題であり，選択肢の中では(エ)のつくる責任，つかう責任が該当。

やや難 問4 既に問題になってきている食料不足が，地球規模ではまだまだ人口増加の歯止めがかからない状態なので，今後さらに深刻な問題となることは容易に予想できる。現状では食料の増産はなかなか見込めないので，限りある食料品を無駄なく使うことを考えていかないと食料不足の問題解決にはつながらない。

★ワンポイントアドバイス★

試験時間に対して問題数は多くないが記述が多いので時間配分が大事。資料を見て書く記述が多いので，日頃から資料の説明をする練習をしておくとよい。設問の誘導に沿って資料を見るのがポイント。

＜国語解答＞

一 (一) あいつの形見 (二) 石たちの息遣いが聞こえてきそうな気がした (三) イ (四) ロ (五) 声をかけて (六) 漁師ではなく教師だったから (七) 祖父はこれ (八) ありがとう (九) 隣に立ち，祖父と一緒にガラスケースの中の石を見つめていること。

二 (一) 1 年齢 2 時代 (二) ハ (三) ハ (四) (例) スマートフォンで動画を見ること。 (五) 偉大なるマンネリ (六) ニ (七) 二〇〇八年

三 (一) 庁舎 (二) 規律 (三) 樹立 (四) 群がる (五) 誤る

四 (一) 日本で通った小学校 (二) ハ (三) 馴染まなかった (四) なんとなく (五) 確かに地味(と)あの時，母 (六) 周囲に流されることなく，自分が作りたい曲を書くこと

五 (一) ハ (二) イ (三) 四 (四) 地面の

○推定配点○

一 (六) 4点 他 各3点×8 二 (四)・(七) 各4点×2 他 各3点×6
三 各2点×5 四 (三) 4点 (六) 5点 他 各3点×5 五 各3点×4 計100点

＜国語解説＞

一 （物語－心情・情景，細部の読み取り）

重要 (一) しばらくの間「石」は博物館の展示物だということ以外わからない。祖父が石について語る場面で考えよう。「石は真鍋のものだ。あいつの細君が譲ってくれてな」と言っている。そしてそれを祖父は「あいつの形見」を譲り受けたと言っている。

(二) 博物館の中の静寂である。「澪二は静まり返った館内……」で始まる段落の「静まり返った館内」も静かであることを直接書いているが，字数が合わない。同じ段落に，「静寂しかないこの場所に」に続き「石たちの息遣いが聞こえてきそうな気がした」とある。これは「静寂しかないこの館内」のことを比喩を用いて表現している。

(三) 「真鍋の家族」である。毎年真鍋の家族は博物館に来るのだが，「今年の元旦も……」で始まる段落に今年やってくるメンバーを，いつも来る真鍋の息子が，妻や子供たちも連れてくると言っている。毎年やってくるのは，真鍋の「息子」なのだから，真鍋自身が「父親」ということになる。真鍋の息子が連れてくる子供たちは「孫」ということになる。「出てこないの」は祖父である。

(四) (一)で考えたように，真鍋の形見を展示した博物館である。「だが澪二が……」で始まる段落に，「あいつは今から三十八年も前に亡くなった」と祖父は澪二に話している。そして，「約束を果たせたのは……」で始まる段落に，博物館ができたのは「真鍋が亡くなって十五年以上月日が経ってから」とあるので，十五年ちょうどと考えても二十三年前ということになるのでロだ。

(五) 「助けてくれた」という言葉にだけとらわれて，命を救ってくれたなどと思い込んでしまうと探しきれない。祖父は真鍋のことを「生涯たった一人の親友」と澪二に言っている。そのような親友の存在が「助けてくれた」ということなのだ。つまり，真鍋がしてくれたことの数々「声をかけてくれたこと，飯を奢ってくれたこと，～」のような自分にしてくれたすべてである。

やや難 (六) 真鍋が亡くなった事故は，大型台風のとき，漁船を桟橋に固定する作業を手伝っていた時海に落ちてしまったことだ。着目するべき点は「手伝っていた」ということだ。漁師だったら「不慣れ」ではない。真鍋さんは「理科の教師」だったのだ。「真面目で優しい」真鍋さんは台風に備えて船を固定する作業を「不慣れなのに」手伝っていたと考えられる。

やや難 (七) そもそも「いつも疑問に思ってたんだけど～」という澪二の質問から始まった祖父との会話である。この段階では祖父は今でも真鍋さんと仲良くしているという認識だったのだが，思いがけずに真鍋さんはなくなっていると聞き，祖母の葬式でもそうしていたように，涙をこらえる姿を見て，「祖父はこれまでどんな思いで～きたのだろう」と，ただの軽い関心以上のものになっていったのだ。それを聞くための祖父の話が退屈なわけはない。

基本 (八) 真鍋の葬儀の日に，真鍋の幼い息子が，「とっちゃんにありがとうを言えなかったから」と海を見ていた姿に，自分もそうだと思ったのだ。海に石を落とし「ありがとうな」とは言ったが，亡くなった真鍋に直接言えたわけではない。夢であっても真鍋本人に「ありがとう」を伝えたいのだ。

(九) 祖父の真鍋に対する思いは文中の多くの場面にあふれているが，すっかり聞き終わり，夢の中の真鍋も消えていなくなると寂しそうに笑う祖父に一番心を動かされていると考えられる。寂しそうに笑いながらガラスケースに顔を寄せる祖父にだまって寄り添うことが澪二のできることである。

二 （随筆－細部の読み取り，空欄補充，記述力）

重要 (一) 1 「ところで，波平の……」で始まる段落に着目する。波平を53歳と設定したら，何年やっていても「年齢」は設定した53歳から変わらないのだ。 2 「『サザエさん』がフクニチ……」

で始まる段落からしばらく続く段落の内容を考える。「人間は時代によってつくられるといいます」としていて，同じ53歳でも，それぞれの「時代」背景が異なる人物は同じ人物ではないということを言いたいのである。

(二)　まず，筆者が波平の役を始めたのは，1969年スタートのテレビでの放送からであることをふまえ，「ところで，波平の……」で始まるで始まる段落と，「『サザエさん』がフクニチ……」で始まる段落とあわせて考える必要がある。まず，「ところで，波平の……」で始まる段落で「私」の生まれた年を確認し，「『サザエさん』がフクニチ……」で始まる段落からは，それぞれの波平が生まれた年を考える。

(三)「さて，この三人の……」で始まる段落中に，「戦争体験はそれぞれちがう。人間は時代によってつくられる」と述べ，それを受けて「とすればこの三人の波平は完全にちがう人間であるはず」と展開している。「時代によって」の時代は，いつの時代にでも通用することではあるが，筆者は，「戦争体験がちがう」ことを特に強調して挙げているのである。これは人間性を決めるのに戦争は大きな影響を与えると思っているからである。

(四)　時代を反映する画面にするなら，「カツオは塾にも……」で始まる段落の内容を参考にすれば，クーラーのあるリビングルームでテレビゲームをするカツオになるだろう。つまり，現代の少年が当たり前のようにやっていることをしているカツオが登場するだろうということだ。「文章中で扱われていることは避ける」という条件なので，今現在自分自身がやっていることを考えて書こう。

やや難　(五)　フクニチに初登場した「サザエさん」だが，筆者とのかかわりとしては，テレビ放送が始まった年として考える。筆者自身は「時代を映していない」と述べているのだ。色々思うことはあるが，「どんな時代にも通用する人間」として波平を描き出すということにした筆者だ。したがって，かわりばえのない，しかし，理想の家族としてずっと続いているということになる。「かわりばえがない」ことを「マンネリ」という。国民的番組になったのだから，単につまらないマンネリなわけではなく，「偉大なるマンネリ」と評価されているのだ。

(六)　当初考えていた波平像が，父親がこれほど低下した現在になると，りっぱに見えてきたという感想である。それだけ「長い間波平を演じてきたのだな」という感慨である。

(七)　1969年にテレビ放送が開始され，「四十年目を『迎えます』」とある。引き算すると2009になるが，「迎えます」なのだから，これから迎える時期と考えられるので，2008年である。

三 (漢字の書き取り)

(一)「舎」は全8画の漢字。5画目は3画目より長く書く。　(二)「規」は全11画の漢字。4画目はとめる。11画目はまげてはねる。「レ」のようにしない。　(三)「樹」は全16画の漢字。13画目はやや右上方向に書く。　(四)「群」は全13画の漢字。2画目は1画目の右側に出す。　(五)「誤」は全14画の漢字。13・14画目は12画目につけずに書く。

四 (随筆一細部の読み取り，空欄補充，記述力)

基本　(一)　ドイツでは2年生まで。中国では2ケ月しか通わず日本に帰国したのだから，少なくとも3年生から卒業まで日本で通った小学校が一番長く通っている。

(二)「私は赤ちゃんの頃……」で始まる段落に着目する。本当は「うさちゃん」の絵を書こうとしたのに，当時流行していた宇宙人の絵を周りのみんなが書いていたから，みんなに馴染みたい一心で宇宙人を書いたのだから(ハ)になる。

やや難　(三)　直前の「その時」は，新しい仕事をして，新しい評価が，悲しい評価だった時のことである。直後の「かもしれない」は，[2]のように思おうという内容が入ることになる。つまり，悲しみにひたって落ち込まないようにしようということである。だから，悲しい評価が下ったとしても,「誰かに」「馴染まなかった」だけのように自分に言い聞かせようということだ。他に「認められない」などが入れられる。

や難 (四) ドイツの小学校では,友人関係のことをくわしくは述べられていない。この「仲良しのみんな」は中国の小学校での「仲良しのみんな」のことだ。浴衣を着たり楽しく過ごしたようだが,浴衣を着て学校祭に参加しようよと誘ってくれたのだが,強い友情を育んだ人たちでもなく「なんとなく」友達ができて,の「友達」である。また,「なんとなく」皆に混じって過ごしていたが,自分が言いたいことも言えずにいたことも告白している。

や難 (五) 母が登場するのは,浴衣を着たとき,図工展に入賞したときだ。浴衣を着たいとダダをこねた私に,無理をして作ってくれた母親が登場する。この母の様子は,子どもに対する愛情があふれている行動だが,問われているのは「今の『私』が過去を振り返って母親への思いを述べている」ところなので,母がしてくれた行動の数々を書いても対応しない。「確かに地味～浴衣だった。」が,「今」当時を振り返って母の自分への愛情を感じている描写だ。また,展覧会での出来事を「振り返って」,「あの時,母が～思う」が今思えばということだ。

(六) 「うさちゃんの絵」は,当時本当は描きたかったのに,周囲に流され本意ではないのに書いた絵だ。この「うさちゃん」を「曲」にかえればよいということになる。

五 (詩一細部の読み取り,空欄補充)

や難 (一) (ロ)以外どれも入りそうで迷う。一連目の出だしに会話があるので,少なくとも一人で洞窟に入ったのではない。前の行に「手と耳ばかり神経を使う」とある。耳が敏感になっているのだから「笑い声」を頼りに進んでいると考えられる。

(二) 三連目の「心にゆとりが生まれた」をふまえた上で,「ほら,また」には落ちてきた雫に驚いている表現ではない。言ってみれば,すでに予想していたことがやっぱり落ちてきたという感覚だろう。これまでもずっと続いていたにちがいない雫が落ちる繰り返しに自分も入り込んだような感覚ということで(イ)を選ぶ。

(三) 小さな雫の音が聞こえるほど静かということで四連が静寂である。

や難 (四) 三連目に五感をフルに使ってとあり,「見て」・「聞いて」・「触れて」・「嗅いだ」という視覚,聴覚,触覚,嗅覚が書かれている。ポイントは「同時に」ということだ。「鍾乳洞を見て」と「音を聞いて」は,順番に行動していると読み取れる。が,「赤い泥に触れて」と「匂いを嗅ぐ」は,手に触れているものの匂いを嗅いでいるので「同時」である。

★ワンポイントアドバイス★

在校生の作品の詩が出題されることが多いが,この鑑賞が難しい。時間がなくなるということがないように,時間配分に気をつけよう。

第2回

2020年度

解　答　と　解　説

《2020年度の配点は解答欄に掲載してあります。》

＜算数解答＞

1　1)　$\frac{2}{9}$　2)　42　3)　6　4)　37　**2**　1)　304(ページ)　2)　43(%)

3　1)　144(cm^2)　2)　99.36$\left[99\frac{9}{25}\right]$(cm)　**4**　1)　7(才)　2)　38(才)

5　1)　73.6$\left[73\frac{3}{5}\right]$(点)　2)　93(点)　**6**　1)　28(回転)　2)　18(回転)

7　1)　(時速)28.5$\left[28\frac{1}{2}\right]$(km)　2)　75(m)　**8**　1)　72(cm^3)　2)　3(cm)

9　1)　1545(人)　2)　5.75$\left[5\frac{3}{4}\right]$(点)

○推定配点○

各5点×20　　計100点

＜算数解説＞

基本　**1**　(計算問題)

1)　$1\frac{6}{7}-1\frac{1}{6}-\frac{3}{5}\div 2\frac{1}{10}-\frac{1}{14}-\frac{1}{9}=1\frac{6}{7}-1\frac{1}{6}-\frac{3}{5}\times\frac{10}{21}-\frac{1}{14}-\frac{1}{9}=1\frac{6}{7}-\frac{2}{7}-\frac{1}{14}-1\frac{1}{6}-\frac{1}{9}$

$=1\frac{4}{7}-\frac{1}{14}-1\frac{1}{6}-\frac{1}{9}=1\frac{8}{14}-\frac{1}{14}-1\frac{1}{6}-\frac{1}{9}=1\frac{1}{2}-1\frac{1}{6}-\frac{1}{9}=1\frac{9}{18}-1\frac{3}{18}-\frac{2}{18}=\frac{4}{18}=\frac{2}{9}$

2)　$\left\{\left(\frac{3}{4}+2.5\right)\div 0.125-2\frac{1}{4}\times\frac{2}{3}\right\}\div\frac{7}{12}=\left\{\left(\frac{3}{4}+2\frac{1}{2}\right)\div\frac{1}{8}-\frac{9}{4}\times\frac{2}{3}\right\}\times\frac{12}{7}=\left(\frac{13}{4}\times 8-\frac{3}{2}\right)\times$

$\frac{12}{7}=\frac{49}{2}\times\frac{12}{7}=42$

3)　$\left\{2\frac{1}{2}\times\left(\square-\frac{3}{4}\right)-7\right\}\times 8=49$　　$\frac{5}{2}\times\left(\square-\frac{3}{4}\right)-7=49\div 8=\frac{49}{8}$　　$\frac{5}{2}\times\left(\square-\frac{3}{4}\right)=\frac{49}{8}+7$

$=\frac{105}{8}$　　$\square-\frac{3}{4}=\frac{105}{8}\div\frac{5}{2}=\frac{105}{8}\times\frac{2}{5}=\frac{21}{4}$　　$\square=\frac{21}{4}+\frac{3}{4}=6$

4)　{(□－11)×68＋66×23}÷53＝62　　(□－11)×68＋1518＝62×53＝3286　　(□－11)×68＝3286－1518＝1768　　□－11＝1768÷68＝26　　□＝26＋11＝37

2　(相当算)

基本　1)　たろう君が1日目に読んでいないページ数は，すべてのページ数の100－24＝76(%)である。よって，400×0.76＝304(ページ)である。

2)　たろう君が1日目に読んだページ数は，400×0.24＝96(ページ)である。また，たろう君が2日目に読んだページ数は，304×0.25＝76(ページ)である。よって，1日目と2日目に読んだページ数の合計は，全体の(96＋76)÷400×100＝43(%)である。

3　(平面図形・面積)

1)　図形全体の面積は，半径が6cmの半円が2個と，1辺が12cmの正方形が1個との合計で求めることができる。図形全体の面積＝(6×6×3.14÷2)×2＋12×12＝257.04(cm^2)である。色のついた部分の面積は，図形全体の面積から，半径6cmの円1個の面積を引いて求めることができる。よって，求める面積は，257.04－6×6×3.14＝257.04－113.04＝144(cm^2)である。

2) 色のついた部分の周りの長さは，半径が6cmの半円の長さが2個と，12cmの直線部分が2個と，半径6cmの円周の長さが1個との合計で求めることができる。よって，求める長さは，{(6×2)×3.14÷2}×2＋12×2＋(6×2)×3.14＝37.68＋24＋37.68＝99.36(cm)である。

4 (年令算)

重要 1) 現在の5人の年令の和が141才であることから，10年前の5人の年令の和は，141－10×5＝91(才)である。実際には，10年前の5人の年令の和は94才なので，妹は，10－(94－91)＝7(年前)に生まれたことになる。よって，現在の妹の年令は，7才である。

2) 現在から7年後の，おばあさんとおじさんの年令の和をA，お兄さん，ゆうき君，妹の3人の年令の和をBとする。A＋B＝141＋7×5＝176(才)，A＝B×2＋8(才)なので，B×3＋8＝176(才)より，B＝(176－8)÷3＝56(才)，A＝56×2＋8＝120(才)である。また，おばあさんはおじさんよりも30才年上なので，現在から7年後のおじさんの年令は，(120－30)÷2＝45(才)である。よって，現在のおじさんの年令は，45－7＝38(才)である。

5 (平均算)

基本 1) ゆうき君の現在の基準点は，{(65＋80＋74)÷3}×0.6＋{(59＋68＋80＋91)÷4}×0.4＝73×0.6＋74.5×0.4＝43.8＋29.8＝73.6(点)である。

2) (定期テストの平均点)×0.6が，43.8＋3＝46.8(点)になることが必要である。よって，4回の定期テストの平均点は，46.8÷0.6＝78(点)より，4回目の定期テストで取ることが必要な点数は，78×4－(65＋80＋74)＝312－219＝93(点)である。

6 (比例と反比例)

1) 歯車がかみ合っている場合は，[歯の数]×[歯の回転数]が等しくなる。よって，15×(Dの回転数)は，20×21＝420より，420÷15＝28(回転)である。

2) 20と30と24と15の最小公倍数360個の歯の数が回転したときに，再びアとイの印が同時にそろうことになる。よって，Aの回転数は，360÷20＝18(回転)である。

7 (通過算)

1) 電車の長さを□m，電車の秒速を△m／秒とする。けんじ君の秒速は，$\frac{10500}{3600}=\frac{35}{12}$(m／秒)であり，こうじ君の秒速は，$\frac{22500}{3600}=\frac{25}{4}$(m／秒)である。けんじ君とたかし君が電車に追い抜かれる様子は，右の図のようになる。□÷$\left(△-\frac{35}{12}\right)$＝15(秒)，□÷$\left(△-\frac{25}{4}\right)$＝45(秒)である。$\left(△-\frac{35}{12}\right)$×15＝$\left(△-\frac{25}{4}\right)$×45＝□より，$\left(△-\frac{35}{12}\right)$：$\left(△-\frac{25}{4}\right)$＝45：15＝3：1である。

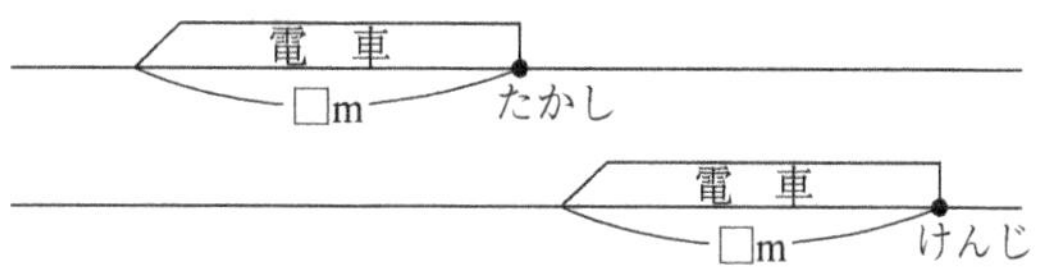

このことを図に表すと，右の図のようになる。図の②＝$\frac{25}{4}-\frac{35}{12}=\frac{75}{12}-\frac{35}{12}=\frac{10}{3}$なので，△＝①＋$\frac{25}{4}$＝$\frac{10}{3}$÷2＋$\frac{25}{4}$＝$\frac{20}{12}+\frac{75}{12}=\frac{95}{12}$(m／秒)である。よって，電車の時速は，$\frac{95}{12}$×3600＝28500(m／秒)＝28.5(km／時)である。

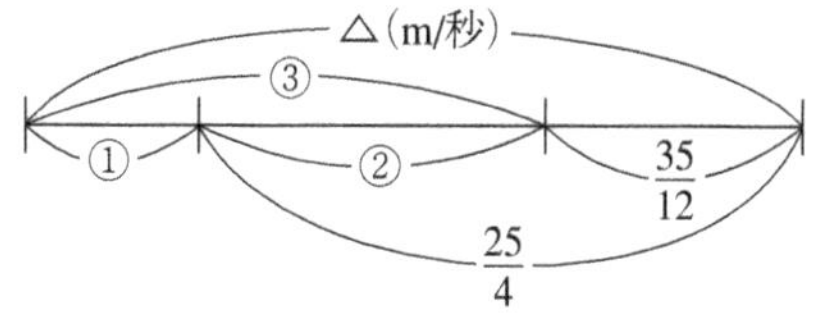

2) 電車の長さは，$\square=\left(\frac{95}{12}-\frac{35}{12}\right)\times15=75$(m)である。

8 (立体図形・体積と容積)

重要 1) 容器全体の体積は，(6×8÷2)×4＝96(cm³)である。また，水が入っていない部分の体積は，三角すいA－BCPの体積である。長方形BCFEを図にすると，右の図のようになる。よって，水が入っていない体積は，$(3\times8\div2)\times6\times\frac{1}{3}=12\times6\times\frac{1}{3}=24$(cm³)である。以上より，水が入っている体積は，96－24＝72(cm³)である。

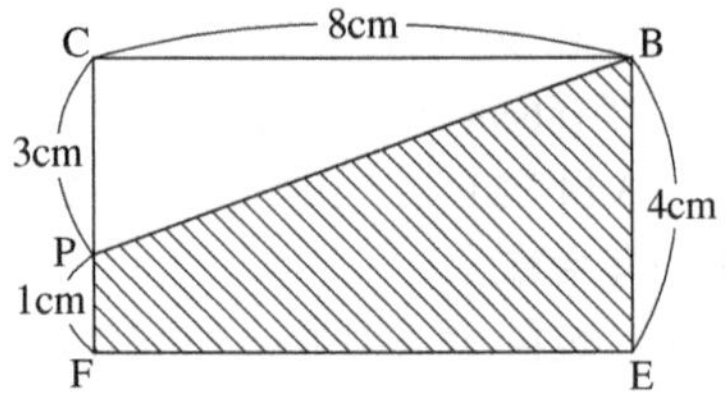

2) 三角形ACBを見た図は，右のようになる。図の斜線部分の面積は，72÷4＝18(cm²)である。また，三角形ACBの面積は，6×8÷2＝24(cm²)である。よって，三角形AQRの面積は，24－18＝6(cm²)である。三角形AQRと三角形ACBは相似な三角形であり，面積比は6：24＝1：4＝(1×1)：(2×2)なので，相似比は1：2である。よって，図のAQの長さは，$\square=6\times\frac{1}{2}=3$(cm)である。以上より，水面の高さは，6－3＝3(cm)である。

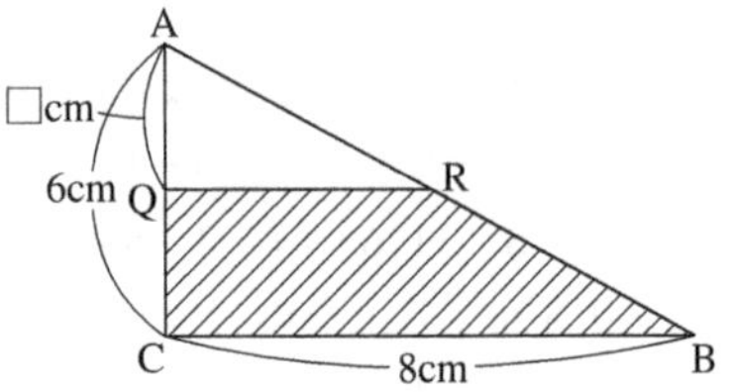

9 (統計と表)

基本 1) このクラスの8点以上を取った児童の人数は，8＋5＋2＝15(人)なので，クラス全体に対する割合は，$15\div41=\frac{15}{41}$である。よって，この地域で8点以上を取った児童の人数は，$4223\times\frac{15}{41}=1545$(人)である。

やや難 2) 女子と男子の人数の差は5人以上10人以下なので，人数の差を5人とすると，(41＋5)÷2＝23(人)，(41－5)÷2＝18(人)となるが，7.8×23＝179.4(点)，7.8×18＝140.4(点)となり，人数の差は5人ではない。人数の差を6人とすると，(41＋6)÷2＝23.5(人)，(41－6)÷2＝17.5(人)となるので，人数の差は6人ではない。人数の差を7人とすると，(41＋7)÷2＝24(人)，(41－7)÷2＝17(人)となるが，7.8×24＝187.2(点)，7.8×17＝132.6(点)となり，人数の差は7人ではない。人数の差を8人とすると，(41＋8)÷2＝24.5(人)，(41－8)÷2＝16.5(人)となるので，人数の差は8人ではない。人数の差を9人とすると，(41＋9)÷2＝25(人)，(41－9)÷2＝16(人)となるが，7.8×25＝195(点)，7.8×16＝124.8(点)となり，女子25人で男子16人である。人数の差を10人とすると，(41＋10)÷2＝25.5(人)，(41－10)÷2＝15.5(人)となるので，人数の差は10人ではない。よって，女子25人で男子16人である。また，このクラス全体のテストの合計点は，3×1＋4×2＋5×4＋6×6＋7×13＋8×8＋9×5＋10×2＝287(点)である。以上より，男子の平均点は，(287－195)÷16＝5.75(点)である。

★ワンポイントアドバイス★

1の計算問題を，速く正確に解くことが最大のポイントである。2以降の問題では，難易度にばらつきがあり，後半の問題にも，難易度が低い問題が出題されているので，時間配分に十分注意しながら，解ける問題を確実に得点することが重要である。

＜国語解答＞

一　(一)　おやつ　(二)　イ　(三)　アピールすることで，お客さんが増える
(四)　大人っぽく　(五)　ロ　(六)　お姉さんが公園にいたこと。　(七)　①　昨日までとは全然空気が違って見えた。　②　お姉さんが気にかけ，お店に来てくれる

二　(一)　③　(二)　ありがたい　(三)　ロ　(四)　定年　(五)　ニ
(六)　ちょっとだけ無理をする

三　(一)　内蔵　(二)　首脳　(三)　降参　(四)　余念　(五)　拝　(六)　垂

四　(一)　C　(二)　分厚い防音ガラスの向こう　(三)　これ　(四)　ハ
(五)　一人で原稿に没頭する　(六)　低い場所から声をかける　(七)　ハ
(八)　作品　(九)　真剣さ

五　(一)　笑　(二)　しわ　(三)　駐車場　(四)　A　は　B　ひ　C　ふ　D　へ　E　ほ

○推定配点○
一　(三)・(六)・(七)②　各4点×3　他　各3点×5　二　(四)　4点　他　各3点×5
三　各2点×6　四　(三)・(八)・(九)　各4点×3　他　各3点×6
五　各3点×4((四)完答)　計100点

＜国語解説＞

一　(物語―心情・情景，細部の読み取り，空欄補充，記述力)

基本　(一)　美樹が食べていたもののことである。『ひらかわ』のお兄さんからもらった「たいやき」を「おやつ」として親に隠れて食べたのだ。

(二)　「サクラ」の話をしている途中で娘が「わざと」の部分に反論してきたので，その部分に関しては娘の言い分を認めていることを示している。しかし，その部分は「サクラ」の本質ではないので，まだ説明を続けていることから，気がかりが消えたわけではないことがわかる。

重要　(三)　「『わざとおいしそうに～』」と説明する母親の発言が着目点になる。「サクラ」は，実際においしいかどうかではなく，食べているところを見せることで「アピールし，お客さんが増える」ことを期待して行うことである。

(四)　お母さんとの話し合いの場面ではお兄さんについては，「優しい人」以外は言っていない。キミコちゃんの家に遊びに行くと嘘をついて『ひらかわ』に行った場面に着目しよう。あこがれのお兄さんが「オガワさん」と楽しそうに話している姿を見て，ショックを受けている場面だ。おそらくお兄さんはオガワさんに好意を持っているのだろう。話している顔は赤くなり，子どもみたいに映るのだ。あこがれのお兄さんは，もっと「大人っぽく」見えていたのだ。

(五)　(四)で考えたように，オガワさんと話すお兄さんは，自分がイメージしていた人とは別人のように見えた。おそらくオガワさんに好意をいだいていると思われるお兄さんだから，イとロのいずれかの気持ちだと考えられる。どんなことを言われても「うれしい」気持ちがあるとは思われるが，「ひどい」と言いながらも，「本物ってなんだよ」と話題を続けようとしているのだから，「とまどって」いるわけではなく，もっと楽しく会話を続けようとしているのである。

やや難　(六)　「お兄さんが知っていたこと」を問われている。「『ほんと？～」で始まるお兄さんの発言中で考えるなら，嘘は「まさか，本人だと思わなかった」の部分だ。お兄さんは「お姉さんが公園にいたこと」を「知っていた」と直感したのだ。

(七) ① お母さんに嘘をついて『ひらかわ』に行ったとき，まるでこれから起きることを予想するかのように，「昨日と違う」という印象を持ったことが直観である。「昨日までとは～違って見えた。」の一文が，まだ，はっきりお兄さんとお姉さんの様子を知っていないのに感じた空気感である。 ② (六)で考えたことがヒントになる。お兄さんは，「お姉さんが公園にいたこと」を知って，私にたいやきを公園で食べてアピールしてくれれば，公園にいるお姉さんがたいやきのお店に来てくれると考えたのだ。お母さんの言うサクラは，大勢のお客さんを呼び込むためのサクラだが，お兄さんが考えたサクラはお姉さんが来てくれることを期待したサクラだ。

二 (随筆一心情・情景，細部の読み取り)

(一) 「そういう時はちょっと怒るんです」に(笑)を入れるのは，高齢になった自分をいたわってくれる親切をじゅうぶん承知した上で，ご親切を無にするようで申し訳ないのですがのような意味の（笑）のように考える。③の「おもしろくない」が，せっかく手をそえてくれることに不機嫌になるのは申し訳ないがということになるので③だ。

(二) 筆者は意地を張ったり，いこじになっているわけではないことは(一)の(笑)でもわかる。「そういう時にはちょっと怒るんです(笑)」の前に，「ありがたいこと」ですが，としているのが，お気持ちは嬉しいという受け入れる言葉を入れている。

(三) 「ちょっとだけ」無理をする，たくさん無理をすれば，かえって周囲に迷惑をかけることになるという気持ちの筆者だ。できなくなることがあることをきちんと認識しているのだ。「毎年歳をとる」ということはできなくなることも多くなることは認識していて，その時その時手を貸してくれることにありがたく応じようということになる。

やや難 (四) 「～がない仕事」に続けることが難しい。70歳を過ぎて，周囲の人たちが思わず手を貸してくれるような動きをする体力になっても続けている仕事ということなので「一生続けられる仕事」ということだが，「～がない」にはつながらない。一般的には，仕事を辞めるのは，「定年」になって辞めるので，筆者は「定年がない仕事」ということになる。

基本 (五) Bが一番わかりやすいかもしれない。「楽しくやる」，「わいわい楽しく過ごす」とき，「ぱっとさわぐ」のように表現する。ここで(ニ)にしぼれそうなので確認すると，Aは，先のことはあまり考えず「さっと」気軽に出かける。Cはいつまでもぐずぐずしないで「さっと」引き上げるということですべてが適切に入る。

(六) 「ただやっぱり……」で始まる段落から最終段落までで考える。(三)で考えたように，周りの迷惑も考えず，できないことまで意地でがんばるつもりはない筆者であるが，何も頑張らないのは居心地が悪いと感じるのだから「ちょっとだけ無理をする」ことが目指す生き方だ。

三 (漢字の書き取り)

(一) 「蔵」は全15画の漢字。15画目の点を忘れずに書く。部首「月(にくづき)」をつける「内臓」と混同しないように気をつける。 (二) 「脳」は全11画の漢字。5～7画目の向きに注意する。 (三) 「降」は全10画の漢字。10画目は7画目の上まで出す。 (四) 「余」は全7画の漢字。4画目は3画目より長めに書く。 (五) 「拝」は全8画の漢字。横棒は4本である。 (六) 「垂」は全8画の漢字。6画目と8画目の間に横棒を1本入れて，全9画の漢字にしてしまう誤りが多い漢字。

四 (随筆一心情・情景，細部の読み取り，空欄補充，ことばの意味)

基本 (一) C以外の「鬼」は，筆者が他メディアに参加し続ける理由の一つに挙げている，どの現場にも存在する，仕事熱心で，自分の仕事に熱中する人々のことを敬意をふくめて呼んでいる言い方である。その中のMさんを具体的に取り上げて話を展開しているのだ。仕事熱心なあまり，ジーンズの膝に穴があくいきさつを聞いた筆者が，Mさんの「鬼ぶり」に心底感心したということだ。

重要 (二) スタジオでの様子だ。「防音ガラス」のこちら側に筆者をふくんだスタッフがいて，「防音ガラス」の向こう側に出番を待つ役者が相対しているのである。

(三) 「『それ』だと距離がある～すぐそばにいるのに～」というMさんの疑問が着目点になる。少し距離のあるものを指し示すときは「それ」と言うが，すぐそばにいるのに「それ」と言ったら，相手と自分の距離も異なってくるはずだという細かい気配りだ。「絵で見るより近い」ものを表現したいのだから「これ」と言うべきだと言いたいのである。

(四) (三)で考えたように，たった一言の「それ」と「これ」の違いでも，色々なことが異なってくることに細心の注意をはらって作品作りをしていることを目の当たりにした筆者が肝を冷やしてしまうのだ。計算されていない，その場のノリで書いてしまうような「慎重さが欠けるセリフ」などを書いたら，話にもならないと思われるだろうと考えるのである。

(五) Mさんをふくめる現場の鬼たちは，スタッフや共演者と議論を戦わせながらより良い仕事をしようとしてる。(一)で考えたように，筆者が他メディアに参加し続けるのは，そういう現場に魅力を感じるからだ。「現場の鬼である。……」で始まる段落に「一人で原稿に没頭する」仕事の自分にはない環境だからだ。

(六) 実際のMさんの仕事ぶりを描いているところから考える。「それ」・「これ」の場面も仕事ぶりを表しているが，ジーンズの穴の話題もMさんのことだ。Mさんは，役者に直接指示を出すとき「低い場所から声をかける」ようにしているから膝に穴があくのである。わざわざ膝をついて話しかけるのは，相手に敬意を示す動作である。

(七) 穴のいきさつの話を聞く前は，穴あきジーンズはMさんの好みではいているのだと思っていたのである。しかし，なぜ穴があくのかを聞いてみれば，その穴は，相手に敬意をはらいながら仕事をするというMさんの仕事の「姿勢」の表れという認識になったのである。

やや難 (八) Mさんをふくめて現場の鬼たちは，よりよい「作品」にしようと必死なのである。Mさんは，相手に敬意をはらう動作をし続けているうちにジーンズの膝に穴があいてしまったが，相手がだれであってもではなく，「作品」を作り上げてくれる仲間の人だからできることなのだ。自分がひざまずいて敬意を払っているのは第一に「作品」なのである。

(九) 「誇り」のような語を入れたいところだが，文章中にない。現場の話に，たびたび出てくる語は「真剣」だ。(　)に入るような形になっているのは「そういう『伝わる《真剣さ》』」である。

五 (手紙－心情，情景，細部の読み取り，空欄補充)

基本 (一) 「膝へ」と「□の看板へ」がわかりやすいかもしれない。「膝が笑う」とは，スポーツや山下りなどをするとき，足がつかれて膝ががくがくするときに使う言葉である。「笑顔」はエールをもらって笑顔でいられるということなので「笑」が入る。「おねえちゃんへ」と「おばあちゃんへ」は，「笑うおと」・「笑ったしるし」が不自然でなければ「笑」で保留しておく。

やや難 (二) (一)で考えた「笑ったしるし」が何であるかを考える設問になる。よく，「笑いすぎて『しわ』ができちゃう」などと表現することがある。おばあちゃんにたくさんあるもの，と考え合わせると「しわ」ということになり。入れる言葉も「笑」で不自然ではないとできる。

やや難 (三) 「前向きに！」をこのような手紙の内容で解釈すると，気持ちの上で前向きに生きようのように読み込んでしまうが，これが「看板」に書かれているとすれば，文字通り，前方を向けるように！という注意書きとして読むことができる。前を向けて駐車してくださいというような注意として「駐車場」の看板とする。

(四) 「笑う音」ということだ。「ハハハ」・「ヒヒヒ」・「フフフ」・「へへへ」・「ホホホ」と「は行」はどれも「笑う音」になるということで「はひふへほ」だ。これで(一)の「笑」は確定できる。

★ワンポイントアドバイス★

それぞれの課題文は短めだが，しっかり読み取らないと解答を導くのが難しい設問が続く構成である。スピード力も必要だ。

データ対応

収録から外れてしまった年度の
問題・解答解説・解答用紙を弊社ホームページで公開しております。
巻頭ページ＜収録内容＞下方のQRコードからアクセス可。

※都合によりホームページでの公開ができない内容については，
　次ページ以降に収録しております。

「らしくないでしょ。でもほんと。結局その人とはうまくいかなかったけど。水泳をやめて、大学進学もやめて、高校卒業後はしばらくぼんやりしてから、服を売る店で働き始め、メイクとかコーディネートとか覚え、今の店に至る、よ」

「どうして服？」

　朋美は視線をそらし、考え込むようにカフェの棚に置かれた小さな雑貨を見つめた。明日香も口をつぐむ。たった今聞いた朋美の十年間が容易には飲み込めない。

　どれくらいそうしていただろう。ふたりの飲み物がすっかり冷えて、ウェイトレスがコップの水を替え、賑やかなおばさまの一群が腰を上げ、店内がすっかり静まりかえってから、ふいに口を開いた。

「服は、勝ち負けがないじゃない」

（『女ともだち』所収　大崎　梢「水底の星」より）

㈠　まじまじと見返す理由は、

(イ)日頃来ない店に知り合いがいるはずもないから

(ロ)見知らぬ女性だがとても美しい容姿だったから

(ハ)知らないはずの女性が幼なじみかもしれないから

(ニ)幼稚園のときの友人と久しぶりに再会できたから

㈡　同じ二十一歳と思えない朋美が明日香に親近感を感じさせた仕草を本文中から八字で抜き出しなさい。

㈢　夢を見ているのかもしれないという明日香の印象を表す表現を本文中から三字で抜き出しなさい。

㈣　ひどく現実的だけどとは、

(イ)安い服を着た姿が恥ずかしいということ

(ロ)綺麗になりたいと憧れているということ

(ハ)朋美の姿に比べありきたりだということ

(ニ)昔の雰囲気のまま変わらないということ

㈤　緩みかけた頬を固まらせる理由を二十字以内で説明しなさい。

㈥　十年間を朋美自身はどのように受け止めていますか。その心情を表している言葉を本文中から八字で抜き出しなさい。

㈦　服は、勝ち負けがないじゃないとは、

(イ)水泳から離れることで勝ち負けを気にしなくなったということ

(ロ)いまだに水泳から離れたことを引きずり続けているということ

(ハ)勝ち負けの世界で生きている明日香がうらやましいということ

(ニ)水泳や勉強と違う新たな世界に明日香も来て欲しいということ

「あーちゃん」

呼び止められた。振り向いて、まじまじと見返す。この世に自分を「あーちゃん」と呼ぶ人はとてもとても少ない。女性ならば幼稚園のときの——。

「朋ちゃん」

魔法が解けたように、覚えがなかったはずの顔に面影が重なる。気づいてしまえばまちがえようもない。朋美だ。けれど別人にしか思えないような変わりようだった。メイクをしているし。髪が長いし。スカートを穿《は》いているし。何よりとても綺麗《きれい》だ。同じ二十一歳と思えないほど大人びている。

「そんなに変わったかな」

休憩時間を取るからと待ち合わせたカフェで、朋美は楽しげに笑った。

「いまだにちがう人と話しているみたいで、ちょっとドキドキしてる」

「あーちゃんは昔のままだね。すぐわかった」

コーヒーカップの取っ手に添えられた爪先には、つややかなネイルが塗られていた。やっぱり別人だ。夢を見ているのかもしれない。自分の姿がジャンパースカートにぺったんこの靴というのがひどく現実的だけど。

「いつかどこかでばったり会えると思っていたんだ。だからあんまり驚かなかった。気がついて、声をかけなきゃと思った。あーちゃんは今どうしてるの？」

「学生だよ」

大学名を口にすると「ひゃー」とのけぞってみせる。大人っぽさが薄れ、そのときだけ同年代の気安さが漂う。

「さすがだね。あの頃からずっと勉強、頑張ったんだね」

あの頃というキーワードが緩みかけた頬を固まらせるが、「そうでもないよ」と照れ笑いで肩をすくめた。

「朋ちゃんはあそこの店員さんをしているの？」

「まあね。精一杯上品ぶってる。ぜんぜんらしくないでしょ。髪でカバーしても肩はいかついし」

「ううん。とってもエレガントだよ」

「よかった。猫を被り続けているうちに、猫になれたらいいな」

砂糖もミルクも入れないブラックコーヒーを、朋美はしずかにすする。明日香はレモンを浮かべた紅茶を飲む。野性味あふれるきかん坊の子猫が、成長して血統書付きの美猫になったようだ。この場から一歩離れたら、やはり夢としか思えないだろう。

それくらい違和感がある。むしろ夢であってほしい。

「おばさんは元気？」

「ぴんぴんしてる」

裕のことを思い出し聞いてみると、最初の転居先は母親同士のやりとりで知っていたけど、次は知らないと言われた。

「あーちゃんは私が水泳やめたのは知っている？」

「うん。三年くらい前かな。風の噂でなんとなく」

「そうか。高校受験で少し足が遠のいたの。入学したらまた頑張ろうと思っていたんだけど、高校で好きな人ができた」

「好きな人？　もしかして彼氏とか、そういうの？」

聞き返すと朋美はルージュをひいた唇で笑った。

四　次の詩を読んで、あとの㈠から㈣までの問いに答えなさい。

暗闇の中に一人寝ころがった

どこか遠くから
鹿が話しかけてきた
僕は応えた
僕たちが守ってあげると

上から黒い手が伸びてきた
僕はそれをおそれた
何も怖がることはない
私はただの木だ
ただの？　いえいえ　□
僕はほっとした

僕はもう一人の自分に聞いた
今の自分のままでいいかな
きっと大丈夫だよ
自分に自信がついた

ふと目を開けた

僕は土に言った
生命をうんでくれて
ありがとうと
……何も聞こえなかった

夜の森っておもしろい

（本校生徒作品）

㈠　鹿が話しかけてきたを別の言い方にするとどうなりますか。十二字で答えなさい。

㈡　黒い手とは何ですか。

㈢　……は何を意味していますか。

㈣　□にあてはまるのは、

(イ)怖いですよ　(ロ)立派ですよ　(ハ)僕もですよ　(ニ)人間ですよ

五　次の文章を読んで、あとの㈠から㈦までの問いに答えなさい。

> 明日香と同じスイミングスクールに通っていた朋美は、小学五年生の時、大会の会場で何者かに背中を押され怪我をしてしまい、本命の競技に出られなくなってしまった。朋美の怪我を機に、仲の良かった明日香と朋美は距離を置くようになる。その後、月日は流れ……。

隣町にある駅ビルの中で、柄にもなく高そうなブティックをのぞいていた。友だちに誘われクラシックの演奏会に出かけることになり、もしかしてこういう店の服をみんな着てくるのかと眺めていたのだ。買う気はないので店員の誰とも目を合わせないつもりだったのに、すぐそばで立ち止まる人の気配がして顔を向けた。

　背の高いすらりとした女性が立っていた。知らない人だ。さりげなく視線をそらし、通路に出ようとして、性が男性を口説くなどはしたない、という時代。そんな頃、気の弱い女性の背中をそっと押してあげたのが原さんのキャッチコピーだった。一年に一度なら女性が男性に告白しても許される、といういじらしさが良かった。当時はこのチョコをきっかけに結婚した人が幾らも居たものだ。

そして時代は変わった。チョコをあげたんだからお返しをしなさい、と押し売りするようなホワイト・デーが創作され、一年一度、この日だけなら、というつつましい発想は消え去り、ヴァレンタイン・チョコそのものの重みも変質した。東京で働くＯＬの70％が「迷惑な習慣」と感じているという。一番高いチョコは自分のために買う、という人が増え、とうとう今年は〝男性から贈ろう〟だそうだ。売り上げや商売というだけではない体温が感じられたあの頃の原さんのロマンが消えてゆく。

何とかの日、あれこれの日と、お金を使わせる日ばかりが増え、祝日の重みが消えてゆく。国の祝日は第何月曜日とやらへ浮遊する。祝日はその当日に意味があると思うのは僕だけだろうか。祝う側の心が貧しくなった結果かも知れない。

（さだまさし『美しい朝　もう愛の唄なんて詠えない　第2楽章』より）

㈠ □ に適するものはどれですか。

(イ)安易な　(ロ)時代錯誤な　(ハ)危険な　(ニ)無茶な

㈡ 昭和三十三年、東京タワーが完成した年の話だとありますが、「昭和三十三年」と書くことで読者にどのような印象を与えますか。次の中で適していないものを答えなさい。

(イ)チョコの値段が安かった時代の話であることが分かる。

(ロ)今も昔も男女の恋愛に関してはさほど変わらないと感じる。

(ハ)書かれている時代が男性中心社会であったということにつながる。

(ニ)ヴァレンタイン・セールの始まりが現在から遠い時代のものだと思う。

㈢ 輸出されとありますが、「輸出」されたのは何ですか。

㈣ ホワイト・デーが創作されとありますが、筆者はヴァレンタイン・デーと比較し、ホワイト・デーをどのようなものととらえているのですか。（　）の中に適切な表現を抜き出しなさい。

由来が不明で、（　　　　）に重きを置いた発想で作られた。

㈤ 体温が感じられたとありますが、女性に対する温かさが最もよく感じられる表現を二十字以内で抜き出しなさい。

㈥ 第何月曜日とやらの「とやら」に表れている思いは、

(イ)自分としては賛成できない

(ロ)聞いた情報なのであやふやである

(ハ)その年によってやり方が変わる

(ニ)実施されるとどうなるか不安である

㈦ 祝日はその当日に意味があると思うのは僕だけだろうかとありますが、筆者がヴァレンタイン・デーの意味を考え、大切にしてほしいと願っているのは何ですか。十字以内で抜き出しなさい。

三

次の㈠から㈥までの――の部分を漢字で書きなさい。

㈠ エタイのしれない妖怪。　㈡ 意見をハンエイさせる。

㈢ エネルギーのソンシツ。　㈣ シュカン的な見方をする。

㈤ 火災報知器をソナえる。　㈥ 十二月、年のクれ。

(イ)　1＝前　2＝前　3＝前　4＝後　5＝後
(ロ)　1＝前　2＝後　3＝後　4＝前　5＝後
(ハ)　1＝前　2＝後　3＝前　4＝前　5＝前
(ニ)　1＝後　2＝前　3＝前　4＝前　5＝後
(ホ)　1＝後　2＝後　3＝前　4＝後　5＝後
(ヘ)　1＝後　2＝前　3＝後　4＝後　5＝前

二　次の文章を読んで、あとの㈠から㈦までの問いに答えなさい。

　ローマ帝国の時代、と一口に言ってもローマ帝国は紀元前から十五世紀まで存在した、という考え方もあるので、随分雑な括《くく》りで申し訳ないが、とにかく遠い昔の事。家族を家に残していたら戦争に身が入らない、という［　　］理屈からローマ兵士の結婚を禁じていた時代があったそうだ。だが若い男女の愛は止められない。それで法を無視してどんどん結婚させたキリスト教司祭が居たという。その人の名がヴァレンティヌスだそうで、ローマ帝国によって捕らえられ、処刑された。その日が二月十四日。後にこの日はこの司祭を称えて聖ヴァレンタインの日という祝日になった、と物の本にある。どこまで真実でどこまで幻想なのかはっきりしないような、ほとんど神世の時代の話だが、人が人を愛する気持ちは昔も今も変わりがないだろう。

　昔から欧州ではヴァレンタイン・デーに大切な家族、恋人、友人に花やお菓子を贈るような習わしがあり、近年のアメリカではグリーティングカードを贈り合う。チョコレートを贈るというのは日本だけの習わしだが、この〝ヴァレンタイン・デーには女性から男性にチョコレートを贈ろう〟という大ヒット・キャンペーンを考え出したのは実はメリー・チョコレートの前社長の原邦生さんだった。

　昔、そんな話を誰かから聞いて、コンサートでその蘊蓄《うんちく》を披瀝《ひれき》した事があった。たまたまそのコンサートを聞いた僕の友人のつてで、コンサートトークが当時のメリー・チョコレート社長だった原邦生さんに伝わり、わざわざコンサートへおいでくださったばかりか、豪華なチョコと御著書まで頂戴《ちょうだい》した思い出がある。原さんの本は、ご本人の粋な人柄が随所に滲《にじ》んでいてとても面白かった。原さんはメリー・チョコレートの創業者の息子さんだが、学生時代にはメリー・チョコレートでアルバイトをしていたそうだ。その頃、友人から、パリではヴァレンタイン・デーに花やチョコレートを贈り合う、と聞いた。これはチョコの販売促進にならないか、と考え、アルバイトの身ではあったが、御父上に〝ヴァレンタイン・セール〟を提案したのだそうだ。ではやってみろ、と言われて東京のデパートでやったは良いが、その年三日間で売れたのは五十円の板チョコ三枚と二十円のメッセージカード一枚、総売上百七十円という散々な結果だった。昭和三十三年、東京タワーが完成した年の話だ。これに少しもめげることなく、翌年はハート型のチョコや、贈る相手の名前をチョコに入れるなどのサービスを始めた。実はこの時に原さんが作ったのが、「年に一度、女性から男性へ愛の告白を」というキャッチコピーだった。これが当たり、マスコミに取り上げられ、口コミで拡がり、大手チョコレート会社のセール参入へと拡がり、ついに今やチョコレート業界の売り上げの二割近くがヴァレンタイン・セールによるものと言われる迄になった。今は輸出され、アメリカでもチョコを贈る人が増えたというから、原さんは自社ばかりか、世界チョコレート業界の大恩人となった訳だ。昭和三十三年頃の日本はまだまだ男性社会で、女アノを弾いていた。ものすごくなめらかできれいな演奏だった。遠藤さんはイキイキと指を動かしている。

あんまり素晴らしい演奏だったので、弾き終わったときに思わず拍手をしてしまった。遠藤さんがびっくりして顔を上げる。そしてばつが悪そうに笑った。

「すっごく上手なんだね。感動した」

ぼくが言うと遠藤さんは立ち上がり、スカートの裾をきゅっと引っ張った。

「大好きなの、ピアノ。でも、大勢の人の前で弾くのは、いやなの。私はピアノがただ好きなだけなんだけど……弾けるのに伴奏者を断るのって、わがままなのかな」

ぼくは思い切り首を横に振った。

だってぼくが今見た遠藤さんは、ピアノが好きっていう、その気持ちの真ん中で弾いてたから。もし遠藤さんがいやいや伴奏者を引き受けたら、「好き」は端っこにいっちゃうんだ、きっと。

（青山美智子『猫のお告げは樹の下で』より）

(一) AからDの葉の中で異なるものはどれですか。

(二) ミクジという名前や手水舎があることから、ミクジに会える場所はどこだと考えられますか。漢字二字で答えなさい。

(三) 和也は、山根先生が教えてくれる前はカビをどのようなものだと思っていましたか。解答欄に合うように答えなさい。

(四) 1 に入る表現を文中より抜き出しなさい。

(五) 何も書かれていない葉っぱを和也はこのあとどのような意味だと理解しましたか。

(六) 2 に入るのは、

(イ)真ん中に行くにはどうしたらいいんだろう
(ロ)このまま真ん中にいたらどうなるんだろう
(ハ)真ん中と端っこを行き来するにはどうすればいいんだろう
(ニ)真ん中から出ちゃったらどうなるんだろう

(七) うんを言い換えると、

(イ)そうかもね　(ロ)そうだね　(ハ)そうかな　(ニ)それはちがうよ

(八) ぼくは思い切り首を横に振ったのはお告げを信じているからです。和也がそのお告げの意味をどうとらえたかがわかる部分の最初の三字を抜き出しなさい。

(九) 次の1から5は、他の場面から和也の行動や思いを抜き出し順不同に並べたものです。和也がお告げの意味を理解する前のものは「前」、後のものは「後」とした場合、その組み合わせが正しいものはどれですか。

1 ぼくは本を閉じて、ロッカーにしまうために席を立った。そこに岡崎くんが戻ってきた。
「うわ、フカビ、バイキンの本なんて読んでる！」

2 岡崎くんの言うことにちゃんと笑ったり同意したりしていれば、とりあえず丸くおさまるだろう。

3 カビの図鑑は、ぽつんと一冊あった。ぼくはそれを借りて苔のポケット図鑑と一緒におなかに隠し、教室に戻った。

4 控えめで清らかな苔を一緒にされて、ぼくは心の底から不本意だった。

5 ぼくはフカビじゃない。だから返事をしない。

てそう親しまれてますね」

「はい。前の学校でこれが配られて、そのときおばあちゃんに暑中見舞いを……」

言いかけてぼくは、あっと思った。

ハガキの木の葉っぱ。手紙が書けるこの葉っぱ。

「また来ます！　ありがとうございました」

ぼくはベンチから飛び降り、おじさんにお礼を言って駆け出した。

山根先生へ

ぼくはカビの図かんを読んでみました。カビがペニシリンっていう薬になって人の命を救うことや、かつおぶしづくりにも役立っていると知って驚きました。カビのイヤなところばかりじゃなくて、すごいところもわかってうれしかったです。教えてくれてありがとうございました。

深見和也

葉の裏にコンパスの針で手紙を書き、次の日の給食の時間、姫野先生に相談した。山根先生に送りたいと言うと、姫野先生は「わかった。私が必ず届けるよ」と預かってくれた。

もっと伝えたいことがある気がしたけど、手のひらほどのC葉には、小さい字で書いてもそれでいっぱいだった。

「タラヨウの葉で手紙を書くなんて、風流でいいね」

姫野先生が言った。

「ミクジっていう猫が教えてくれたんだ」

「猫？」

ぼくは苔の図鑑からミクジが最初にくれたD葉を取り出し、姫野先生に見せた。

「ここに、マンナカって書いてあるでしょう」

姫野先生は何か言おうとした。でもすぐに口を閉じ、うなずいた。

「うん。書いてあるね」

「これね、ぼくへのお告げなんだって。だからずっと、［　2　］って思ってたけど、やっぱり無理だった。ぼくは端っこがちょうどいいみたいだ。苔だってそうだもの。道路の縁とか、コンクリートの隙間とか、花壇の隅とかね。真ん中って、ぼくにはひどく疲れる」

姫野先生は「うん」と顎を引いた。それは肯定の「うん」ではなくて、ちょっと立ち止まるような疑問のうなりだった。

「道路の縁を端っこって感じるのは、人間だけじゃないか？　苔は自分が地球の中心だって思って生きてるのかも」

すとん、と何かが心の奥に着地した。ミクジがベンチから降りるときみたいに。

そうだ。苔はいつも、真ん中にいるんだ。

自分のいるところが真ん中。自分が本当に思うことが真ん中。自分の中の真ん中。それがこの世界の、真ん中だ。

昼休みが終わりそうだった。教室に戻ろうと廊下を歩いていたら、別棟からピアノの音が聴こえてきた。

ぼくは音楽室に寄ってみた。そっとのぞくと、遠藤さんがひとりでピ

【国　語】（五〇分）〈満点：一〇〇点〉

一　次の文章を読んで、あとの㈠から㈨までの問いに答えなさい。

> 転校したばかりの深見和也は、採取した大好きな苔《こけ》を、岡崎くんにカビと言われ、さらに「フカビ」とあだ名をつけられてしまう。学校に行くのがつらくなった和也は、ある日ミクジという猫からお告げが書かれた葉っぱを授かる。お告げを意識して過ごすが、クラスにはなかなか馴染《なじ》めない。もう一度ミクジに会いたいと思い探しに行くと、葉が落ちてきたと同時にミクジが現れる。和也は、その葉をポケットにしまってミクジに話しかける。

「山根先生がね、学校を辞めちゃったんだ」

ぼくはミクジの背中に向かって話す。

「せっかくカビのこと、教えてくれたのにな。ぼく、山根先生と話したいことがあったのに」

ミクジはぼくの胸に頭を強くこすりつけたあと、しっぽをぴんと立ててぼくの膝から降りた。抱っこに飽きたのかなと思ったら、ミクジはぼくのズボンのポケットから飛び出ている葉の先をすっとくわえた。

「え？　この葉っぱ、やっぱり何か書いてあった？」

ミクジはくわえた葉をぼくに差し出す。ぼくは受け取り、目をこらしてＡ葉を見た。

でも、どこをどう見ても何も書いていない。

ミクジはもう一度、ぼくのことをじいっと見た。ぼくもミクジにうんと顔を近づけて、見つめあった。するとミクジは逆三角形の小さな鼻をぼくの鼻にちょんっと押しつけた。それはほんの一瞬のすてきな出来事で、ぽわんとしたあと、体じゅうがふわふわした。

ぽーっとしていると、ミクジは［１］とベンチから降りた。そして二メートルほど歩いたところで一度ぼくのほうを振り返り、そして流れ星みたいにさあっと走っていってしまった。

ぽつんとベンチに残されて、ぼくはまたさみしくなった。

いっちゃった。ミクジ。

何も書かれていない葉っぱ。これはどういう意味なんだろう。

「おや、こんにちは」

手水舎《ちょうずや》の向こうにある家みたいなところから、お掃除のおじさんが現れた。今日は首からタオルをかけ、バケツを持っている。ぼくの座っているベンチのところまで歩いてくるとバケツを下ろし、「この時間はまだまだ暑いですね」とタオルで顔を拭いた。

「ミクジが今、また葉っぱをくれました」

ぼくが言うと、おじさんは「え、ええええ！」とすっとんきょうな声を上げた。

「ミクジにまた会えたんですか!?　それはすごい、二回目があるなんて、千年に一度のことかもしれない」

「でも、何も書いていないんです。ぼくの鼻に自分の鼻をくっつけて、ミクジはすぐにまたいなくなっちゃいました」

「鼻チューまで……！　いいなあ」

おじさんは両手で口を押さえ、ぷるぷると体をゆすった。ぼくはＢ葉をかざす。

「これ、ハガキの木ですよね」

「よくご存じですね。正式名称はタラヨウですが、郵便局にも植えられ

「どうしましょう。どこにしましょう」と、お茶を抱えてうろうろしていると、植木屋さんは、「ここで結構」と玄関先の石の上にあぐらをかいて、鷹揚《おうよう》にお茶をすすった。

しかし、なにかが違う。美しくない。

もっと自然な形があったはず……と、はっと、「縁側」に思い当たった。

昔むかし、わが家には濡れ縁があった。その濡れ縁に腰掛けて、職人さんたちはお茶を飲んでいたのだ。

職人さんだけではない。私たちがおやつを食べたのも、そこだった。日盛りには、犬がその下で昼寝をしていた。ご近所の人たちは、玄関から入らず、裏木戸を通って、縁側で話し込んでいった。子供たちも直接そこに駆け込んできた。

夕涼み、日向《ひなた》ぼっこ、あやとり、お手玉……、目をつぶると楽しいイメージばかりが浮かぶ。

あんないいものを、なぜなくしてしまったのだろう。

「戦後、日本人が失ったのは、縁側である」

正確な言葉は忘れたが、森繁久彌《もりしげひさや》さんが確かそんなことをおっしゃっていたように思う。

縁側そのものよりも、むしろ縁側の文化、つまり人の心にある縁側を惜しんでいらしたのではなかったろうか。

縁側には、玄関ほどのよそよそしさ、ものものしさはない。勝手口のような、せわしなさもない。外に向かって、ゆったり、温かく開いている。

ふっと、今までに演じてきたドラマのことを思い出した。心に残るのは、たいてい、縁側のシーンなのである。

『男はつらいよ』で、「母はね、寅《とら》さんのこと、好きだったのよ」と、亡くなった母親の心を明かしたのも、縁側だった。寅さんは、庭先で静かに聞いていた。ああいう話は、玄関ではしないだろう。秋の陽射しをいっぱいに浴びた縁側だからこそできた打ち明け話だったのかもしれない。

季節と心を通わせる場所。家の中のようにくつろいで、外に向かえるところ。子供にも□にも愛される……。

そんな場所を、戦後の日本人が本当に失ってしまったのだとしたら、こんなに寂しいことはない。

（檀　ふみ『父の縁側、私の書斎』所収「心の縁側」より）

(一) 『Aわが妹に報告』した時、『Bある日』、『C「ネコ通り」と呼ばれるようになった』時、『D何日か後』を時系列順に並べるとどうなりますか。

(二) いちばんの被害者は野良猫たちだろうとありますが、野良猫たちが失ったもので最も大きいものは何ですか。二十字前後で抜き出しなさい。

(三) 昔の家は「すき」だらけだったという話題からそういえば今の家には縁側もないと「縁側」の話題に移っていますが、家に「すき」がある状態と縁側の持つ性質が似ているからだと思われます。どのような性質ですか。一文を抜き出しなさい。

(四) ご近所の人たちは、玄関から入らずとありますが、同様に玄関を使わない人とされているのは「職人さん」「子供たち」の他に誰ですか。

(五) □に適する漢字二字の語を考えなさい。

(六) この文章を三段落に分けるとしたら、二、三段落の始まりはどこからになりますか。それぞれ最初の五字（記号、句読点含む）を書きなさい。

ノソリと通り過ぎた。見ると、お腹《なか》が異様に大きい。

「ミケが出産間近みたいよ」

と、家に帰って、猫世界のマザー・テレサ、Aわが妹に報告する。

「やだ、どうするつもりだろう」

ネコ・テレサの顔がたちまち暗くなる。

本当にどうするつもりだろう。どこで産むんだろう。どうやって育てるんだろう。

三毛猫は、もともと野良猫ではなかった。「ちゃんと」ではなかったが、「ネコ通り」に面した家でしばらく飼われていたのだ。玄関先に段ボールをあてがわれて、子猫が五、六匹、ピョンピョン跳ねながらじゃれ合っていたのを覚えている。

しかしBある日、その家の主人が猫を残して引っ越してしまった。家はたちまち解体され、あとにはワンルーム・マンションが建った。

ねぐらを失った猫兄妹《きょうだい》は、近くの古い日本家屋の縁の下に居を定めたらしい。だが、その家も、老夫婦があいついで亡《な》くなり、ほどなく解かれて、駐車場になってしまった。猫たちは、雨の日は車の下で、晴れた日にはボンネットの上で過ごすようになった。

そこがC「ネコ通り」と呼ばれるようになったのは、それからである。思えばあっという間のことだった。

猫兄妹の苦難の道のりは、そのまま、この通りから昔ながらの家並が消えていった日々につながっている。

ちょっと長い旅行から帰ってくると、どこかしら町の景色が変わっている。木陰がなくなって駐車場が増えていた。古い趣のある日本家屋が、ピカピカのできあい御殿にかわっていた。

いちばんの被害者は野良猫たちだろう。新しい家には「すき」というものがない。縁の下はコンクリートで固められているし、屋根裏への入口もぬかりなく塞《ふさ》がれている。

D何日か後、ぺこんとへこんだミケのお腹を見て、再びやり切れない思いに襲われた。

いったい、どこで産んできたんだろう。子猫はどうしたんだろう。

縁の下をビッチリとコンクリートで固め、屋根裏には断熱材をがっちり敷き詰めて、一分の「すき」もないとは、我が家のことである。以前の家では、雨漏りとカビとすきま風に悩まされ続けた。建て直す際に、建築家にそうした悩みをトウトウとまくし立てた結果、要塞《ようさい》のような家ができあがってしまったのだ（要塞とはいえ、ゴキブリ、ムカデ、ダニには無防備である。雨漏りの悩みも完全には解消されていない）。

昔の家は「すき」だらけだったと、新しい家に住んでつくづく思った。

例えば猫は、猫用の扉から出入りする。その扉を閉めてしまうと、入れないし、出られない。昔の家だったら、どんなに厳重に戸締りしても、さかりがつけばどこからかスルリと抜け出して、必ず大きなお腹で帰ってきたものだった。

子猫を産んでからも同じである。子供たちが大騒ぎで覗《のぞ》いたり、触ったりしようとすると、母猫が一匹ずつくわえて、どこかへ持って行ってしまった。屋根裏か、縁の下か……。誰にも邪魔されずに、子育てに専念できる場所が、昔は確かにたくさんあった。

そういえば今の家には縁側もない。

植木屋さんに入ってもらって「あれっ」と思った。一服していただくが、適当な場所がないのである。

また、それを考えた上で［　］にあてはまる語を、ひらがな三字で入れなさい。

(三) 結が店を手伝うようになったのは最近であるということがわかる一文を探し、その最初の三字を抜き出しなさい。

(四) 胡瓜は何になるのですか。文中から五字で抜き出しなさい。

(五) 頑固者とありますが、結の父親が頑固であることは、どのようなことからわかりますか。文中の言葉を使い、十五字以内で答えなさい。
また、頑固者であることの他に、結が父親から受け継いだと思われるものは何ですか。文中から抜き出しなさい。

(六) 今日の結は、その時とは少し違っていたとありますが、それまでには見られなかった結の姿が書かれている一文を探し、その最初の三字を抜き出しなさい。

(七) この場面は俊次側の視点から描かれていますが、Ⓐまでの中で、そのことが最もよくわかる一文を探し、その最初の三字を抜き出しなさい。

三

次の詩を読んで、あとの(一)から(三)までの問いに答えなさい。

元気でいる
みたいだから
まあ　いいか
呟《つぶや》きながら
何度もあなたからの
［　］を見ていた

お父さんのこと
毎年　元旦になると
思い出すの

会えばケンカの
父子だったけれど
思っていたのよ
あなたのことを

（柴田トヨ『くじけないで』より）

(一) ［　］にはこの詩の題にもなっている語が入ります。あてはまる語を考え、漢字三字で入れなさい。

(二) まあ　いいかと呟いていますが、本当はどのような思いがあるのですか。

(三) 「あなた」に語りかけているのは誰ですか。「あなた」から見た言い方で答えなさい。

四

次の(一)から(六)までの——の部分を漢字で書きなさい。

(一) 問題はサンセキしている。
(二) 攻撃はアッカンだった。
(三) 公園をサンサクする。
(四) シキベツ不可能な偽物。
(五) 星のフる夜。
(六) 列をミダす人がいる。

五

次の文章を読んで、あとの(一)から(六)までの問いに答えなさい。

我が家の近くに「ネコ通り」と呼ばれる場所がある。住宅に囲まれた狭い道で、車の通りが少なく、野良《のら》猫の溜まり場になっている。

その「ネコ通り」を歩いていたら、顔馴染《なじみ》の三毛猫が、私の目の前を

の？」…Ⓐ

俊次がしつこく食い下がると、少しもじもじしながら、結は「鰹節《かつおぶし》を削っているところ」と答えた。

「鰹節？」

「これ、鰹節削り器」

俊次が「そのまんまじゃねえか」と言うと、結もおかしそうに「うん」と笑った。

「へえ、鰹節ってこういうので削るのか。鉋《かんな》みたいだな」

「うん」

「ちょっと、削ってみせろよ」

「え？」

「いいから、ほら」

急に俊次から促された結は、恥ずかしそうな顔のまま手を動かし始めた。

「えー、まだ上手じゃないんだけど、ええと、こうして……」

結が鰹節を削り始めると、厨房の中に香ばしい香りが漂い始めた。

「夕飯前の台所みてえな匂いだな」

しゅるしゅる薄い鰹節が、どんどん削り上がっていく。俊次が普段目にしている、小さなパックに入った鰹節とはまったく違って、まるで本当に鉋で削られた薄い木のようだった。

「おまえ、なかなかうまいんじゃねえの？」

「ううん。削るのは、今日で三度目だから。まだまだ下手っぴだよ」

謙遜《けんそん》しつつ、どこか結は誇らしげな様子だった。

「ちょっと待てよ。ってことは、いつもこうして削りたての鰹節を使ってるってことだよな。すげえな。本気の『［　　］』なんだな」

「本気の、［　］……」

結は、くしゃっとした笑顔を見せた。

——そりゃあ、たかが付け合わせのために、自分で野菜を漬けるわけだよなあ。

「うちの母親がさ、野菜が値上がりしているんだから、わざわざ胡瓜を買って漬けなくてもいいのに、って。出来合いの漬物を買えばいいのに、って言ってた」

「うん。それが正論だと思う」

「でも、それを聞いた父親が『遺伝だ』ってさ」

「遺伝？」

結は怪訝《けげん》な表情を浮かべた。

「寿司屋をやっていた、おまえのじいちゃん、相当頑固者だったらしいぞ。それをおまえの父ちゃんも、受け継いだんだろうって」

「ふうん」

「ってことは、結、おまえも頑固者ってことだろ？」

「え？　僕？　僕って頑固？　そうかな？」

俊次は、頬を赤らめている結を見ながら、冬の終わりに、コンビニで会った時のことを思い出していた。あの時の結は、就職活動に失敗した自分を恥じて赤くなっていたのだろう。

けれども今日の結は、その時とは少し違っていた。

（穂高　明『むすびや』より）

㈠　俊次の家は何の店ですか。

㈡　結の店で売っている食べ物は何ですか。

(四) 教科書の中身を「間違っている」と明言するとありますが、大学の先生がそう「明言」できるのはどうしてですか。二十字以内で答えなさい。

(五) [1] と [2] にふさわしい語を、文中から探しなさい。

(六) [3] に適するのは、

(イ) 小学校の教科書　(ロ) 中学校の教科書
(ハ) 高校の教科書　(ニ) 大学の教科書

(七) ノーベル賞をとるより難しいとありますが、その理由は、

(イ) ノーベル賞は毎年授与されており、受賞した研究の中でも特に優れた発見しか教科書に載ることを許されないから。
(ロ) 間違いなく確かな発見であることよりも、一般的にも重要な発見だと認められることの方が教科書の内容としてふさわしいから。
(ハ) 極めて専門性の高い研究であると同時に、長い間それが真理であると見なされ続けないと教科書には載らないから。
(ニ) 間違いなく確かな発見だとみなされると同時に、広く重要な発見であるとも認められなければ教科書に載ることはできないから。

二

次の文章を読んで、あとの(一)から(七)までの問いに答えなさい。

> 結と俊次は幼い頃からの友人で、共に同じ商店街にある、それぞれの親が営む店を手伝う息子である。

「こんにちはー」
「あー、俊ちゃん。ご苦労さん」
俊次が「むすびや」に着いた時、店先で出迎えてくれたのは、結の母親である澄子だった。結は、店の奥にある厨房《ちゅうぼう》で作業をしているようだ。
「すみません、胡瓜《きゅうり》なんですけど、この間とは値段が少し変わっちゃって」
「ああ、そうよねえ。もちろん構わないわよ」
「ほんと、すみません」
「今、野菜は全部そうなの？」
「ええ、ほとんどが値上がりしています」
「そう。だって、ずっと変な天気だものねえ。もう七月なのに、こんなに涼しいしねえ」
俊次が段ボール箱を抱えて厨房の中へ入ると、結は真剣な表情で作業をしていた。細い腕と肩を目いっぱい動かしている。
結のエプロン姿は、やはりまだ、どことなくぎこちない。
黒いエプロンの胸元には「むすびや」の屋号が白抜きされている。それを白いポロシャツの上に身に着けている結の姿は、まるで文化祭の模擬店にいる高校生や大学生のようにしか見えない。
こちらに気付いた結が顔を上げた。俊次が「おっす」と声を掛けると、結は「うん」と軽く頷《うなず》き、いつものはにかんだような笑顔になった。
「配達、お疲れさま」
「おう。おまえ、それ、何してんの？」
結が触っている道具が何なのか、俊次にはわからなかった。結は何も言わず、道具に溜まった何かのカスを取り除くのをやめなかった。
俊次は、澄子から伝票に受け取りのサインをもらった後、また結のそばへ寄っていった。
「それ何？　おまえ、めちゃくちゃ真剣な顔で、さっきから何してん

試験をクリアして入った大学では、先生が教科書の中身を「間違っている」と明言する。これは、ちょっとしたカルチャーショックであった。

大学の授業で習うことは、最先端の研究内容である場合が多い。最先端の研究成果の中には、まだ評価が定まっていないものも含まれている。研究者たちがいくつかのグループに分かれ、それぞれ自分たちの説こそ正しいと主張し合っている場合もある。研究がさらに進んだ結果、それまで正しいとされていたことが実は間違っていたと判明することもある。本当の最先端の研究分野では、原著論文は何本かあっても、それらをとりまとめた教科書はまだ記されていないという場合もある。

大学の先生というのは、教育者であると同時に皆、それぞれの専門分野の研究者である。したがって、自分の専門分野において自分自身の意見なり仮説というものを持っている。研究というのは何か新しいことを発見して、それを他の人々に伝えるという作業である。自説がすんなりと受け入れてもらえないことも多い。そんなとき、研究者は自分の説がいかに正しいのかを力説し、人々を説得しようとする。

［１］として学生に教えているときは、できるだけ評価の定まったことを教えるよう心がけていても、時々［２］としての顔がのぞいて、つい自己主張してしまう。授業で使う教科書も、自分の考えに合うものを選びがちである。そのため、教科書に大ウソが含まれる可能性があるというわけである。

世の中には多くの研究者がいて、日々研究に明け暮れている。それによる発見の多くが、原著論文という形で、さまざまな学術雑誌に掲載されている。雑誌にもいろいろあって、世界中の人が目を通している超一流雑誌から、関係者以外にはその存在も知られていないようなマイナー雑誌までいろいろある。分野外の人にもその価値がわかるような重要な発見や、誰もが興味深く聞くことができる発見は、いわゆる一流雑誌に掲載される。

その中の選《え》りすぐりとも言える大発見をした人が、ノーベル賞を受賞したりする。ノーベル賞に輝くような発見のうちのいくつかは、将来、高校の教科書に載るかもしれない。もしも、［３］に載るような発見ができたら、その科学者はダーウィンやニュートンと肩を並べる歴史上の人物であるということになる。

そう考えてみると、小学校や中学校の教科書に掲載されるような発見を行うのがどれだけ難しいのか想像できる。ノーベル賞をとるより難しいと言ってもよかろう。数百年以上も覆されることがないほど確かな事実であり、なおかつ義務教育として勉強すべき子供たちが一般的な事実として知っておいた方がよいと思われるほど重要な内容しか掲載を許されないのが、小中学校の教科書なのである。

（佐藤克文『ペンギンもクジラも秒速2メートルで泳ぐ』より）

㈠　正しいことの文中における具体例を答えなさい。

㈡　大ウソとありますが、同じ事柄でも、ある時には正しいこととして、ある時には大ウソとして扱えるのはどうしてですか。解答欄に続くように、文中から十二字で抜き出しなさい。

㈢　高校生にもわかるように簡単に記してあったりする方法を慣用句にすると、

(イ)　嘘八百　　(ロ)　嘘から出たまこと

(ハ)　嘘も方便　　(ニ)　真っ赤な嘘

【国　語】〈五〇分〉〈満点：一〇〇点〉

一　次の文章を読んで、あとの㈠から㈦までの問いに答えなさい。

今となっては、誰かに聞いた話だったか、何かで読んだ話だったか忘れてしまったが、「教科書の中のウソ」という話がある。

私たちはまず小学校にはいり、その後、中学校という義務教育を終えた後、高等学校、大学へと進学する。それぞれ、学校という文字の前に、小・中・高等・大という文字が付いているが、これはそれぞれの学校で使われる理数系科目の教科書にどれくらいのウソが混じっているのかを表しているのだそうだ。

すなわち、小学校で使われる教科書には、小さなウソが含まれている。正しいことしか書かれていないと言っても、ほぼよいだろう。中学校の教科書には、中くらいのウソが混ざってくる。高校の教科書には、一見もっともらしく思えるような高等なウソが含まれている。大学で使われている教科書には、大ウソが書いてあるという話である。

小学校の算数の教科書には、たとえば、ピタゴラスの定理（三平方の定理）が記されている。これは、直角三角形の三辺の長さの関係を表すもので、紀元前に発見されて以来、二千年以上の時を経ても覆《くつがえ》されることがなかったことから考えても、間違いない事実であると言いきることができる。他にも、数百年以上も前に発見されたような基本的事実ばかりが、小学校の算数や理科の教科書には記されている。

中学校の教科書になると、一七世紀から一九世紀にかけての著名な科学者の発見が登場する。ニュートンの力学やダーウィンの進化論を中学生は学ぶことになる。宗教上の理由から、進化を認めない人々もいるようだが、現代の生物学は進化を揺るぎない事実と見なした上に構築されている。中学校の教科書も、間違いない事実ばかりが記されていると言って〝ほぼ〟よかろう。

高校の教科書になると、二〇世紀のノーベル賞受賞者クラスの科学者による発見が登場する。アインシュタインの相対性理論や、ワトソンとクリックのＤＮＡ二重らせん構造などである。

「厳密なことを言えば違うのだが、まあこう思っておけば大きく間違いではない」。そんな事情から、高校生にもわかるように簡単に記してあったりするものが時々紛れ込んでいる。一通り読んだだけでは気がつかないような高等なウソも紛れ込んでいるのだが、小中学校の教科書同様に、大きな間違いは含まれていないと考えて差し支えなかろう。

大学になると、教科書の様相は一変する。

小学校から高校までには教科書検定というものがあり、ある一定レベルの質が保証されている。ところが、大学の授業で使われる教科書には、検定などない。授業で使われる教科書は、担当する先生が勝手に指定した専門書である。

「〇×先生は、自分の著書を教科書に指定して、印税を稼ごうとしているのでは」等といった噂が学生の間で流れたりすることもある。私も大学に入学して講義を聴いて驚いたのだが、ある先生は自分で教科書に指定しておきながら、授業中に「この部分に書いてあることは間違っています」と言って、「私はこう思う」と自説を展開するのであった。

高校を卒業するまで、教科書に書いてある内容が間違っているなどとは考えたこともなかった。教科書に記されている内容を、ただひたすら理解して覚えることに専念するのが受験勉強であった。ところが、入学

(八) [A] と [B] に反対の意味を表す語を、それぞれ漢字一字で入れなさい。

四 次の(一)から(六)までの――の部分を漢字で書きなさい。

(一) 危険をサッチして逃げる。　(二) コウテツの工場。

(三) 王者としてクンリンする。　(四) 新しい棟をゾウチクする。

(五) セーターをアむ。　(六) 山できのこをトる。

五 次の詩と鑑賞文を読んで、あとの(一)から(四)までの問いに答えなさい。

彼らの一歩　僕の一歩

尺取虫《しゃくとりむし》が進んでく
にょきにょきと小さな一歩
でも確実に……

彼らが大人になって [1] 時
今苦労して進んだ一歩の小ささが分かるかな……
僕が大人になった時
今悩んでいることの小ささが分かるかな……

（本校生徒作品）

日常で見ることのできる小さな生き物について詠った詩である。彼らがどこに向かっていくのかを知るすべはないが、なにかしら目的はあるのだろう、しっかりと確実に歩を進める尺取虫に自分の姿を投影している。

今、自分が悩んでいることは決して小さなものではないのに、一般の大人にとっては、そんなに大きなことではないと片づけられることへの疑いが「 [2] 」と表現され、将来の自分を今の自分の延長線上にとらえている。

(一) にょきにょきが表しているのは、

(イ) 迷いつつも進もうとする様子
(ロ) 脚の着地点を探している様子
(ハ) 体を曲げて休もうとする様子
(ニ) 大きく体を伸ばしている様子

(二) 彼らとありますが、「僕」が大人になった「彼ら」に伝えたいこととして適するのは、

(イ) 小さいころの苦労から解放されて自由になってほしい
(ロ) 小さいころの苦労を大人の視点から評価してほしい
(ハ) 小さいころの苦労した一歩を忘れないでほしい
(ニ) 小さいころの苦労は仕方なかったという実感をもってほしい

(三) [1] に適するのは、

(イ) 落ち着いた　(ロ) 悩んだ　(ハ) 飛んだ　(ニ) 止まった

(四) [2] に適する表現を詩中から抜き出しなさい。

たペットボトルもその中に入ったままだ。それに対し、私は水筒の水を飲み、飴《あめ》を歩きながらなめ、そしていまチョコレートを食べている。これは疲れることなのか……。

　ではどちらが正しいのか。いや、すでに比べることではないのだろう。そのことにうっすらと気がつく。あまりにレベルが違うのだ。いま同じ山の中にいて、同じ頂上を目指していることに変わりはないが、置かれている状況はあまりにかけ離れているはずだ。たとえれば、目の前で竹内は高速で回転している。なのに、私はもたもたと歩いているようなものだ。ただ、それが目に見えず、わかりにくいだけにすぎないのだ。これはきっと事実だ。新鮮な気持ちになった。プロのすごさの一端に初めて触れた気がした。

　山に持っていくおやつとして、最適なのは何でしょうか？　野暮かなと思いつつ、訊ねてみた。

「おすすめはアンパンです。それも山崎製パンの5個入りのもの。それを袋のままつぶして持っていきます。あんこを真ん中にして如何《いか》に小さくつぶすかが課題です。キャンディーの包み紙のように、両端から袋を巻いてつぶしていきます」

　つぶすのは単純にかさを減らすためだ。ほかに「バームクーヘンとカステラ」がいいという。向かないのは「おにぎり」だという。

「[A]は大丈夫ですが、[B]山はやめた方がいい」

「どうしてですか？」

「凍るからです。でもアンパンは凍りません」

　なるほど、そういうことか。

「(国内では) 水筒も極力持っていきません。ペットボトルが多いです」

　私はしつこく「どうしてですか？」と訊ねた。

「ペットボトルは、飲み終わったらつぶせます。でも水筒だとそうはいきません」

　竹内のザックが極端に小さいのは、これまでの経験から生まれた知恵によるのだと、こんなところで気がついた。もしかしたら駅前でペットボトルを買ったのも、水筒を忘れたからではなく、最初からそのつもりだったのではないだろうか。

（小林紀晴『だからこそ、自分にフェアでなければならない。』より）

㈠ 雨脚と熟語の音訓の読みの組み合わせが同じものは、

㈠ 雨天　㈡ 雨風　㈢ 豪雨　㈣ 雨具

㈡ [1]にふさわしい語句を、本文中から三字で抜き出しなさい。

㈢ [2]にふさわしいものを、考えて入れなさい。

㈣ 食べたり飲んだりとありますが、この時「竹内」さんが飲むために持っていたものを、本文中から十二字で抜き出しなさい。

㈤ 言っている意味がわからないとありますが、それは筆者が、「食べる」ことにどのような意味があると考えていたからですか。

㈥ 新鮮な気持ちになった理由としてあてはまらないものは、

(イ) 自分とはかけ離れた世界があるのだとわかったから。

(ロ) プロとの差は大きいが追いつこうと思えたから。

(ハ) レベルが違うのだと開き直ることができたから。

(ニ) プロと比べる必要はないのだと気づいたから。

㈦ プロのすごさとありますが、筆者はそのプロらしさの一つを彼の持ち物に見ています。それは何ですか。㈣の答え以外の物で書きなさい。

パーじゃんけんをするときに、みんながどのような方法をとったからですか。

㈤ Ｖサインとありますが、「ぼく」のＶサインを一番重く受け止めたのは誰ですか。

㈥ 明日からのコート整備をどうするかとありますが、決め方の候補の一つを本文中から抜き出しなさい。

㈦ 「ぼく」の父親はいま豆腐屋で生計をたてています。父がつくった豆腐を食べさせてやりたいとおもったのはどうしてですか。五十字程度で答えなさい。

三 次の文章を読んで、あとの㈠から㈧までの問いに答えなさい

１時間ほど歩いて、小休止することにした。少し平らで開けた場所に出たからだ。以前、来たときも同じ場所で休憩した記憶がある。

私から「休みませんか？」と提案した。そうしないと、竹内はそのまま歩いていきそうだったからだ。引き止めたという感じだった。

出発したときには強かった雨脚は幸いなことにかなり弱まってきた。樹林帯ということもあるのだろう、雨具がなくてもほとんど濡れそうにない。それでも地面はべったりと濡れているので、どこかに座って休むわけにはいかない。仕方ないので、立ったまま休むことにした。

私は汗だくだというのに、竹内はまったく汗をかいていない。

「どうして汗をかかないんですか？」

思わず訊《たず》ねた。

「汗をかかないのではなく、かかないように [1] います。汗をかきそうになったら、ペースを落としたり、上着のボタンを開けたりします。でも、止まることはありません」

「どうしてですか？」

「止まると身体が冷えるからです。だからできるだけ、休憩もしません」

「休憩しないんですか？」

「はい」

50分歩いて、10分休憩。私はこれが身についている。だから歩いているとき [2] ばかり見ている。あと何分で休憩だ、などと心待ちにさえする場面がある。でも、これっていつからだろうか。考えてみた。そして行き当たった、記憶の一番最初に。やはり中学校での集団登山だ。あのとき、確かそのペースで歩いた。それが知らずに身についたということだろうか。登山に関するガイドブックにも同じようなことが書かれていた気がする。

いや、それでも何かが明らかに違う。もしも私が汗をかかないように歩いていたら、どれほどの速さになってしまうのだろうか。今日中に山小屋に辿《たど》り着けないのではないか。きっと私だけでなく、多くの登山者は汗をかき、息を荒くして山を登る。でも竹内はそうではない。

「それに、歩いている途中であまり食べたり飲んだりもしません」

「何故ですか？」

「食べると疲れるからです」

言っている意味がわからない。私は休憩のたびに、必ず何かを口に放り込む。それもできるだけ高カロリーのものを。それを竹内はしないという。

実際、目の前の竹内はザックから何一つ出そうとしない。駅前で買っ

りになってしまったら、事態はこじれて収拾がつかなくなる。

　みんなは青ざめた顔のまま、じゃんけんをしようとしていた。どうか、グーとパーが均等に分かれてほしい。

　こぶしを顔の横に持ってきたとき、ぼくの頭に父の姿がうかんだ。一緒にテニススクールに通っていたころ、父は試合で会心のショットを決めると、応援しているぼくたちにむかってポーズをとった。ぼくや母も、同じポーズで父にこたえた。

「グーパー、じゃん」

　かけ声にあわせて手をふりおろしたぼくはチョキをだしていた。本当はVサインのつもりだったが、この状況ではどうしたってチョキにしか見えない。ぼく以外はパーが十五人でグーが八人。末永はパーで、武藤と久保はグーをだしていた。

　ぼくが顔をあげると、むかいにいた久保と目があった。

「太二、わかったよ。おれもチョキにするわ」

　久保はそう言ってグーからチョキにかえると、とがらせた口から息を吐いた。

「なあ、武藤。グーパーはもうやめよう」

　久保に言われて、武藤はくちびるを隠すように口をむすび、すばやくうなずいた。そして、武藤は握っていたこぶしから人差し指と中指を伸ばすと、ぼくにむかってその手を突きだした。

　武藤からのVサインをうけて、ぼくは末永にVサインを送った。末永は自分の手のひらを見つめながらパーをチョキにかえて、輪のなかにさしだした。

「明日からのコート整備をどうするかは、放課後の練習のあとで決めよう。時間もないし、今日はチョキがブラシをかけるよ」

　そう言って、ぼくが道具小屋にはいると、何人かの足音がつづいた。ふりかえると、久保と武藤と末永のあとにも四人がついてきて、ぼくは八本あるブラシを一本ずつ手わたした。

　コート整備をするあいだ、誰も口をきかなかった。ぼくの横には久保がいて、ブラシとブラシが離れないように歩幅をあわせて歩いていると、きのうからのわだかまりが消えていく気がした。

　となりのコートでは武藤と末永が並び、長身の二人は大股でブラシを引いていく。コートの端までくると、内側の武藤が歩幅を狭くしてきれいな弧を描き、直線にもどれば二人ともがまた大股になってブラシを引いていく。

　ぼくたちはこれまでよりも強くなるだろう。チーム全体としても、もっともっと強くなれるはずだ。

　ぼくはいつか、テニス部のみんなに、父がつくった豆腐を食べさせてやりたいとおもった。さらに、このコートで家族四人でテニスをしたいとおもい、押入れにしまってある四本のラケットのことを考えた。ぼくはブラシを引きながら、胸のなかで父と母と姉にむかってVサインを送った。

（佐川光晴『大きくなる日』より）

㈠　一年生の中でテニスの実力が一番あるのは誰ですか。

㈡　どのような隊形になってじゃんけんをするのか、□に入る語を本文中より探しなさい。

㈢　誰の顔も緊張で青ざめているとありますが、みんながきのうのことを気にしているのは朝練のどのようなことからわかりますか。

㈣　またひとりとありますが、きのう末永がひとりになったのはグーラケットを持って四階まで階段をのぼりながら、ぼくは武藤と話さなくてよかったとおもった。ぼくが武藤を呼びとめていたら、ほかの一年生はぼくたちがなにを話しているのかと、気になってしかたがなかったにちがいない。武藤ではなく、久保か末永を呼びとめていても同じ不安が広がっていたはずだ。冷静に考えれば、きのうのことは一度きりの悪だくみとしておわらせるしかないわけだが、疑いだせばきりがないのも事実だった。

もしかすると、みんなは今日も末永をハメようとしていて、自分だけがそれを知らされていないのかもしれない。もしかすると、きのうのしかえしに、末永がなにかしかけようとしているのかもしれない。もしかすると、二、三人の仲の良い者どうしでもうしあわせて、たとえ負けてもひとりにはならないように安全策をこうじているのかもしれない。

ウラでうちあわせ可能な手口がつぎつぎ頭にうかび、これはおもっている以上に厄介《やっかい》だと、ぼくは頭を悩ませた。

やはりキャプテンの中田さんに助けてもらうしかない。そうおもったが、それをおもいとどまったのは、きのうから今日にかけて、一番きついおもいをしているのは末永だと気づいたからだ。末永以外の一年生部員二十三人は、自分が加担した悪だくみのツケとして不安におちいっているにすぎない。それに対して末永は、今日もまたハメられるかもしれないという恐れをかかえながら朝練に出てきたのだ。最終的に中田さんに頼むとしても、まずはみんなで末永にあやまり、そのうえで相談するのが筋だろう。

そう結論したのは、三時間目のおわりぎわだった。おかげで授業はまるで頭にはいっていなかったが、ぼくはようやく自分のするべきことがわかった気がした。そこでチャイムが鳴り、トイレに行こうと廊下に出ると、武藤が顔をうつむかせてこっちに歩いてくる。

「よお」

「おっ、おお」

武藤はおどろき、気弱げな笑顔をうかべた。そんな姿は見たことがなかったので、もしかすると自分から顧問の浅井先生かキャプテンの中田さんにうちあけたのではないかと、ぼくはおもった。

それなら、昼休みには浅井先生か中田さんがテニスコートに来るはずだ。たっぷり怒られるだろうが、それでケリがつくならかまわなかった。

給食の時間がおわり、ぼくはテニスコートにむかった。しかし集まったのは一年生だけだった。ぼくは落胆するのと同時に自分の甘さに腹が立った。

いつものように二十四人で□をつくったが、誰の顔も緊張で青ざめている。末永にいたっては、歯をくいしばりすぎて、こめかみとあごがぴくぴく動いていた。いまさらながら、ぼくは末永に悪いことをしたと反省した。

しかしこんな状況で、きのうはハメて悪かったと末永にあやまったら、どんな展開になるかわからない。武藤をはじめとするみんなからは、よけいなことを言いやがってとうらまれて、末永だって怒りのやり場にこまるだろう。

だから、一番いいのは、このままふつうにグーパーじゃんけんをすることだった。うまく分かれてくれればいいが、偶然、グーかパーがひとりになる可能性だってある。ハメるつもりがないのに、末永がまたひと

(四) [1] に適するのは、

(イ) だめなところもあるかもしれませんね
(ロ) わたしはだめな人間なんですね
(ハ) だめなものはだめなんですね
(ニ) わたしも最初からそう思ってました

(五) [2] に適するのは、

(イ) くらべられるべき存在　(ロ) さばかれるべき存在
(ハ) けなされるべき存在　(ニ) うたがわれるべき存在

(六) 今だって、一篇の小説を書き終えるたびに、耳に鳴り響くとありますが、今の「わたし」とは対照的な昔の姿が書かれているところを探し、最初の三字を答えなさい。

(七) 存在感のないきれいな女性とありますが、そのヤマシタさんの様子が具体的に表現されているところを探し、十三字で抜き出しなさい。

二　次の文章を読んで、あとの(一)から(七)までの問いに答えなさい。

朝練では、一年生対二年生の対抗戦をする。シングルマッチで一ゲームを取ったほうの勝ち。四面のコートに分かれて、合計二十四試合をして、白星の多い学年はそのままコートで練習をつづける。負けた学年は球拾いと声だしにまわる。

力試しにはもってこいだが、二年生との実力差は大きくて、これまで一年生が勝ち越したことはなかった。武藤や末永でも三回に一回勝てるかどうかで、久保は一度も勝ったことがない。ぼくは勝率五割をキープしていたが、団体戦に出場するレギュラークラスには歯が立たなかった。ただし、一度だけ中田さんから金星をあげたことがある。ベースラインでの打ちあいに持ちこんで、ねばりにねばって長いラリーをものにした。誰が相手であれ、きのうからのモヤモヤを吹き払うためにも、ぼくはどうしても勝ちたかった。

ところが、やる気とは裏腹に、ぼくは一ポイントも取れずに負けてしまった。武藤や末永もサーブがまるで決まらず、ダブルフォールトを連発して自滅。久保も、ほかの一年生たちも、手も足も出ないまま二年生にうち負かされて、これまでにない早さで勝負がついた。

「どうした一年。だらしがねえぞ」

キャプテンの中田さんに命じられて、ぼくたちはグラウンドを走らされた。いつも先頭をきっているので、みんなの姿を見ずに走るのはなれていたが、今日だけは武藤や末永や久保がどんな顔でついてきているのか、気になってしかたがなかった。

誰もが、きのう末永をハメたことを後悔しているのだ。足を止めて、一年生全員で話しあいをして、昼休みのコート整備を当番制にかえてもらうようにキャプテンに頼もうと言いたかったが、おもいきれないまま、ぼくはグラウンドを走りつづけた。

「よし、ラスト一周。ダッシュでまわってこい」

中田さんの声を合図に全力疾走となり、ぼくは最後まで先頭を守った。

「ボールはかたづけておいたからな。昼休みのコート整備はちゃんとやれよ」

八時二十分をすぎていたので、ネットのむこうは登校する生徒たちでいっぱいだった。武藤に、まちがっても今日はやるなよと釘を刺しておきたかったが、息が切れて、とても口をきくどころではなかった。

「　1　」しまいに、わたしもヤマシタさんと口をそろえて言っていた。ずいぶんと好きな詩人だったはずなのに、好きでもだめなものはだめなのかもしれないという気分に、支配されていた。

ものを書く人間は、このように常に読者に　2　なのだ。わたしは初めて気がついた。図書館にいりびたり、授業も碌《ろく》に受けずに小説や詩に読みふけり、いつか運がよければものを書く人間になれるかもしれない、と内心思っていたわたしにとって、ヤマシタさんの容赦《ようしゃ》ない「だめなものはだめ」という言葉は、青天《せいてん》の霹靂《へきれき》のようなものだった。

以来、わたしはたとえ内心でも「もの書く人間になりたい」と思うことをやめにしたのである。ヤマシタさんがにこやかな表情で言う「だめなものはだめ」が、怖かった。にこやかであればあるほど、怖かった。絶対にもの書く人間になどならないと決心した。

デイジーには大学の間ずっと通った。ヤマシタさんと顔をあわせればいつでもたわいないお喋りを交わした。時には一緒にお酒を飲みに行くこともあった。ふだんのヤマシタさんはもの柔らかな口調で可もなく不可もない内容のことを喋る人である。最初のときのような容赦ない言葉を口にしたことは、わたしが卒業してデイジーから足が遠のくまでの間、二度となかった。

ヤマシタさんが中学校の国語の教師であったこと。数年間勤めた後に体をこわして塾の先生になったこと。それも続かずじきに退職したこと。デイジーにわたしが足しげく通っていた頃はヤマシタさんは家庭教師のアルバイトをして暮らしていたこと。そういう事実を、後にわたしは人づてに聞いた。ヤマシタさんの「だめなものはだめ」という言葉がどうしても耳の奥で鳴り響いて、大学時代に少しだけ書いていた小説もどきのようなものを、わたしは二度と書かなくなっていた。わたしはヤマシタさんと同じ教師という職業を選んだ。日々の生活に追われていることを言い訳にしながら、わたしはすっかりもの書くことから離れていった。

後年ふたたびぽつぽつとものを書きはじめたときも、ヤマシタさんの言葉はいつも耳に鳴り響いていた。今だって、一篇《いっぺん》の小説を書き終えるたびに、耳に鳴り響く。ヤマシタさんの消息は知らない。人ごみで存在感のないきれいな女性を見るたびに、ヤマシタさんではないかと思ってはっとする。デイジーは今も健在なので、いつかマスターにヤマシタさんのことを聞いてみようかとも思うが、「あなたの小説、だめね」と断言されるのが怖くて、聞けない。たぶん、死ぬまで、聞けないだろうと思う。

（川上弘美『ハヅキさんのこと』所収「だめなものは」より）

㈠　そこまでして読みたい、ってほどでもないしと言っていたヤマシタさんが、その言葉に合わない態度をとっているところを探し、十三字で抜き出しなさい。

㈡　いきがかり上とありますが、その意味としてふさわしいのは、

(イ)　その場の流れで　(ロ)　流れをさえぎって

(ハ)　相手の求めに応じて　(ニ)　自分の考えを貫いて

㈢　頭にはかあっと血がのぼってきた理由としてふさわしくないのは、

(イ)　自分の好きな詩人の作品を否定されたから。

(ロ)　貸した詩集に良い評価をくれると思ったから。

(ハ)　だめな詩人を好きな自分が恥ずかしかったから。

(ニ)　だめだと断言されたことに納得できなかったから。

【国　語】〈五〇分〉〈満点：一〇〇点〉

一　次の文章を読んで、あとの㈠から㈦までの問いに答えなさい。

デイジーに行きはじめてから数ヵ月ほどたったころに、はじめてヤマシタさんと口をきいた。わたしが読んでいた本――昭和のはじめのころに出版された詩人の本だった――を見て、ヤマシタさんが、「その本」と話しかけてきたのだ。

「その本、私どうしても見つけられなくて」とヤマシタさんは言った。古本屋をいくつか探したが、なかったのだという。

「そうですか」とわたしが答えると、ヤマシタさんは首を横に振りながら、「このへんの図書館にも、なかったわ」と続けた。国会図書館に行けばもちろんあるだろうし、都心の大きな開架《かいか》式の図書館に行ってもいいんだけれど、そこまでして読みたい、ってほどでもないし。ヤマシタさんは説明した。

話のいきがかり上、わたしはヤマシタさんに本を差し出した。「大学の図書館の本なんです」と言いながら、渡した。ヤマシタさんはていねいな手つきで表紙をめくり、黄ばんだ頁《ページ》を繰った。繰りながら、一頁ずつゆっくりと読みはじめた。くちびるをかすかに動かして、しかし声は出さずに、一つ一つの詩を、ヤマシタさんは読んでいった。

カフェオレの表面には膜《まく》が張る。容器が大きければ大きいほど、カフェオレが熱ければ熱いほど、膜は張りやすい。ヤマシタさんは本に没頭した。わたしのことなどすっかり忘れてしまった様子で、本に目をくっつけるようにして頁をめくってゆく。わたしは膜をスプーンですくっては口に入れ、次にその下のカフェオレを飲み、しばらく置いてはまた膜をすくうことを繰り返した。履修《りしゅう》票を取り出してその年度の授業の構成を確かめた記憶もあるから、たぶんあれは四月のことだったのだ。四月にしては寒い日で、桜は散りかけていて風が強かった。

小一時間ほども読んでいただろうか。ようやく最後の頁までたどりつき、ヤマシタさんはぱたんと頁を閉じた。

「どうもありがとう」ヤマシタさんは言った。細い、しかし張りのある声だった。

「いかがでしたか」と期待しながら聞くと、ヤマシタさんはかんはつを入れずに断言した。

「ぜんぜんだめね」

え、と聞き返すと、もう一度ヤマシタさんは「だめな詩人よ」と繰り返した。一瞬何がなんだかわからなかったが、すぐにわたしの頭にはかあっと血がのぼってきた。

「ずいぶんと、その、ひどいこと言いますね」

「だって、だめなものはだめなのよ」

「そんな」

そんな、と口を半開きにするわたしを、ヤマシタさんはにこにこと眺めた。だめなものはだめよ。何回でも、ヤマシタさんは歌うように言った。そうなんですか。そのうちに、わたしのほうの勢いがなくなってきた。あんまりヤマシタさんが「だめなものはだめ」と確信に満ちて言うので、だんだんそんな気になっていた。ヤマシタさんのたよりなくうす赤いくちびるから出る「だめなものはだめ」という言葉は、たとえば存在感のたっぷりとある人間の口から出た言葉よりも、かえってほんとうらしく思えた。

五　次の詩に関する、あとの㈠から㈣までの問いに答えなさい。

石見銀山　龍源寺間歩《まぶ》で

狭く　低く　薄暗い
龍源寺間歩で眼を閉じた

キーン　キーン　カーン
暗く湿った坑内で
銀掘《かねほり》がタガネで壁を削る音

ザッ　ザッ　ザッ
暗く湿った坑内で
手子《てご》が銀掘を手伝う音

ゴギュー　ゴギュー　ゴギュー
暗く湿った坑内で
溜まる地下水を汲み出すポンプ音

シュー　シュー　シュー
暗く湿った坑内へ空気を送る風の音

エッサ　エッサ　エッサ
暗く湿った坑内で
柄山負《からやまおい》が鉱石を背負って運ぶ音

四百年の時を経て
暗く湿った坑内で
私は聴いた
過酷な状況に耐えながら
仕事に打ち込む坑夫たちの働く音を
その□を

（本校生徒作品）

㈠　詩中の□に最適なのは、

(イ)　ため息　(ロ)　息切れ　(ハ)　息づかい　(ニ)　苦しみ

㈡　タガネとは、

(イ)　かんな　(ロ)　かなづち　(ハ)　のみ　(ニ)　のこぎり

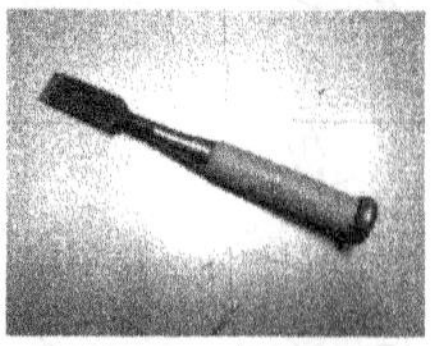

㈢　仕事に打ち込む坑夫たちの働く音とありますが、厳密には音ではないものを詩中から一行抜き出しなさい。

㈣　この詩では耳の働きによるものがほとんどですが、目の働きによるものを探し、その一行を抜き出しなさい。

言葉は、ただ、言葉として、読まれるのではなくて、その言葉が置かれていた空間とともに、ひとの身に感受され、しみこんでいく。本を読んだり、見たりすることで、ひとは、本のなかの虚構の世界を生きるけれど、それは、常に、本を読んでいる、まさにその場所、現実世界との重なりのなかで行われることだ。

日常世界が、こうしていつも、見えている世界と見えない世界（想像の世界）の、二重の重なりのなかに現れてくることを、わたしは読書という行為を通じて、明確に知ったように思う。

やがて、絵本を卒業したころ、わたしは、絵の少ない活字ばかりの本を読み出した。

ある日のこと、夢中になって、本を読んでいると、「まさよぉ、ごはんですよ」。階下から呼ぶ母の声に我に返った。周囲を見ると、よくこんなところで文字が読めたと思うほど、日がおちてまっくらになった部屋のなかに、自分が一人でいることに気がついた。わたしがいる、いま、ここにいる、そのとき感じた不思議な感覚を、わたしはいまも思い出すことができる。本の中身よりも、本を読むという行為そのものに、自分はあのとき、深く心を刺しぬかれていたのかもしれない。読むことは、そのように、ひとを孤独にするが、しかし、その孤独は、なんと強く、なんと清々しく輝いていることだろう。その孤独をはっきりと認識するようになったあたりから、わたし自身の［２］も始まっている。

（小池昌代『井戸の底に落ちた星』所収
「読書という行為の源をさぐって」より）

㈠　［１］にあてはまる表現として適するのは、
㈠　絵の力　㈡　母の声　㈢　話の展開　㈣　虫や鳥の存在

㈡　［２］にあてはまる語を二字で本文中から抜き出しなさい。

㈢　耳につくの意味としてふさわしいのは、
(イ)　気になる　(ロ)　聞きあきる
(ハ)　いち早く知る　(ニ)　聞くのがつらい

㈣　あるいは絵本の世界においてとありますが、絵本の世界に危機感があるとすれば、どのようなことだと考えられますか。
(イ)　親と子が結び付く手段として絵本は力不足であること
(ロ)　絵本を読んでやることがよいことだと思われなくなっていること
(ハ)　絵本をなかなか読んでもらえなくなっていると感じていること
(ニ)　読み聞かせないと絵本のよさが伝わらなくなっていること

㈤　AからDのひとについて「（一般的な）人間」の意味ならば「１」、「他者」の意味ならば「２」としたとき、正しい組み合わせはどれですか。
(イ)　A－１　B－１　C－２　D－１
(ロ)　A－２　B－１　C－１　D－１
(ハ)　A－１　B－２　C－１　D－１
(ニ)　A－１　B－２　C－２　D－１
(ホ)　A－２　B－２　C－２　D－１

㈥　「自分」にもなっていなかったのかもしれないとありますが、これと逆の実感が描かれている箇所を十五字以内で抜き出しなさい。

㈦　見えている世界と見えない世界（想像の世界）とありますが、二つの世界のうち、見えない世界（想像の世界）に心を奪われていたことが表現されている一文の最初の五字を書きなさい。

四 次の文章を読んで、あとの㈠から㈦までの問いに答えなさい。

絵本の「読み聞かせ」という言葉が、ずいぶん前から、耳につくようになった。親が子に絵本を読んでやることは、ずっと昔からあった行為だが、ここ数年、改めて光があてられて、図書館などでは、読み聞かせの会なども盛んである。今まではそれは、自然なふるまいとして、生活のなかにとけこんでいて、あえてその行為を、名詞化しなくてもよかったような気がする。声に出して日本語を読む流行と関係があるのだろうか。意識的にならなければならないほど、親子関係や子育てにおいて（あるいは絵本の世界において）、いま、危機感があるのだろうか。

言葉とは不思議なもの。この、無償の行いを名づけることで、そこには何か特別の、特権的な意味づけまでもが出現したように思われる。絵本を読んでやることが、悪いわけがない、いいに決まっている、だから、やるほうがいい、やるべきだ、という、無言の圧力だ。わたしはいささか身をひきつつ、距離を置いて、この言葉と、言葉のまわりを眺めている。

しかしながら、わたしも平凡なひとりの親。それも新米の。子供には、絵本を読んでやりたいと思う。Aひとが、自分が親からなされたことを、よいことも悪いことも、反復していくものだとすれば、親から絵本を読んでもらったひとは、Bひとから強制されなくとも、自然に、読んでやるようになるものなのだろうか。自分のことを考えてみるが、そのころの記憶がまったくないのである。そこで、母に聞いてみた。二歳か三歳くらいのころは、やはり、絵本を読んでもらいながら、寝付いていたようだ。「ヘンゼルとグレーテル」と母は言っていた。毎回、その一冊を読み続けていたようで、しまいにわたしは、すっかりすべてを暗記してしまい、母の音読にあわせて、語り出したとか。一冊が終わると、納得したように、寝たらしい。

自分のなかに、このように、記憶のはじかれた、白い頁があることは、面白いことだった。そのとき、自分が、どんな体験をしたのか、どんな空間に生きていたのか、Cひとの記憶によって、知るのみである。自分というものが、すべて自分の記憶だけで成り立っているものではないことを思い出して、わたしは不思議にうれしいような気がした。あのころ、わたしはまだ、母と未分化で、母の声を通して、母国語の響きを、わけもわからず、あびているだけだった。だから、「自分」にもなっていなかったのかもしれない。Dひととして生き始めたばかりのある時期を、自分では意識的に把握できないこと。そこには、何か、人生の、豊かな意味が眠っているように思われる。記憶以前の白紙の時間が、それ以後の、記憶にとどめられる時代を、今に至るまで、支え続けているように感じる。

一歳四ヶ月になるわたしの子供は、絵本の中身が、まだ理解できない。読んでやっても、絵に描かれた虫や鳥を、「あっ」「あっ」といいながら、指差すだけだ。しかし、朝おきると、決まって、絵本のあるところから、お気に入りの一冊を引っ張り出してきて、わたしに読んでくれというしぐさをする。中身がよくわからないのに、本を読んでくれというのも、考えてみれば、不思議な行動。開けばたちまち読者を別の空間へいざなうという、本の持つ誘惑の本質に、すでに気づいているというのか。少なくとも、紙の手触り、紙のたてる音、めくるという動作、[1]、そういう空間のなかのひとつのできごととして、絵本の存在が開かれてあるのだろう。

す。柔らかくて洗濯できる木綿が一般的になって、人びとは清潔な下着を知り、新しい寝間着を手に入れます。清潔というとき日本人の誰もが思いうかべるのは、いまでもたぶんきりりと洗われた木綿の清潔さです。

歴史家は言います。江戸時代の遺産について思いをめぐらしてゆくとわかる、と。明治という新しい時代に「日本人が直面した政治的・経済的・文化的な変化への対応を可能にした安定した基盤をもたらしたのは、日常生活の連続性であった。その基盤によって、日本人は、新しいものに圧倒されてしまうのではなく、自分たちが欲しいものを取り入れ、改変することができたのである」。

歴史が指さすのは、いつでもわたしたちの現在です。期待によって語られるべきものでもなければ、失望によって語られるべきでもないものが、歴史です。大切なことは、歴史について語ることより、歴史が語りかけてくるものに、じっと耳かたむけること。

（長田　弘『本に語らせよ』所収「江戸時代の遺産」より）

㈠ [1] に適するのは、

㈠ 決定的に　㈡ 段階的に　㈢ 加速度的に　㈣ 一時的に

㈡ 同時代の世界のどの国の表現とも違いますとありますが、日本以外ではどのような富の表現が行われたと考えられますか。次の文の□に二字の語を本文中から抜き出しなさい。

富を□や食事に費やす。

㈢ 贅沢とありますが、このあとに例として「木綿」が挙げられます。「木綿」における「贅沢」とは何ですか。

㈣ 歴史家がたずねるとありますが、「たずねる」の意味として最適なのはどれですか。

(イ) 訪れようとする　(ロ) 学ぼうとする

(ハ) さぐろうとする　(ニ) 言おうとする

㈤ [2]・[3] に適する組み合わせは、

(イ) 2－冷風　3－暖気

(ロ) 2－微風　3－日光

(ハ) 2－猛暑　3－寒気

(ニ) 2－避暑　3－避寒

㈥ 期待によって語られるべきものでもなければ、失望によって語られるべきでもないものとありますが、両者について書かれた次の文の空欄にあてはまる二字をそれぞれ答えなさい。

歴史が指さすのは、わたしたちの現在であって、期待によって語られる [a] ではなく、失望によって語られる [b] でもない。

㈦ 歴史が語りかけてくるものに、じっと耳かたむけると同じ行動を、本文中から十字以内で抜き出しなさい。

三　次の㈠から㈥までの――の部分を漢字で書きなさい。

㈠ ロボットがコショウした。

㈡ 政治のナンキョクを乗り切る。

㈢ かつてチョジュツした本。

㈣ 計画が現実性をオびてくる。

㈤ パーティにマネかれる。

㈥ 司会をツトめる。

(ハ) 未来はまだ訪れてませんから、それはお客様次第かと……

(ニ) 彼はお客様に会いに、すでに日本に戻ってきたのでは……

二 次の文章を読んで、あとの㈠から㈦までの問いに答えなさい。

歴史は「事件」によって区切られます。その前とその後をはっきりと画して、歴史とよばれるものを仕切ってきたのは、いつでも、戦争や災害のような、あるいは発見や革命のような大事件です。

けれども、歴史を画するのは「事件」ですが、歴史の姿かたちをなしてきたのは、むしろ「事件」ではないもの、ありふれたもの、すなわち日常です。ただ、歴史においてもっとも見やすいのは「事件」ですが、もっとも見えにくいのが日常です。

「わたしたちの用いるモノや日々の習慣は、あまりにもわたしたちの一部となっていて、わたしたちはそれらについて深く考えることはない。それでも、わたしたちが時を過ごし、生活している世界を作りあげ、わたしたちが行い、考えるすべての事柄の背景となっているのはそれらである」

スーザン・B・ハンレー『江戸時代の遺産』（指昭博訳）という本の、印象的な書きだしです。それゆえに、あえて見えにくい日常に、目を凝らす。そこからやがて見えてくるのは、人びとの日々のあり方をゆっくりと、いつか [1] 変えてゆく、生活の思想のゆりかごとしての歴史のありようです。

歴史家は言います。いまにつづく日本人のライフスタイルを確かにしたのは十七世紀江戸の時代だ、と。そして、日本人の人生についての考え方の根茎となったのは、平和が訪れ、経済が成長した江戸時代になって、日本人の大部分をしめる庶民のあいだに、静かに、しかし余すところなく広まっていった生活のかたちだ、と。

十七世紀のこの国の時代は、戦《いくさ》のなくなった時代です。戦がなくなってみちびかれたのは社会的な富の増大ですが、経済的繁栄に基づく富の増大が結果したのは、都市の時代という新しい大衆の時代でした。もはや戦のない新しい大衆の時代にそだつのは、新しいライフスタイルを人びとのあいだにつくりだす、富についての新しい考え方です。

十七世紀のあいだにすすんだこの国の富の表現は、同時代の世界のどの国の表現とも違います。資源の乏《とぼ》しいこの国において、経済的繁栄をささえるために求められたのは、「乏しい資源を最大限に利用するだけでなく、乏しさを潔く受け入れ、質素さの中に贅沢《ぜいたく》を見いだしつづける」生き方です。

日々の生活の洗練の技術に、富を測る物差しを見るという姿勢。歴史家がたずねるのは、人びとの生き方のうちに目立たずに保たれてきた、日常の理想主義のゆくえです。

たとえば、家。十七世紀の日本でつくられるようになるのは、モノであふれかえる家でなく、自然とうまく付きあえる家。夏の [2] と冬の [3] がもっとも大事であるような住まい方の考えでした。あるいは、この国の十七世紀の人びとは、収入が増えても、増えた分を食物に支出することはしませんでした。娯楽や旅行、そうして土地、事業、肥料への投資——蓄えをふやし、生産性をあげるためのもの——に使ったのです。

あるいは、木綿。江戸の時代、普通の人びとの生活の感覚を変えたのは、社会のあらゆる階層で日常品として使われるようになった木綿でと、言って［１］。未だ、夢心地のような感覚は消えていない。本当に自分は過去に戻っていたのだろうか？　現実は変わらないというのだから、過去から戻って、なんの変化も感じられなくても、当然といえば当然である。

キッチンからコーヒーの香りが漂ってきた。見ると、数《かず》が、新しいコーヒーの入ったカップをトレイに載せて現れた。

数は何事もなかったように、立ち尽くす二美子の前を横切り、ワンピースの女が座るテーブル席に歩み寄ると、二美子の使ったカップを下げ、淹《い》れたてのコーヒーをワンピースの女の前に差し出した。ワンピースの女は小さく会釈《えしゃく》をすると、また本を読みはじめた。

数は、カウンターに戻りながら何かのついでのようにこう言った。

「……いかがでしたか？」

二美子はこの一言で、やはり自分は過去に戻っていたんだと実感した。あの日、一週間前のあの日に。だとすれば。

「……あのさ」

「はい」

「現実はなにも変わらないんだよね？」

「はい」

「でも、これからの事は？」

「と、言いますと？」

「これから……」

二美子は言葉を選んで、

「……これから、未来の事は？」

と、聞いた。数は、二美子に向き直り、

「［２］」

と、初めてニッコリと笑顔を見せた。

「……」

二美子の目が輝いた。

（川口俊和『コーヒーが冷めないうちに』より）

㈠　［１］に入るのは、

(イ)　席を外した　(ロ)　席に戻った

(ハ)　席を移した　(ニ)　席を立った

㈡　正直に言ってしまえとありますが、その内容としてふさわしいのは、

(イ)　何のために行くの　(ロ)　行かないでほしい

(ハ)　私を連れていって　(ニ)　さみしくなる

㈢　なにをしに来たんだろ？とありますが、どこに来たことを後悔しているのですか。八字で抜き出しなさい。

㈣　二美子が「現在」に戻る現象がはじまるのはどこからですか。その一文の最初の五字を抜き出しなさい。

㈤　二美子と五郎がつきあうきっかけになったと考えられる、五郎の言葉を十四字で抜き出しなさい。

㈥　ボソボソと何か言ったとありますが、何と言ったと考えられますか。

㈦　現実はなにも変わらないとありますが、変わっていないこととは何ですか。二十字以内で答えなさい。

㈧　［２］に入るのは、

(イ)　残念ですが、未来だって変わるはずはありません……

(ロ)　お客様の大切な未来のこと。私からは何も言えません……

「思ってたから……」

「(ありえない！)」

　二美子は、初めて聞く五郎の告白にショックを受けていた。でも、言われてみれば思い当たらない事もない。二美子が五郎の事を好きになればなるほど、結婚を意識すればするほど、何か見えない壁のようなものを感じる事があった。好きか？　と聞けばうなずく事はあっても、五郎の口から直接「好きだ」という言葉を聞いた事はなかった。一緒に街を歩いていると、時々五郎が申し訳なさそうに右眉の上をかくような仕草でうつむく事があった。五郎は街行く男性の二美子を見る視線にも気づいていたのだ。

(まさか、そんな事を気にしていたなんて)

　だが、そう思った瞬間、二美子は自分の考えを悔いた。二美子にとっては「そんな事」でも、五郎にとっては長年苦しんできたコンプレックスである。

(私は、彼の気持ちなんて、ちっともわかっていなかった)

　二美子の意識が薄れていく。めまいにも似た揺らめきに全身が包まれる。

　五郎は伝票を取り上げ、キャリーバッグを片手にレジ前に向かって歩き出していた。

(現実はなにも変わらない。変わらなくて正解。彼は正しい選択をした。私には彼の夢と比べられるほどの価値もない。五郎君の事はあきらめよう。あきらめて、せめて、彼の成功だけは心から祈れる自分になろう)

　二美子は真っ赤になった目をゆっくりと閉じようとした。

　その時、

「三年……」

　五郎が二美子に背を向けたまま、つぶやいた。

「……三年待っててほしい……かならず帰ってくるから」

　小さな声ではあったが、狭い店内である。五郎の声は湯気になった二美子の耳にもハッキリと聞き取れた。

「帰ってきたら……」

　五郎は右眉の上をかくような仕草で二美子に背を向けたままボソボソと何か言った。

「……え？」

　その瞬間、二美子の意識は揺らめく湯気のようにその場から消え去った。

　意識が消える間際《まぎわ》、喫茶店を出る前に振り向いた五郎の顔が見えた。一瞬ではあったが、その顔は「コーヒーでもおごってください」と言った、あの時のように優しい笑顔だった。

　気がつくと、一人きりで例の席に座っていた。

　夢でも見ていたような気分ではあったが、目の前のコーヒーは空になっていた。口の中は甘ったるい。

「……」

　しばらくして、ワンピースの女がトイレから戻ってきた。二美子が自分の席に座っているのを見とがめると、つつつと音もなく寄ってきて、

「どいて」

　と、妙に迫力のある低い声で言った。二美子はあわてて、

「ご、ごめんなさい……」

【国　語】（五〇分）〈満点：一〇〇点〉

一　次の文章を読んで、あとの㈠から㈧までの問いに答えなさい。

とある喫茶店に、過去に戻れる席がある。しかしそこにはルールがあった。たとえば「席に座れるのは、先客（ワンピースの女）が席を立った時だけ」、「過去に戻れるのは、コーヒーをカップに注いでから、そのコーヒーが冷めてしまうまでの間だけ（冷めるまでに飲みきらないといけない）」など非常に面倒なルールである。
二美子《ふみこ》は、交際中の五郎から、突然、仕事でアメリカに行くと聞かされる。彼はその数時間後にアメリカへ。それを別れと受け取った二美子は、その話を聞いた過去に戻って、もう一度五郎と話をするのだが……。

現実が変わらないなら、正直に言ってしまえと二美子は思ったが、言えなかった。それを言ったら負けだと思った。仕事と私、どっちを取るの？　そう言っているようで嫌だった。五郎に出会うまで仕事一筋に生きてきた二美子だから、それだけは言いたくなかった。三つ年下の彼氏にそんな女々しい事を言っている自分にもなりたくなかった。プライドもあった。仕事でも先を行かれた、そんな嫉妬《しっと》もあったのかもしれない。だから、素直になれなかった。だが、何もかももう遅い。
「いいよ、行って……なんか、もういいや……どうせ、なに言っても君がアメリカに行っちゃう事は変わらないんだし……」
「……」
二美子はそう言うと、コーヒーを一気に飲みほした。
「ふう」
飲みほすと、またあのめまいにも似た、ゆらゆらとした揺らめきが二美子を包み込んだ。
（なにをしに来たんだろ？）
二美子がそう思った時だった。
「ずっと……」
五郎が一言つぶやいた。
「ずっと、僕は君にふさわしい男ではないと……そう思ってた」
二美子は五郎が何を言っているのかとっさには理解できなかった。
五郎が言葉を続ける。
「コーヒーに誘われる度に、好きになっちゃいけないと、自分に言い聞かせてた……」
「え？」
「僕はこんなだから……」
そう言って、五郎は右眉《まゆ》の上を覆い隠すようにのばした前髪をかきあげた。そこには右眉の上から右耳にかけて、大きな火傷《やけど》の痕《あと》があった。
「君に出会うまでずっと、女の人は、気味悪がって話しかけてもくれなかったから」
「私は」
「つきあってからも……」
「（そんな事気にした事なんてない！）」
そう叫んだが、湯気になった二美子の言葉はもう五郎には届かなかった。
「君はいつか……他の、その、カッコイイ男性を好きになると……」
「（ありえない！）」

MEMO

大切なことはメモしておこうネ！

解答用紙集

○月×日　△曜日　天気（合格日和）

◆ご利用のみなさまへ

＊解答用紙の公表を行っていない学校につきましては、弊社の責任において、解答用紙を制作いたしました。

＊編集上の理由により一部縮小掲載した解答用紙がございます。

＊編集上の理由により一部実物と異なる形式の解答用紙がございます。

人間の最も偉大な力とは、その一番の弱点を克服したところから生まれてくるものである。――カール・ヒルティ――

東京学参株式会社

立教池袋中学校(第1回)　2024年度

◇算数◇

※ 139%に拡大していただくと，解答欄は実物大になります。

1
1)
2)

2
1) cm
2) cm^2

3
1) 個
2) 個

4
1) ：
2) cm^2

5
1) 点
2) ：

6
1) cm^3
2) cm

7
1) 午後　時　分　秒
2) 午後　時　分　秒

8
1)
2)

9
1) 秒速　m
2) m

10
1) 通り
2) 通り

立教池袋中学校（第1回）　2024年度

◇理科◇

※解答欄は実物大です。

1

1)

2)

3)

4)

2

1)

2)

3)

4)　g

3

1)

2)

3)

4

1)

2)

3)

5

1) (A)

(B)

(C)

2)

6

1)　個

2)

3)　cm^3

7

1)　kg

2)　kg

3)　倍

4)　%

立教池袋中学校（第1回）　2024年度

◇社会◇

※ 133%に拡大していただくと，解答欄は実物大になります。

I

問1	(1)	の日	(2)	川	(3)	半島

問2	

問3	(1)	
	(2)	

問4	

II

問1	(1)		(2)	

問2	(1)			(2)	

問3	(1)	条約	(2)	

問4		

問5	

III

問1	

問2	(あ)		(い)	

問3	

問4	(1)		(2)	

問5		

問6	

問7	(1)	
	(2)	社会問題）
		アイデア）

◇国語◇

立教池袋中学校（第１回）　２０２４年度

※１０８％に拡大していただくと、解答欄は実物大になります。

一

一　①　②　二

三　点　点

四　を選ぶという方法

五　六　七

二

一　二　六字　五字

三　①　②

四　に　でしたこと

五　から

三

一　二　三　四　五

六　①　から　②

七

四

一　コウ　ショウ

二　カイ　マク

三　テイ　キ

四　たて

五　なわ　ば　り

五

一　一日中　から

一文

二

三　覚

立教池袋中学校（第2回）　2024年度

◇算数◇

※ 116%に拡大していただくと，解答欄は実物大になります。

1
1）
2）
3）
4）

2
1）　　cm²
2）　　度

3
1）　　点
2）　　通り

4
1）　　：
2）　　万人

5
1）　　cm^3
2）　　cm^2

6
1）　　km
2）　　分　　秒

7
1）　　ポンド
2）　　円

8
1）　　円
2）　　個

9
1）　　cm
2）　　cm^2

◇国語◇

立教池袋中学校(第２回)　２０２４年度

※１０８%に拡大していただくと、解答欄は実物大になります。

一

一　二　三　四　五 ①　②　六　七

二

一　二　三　四　五　六 ①　②

三

一 A　B　C　D　二　三　四　人

五　六　七　八

四

一　イサン

二　フセキ

三　シンペン

四　シマツ

五　かた める

五

一　二 ①　②　三　四　夜空の星を見ている。

立教池袋中学校（第1回）　2023年度

◇算数◇

※ 118％に拡大していただくと，解答欄は実物大になります。

1
1)
2)

2
1)
2)

3
1) ％
2) 人

4
1) 時速 km
2) km

5
1) 件
2) 件

6
1) cm
2) cm^2

7
1) cm
2) cm

8
1) 分
2) 分 秒後

9
1) cm^2
2) cm^3

10
1) 人
2) 人

◇理科◇

※ 118％に拡大していただくと，解答欄は実物大になります。

1
1) → → →
2)
3)

2
1)
2)
3)
4)

3
1) ① ② ③
2)
3) ④ ⑤ ⑥
4)

4
1)
2)
3)

5
1) (A)
(B)
2)
3) ⑤ ⑩

6
1)
2)
3)

7
1) 個
2) マイクロ秒
3) 万 km
4) 回転

立教池袋中学校（第1回）　2023年度

◇社会◇

※ 137％に拡大していただくと，解答欄は実物大になります。

I

問1 <あ> <い> <う> <え>

問2

問3 (1) (2)

問4

問5

問6

問7

II

問1 (1) (2)

問2

問3 現象

問4

問5

問6

問7 コンパクトシティを進めることについて、私は

ということが気になりますが、そのあたりはどのようにお考えですか。

III

問1 (A) (B) (C)

問2

問3

問4 (1) (2)

◇国語◇

立教池袋中学校(第1回)　２０２３年度

※１１５%に拡大していただくと、解答欄は実物大になります。

一

一 ①　②

二　三　四

五　六　七

八

二

一　二 ①

二 ②　三

四　五　六

七　八

三

一　回　二 1　2

三　四

四

一 ジュクレン

二 キュウサイ

三 チョウフク

四 カンパン

五 ふるって

六 のぞく

五

一　二　支　三　茶寿　歳　皇寿　歳

立教池袋中学校（第2回）　2023年度

◇算数◇

※ 122％に拡大していただくと，解答欄は実物大になります。

1	1)		
	2)		
	3)		
	4)		
2	1)		cm
	2)		cm^2
3	1)		cm
	2)		cm
4	1)		通り
	2)		通り
5	1)		m
	2)	10時　　分　　秒	
6	1)		cm^2
	2)		cm
7	1)		cm
	2)		cm
8	1)		人
	2)		人
9	1)		番目
	2)		個

立教池袋中学校(第2回)　２０２３年度

※１１１%に拡大していただくと，解答欄は実物大になります。

一

一　二　三　四　五

六　七 A　B　八

九

二

一　二　三　な考え方　四　五　六

七　から得ていく

八

三

一　二　三

四　から「明」をコピーして、から「日」をコピーしました

五

四

一	二	三
キチョウ	コオウ	シセイ

四	五	六
キゲキ	道 ぞ い	あず かる

五

一　二 菖蒲　三　四

立教池袋中学校(第1回)　2022年度

◇算数◇

※ 109％に拡大していただくと，解答欄は実物大になります。

1

1)

2)

2

1) 度

2) 度

3

1) 時速 km

2) 分 秒後

4

1) 円

2) 円

5

1) :

2) 度

6

1) cm

2) cm^2

7

1) cm

2) cm

8

1) 点

2) 人

9

1) 個

2) 個

10

1) cm^2

2) cm^3

立教池袋中学校（第1回）　2022年度

◇理科◇

※ 120%に拡大していただくと，解答欄は実物大になります。

1

1)

2)

3)　　円

2

1)

2)　　倍

3)

4)

3

1) ①

②

2)

3)

4)

4

1)

2) ⑤　　⑥

3) (A)

(B)

4)　　mL

5

1)　　g

2) ㋐　　cm

㋑　　cm

3)

6

1)

2)

3)

4)

立教池袋中学校(第1回)　2022年度

◇社会◇

※ 137%に拡大していただくと，解答欄は実物大になります。

I

問1	(1)		(2)		(3)	現象

問2	(1)		(2)	

問3	

問4	(1)		(2)	
	(3)			

II

問1	(1)	(2)	(3)

問2	(1)	(2)	(3)

問3	(1)	(2)	(3)

問4	権	問5	権

問6		問7		問8	

III

問1	(1)	
	(2)	
	(3)	

問2	

問3	(1)		(2)	

問4	

◇国語◇

立教池袋中学校(第1回)　２０２２年度

※ １１５%に拡大していただくと，解答欄は実物大になります。

一

六 と思っていたから

二

三

一 ゼッサン
二 ホウソウ
三 エイセイ
四 シチュウ
五 人ごみ
六 しりぞける

四

A

B

五

立教池袋中学校（第2回）　2022年度

◇算数◇

※ 122%に拡大していただくと，解答欄は実物大になります。

1
1)
2)
3)
4)

2
1) cm
2) cm^2

3
1) %
2) :

4
1)
2)

5
1) cm^2
2) cm^2

6
1) m
2) cm

7
1) :
2) :

8
1) cm^2
2) cm^3

9
1) km
2) 分　秒

◇国語◇

立教池袋中学校(第2回)　２０２２年度

※１０８%に拡大していただくと、解答欄は実物大になります。

一

一　二

三　四　五　六

七

八　①　②

二

一　二　三　①　②

四　五

六　①　②

三

一　コンカン

二　シュウフク

三　ケイトウ

四　も　り

四

一　二　三

四　五　六　七

五

一

二　年

三　A　B

四

立教池袋中学校（第1回）　2021年度

◇算数◇

※ 133%に拡大していただくと，解答欄は実物大になります。

1
1)
2)

2
1) 　度
2) 　度

3
1) 　：　：
2) 　mm

4
1) ㋐
2) ㋑　㋒

5
1) 　秒間
2) 時速　km

6
1) 　%
2) 　分　秒間

7
1) 　cm^2
2) 　cm^3

8
1)
2) ㋐　㋑

9
1) 　：　：
2) 　cm

10
1) 　通り
2) 　通り

立教池袋中学校（第1回）　2021年度

◇理科◇

※ 119％に拡大していただくと，解答欄は実物大になります。

1

1)

2)

3)

4)

2

1)

2) m

3)

3

1)

2)

3)

4)

4

1) ① ②

2) ③ ④ ⑤

3) ⑥ ⑦

5

1)

2)

3)

6

1)

2)

組み合わせ	関係式

3) 万 km

4)

7

1)

2)

3) 倍

4)

立教池袋中学校(第1回)　2021年度

◇社会◇

※ 139％に拡大していただくと，解答欄は実物大になります。

Ⅰ

問1　(1)　　(2)

問2　(1)　　(2)

問3

問4

問5　(1)　　(2)

問6

Ⅱ

問1

①	②	③	④	⑤	⑥	⑦	⑧	⑨	⑩

問2

①	②	③	④	⑤

問3

Ⅲ

問1　(1)　　(2)　　(3)

問2

問3　(1)

(2)

◇国語◇

立教池袋中学校（第1回）　２０２１年度

※ １１２％に拡大していただくと，解答欄は実物大になります。

一

一　二　三

四

五

六　七

二

一 ①　②　二

三 つ　四

五 ①　②　六

三

一　二　三　四

五

六　七

八 、

四

一 シンコッチョウ

二 ライホウ

三 スイイ

四 こころよく

五 ゆだねる

五

熟語 ・ ・ ・

三字

立教池袋中学校（第2回）　2021年度

◇算数◇

※ 120%に拡大していただくと，解答欄は実物大になります。

1　1）

2）

3）

4）

2　1）　　円

2）　　人

3　1）　　度

2）　　度

4　1）　　個

2）　　通り

5　1）　　円

2）　　円

6　1）　　周目　頂点

2）毎秒　　cm

7　1）　　g

2）　　g

8　1）

2）　　cm^2

9　1）　　度

2）　　cm^2

◇国語◇

立教池袋中学校(第2回)　２０２１年度

※１１５％に拡大していただくと、解答欄は実物大になります。

一

一　二　三

四

五　六

七　八

二

一　1　2　二

三

四

五　・

三

一　コウホチ

二　トウカク

三　キジョウ

四　き　き

五　さば　く

四

一　二　三　四

五　・

六　七

八

五

一　A　B　二　三

立教池袋中学校（第1回）　2020年度

◇算数◇

※ 116％に拡大していただくと，解答欄は実物大になります。

1
1) ＿＿＿
2) ＿＿＿

2
1) ＿＿＿
2) ＿＿＿

3
1) ＿＿＿
2) ＿＿＿

4
1) ＿＿＿ 度
2) ＿＿＿ 度

5
1) ＿＿＿ 秒間
2) ＿＿＿ cm^2

6
1) ＿＿＿ : ＿＿＿
2) ＿＿＿ %

7
1) ＿＿＿ 時 ＿＿＿ 分
2) ＿＿＿ 時 ＿＿＿ 分

8
1) ＿＿＿ cm
2) ＿＿＿ cm^2

9
1) ＿＿＿ : ＿＿＿
2) ＿＿＿ 人

10
1) ＿＿＿ cm^3
2) ＿＿＿ cm^2

立教池袋中学校（第1回）　2020年度

◇理科◇

※ 129％に拡大していただくと，解答欄は実物大になります。

1

1)

2)

3)

2

1)

2)

3)

3

1)

2)

3) ①

② ℃

4

1) ① ②

2) ③ ④

3) ⑤

⑥

5

1)

2)

3)

4)

6

1)

2)

3)

4)

7

1) ① ② ③

2) アンペア

3) ボルト

立教池袋中学校（第1回）　2020年度

◇社会◇

※ 138％に拡大していただくと，解答欄は実物大になります。

Ⅰ

問1	(1)		(2)		(3)	

問2		

問3		

問4	(1)		(2)	

問5　「人類共通の財産」として守ることを目的としていながら、

Ⅱ

問1	

問2

(1)			
(2)	①	城	
	②		
(3)			

問3		

Ⅲ

問1	(1)		(2)		(3)	

問2

(1)		(2)	イベント：　　食べもの：
(3)			

問3	(1)								目標	(2)	

問4

◇国語◇

立教池袋中学校（第１回）　２０２０年度

※１４４％に拡大していただくと、解答欄は実物大になります。

一

一　二　三　四　五　六　七　八　九

二

一 1　2　二　三　四　五　六　七　年

三

一 チョウシャ　二 キリツ　三 ジュリツ　四 むらがる　五 あやまる

四

一　二　三　四　五　と　六

五

一　二　三 第　連　四

立教池袋中学校（第2回）　2020年度

◇算数◇

※ 119％に拡大していただくと，解答欄は実物大になります。

1

1)

2)

3)

4)

2

1) ページ

2) ％

3

1) cm^2

2) cm

4

1) 才

2) 才

5

1) 点

2) 点

6

1) 回転

2) 回転

7

1) 時速 km

2) m

8

1) cm^3

2) cm

9

1) 人

2) 点

◇国語◇

立教池袋中学校（第2回）　２０２０年度

※ １２４％に拡大していただくと、解答欄は実物大になります。

一

一　　二

三　ことを期待している

四　　五　　六

七　①

②　ことを期待していた

二

一　　二　　三

四　がない仕事

五　　六

三

一　ナイゾウ

二　シュノウ

三　コウサン

四　ヨネン

五　おがむ

六　たれる

四

一　　二　　三

四　　五　から

六　　七　　八

九

五

一　　二　　三

四　A　B　C　D　E

MEMO

大切なことはメモしておこうネ！

MEMO

大切なことはメモしておこうネ！

T·G

MEMO

大切なことはメモしておこうネ！

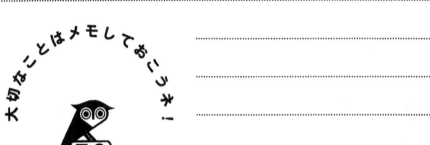

MEMO

大切なことはメモしておこうネ！

MEMO

大切なことはメモしておこうネ！

MEMO

大切なことはメモしておこうネ！

東京学参の

中学校別入試過去問題シリーズ

＊出版校は一部変更することがあります。一覧にない学校はお問い合わせください。

東京ラインナップ

あ　青山学院中等部(L04)
麻布中学(K01)
桜蔭中学(K02)
お茶の水女子大附属中学(K07)
か　海城中学(K09)
開成中学(M01)
学習院中等科(M03)
慶應義塾中等部(K04)
啓明学園中学(N29)
晃華学園中学(N13)
攻玉社中学(L11)
国学院大久我山中学
（一般・CC）(N22)
（ＳＴ）(N23)
駒場東邦中学(L01)
さ　芝中学(K16)
芝浦工業大附属中学(M06)
城北中学(M05)
女子学院中学(K03)
巣鴨中学(M02)
成蹊中学(N06)
成城中学(K28)
成城学園中学(L05)
青稜中学(K23)
創価中学(N14)★
た　玉川学園中学部(N17)
中央大附属中学(N08)
筑波大附属中学(K06)
筑波大附属駒場中学(L02)
帝京大中学(N16)
東海大菅生高中等部(N27)
東京学芸大附属竹早中学(K08)
東京都市大付属中学(L13)
桐朋中学(N03)
東洋英和女学院中学部(K15)
豊島岡女子学園中学(M12)
な　日本大第一中学(M14)
日本大第三中学(N19)
日本大第二中学(N10)
は　雙葉中学(K05)
法政大学中学(N11)
本郷中学(M08)
ま　武蔵中学(N01)
明治大付属中野中学(N05)
明治大付属八王子中学(N07)
明治大付属明治中学(K13)
ら　立教池袋中学(M04)
わ　和光中学(N21)
早稲田中学(K10)
早稲田実業学校中等部(K11)
早稲田大高等学院中学部(N12)

神奈川ラインナップ

あ　浅野中学(O04)
栄光学園中学(O06)
か　神奈川大附属中学(O08)
鎌倉女学院中学(O27)
関東学院六浦中学(O31)
慶應義塾湘南藤沢中等部(O07)
慶應義塾普通部(O01)
さ　相模女子大中学部(O32)
サレジオ学院中学(O17)
逗子開成中学(O22)
聖光学院中学(O11)
清泉女学院中学(O20)
洗足学園中学(O18)
捜真女学校中学部(O29)
た　桐蔭学園中等教育学校(O02)
東海大付属相模高中等部(O24)
桐光学園中学(O16)
な　日本大中学(O09)
は　フェリス女学院中学(O03)
法政大第二中学(O19)
や　山手学院中学(O15)
横浜隼人中学(O26)

千・埼・茨・他ラインナップ

あ　市川中学(P01)
浦和明の星女子中学(Q06)
か　海陽中等教育学校
（入試Ⅰ・Ⅱ）(T01)
（特別給費生選抜）(T02)
久留米大附設中学(Y04)
さ　栄東中学(東大・難関大)(Q09)
栄東中学(東大特待)(Q10)
狭山ヶ丘高校付属中学(Q01)
芝浦工業大柏中学(P14)
渋谷教育学園幕張中学(P09)
城北埼玉中学(Q07)
昭和学院秀英中学(P05)
清真学園中学(S01)
西南学院中学(Y02)
西武学園文理中学(Q03)
西武台新座中学(Q02)
専修大松戸中学(P13)
た　筑紫女学園中学(Y03)
千葉日本大第一中学(P07)
千葉明徳中学(P12)
東海大付属浦安高中等部(P06)
東邦大付属東邦中学(P08)
東洋大附属牛久中学(S02)
獨協埼玉中学(Q08)
な　長崎日本大中学(Y01)
成田高校付属中学(P15)
は　函館ラ・サール中学(X01)
日出学園中学(P03)
福岡大附属大濠中学(Y05)
北嶺中学(X03)
細田学園中学(Q04)
や　八千代松陰中学(P10)
ら　ラ・サール中学(Y07)
立命館慶祥中学(X02)
立教新座中学(Q05)
わ　早稲田佐賀中学(Y06)

公立中高一貫校ラインナップ

北海道　市立札幌開成中等教育学校(J22)
宮　城　宮城県仙台二華・古川黎明中学校(J17)
市立仙台青陵中等教育学校(J33)
山　形　県立東桜学館・致道館中学校(J27)
茨　城　茨城県立中学・中等教育学校(J09)
栃　木　県立宇都宮東・佐野・矢板東高校附属中学校(J11)
群　馬　県立中央・市立四ツ葉学園中等教育学校・
市立太田中学校(J10)
埼　玉　市立浦和中学校(J06)
県立伊奈学園中学校(J31)
さいたま市立大宮国際中等教育学校(J32)
川口市立高等学校附属中学校(J35)
千　葉　県立千葉・東葛飾中学校(J07)
市立稲毛国際中等教育学校(J25)
東　京　区立九段中等教育学校(J21)
都立大泉高等学校附属中学校(J28)
都立両国高等学校附属中学校(J01)
都立白鷗高等学校附属中学校(J02)
都立富士高等学校附属中学校(J03)
都立三鷹中等教育学校(J29)
都立南多摩中等教育学校(J30)
都立武蔵高等学校附属中学校(J04)
都立立川国際中等教育学校(J05)
都立小石川中等教育学校(J23)
都立桜修館中等教育学校(J24)
神奈川　川崎市立川崎高等学校附属中学校(J26)
県立平塚・相模原中等教育学校(J08)
横浜市立南高等学校附属中学校(J20)
横浜サイエンスフロンティア高校附属中学校(J34)
広　島　県立広島中学校(J16)
県立三次中学校(J37)
徳　島　県立城ノ内中等教育学校・富岡東・川島中学校(J18)
愛　媛　県立今治東・松山西中等教育学校(J19)
福　岡　福岡県立中学校・中等教育学校(J12)
佐　賀　県立香楠・致遠館・唐津東・武雄青陵中学校(J13)
宮　崎　県立五ヶ瀬中等教育学校・宮崎西・都城泉ヶ丘高校附属中学校(J15)
長　崎　県立長崎東・佐世保北・諫早高校附属中学校(J14)

公立中高一貫校
「適性検査対策」
問題集シリーズ

総合編
作文問題編
資料問題編
数と図形編
生活と科学編
実力確認テスト編

私立中・高スクールガイド
THE《ザ》 私立
私立中学＆高校の学校生活がわかる！

東京学参の

高校別入試過去問題シリーズ

＊出版校は一部変更することがあります。一覧にない学校はお問い合わせください。

東京ラインナップ

あ 愛国高校(A59)
青山学院高等部(A16)★
桜美林高校(A37)
お茶の水女子大附属高校(A04)
か 開成高校(A05)★
共立女子第二高校(A40)★
慶應義塾女子高校(A13)
啓明学園高校(A68)★
国学院高校(A30)
国学院大久我山高校(A31)
国際基督教大高校(A06)
小平錦城高校(A61)★
駒澤大高校(A32)
さ 芝浦工業大附属高校(A35)
修徳高校(A52)
城北高校(A21)
専修大附属高校(A28)
創価高校(A66)★
た 拓殖大第一高校(A53)
立川女子高校(A41)
玉川学園高等部(A56)
中央大高校(A19)
中央大杉並高校(A18)★
中央大附属高校(A17)
筑波大附属高校(A01)
筑波大附属駒場高校(A02)
帝京大高校(A60)
東海大菅生高校(A42)
東京学芸大附属高校(A03)
東京農業大第一高校(A39)
桐朋高校(A15)
都立青山高校(A73)★
都立国立高校(A76)★
都立国際高校(A80)★
都立国分寺高校(A78)★
都立新宿高校(A77)★
都立墨田川高校(A81)★
都立立川高校(A75)★
都立戸山高校(A72)★
都立西高校(A71)★
都立八王子東高校(A74)★
都立日比谷高校(A70)★
な 日本大櫻丘高校(A25)
日本大第一高校(A50)
日本大第三高校(A48)
日本大第二高校(A27)
日本大鶴ヶ丘高校(A26)
日本大豊山高校(A23)
は 八王子学園八王子高校(A64)
法政大高校(A29)
ま 明治学院高校(A38)
明治学院東村山高校(A49)
明治大付属中野高校(A33)
明治大付属八王子高校(A67)
明治大付属明治高校(A34)★
明法高校(A63)
わ 早稲田実業学校高等部(A09)
早稲田大高等学院(A07)

神奈川ラインナップ

あ 麻布大附属高校(B04)
アレセイア湘南高校(B24)
か 慶應義塾高校(A11)
神奈川県公立高校特色検査(B00)
さ 相洋高校(B18)
た 立花学園高校(B23)
桐蔭学園高校(B01)
東海大付属相模高校(B03)★
桐光学園高校(B11)
な 日本大高校(B06)
日本大藤沢高校(B07)
は 平塚学園高校(B22)
藤沢翔陵高校(B08)
法政大国際高校(B17)
法政大第二高校(B02)★
や 山手学院高校(B09)
横須賀学院高校(B20)
横浜商科大高校(B05)
横浜市立横浜サイエンスフロンティア高校(B70)
横浜翠陵高校(B14)
横浜清風高校(B10)
横浜創英高校(B21)
横浜隼人高校(B16)
横浜富士見丘学園高校(B25)

千葉ラインナップ

あ 愛国学園大附属四街道高校(C26)
我孫子二階堂高校(C17)
市川高校(C01)★
か 敬愛学園高校(C15)
さ 芝浦工業大柏高校(C09)
渋谷教育学園幕張高校(C16)★
翔凜高校(C34)
昭和学院秀英高校(C23)
専修大松戸高校(C02)
た 千葉英和高校(C18)
千葉敬愛高校(C05)
千葉経済大附属高校(C27)
千葉日本大第一高校(C06)★
千葉明徳高校(C20)
千葉黎明高校(C24)
東海大付属浦安高校(C03)
東京学館高校(C14)
東京学館浦安高校(C31)
な 日本体育大柏高校(C30)
日本大習志野高校(C07)
は 日出学園高校(C08)
や 八千代松陰高校(C12)
ら 流通経済大付属柏高校(C19)★

埼玉ラインナップ

あ 浦和学院高校(D21)
大妻嵐山高校(D04)★
か 開智高校(D08)
開智未来高校(D13)★
春日部共栄高校(D07)
川越東高校(D12)
慶應義塾志木高校(A12)
さ 埼玉栄高校(D09)
栄東高校(D14)
狭山ヶ丘高校(D24)
昌平高校(D23)
西武学園文理高校(D10)
西武台高校(D06)
た 東京農業大第三高校(D18)
は 武南高校(D05)
本庄東高校(D20)
や 山村国際高校(D19)
ら 立教新座高校(A14)
わ 早稲田大本庄高等学院(A10)

北関東・甲信越ラインナップ

あ 愛国学園大附属龍ヶ崎高校(E07)
宇都宮短大附属高校(E24)
か 鹿島学園高校(E08)
霞ヶ浦高校(E03)
共愛学園高校(E31)
甲陵高校(E43)
国立高等専門学校(A00)
さ 作新学院高校
（トップ英進・英進部）(E21)
（情報科学・総合進学部）(E22)
常総学院高校(E04)
た 中越高校(R03)＊
土浦日本大高校(E01)
東洋大附属牛久高校(E02)
な 新潟青陵高校(R02)
新潟明訓高校(R04)
日本文理高校(R01)
は 白鷗大足利高校(E25)
ま 前橋育英高校(E32)
や 山梨学院高校(E41)

中京圏ラインナップ

あ 愛知高校(F02)
愛知啓成高校(F09)
愛知工業大名電高校(F06)
愛知みずほ大瑞穂高校(F25)
暁高校（3年制）(F50)
鶯谷高校(F60)
栄徳高校(F29)
桜花学園高校(F14)
岡崎城西高校(F34)
か 岐阜聖徳学園高校(F62)
岐阜東高校(F61)
享栄高校(F18)
さ 桜丘高校(F36)
至学館高校(F19)
椙山女学園高校(F10)
鈴鹿高校(F53)
星城高校(F27)★
誠信高校(F33)
清林館高校(F16)★
た 大成高校(F28)
大同大大同高校(F30)
高田高校(F51)
滝高校(F03)★
中京高校(F63)
中京大附属中京高校(F11)★
中部大春日丘高校(F26)★
中部大第一高校(F32)
津田学園高校(F54)
東海高校(F04)★
東海学園高校(F20)
東邦高校(F12)
同朋高校(F22)
豊田大谷高校(F35)
な 名古屋高校(F13)
名古屋大谷高校(F23)
名古屋経済大市邨高校(F08)
名古屋経済大高蔵高校(F05)
名古屋女子大高校(F24)
名古屋たちばな高校(F21)
日本福祉大付属高校(F17)
人間環境大附属岡崎高校(F37)
は 光ヶ丘女子高校(F38)
誉高校(F31)
ま 三重高校(F52)
名城大附属高校(F15)

宮城ラインナップ

さ 尚絅学院高校(G02)
聖ウルスラ学院英智高校(G01)★
聖和学園高校(G05)
仙台育英学園高校(G04)
仙台城南高校(G06)
仙台白百合学園高校(G12)
た 東北学院高校(G03)★
東北学院榴ヶ岡高校(G08)
東北高校(G11)
東北生活文化大高校(G10)
常盤木学園高校(G07)
は 古川学園高校(G13)
ま 宮城学院高校(G09)★

北海道ラインナップ

さ 札幌光星高校(H06)
札幌静修高校(H09)
札幌第一高校(H01)
札幌北斗高校(H04)
札幌龍谷学園高校(H08)
は 北海高校(H03)
北海学園札幌高校(H07)
北海道科学大高校(H05)
ら 立命館慶祥高校(H02)

★はリスニング音声データのダウンロード付き。

都道府県別 公立高校入試過去問 シリーズ

- 全国47都道府県別に出版
- 最近数年間の検査問題収録
- リスニングテスト音声対応

公立高校入試対策 問題集シリーズ

- 目標得点別・公立入試の数学（基礎編）
- 実戦問題演習・公立入試の数学（実力錬成編）
- 実戦問題演習・公立入試の英語（基礎編・実力錬成編）
- 形式別演習・公立入試の国語
- 実戦問題演習・公立入試の理科
- 実戦問題演習・公立入試の社会

高校入試特訓問題集 シリーズ

- 英語長文難関攻略33選（改訂版）
- 英語長文テーマ別難関攻略30選
- 英文法難関攻略20選
- 英語難関徹底攻略33選
- 古文完全攻略63選（改訂版）
- 国語融合問題完全攻略30選
- 国語長文難関徹底攻略30選
- 国語知識問題完全攻略13選
- 数学の図形と関数・グラフの融合問題完全攻略272選
- 数学難関徹底攻略700選
- 数学の難問80選
- 数学　思考力―規則性とデータの分析と活用―

2404A

〈ダウンロードコンテンツについて〉

本問題集のダウンロードコンテンツ、弊社ホームページで配信しております。現在ご利用いただけるのは「2025年度受験用」に対応したもので、**2025年3月末日**までダウンロード可能です。弊社ホームページにアクセスの上、ご利用ください。

※配信期間が終了いたしますと、ご利用いただけませんのでご了承ください。

中学別入試過去問題シリーズ

立教池袋中学校　2025年度

ISBN978-4-8141-3164-8

[発行所] 東京学参株式会社

〒153-0043　東京都目黒区東山2-6-4

書籍の内容についてのお問い合わせは右のQRコードから　⇒

※書籍の内容についてのお電話でのお問い合わせ、本書の内容を超えたご質問には対応できませんのでご了承ください。

※本書のコピー、スキャン、デジタル化等の無断複製は著作権法上での例外を除き禁じています。本書を代行業者等の第三者に依頼してスキャンやデジタル化することは、　たとえ個人や家庭内での利用であっても著作権法上認められておりません。

2024年6月28日　初版